Der strafrechtliche Schutz der menschlichen Leibesfrucht
nach deutschem und griechischem Recht

Europäische Hochschulschriften
Publications Universitaires Européennes
European University Studies

Reihe II
Rechtswissenschaft

Série II Series II
Droit
Law

Bd./Vol. 5297

PETER LANG
Frankfurt am Main · Berlin · Bern · Bruxelles · New York · Oxford · Wien

Angeliki Valsamidou

Der strafrechtliche Schutz der menschlichen Leibesfrucht nach deutschem und griechischem Recht

PETER LANG
Internationaler Verlag der Wissenschaften

Bibliografische Information der Deutschen Nationalbibliothek
Die Deutsche Nationalbibliothek verzeichnet diese Publikation in der Deutschen Nationalbibliografie; detaillierte bibliografische Daten sind im Internet über http://dnb.d-nb.de abrufbar.

Zugl.: Heidelberg, Univ., Diss., 2011

Gedruckt auf alterungsbeständigem,
säurefreiem Papier.

D 16
ISSN 0531-7312
ISBN 978-3-631-63120-1

www.peterlang.de

Für meine Eltern,
Evangelos und Eleni

Vorwort

Die vorliegende Arbeit wurde im Sommersemester 2011 von der Juristischen Fakultät der Ruprecht-Karls-Universität Heidelberg als Dissertation zur Erlangung des Grades eines Doktors der Rechtswissenschaft angenommen. Rechtsprechung und Literatur konnten bis Oktober 2010 berücksichtigt werden.

Mein besonderer Dank gilt allen voran meinem Doktorvater, Herrn Prof. Dr. Dr. h.c. Thomas Hillenkamp, für seine umsichtige Betreuung, seinen wertvollen Rat sowie seine vielfältige Unterstützung in allen Phasen des Promotionsverfahrens. Ferner gebührt mein Dank Herrn Prof. Dr. Ralph Ingelfinger für die zügige Erstellung des Zweitgutachtens.

Danken möchte ich weiterhin der griechischen Stiftung Staatlicher Stipendien (I.K.Y. - Idryma Kratikon Ypotrofion) für die finanzielle Förderung meines Promotionsstudiums.

Der größte Dank gebührt allerdings meiner Familie und insbesondere meinen Eltern, Evangelos und Eleni, deren andauernde, vielfältige Unterstützung mir das Promotionsstudium überhaupt erst ermöglicht hat. Ihnen ist dieses Buch gewidmet.

Brüssel, im November 2011 — Angeliki Valsamidou

Inhaltsverzeichnis

Abkürzungsverzeichnis

Abs.	Absatz
a.F.	alte Fassung
AG	Amtsgericht
AMG	Gesetz über den Verkehr mit Arzneimitteln
AöR	Archiv des öffentlichen Rechts
AP	Areopag (griechisches Kassationsgericht)
Armen.	Armenopoulos (griech. Zeitschrift)
ARSP	Archiv für Rechts- und Sozialphilosophie
Art.	Artikel
AT	Allgemeiner Teil
Bd.	Band
BGB	Bürgerliches Gesetzbuch
BGBl.	Bundesgesetzblatt
BGH	Bundesgerichtshof
BGHSt.	Entscheidungen des Bundesgerichtshofes in Strafsachen
BGHZ	Entscheidungen des Bundesgerichtshofes in Zivilsachen
BT	Besonderer Teil
BT-Drs.	Bundestags Drucksachen
Buchst.	Buchstabe
BVerfG	Bundesverfassungsgericht
BVerfGE	Entscheidungen des Bundesverfassungsgerichts
BVerwG	Bundesverwaltungsgericht
bzw.	beziehungsweise
CCPR	International Covenant on Civil and Political Rights
Ders.	Derselbe
Dies.	Dieselbe
d.h.	das heisst
DtA	Dikaiomata tou Anthropou (Menschenrechte, gr. Zeitschr.)
Ed.	Editor(s)
EGMR	Europäischer Gerichtshof für Menschenrechte
El.D.	Elliniki Dikaiosyni (Griechische Justiz, gr. Zeitschr.)
EKMR	Europäische Menschenrechtskommission

Entw.grStGB	Entwurf eines griechischen Strafgesetzbuchs
ESchG	Embryonenschutzgesetz
EuGH	Europäischer Gerichtshof
EuGHE	Entscheidungen des Europäischen Gerichtshofs
EuGRZ	Europäische Grundrechte-Zeitschrift
EUV	Europäische Union Vertrag
f.	Folgende
FamRZ	Zeitschrift des Familienrechts
FAZ	Frankfurter Allgemeine Zeitung
ff.	Fortfolgende
FS	Festschrift
G.	Gesetz
GA	Goltdammer's Archiv für Strafrecht
GenTG	Gentechnikgesetz
GG	Grundgesetz
ggf.	Gegebenenfalls
grBGB	Griechisches Bürgerliches Gesetzbuch
grStGB	Griechisches Strafgesetzbuch
grStPO	Griechische Strafprozessordnung
grVerf.	Griechische Verfassung
h.M.	Herrschende Meinung
Hrsg.	Herausgeber
HStR	Handbuch des Staatsrechts der Bundesrepublik Deutschland
i.e.	id est
i.e.S.	im engeren Sinne
i.S.	im Sinne
i.V.m.	in Verbindung mit
JZ	Juristenzeitung
JR	Juristische Rundschau
JA	Juristische Arbeitsblätter
JMP	Journal of Medicine and Philosophy
JOGNN	Journal of Obstetric, Gynecologic and Neonatal Nursing
JuS	Juristische Schulung
LFGB	Lebensmittel- und Futtermittelgesetz

LG	Landgericht
LMBG	Lebensmittelgesetzbuch
MedR	Medizinrecht
MMW	Münchener Medizinische Wochenschrift
MuSchG	Mutterschutzgesetz
NE	Nomiki Epitheorisi (Juristische Rundschau, gr. Zeitschr.)
n.F.	Neue Fassung
NJW	Neue Juristische Wochenschrift
NoB	Nomiko Bima (Juristisches Podium, gr. Zeitschr.)
Nr.	Nummer
NStZ	Neue Zeitschrift für Strafrecht
OLG	Oberlandesgericht
p.c.	post conceptionem
Phil.Stud.	Philosophical Studies
PoinChr.	Poinika Chronika (Strafrechtschronik, gr. Zeitschr.)
PoinL.	Poinikos Logos (Strafrechtsrede, gr. Zeitschr.)
RG	Reichsgericht
RGSt	Entscheidungen des Reichsgerichts in Strafsachen
Rn.	Randnummer
Rspr.	Rechtsprechung
S.	Seite
SchlHA	Schlesswig-Holstein Archiv
sog.	Sogenannte(r/s)
SSW	Schwangerschaftswoche
StGB	Strafgesetzbuch
StrG	Altes griechisches Strafgesetz
StrRG	Gesetz zur Reform des Strafrechts
StZG	Stammzellgesetz
ToS	To Syntagma (Die Verfassung, gr. Zeitschr.)
TPG	Transplantationsgesetz
u.a.	unter anderem
u.U.	unter Umstände

Urt.	Urteil
usw.	und so weiter
V.	Volume
VersR.	Versicherungsrecht
Vor.	Vorbemerkung
Yper.	Yperaspisi (Verteidigung, gr. Zeitschr.)
z.B.	zum Beispiel
ZRP	Zeitschrift für Rechtspolitik
ZStW	Zeitschrift für die gesamte Strafrechtswissenschaft

1. Teil: Einführung

I. Einleitung

1. Die zu untersuchende Problematik

Spricht man von pränatalem Schutz, denken die Meisten an die Problematik des Schwangerschaftsabbruchs. Jedoch gibt es eine Reihe von gefährlichen Situationen während der Schwangerschaft, die deren Entwicklung in sehr erheblichem Maße beeinflussen können. In der Tat können sie sogar die Entwicklung des künftigen Lebens des später geborenen Kindes vorzeichnen. Solche kritischen Situationen sind sowohl in der ärztlichen Betreuung der Schwangerschaft als auch im alltäglichen Leben der schwangeren Frau und ihres sozialen Umfeldes zu finden. Es kann sich um einen Arzt handeln, der im Rahmen einer Routineuntersuchung der Leibesfrucht eine Verletzung zufügt, oder um eine unverantwortliche Frau, die während der Schwangerschaft nicht auf Nikotin oder Alkohol verzichten will. Es kann sogar um einen fahrlässigen Motorradfahrer gehen, der die schwangere Fußgängerin erheblich verletzt.

In all diesen Situationen und in vielen anderen, die eigentlich nicht so selten auftreten, unterliegt die Leibesfrucht erheblichen Gefahren für ihre normale Entwicklung sowie für ihr Überleben bis zur Geburt. Durch externe Einwirkung kann sie während der Schwangerschaft sterben oder abnormal bzw. eingeschränkt entwickelt werden. Die Gefahren betreffen jedoch nicht nur die Schwangerschaftsperiode, sondern können sich auch über deren Ende ausdehnen. Die Beeinträchtigung einer Leibesfrucht kann zur Geburt eines schwer beschädigten Kindes oder sogar zu seinem Tod, selbst zu einem gewissen Zeitpunkt nach der Geburt, führen. Solche Ereignisse haben auch die Rechtsprechung beschäftigt, wie z.B. bei der sog. Contergan-Katastrophe[1] oder im Buscopan-Fall[2].

Die möglicherweise tragischen Folgen einer pränatalen Beeinträchtigung machen den Ernst des Umgehens mit einer Schwangerschaft sowohl für Ärzte als auch für dritte Personen und vor allem für die Schwangere deutlich erkennbar. Ob dieser Ernst und die Schwere der möglichen Folgen einen Eingriff der

---

1 LG Aachen, JZ 1971, 507ff.

2 BGHSt 31, 348ff.

Gesetzgebung – und zwar des Strafrechts – in den pränatalen Bereich der menschlichen Entwicklung notwendig machen, ist Gegenstand der folgenden Untersuchung. Die Antwort auf diese Frage wird auch eine zweite Frage hervorbringen, nämlich die, ob sich der Gesetzgeber in diesem Bereich „einmischen" darf und soll.

2. Gang der Untersuchung

In der folgenden Erörterung soll die gesetzliche Lage in Deutschland und in Griechenland untersucht werden, die den Bereich des pränatalen Lebens betrifft. Insbesondere werden die pränatalen Beeinträchtigungen einer Leibesfrucht, die deren Tod oder Verletzung intrauterin oder postnatal zur Folge haben, und die rechtliche Stellung der Leibesfrucht de lege lata in den beiden Ländern dargestellt. Schwerpunkt dieser Arbeit ist der strafrechtliche Schutz der Leibesfrucht vor solchen Einwirkungen, die deren Leben oder Gesundheit verletzen. Zur Feststellung der strafrechtlichen Lage werden sowohl die strafrechtliche Lehre als auch die Rechtsprechung berücksichtigt.

Das Strafrecht ist allerdings nur ein Teil einer einheitlichen Rechtsordnung und kann daher nicht von ihr gänzlich getrennt erörtert werden. Vor einer Untersuchung der strafrechtlichen Regelungen werden also auch die verfassungs- sowie die zivilrechtlichen Regelungen beleuchtet, die für den Gegenstand dieser Abhandlung relevant sind. Darüber hinaus wird eine Darstellung der entsprechenden Regelungen aus dem Bereich des Völker- bzw. des Europarechts vorangehen, denn sowohl Deutschland als auch Griechenland sind Mitglieder der Völker- bzw. der europäischen Gemeinschaft und beide Rechtsordnungen werden von ihnen nicht nur inspiriert, sondern durch sie auch verpflichtet.

Nachdem die rechtliche Lage der Leibesfrucht nach dem Völker- und Europarecht bzw. nach den Rechtsordnungen (mit Schwerpunkt auf dem Strafrecht) von Deutschland und Griechenland beschrieben ist, folgt eine rechtsvergleichende Gegenüberstellung der Regelungen der beiden Länder. Zweck dieser Gegenüberstellung ist die Aufdeckung von Gemeinsamkeiten und Unterschieden zwischen den beiden Rechtsordnungen und der Gründe, die dahinterstehen. Die Rechtsvergleichung war immer ein effektives Instrument zur Verbesserung des eigenen Rechts durch Inspiration von anderen Rechtsordnungen, die ähnlichen Problemen gegenüberstehen.

Der letzte Teil dieser Erörterung betrifft den Status des pränatalen Lebens aus moralischer Sicht, d.h., ob und inwieweit wir uns um es kümmern sollten. Es wird versucht, diese Frage im Lichte des sog. „Harm Principle" von J. S. Mill zu beantworten. Je nach dem Ergebnis dieser Untersuchung werden zum Schluss eigene Lösungsvorschläge de lege ferenda gemacht.

II. Themeneingrenzung

Für eine bessere Festlegung des Gegenstands der folgenden Analyse ist eine kurze Beschreibung der pränatalen Entwicklungsphasen des menschlichen Lebens erforderlich. Genauso wichtig ist es, die verschiedenen Begriffe aufzuführen und zu erläutern, die das pränatale Leben bezeichnen und im Folgenden immer wieder benutzt werden.

Die Entwicklung des Lebens in utero durchläuft mehrere Phasen bis zur Geburt. Während der *Ovulation* – etwa 14 Tage vor dem Menstruationsbeginn – wird die reife Eizelle aus dem Ovarium ausgestoßen und vom Fimbrientrichter aufgefangen bzw. in der Ampulle des Eileiters aufgenommen. Dort findet die *Imprägnation* statt, d.h. die Vereinigung der Gameten[3] durch das Eindringen eines Spermiums (das zum Zwecke der Befruchtung bis zur Ampulla tubae aszendieren muss) in die Eizelle, und zwar innerhalb der ersten Stunden nach der Ovulation.[4]

In der Ampulle findet auch die *Konjugation* (unmittelbar nach der Imprägnation) statt, d.h. die Verschmelzung der beiden haploiden Chromosomensätze von Eizelle und Spermienkopf.[5] Die aus der Verschmelzung der Kernanteile zu einem Kern hervorgehende entwicklungsfähige Zelle heißt Zygote. In den folgenden 3 Tagen wandert die Zygote in Richtung Uteruskavum; während dieser Tubenpassage entwickelt sie sich bis zur Morula, d.h. zu einem durch totale Furchung der befruchteten Eizelle entstandenen Zellkomplex[6], der am 4.-5. Tag in das Cavum uteri übertritt. Während der weiteren Wanderung über die Endometriumoberfläche wird aus der Morula die Blastozyste, d.h. der frühembryonale Säugerkeim.[7] Die Blastozyste erreicht am 6. Tag post ovulationem den endgültigen Implantationsort (meistens an der Hinterwand des Uterus), wo sie

---

3 Pschyrembel, Klinisches Wörterbuch, S. 653: „Gameten: zusammenfassende Bezeichnung für männliche und weibliche Keimzellen"; Roche, Lexikon Medizin, S. 593: „Gamet: die reife, zur geschlechtlichen Befruchtung befähigte Keimzelle als Endstadium der Gametogenese, beim Menschen die Eizelle (Makrogamet) bzw. das Spermium (Mikrogamet)".

4 Schmidt-Matthiesen/Wallwiener, Gynäkologie und Geburtshilfe, S. 149.

5 Schmidt-Matthiesen/Wallwiener, Gynäkologie und Geburtshilfe, S. 150.

6 Roche, Lexikon Medizin, S. 1116.

7 Roche, Lexikon Medizin, S. 203.

sich fixiert; diese Fixierung der bisher wandernden Blastozyste am gewählten Implantationsort, die Adhärenz heißt, leitet die Phase der *Implantation* ein. Die Implantation – auch Nidation genannt – vollendet sich bis zum 12. Tag mit der Penetration und der abgeschlossenen Einnistung der Blastozyste in die hormonal vorbereitete Uteruswand.[8] Die Entwicklung der Zygote und Blastozyste zwischen 1. und 15. Gestationstag ist als *Blastogenese* (Keimentwicklung) bekannt.[9]

Die Entwicklung des intrauterinen menschlichen Lebens nach der Nidation bis zur Geburt wird auch in Perioden unterschieden. Die Zeit vom 16. bis zum 60. Gestationstag heißt *Embryogenese*. In dieser Zeit entwickelt sich die innere Zellmasse der Blastozyste, die Embryoblast heißt, zum Embryo.[10] Während dieser hochsensiblen Periode beginnt die *Organogenese*, nämlich die Vermehrung, das Wachstum und die Differenzierung der Zellen der dreiblättrigen Keimscheibe zu embryonalen Organanlagen.[11] Der Embryogenese folgt die Periode der *Fetogenese*, während der sich die Frucht im Mutterleib weiterentwickelt; ab dem 61. Gestationstag bis zur Geburt wächst der gesamte Organismus, die Organe differenzieren sich (entwickeln sich nicht mehr) und werden funktionell aktiv.[12]

Wegen der verschiedenen Entwicklungsstadien, die das werdende menschliche Leben vom Zeitpunkt der Empfängnis bis zur Geburt durchläuft, sind auch mehrere Begriffe in der Medizin bzw. der Rechtswissenschaft festgelegt, die das pränatale menschliche Leben beschreiben. Infolgedessen ist eine Erklärung der entsprechenden Terminologie für die weitere Darstellung erforderlich.

Besonders häufig ist der Gebrauch des Begriffs „*Embryo*“, der aus dem griechischen Wort „*έμβρυον*“ (emvryon) stammt und die Frucht in der Gebärmutter während der Embryogenese bedeutet.[13] Dieser Terminus wird in den Naturwissenschaften dazu gebraucht, um das pränatale Leben bis zum 60. Gestationstag zu bezeichnen. Für die Beschreibung des pränatalen menschlichen Lebens während der übrigen Entwicklungszeit vom 61. Gestationstag bis zur Geburt verwenden die Naturwissenschaften den Begriff „*Fetus*“ (oder Fötus), der lateinischer Herkunft ist und als Bezeichnung für die Frucht im Mutterleib während der Fetogenese gilt.[14]

Die Rechtswissenschaft und der Gesetzgeber haben beide oben genannten Begriffe verwendet, nicht aber immer in demselben Sinne. Der Begriff „Embryo“ wird nämlich häufig im Rahmen des gleichnamigen Embryonenschutzge-

---

8 Schmidt-Matthiesen/Wallwiener, Gynäkologie und Geburtshilfe, S. 150.

9 Pschyrembel, Klinisches Wörterbuch, S. 250.

10 Pschyrembel, Klinisches Wörterbuch, S. 509.

11 Pschyrembel, Klinisches Wörterbuch, S. 1393.

12 Pschyrembel, Klinisches Wörterbuch, S. 596.

13 Pschyrembel, Klinisches Wörterbuch, S. 509.

14 Pschyrembel, Klinisches Wörterbuch, S. 599.

setzes (ESchG) gebraucht, er hat aber eine andere Bedeutung als bei den Naturwissenschaften. Das ESchG legt in § 8 fest, dass als Embryo die befruchtete, entwicklungsfähige menschliche Eizelle vom Zeitpunkt der Kernverschmelzung an, ferner jede einem Embryo entnommene totipotente Zelle[15] zu verstehen sei, die sich bei Vorliegen der dafür erforderlichen weiteren Voraussetzungen zu teilen und zu einem Individuum zu entwickeln vermöge. Genauso umfangreich ist die Verwendung des Begriffs im Rahmen des Stammzellgesetzes (StZG), das zur Ergänzung des Embryonenschutzes, was den Umgang mit extrakorporal gezeugten, überzähligen Embryonen betrifft, verabschiedet wurde. Das StZG, ähnlich wie das ESchG, legt in § 3 Nr. 4 fest, dass ein Embryo „jede menschliche totipotente Zelle, die sich bei Vorliegen der dafür erforderlichen weiteren Voraussetzungen zu teilen und zu einem Individuum zu entwickeln vermag", sei. Der Begriff „Embryo" wird also im Gesetz grundsätzlich dazu benutzt, um das werdende menschliche Leben vor der Implantation in den mütterlichen Organismus zu beschreiben, und zwar die Frucht, die in vitro erzeugt wurde und sich außerhalb des Körpers der Mutter befindet.

Auf ähnliche Weise weicht die Verwendung des Begriffs „Fetus" in der Lehre bzw. im Gesetz von dieser in den Naturwissenschaften ab; die rechtliche Bedeutung des Begriffs ist eher das pränatale menschliche Leben, das sich bereits mit dem mütterlichen Organismus durch die Nidation verbunden hat. In diesem Sinne wird der Terminus im Rahmen des ESchG verwendet, das in § 5 Abs. 4 Nr. 2a bzw. in § 6 Abs. 1 zwischen „Embryo" und „Foetus" unterscheidet. Dieser Unterschied wird mehrmals auch im Rahmen des Transplantationsgesetzes (TPG) gemacht, und zwar in § 4a, § 5 Abs. 3 und § 8c Abs. 3.

Begriffe, die besonders im StGB[16] zitiert werden, sind das „Ungeborene", das „ungeborene Leben" und das „Kind", womit das pränatale Leben bezüglich des künftigen, aber auch ungewissen Ereignisses der Geburt definiert wird. Im Allgemeinen aber sind die übrigen Vorschriften des StGB über den Schwangerschaftsabbruch eher abstrakt formuliert, da sie generell die „Schwangerschaft" ansprechen. Ebenso periphrastisch wird im BGB jemand, der „zur Zeit des Erbfalls noch nicht lebte, aber bereits gezeugt war" (§ 1923 Abs. 2 BGB), oder ein „noch nicht gezeugter Nacherbe" bzw. eine „noch nicht gezeugte Person" (§ 2101 Abs. 1 BGB) erwähnt. In § 1912 BGB wird der genauere Begriff „Leibesfrucht" gebraucht, um das pränatale Leben zu beschreiben, der auch in § 14 Abs.

---

15 Keller/Günther/Kaiser, ESchG, S. 296: „Totipotenz ist die Fähigkeit der Einzelzellen eines sehr frühen Embryonalstadiums (4- bis 8-Zell-Stadium) zur vollen Differenzierung zu einem lebensfähigen Organismus nach Lösung aus dem Zellverband."

16 § 219 Abs. 1 StGB.

2 der (Muster-)Berufsordnung für die deutschen Ärztinnen und Ärzte (Stand 2006) betreffs des Schutzes der toten Leibesfrucht erwähnt wird.

Andere Termini, die in der Literatur eingesetzt werden, sind etwa der „Nasciturus“, der aus dem Lateinischen stammt und den bezeichnet, der zukünftig geboren wird[17], oder der „Keimling“ bzw. das „werdende Leben/Kind“.

Objekt der folgenden Untersuchung eines möglichen strafrechtlichen Schutzes der menschlichen Leibesfrucht vor schädigenden Einwirkungen mit eventuellen postnatalen Folgen ist nicht der Embryo *in vitro*, also der sich außerhalb des lebenden Organismus befindende extrakorporal erzeugte Embryo[18], sondern die Leibesfrucht *in vivo*, d.h. die sich in dem lebenden Organismus befindende Leibesfrucht[19] und zwar nach der Nidation.[20] Die Behandlung von Themen, die den Embryo in vitro betreffen, ist sowohl aus Gründen der Stoffbegrenzung als auch wegen der verschiedenen Sachverhalte ausgeschlossen. Auch die Problematik des Embryos in vitro ist, im Gegensatz zu der der Leibesfrucht in vivo, durch das Embryonenschutzgesetz in breitem Umfang – allerdings unzureichend[21] – geregelt und eingehend untersucht.[22]

In der folgenden Analyse, die den möglichen strafrechtlichen Schutz des pränatalen Lebens vom Zeitpunkt der Nidation bis zur Geburt betrifft, wird der Terminus „Embryo“ nur dann eingesetzt, wenn die Rede vom pränatalen Leben in vitro ist. Was das pränatale Leben in vivo nach der Nidation betrifft, wird grundsätzlich der Begriff „Leibesfrucht“ verwendet, der das pränatale Leben in utero sowohl während der Embryogenese als auch während der Fetogenese bezeichnet, nämlich vom Zeitpunkt des Abschlusses der Implantation bis zum Beginn der Geburt.[23] Schließlich werden, was das Leben außerhalb des mütterlichen Organismus betrifft, – außer dem Begriff „Embryo“ – die Begriffe „Neugeborenes“ (für die Zeit nach dem Beginn der Geburt), „Frühgeborenes“ (betreffs des Kindes, das durch vorzeitige Geburt vom mütterlichen Körper getrennt wurde) und „Fehlgeborenes“ (wenn es um ein Kind geht, das durch eine Fehlgeburt vom Mutterleib abgestoßen wurde) gebraucht.

---

17 Klotz, Handwörterbuch Lateinisch-Deutsch, S. 476: Nascientia,-ae: Geburt, Geburtsstunde; Nascor, natus sum, nasci: gezeugt, geboren werden.

18 Pschyrembel, Klinisches Wörterbuch, S. 931.

19 Pschyrembel, Klinisches Wörterbuch, S. 931.

20 Pschyrembel, Klinisches Wörterbuch, S. 1343: „Nidation: die am 5. und 6. Entwicklungstag erfolgende und am 11.-12. Tag abgeschlossene Einnistung der Blastozyste in der Schleimhaut des Uterus.“

21 Laufs, in: Laufs/Uhlenbruck, Handbuch des Arztrechts, § 129 Rn. 18, 19; Ulsenheimer, Arztstrafrecht in der Praxis, § 7 Rn. 358a.

22 Mehr zu diesem Thema in: Keller/Günther/Kaiser, ESchG.

23 Pschyrembel, Klinisches Wörterbuch, S. 1083.

Ferner ist eine weitere Themeneingrenzung wegen der verschiedenen Problematik erforderlich. Objekt der folgenden Untersuchung ist der mögliche strafrechtliche Schutz der Leibesfrucht, deren Austragung bis zur Geburt die Eltern wünschen. Die Problematik des vorsätzlichen Schwangerschaftsabbruchs ist also von der folgenden Erörterung ausgeschlossen, da sie durch die §§ 218ff. StGB strafrechtlich eingehend geregelt ist. Demnach ist als Gegenstand der vorliegenden Ausarbeitung der mögliche strafrechtliche Schutz vor schädigenden Einwirkungen mit pränatalen oder eventuellen postnatalen Folgen der menschlichen Leibesfrucht in vivo, deren Geburt die Eltern gewollt und geplant haben, zu verstehen.

1. Mögliche schädliche Folgen von Einwirkungen auf die Leibesfrucht

Es wurde bereits geklärt, dass Einwirkungen, die den Tod der Leibesfrucht vorsätzlich verursachen, unter die Straftatbestände der §§ 218ff. StGB subsumiert werden und von der folgenden Untersuchung ausgeschlossen sind. Außer der vorsätzlichen Tötung der Leibesfrucht gibt es aber noch andere Risiken, die eine Leibesfrucht während der Schwangerschaft eingeht. Auch lassen sich verschiedene Folgen zu Lasten der Leibesfrucht oder des sich aus ihr entwickelnden Menschen unterscheiden, die weiter untersucht werden.

Zwar hat der Fortschritt der Wissenschaft in den letzten Jahrzehnten die prä- bzw. perinatale kindliche Mortalitätsrate erheblich gesenkt, die Risiken einer Schwangerschaft sind trotzdem nicht völlig gebannt worden. Schwangerschafts- bzw. Geburtskomplikationen können den Tod des Kindes gerade während oder nach der Geburt verursachen. Die perinatale Mortalität, d.h. die Zahl der Totgeborenen und in den ersten 7 Lebenstagen Gestorbenen je 1000 Lebend- und Totgeborenen, betrug 2001 in Deutschland 5,9 Kinder.[24] Ebenfalls stellen Komplikationen bei der Schwangerschaft oder der Geburt sowie verkürzte Schwangerschaft bzw. Untergewicht und Fehlbildungen der Leibesfrucht Ursachen der Säuglingssterblichkeit dar. Unter ihr versteht man die Anzahl der im 1. Lebensjahr gestorbenen Kinder bezogen auf 1000 Lebendgeborene des Sterbejahrs unter Berücksichtigung der Geburtenentwicklung. Diese Anzahl betrug 2005 in Deutschland bei männlichen Säuglingen 4,4 und bei weiblichen 3,5.[25] Aber auch der intrauterine Fruchttod bleibt noch eine nicht so seltene Realität, da er bei

---

24 Pschyrembel, Klinisches Wörterbuch, S. 1829, Stichwort: Sterblichkeit, perinatale.

25 Pschyrembel, Klinisches Wörterbuch, S. 1691, Stichwort: Säuglingssterblichkeit.

Schwangerschaftskomplikationen mit einer Häufigkeit von 0,5% aller Schwangeren eintritt.[26] Diese Komplikationen, die den pränatalen bzw. perinatalen Tod der Leibesfrucht verursachen können, sind oft die Folge einer fahrlässigen menschlichen Einwirkung, deren Erscheinungsformen weiter unten detailliert untersucht werden. Genau wie bei einer vorsätzlichen Abtötung, die zunächst als Schwangerschaftsabbruch beurteilt wird, kann der Tod schon innerhalb der Gebärmutter eintreten, oder erst nach der Entbindung des Kindes vom Mutterleib. Die Untersuchung eines möglichen strafrechtlichen Schutzes der Leibesfrucht vor fahrlässiger Tötung, und zwar unabhängig vom Zeitpunkt des Todeseintritts, gehört zum Objekt der folgenden Analyse.

Ebenso wird der mögliche strafrechtliche Schutz der Leibesfrucht vor anderen Beeinträchtigungen außer der Tötung untersucht, nämlich Fälle, in denen die schädliche Einwirkung nicht den Tod, sondern eine Verletzung der Gesundheit und körperlichen Integrität bzw. der normalen Entwicklungsfähigkeit der Leibesfrucht oder des sich aus ihr entwickelnden Menschen zur Folge hat. Ein solcher Fall liegt vor, wenn eine Einwirkung auf die Leibesfrucht ihr eine Erkrankung oder Behinderung schon innerhalb der Gebärmutter verursacht, was zur Störung des normalen Entwicklungsverlaufs und daher zur Geburt eines kranken, behinderten oder missgebildeten Kindes führen kann. Die Verletzung der Leibesfrucht kann aber auch erst postnatal ihre Folgen an den Tag legen, nämlich in Fällen, in denen die Erkrankung oder Behinderung des Kindes außerhalb des mütterlichen Körpers eintritt und einen geborenen Menschen betrifft. Die Verletzung der Leibesfrucht kann entweder vorsätzlich stattfinden oder an einer fahrlässigen Einwirkung liegen, und zwar unabhängig davon, ob die Folgen der Verletzung bereits innerhalb oder erst außerhalb des Mutterleibes in Erscheinung treten. Sämtliche Fälle sind in den Stoff der folgenden Untersuchung eines eventuellen strafrechtlichen Schutzes der Leibesfrucht vor schädlichen Einwirkungen mit einzubeziehen.

2. Pränatale Einwirkungen, die den Tod oder die Verletzung der Leibesfrucht hervorrufen können

Die Entwicklung der Leibesfrucht während der Schwangerschaft ist in hohem Grade von fremden, kritischen Faktoren abhängig, die sie so erheblich stören können, dass so gravierende Folgen wie die oben genannten, nämlich eine schwere Verletzung oder sogar der Tod der Leibesfrucht, eintreten können. Die

26 Dudenhausen/Pschyrembel, Praktische Geburtshilfe, S. 96.

Schwangerschaft stellt einen Prozess dar, der von der Außenwelt und zwar vom Verhalten anderer Menschen sehr stark beeinflusst wird. Solche Einflussfaktoren bilden vor allem die Verhaltensweisen des betreuenden Arztes bzw. der Schwangeren, da der Erste die medizinische Betreuung der Schwangerschaft übernimmt, während mit der Zweiten die Leibesfrucht körperlich verbunden und daher von ihr abhängig ist. Neben ihnen kommen andere Faktoren in Betracht, die zwar seltener, aber manchmal sehr kritisch den Verlauf der Schwangerschaft beeinflussen können, wie etwa die Familie und die sonstige Umgebung der Schwangeren oder auch völlig unbeteiligte Dritte. Inwieweit bzw. wodurch diese Faktoren die Entwicklung der Schwangerschaft und daher die Gesundheit bzw. das Leben der Leibesfrucht stören können, soll im Folgenden ausführlicher dargestellt werden.

a) Das Verhalten des betreuenden Arztes als mögliche Schadensursache

Der ärztliche Beruf ist eine Tätigkeit, die – wie viele andere – mit einem erhöhten Fehlerrisiko verbunden ist. Er unterscheidet sich aber von anderen Risikoberufstätigkeiten, weil sein potentielles „Opfer" ein Mensch ist und die Folgen eines Fehlers besonders schwerwiegend sein können, da er eine schwere Verletzung oder sogar den Tod hervorrufen kann. Selbstverständlich ist das Schadensrisiko ein natürlicher Bestandteil der Medizin, einer sich immer weiter entwickelnden Wissenschaft, die sehr oft gegen Naturgesetze kämpft und von unberechenbaren Faktoren stark beeinflusst wird. Unter solchen Umständen kann sogar ein sorgfältig praktizierender, gut ausgebildeter und erfahrener Arzt eine Schädigung herbeiführen. Es wird vermutet, dass in der Bundesrepublik Deutschland jährlich 30.000 bis 100.000 (nach anderen Spekulationen sogar 400.000) iatrogene Fehler begangen werden.[27]

Trotz der Annahme einer Schadensmöglichkeit bei medizinischen Eingriffen, oder – besser formuliert – genau wegen des hohen Risikos der ärztlichen Tätigkeit, gehört die Anwendung der Regeln der medizinischen Wissenschaft, wie sie zur Zeit der Behandlung bestehen, zu den fundamentalen arztrechtlichen Maximen bzw. zu den Grundpflichten des Arztes, dessen Aufgabe die kunstgerechte Behandlung durch Vermeiden von Fehlern ist.[28] Die Verpflichtung zur Anwendung der Kunstregeln der Medizinwissenschaft stellte den Ausgangspunkt für die früher breite Verwendung des Begriffs „Kunstfehler" betreffs einer Abweichung von diesen Regeln dar. Die neue Literatur bzw. die Rechtspre-

27 Weidinger, MedR 2004, 289.
28 Deutsch/Spickhoff, Medizinrecht, S. 12.

chung des BGH begünstigen die Verwendung des Begriffs „Behandlungsfehler“, der sowohl falsche Behandlungen im engeren Sinne als auch Mängel in der Diagnose, Prophylaxe und Nachsorge umfasst, nämlich alle Erscheinungsformen eines kunstwidrigen Verhaltens.[29] Die verschiedenen Verhaltensweisen eines Arztes, die als kunstwidrig bzw. als mögliche Schadensursache insbesondere betreffs einer Schwangerschaft beschrieben werden können, werden im Verlauf des vorliegenden Abschnitts detaillierter dargestellt.

Die erfolgreiche Entwicklung einer Schwangerschaft hängt in hohem Maße vom Verhalten des betreuenden Arztes ab, da er die Überwachung des Verlaufs der Schwangerschaft übernimmt und die zukünftigen Eltern über mögliche Komplikationen oder Risiken informiert. Zu seinen Pflichten gehört sowohl die richtige Aufklärung der Eltern als auch die kunstgerechte Durchführung aller erforderlichen normalen oder auch zusätzlichen Vorsorgeuntersuchungen bzw. die kunstgerechte Diagnose und Behandlung aller möglichen Komplikationen, die den Verlauf der Schwangerschaft oder die Gesundheit der Mutter und der Leibesfrucht betreffen.

Da also der betreuende Arzt eine beherrschende Rolle bei der Entwicklung einer Schwangerschaft spielt, kann sich sein Verhalten auch zu einer Gefahrenquelle für das Leben bzw. die Gesundheit der Leibesfrucht entwickeln, eine Möglichkeit, die auch durch die Tatsache verstärkt wird, dass die Schwangerschaft per se eine Situation ist, die mit vielen Risiken und Komplikationsmöglichkeiten in Verbindung steht. Das ärztliche Risikoverhalten lässt sich in Kategorien je nach Art und Weise des Verhaltens unterscheiden, die einzeln aufgeführt werden.

aa) Ärztliche Fehlleistungen durch aktives Verhalten

Eine der wichtigsten Fallgruppen von Behandlungsfehlern, die das Leben bzw. die Gesundheit der Leibesfrucht Gefahren aussetzen, besteht aus Verhaltensweisen des Arztes, die sich aktiv manifestieren. Es gibt immer die Gefahr, dass der Arzt einen Fehler bei der Diagnose oder bei der Behandlung bzw. Untersuchung macht, der die Geburt einer toten oder kranken bzw. behinderten Leibesfrucht oder deren postnatalen Tod bzw. Behinderung verursachen kann.

Eine sehr wichtige und auch nicht seltene Fehlleistung stellt der Diagnosefehler dar.[30] Unter dem Begriff „Diagnosefehler“ ist das Fehlschlagen des Arz-

---

29 Deutsch/Spickhoff, Medizinrecht, S. 108f.

30 Diagnoseirrtümer sind nach ständiger Rechtsprechung nur mit Zurückhaltung und nicht ohne weiteres als Behandlungsfehler zu beurteilen; BGH, VersR 1981, 1033, 1034; OLG Köln, VersR 1989, 631. Vor allem handelt es sich um einen Behandlungsfehler, wie das OLG Schleswig in seinem Urteil vom 13.02.2004 – 4 U 54/02 (SchlHA 2005,

tes, seine Pflicht zur Stellung der richtigen Diagnose zu erfüllen, zu verstehen.[31] Die Diagnose ist die Schlussfolgerung, die der Arzt aus der Symptomkonstellation des Patienten i.S. einer Zuordnung zu bekannten Krankheitsbildern zieht[32], oder – anders formuliert – die Erkennung einer Krankheit. Dazu gelangt der Arzt durch einen wissenschaftlichen Prozess, der Diagnostik heißt; darunter ist eine Sammelbezeichnung für Strategien und Verfahren zu verstehen, die zur ärztlichen Untersuchung bei einer Gesundheitsstörung bzw. Beratungsursache angewandt werden.[33] Zu diesen Verfahren gehören vor allem die Anamnese (Befragung) und körperliche, ggf. apparative und Laboruntersuchungen.

Insbesondere im Hinblick auf die Betreuung einer Schwangerschaft gibt es spezielle Diagnostikverfahren. Der heutige Stand der medizinischen Entwicklung im Bereich der Gynäkologie und Geburtshilfe ist sehr fortgeschritten, besonders im Vergleich zu den geringen Möglichkeiten der pränatalen bzw. perinatalen Medizin der Ära vor den 1980er Jahren. Dieser Fortschritt bietet die Möglichkeit, die Entwicklung der Leibesfrucht in allen Stadien zu beobachten und sogar therapeutisch einzugreifen, wenn eine Entwicklungsanomalie festgestellt oder vermutet wird.

Eine Schwangerschaft benötigt ärztliche Betreuung, die zum Ziel hat, die mütterliche und kindliche Morbidität bzw. Mortalität zu senken.[34] Die Betreuung einer sog. „normalen" Schwangerschaft (im Gegensatz zum Fall einer Risikoschwangerschaft, der weiter unten behandelt wird) besteht aus standardisierten Routineuntersuchungen, die laut Mutterschaftsrichtlinien regelmäßig durchgeführt werden sollten. Zu den Routineuntersuchungen gehört die Anamnese, wobei Daten der Krankengeschichte wie beispielsweise Name, Alter, frühere Geburten bzw. präexistente belastende individuelle Fakten oder risikorelevante Besonderheiten der jetzigen Schwangerschaft erhoben werden.[35] Dazu gehört auch die gynäkologische Untersuchung zur Bestätigung der Schwangerschaft, der sich obligatorische Zusatzuntersuchungen, wie z.B. die Blutdruckmessung, die Bestimmung der Blutgruppe und des Rh-Faktors, bakteriologische Untersu-

---

S. 20) befand, wenn Krankheitserscheinungen in völlig unvertretbarer, der Schulmedizin entgegenstehender Weise gedeutet, elementare Kontrollbefunde nicht erhoben werden oder eine Überprüfung der ersten Diagnose im weiteren Behandlungsverlauf unterbleibt, auch wenn dieser keine Wirkung zeigt. Mehr dazu in: Uhlenbruck/Laufs, in: Laufs/Uhlenbruck, Handbuch des Arztrechts, § 50 Rn. 3.

31 Deutsch/Spickhoff, Medizinrecht, S. 134.

32 Pschyrembel, Klinisches Wörterbuch, S. 422.

33 Pschyrembel, Klinisches Wörterbuch, S. 422.

34 Dudenhausen/Pschyrembel, Praktische Geburtshilfe, S. 17.

35 Dudenhausen/Pschyrembel, Praktische Geburtshilfe, S. 17ff.; Schmidt-Matthiesen/Wallwiener, Gynäkologie und Geburtshilfe, S. 207.

chungen und Ultraschalluntersuchungen anschließen.[36] Nach diesen Standarduntersuchungen hat der Arzt aus der Anamnese und den Befunden zu schlussfolgern, ob eine normale Schwangerschaft vorliegt oder ob ein bzw. mehrere (und welche) besondere Risikofaktoren bestehen. Entsprechend dem Befund ist mit der abschließenden Beratung fortzufahren.

Während die Überwachung einer „normalen" Schwangerschaft weitere Beratung bzw. gynäkologisch-geburtshilfliche Untersuchungen und ggf. die Wiederholung von bereits durchgeführten Untersuchungen umfasst[37], benötigt eine Risikoschwangerschaft nicht nur häufigere und intensivere Betreuung, sondern auch eine Reihe von zusätzlichen Untersuchungen. Unter dem Begriff „Risikoschwangerschaft" ist die Schwangerschaft zu verstehen, bei der eine Gefährdung von Mutter oder Fetus (oder beiden) durch einen oder mehrere Risikofaktoren besteht, wie u.a. das junge (< 20 Lebensjahre) oder fortgeschrittene Alter der Schwangeren (ab dem 30. Lebensjahr bei Erstgebärenden bzw. ab dem 40. Lebensjahr bei Mehrgebärenden), Diabetes mellitus, Schwangerschafts- anämie, Organ- bzw. Infektionskrankheiten oder Übertragung (Überschreitung des Geburtstermins ≥ 7 Tage)[38]. Zu den zusätzlichen Untersuchungen, die bei einer Risikoschwangerschaft indiziert sind und der Untersuchung des ungeborenen Kindes zur frühzeitigen Aufdeckung von Fehlanlagen oder Erkrankungen (wie z.B. von genetischen Defekten) dienen, zählen vor allem die Methoden der pränatalen Diagnostik. Sehr häufig werden die Verfahren der Kardiotokographie[39], der Amnioskopie[40] und der Blutflussmessung zur Diagnostik der respiratorischen Plazentafunktion und die Methode der Doppler-Sonographie[41] bzw. der Ultra-

36 Dudenhausen/Pschyrembel, Praktische Geburtshilfe, S. 31ff.; Schmidt-Matthiesen/Wallwiener, Gynäkologie und Geburtshilfe, S. 208f.

37 Schmidt-Matthiesen/Wallwiener, Gynäkologie und Geburtshilfe, S. 221.

38 Dudenhausen/Pschyrembel, Praktische Geburtshilfe, S. 33f.

39 Dudenhausen/Pschyrembel, Praktische Geburtshilfe, S. 34: „Kardiotokographie ist die fortlaufende simultane Aufzeichnung (Kardiotokogramm, CTG) von fetaler Herzfrequenz und Wehentätigkeit in der Spätschwangerschaft und während der Geburt zur Überwachung des Feten und Erkennung einer intrauterinen Hypoxie".

40 Pschyrembel, Klinisches Wörterbuch, S. 68: „Amnioskopie: Fruchtwasserspiegelung; Methode zur Besichtigung des Fruchtwassers am unteren Eipol durch die intakten Eihäute mit einem durch Vagina und Zervix eingeführten Endoskop (Amnioskop); klares oder durch Emulsion von Vernix milchig aussehendes Fruchtwasser werden als Zeichen eines normalen Schwangerschaftsverlaufs gewertet, Verfärbung des Fruchtwassers als Zeichen einer Gefährdung des Kindes; [...]".

41 Dudenhausen/Pschyrembel, Praktische Geburtshilfe, S. 49: „Doppler-Sonographie: Dauerschallverfahren; ultraschalldiagnostische Methode zur Bestimmung der Blutflussgeschwindigkeit in Herz und Gefäßen".

schalldiagnostik[42] und der Hormonbestimmung zur Diagnostik der nutritiven Plazentafunktion angewendet.[43]

Von besonderer Bedeutung ist aber auch die pränatale Diagnostik genetischer Defekte, da vermutlich > 30% aller Zygoten eine Chromosomenanomalie in sich tragen und eine chromosomale Aberration als Ursache jedes 3. Spontanaborts bzw. bei 5% als Ursache von Totgeborenen betrachtet wird. Ferner weisen 4-5% aller Lebendgeborenen genetische Erkrankungen auf, 2-3% haben erkennbare, schwere morphologische Störungen, 0,6% der Neugeborenen weisen einen veränderten Chromosomensatz auf und 10% der Kinder mit schweren angeborenen Fehlbildungen sterben in den ersten Lebensmonaten. Eine der bekanntesten und sehr häufigen Krankheiten mit Chromosomenstörungen ist z.B. das Down-Syndrom (1:1000 Lebendgeborene), während die Hämophilie A oder die Lippen-Kiefer-Gaumensegelspalten zu den häufigsten mono- und polygenen Krankheiten bzw. das embryofetale Alkoholsyndrom (1-3:1000 Lebendgeborene) zu den häufigsten Morphogenesestörungen zählen.[44] Da 4-5% der Neugeborenen genetisch krank sind, ist eine frühzeitige Aufdeckung der Krankheiten in der Schwangerschaft sehr wichtig. Bei mütterlichem Alter ≥ 35 Jahre bzw. väterlichem Alter ≥ 50 Jahre oder einer Chromosomentranslokation bei einem Elternteil, bei Überträgerinnen eines geschlechtschromosomalen Leidens und bei familiärer Belastung durch einen Stoffwechseldefekt bzw. wenn der Fall eines vorausgegangenen Kindes mit Chromosomenanomalie oder eines vorausgegangenen verwandten Kindes mit neuraler Dysrhaphie vorliegt, ist die Diagnostik von Chromosomenanomalien, angeborenen Stoffwechselerkrankungen, neuralen Dysrhaphien oder sogar die Diagnostik des Geschlechts bei geschlechtschromosomal ererbten Leiden indiziert.[45]

Zu den wichtigsten Methoden der pränatalen Diagnostik genetischer Defekte gehört die Amniozentese (Amniocentesis, Amniopunktion), d.h. die (unter Ultraschallsicht erfolgende) Punktion der Amnionhöhle, meist transabdominal (durch die Bauchdecke der Mutter) oder transzervikal (bei Geburtsbeginn durch den Zervikalkanal).[46] Mit der Amniozentese hängt die Fruchtwasserdiagnostik

---

42 Pschyrembel, Klinisches Wörterbuch, S. 1987: „Ultraschalldiagnostik: Routineverfahren (nach den Mutterschaftsrichtlinien mindestens dreimal während jeder Schwangerschaft), das neben dem Schwangerschaftsnachweis die Plazentalokalisation, die Bestimmung der Kindsgröße und -form, den Nachweis von Mehrlingen sowie die Beurteilung einzelner Organe (Fehlbildungen) gestattet“.

43 Dudenhausen/Pschyrembel, Praktische Geburtshilfe, S. 34.

44 Alle Epidemiologiestatistiken in: Dudenhausen/Pschyrembel, Praktische Geburtshilfe, S. 55.

45 Dudenhausen/Pschyrembel, Praktische Geburtshilfe, S. 56.

46 Pschyrembel, Klinisches Wörterbuch, S. 68.

sehr eng zusammen, da das durch die Amniozentese gewonnene Fruchtwasser genauer untersucht werden kann.[47] Eine weitere Methode ist die Chorionbiopsie (Chorionzottenbiopsie), d.h. die transzervikale oder transabdominale Biopsie des Chorion frondosum der Plazenta in der 7.-12. SSW unter Verwendung spezieller Katheter unter Ultraschallkontrolle zur Gewinnung von Trophoblastzellen, um zytogenetische, DNA-Analysen und biochemische Untersuchungen zu ermöglichen.[48] Andere Methoden der pränatalen Diagnostik genetischer Defekte sind der Triple-Test bei Down-Syndrom[49], die Fetoskopie eventuell mit Biopsie zur pränatalen Diagnostik seltener, schwerwiegender Hautkrankheiten und zur Laserverödung von Gefäßen bei fetofetalem Transfusionssyndrom[50] sowie die pränatale Lungenreifediagnostik.

Bei der Durchführung der Diagnostik kann es sehr häufig zu einer Fehldiagnose kommen, was großenteils daran liegt, dass viele Symptome oft mehrdeutig sind und jeder menschliche Organismus unterschiedlich ist. Obwohl viele Diagnoseirrtümer unter bestimmten Umständen als entschuldbar beurteilt werden können, bleibt eine Fehldiagnose eine wichtige Gefahrenquelle für die Entwicklung einer Schwangerschaft bzw. für die Gesundheit oder das Leben der Leibesfrucht. Wenn beispielsweise der betreuende Arzt die erforderliche Anamnese oder andere Untersuchungen in einer der Schulmedizin entgegenstehenden Weise durchführt und deswegen zu falschen Ergebnissen gelangt, ist er nicht mehr in der Lage, die Schwangerschaft richtig zu betreuen und möglichen Komplikationen gegenüberzutreten, was sich als fatal für die Leibesfrucht erweisen kann. Aber auch eine kunstgerechte Durchführung der Diagnostikmethoden kann zu Fehlinterpretationen führen. Der BGH hat in seinem Urteil vom 30.05.1995 – VI ZR 68/94 einen Fall als Diagnosefehler bewertet, in dem ein Arzt fehlerhaft eine Schwangerschaft gar nicht erkannt und stattdessen ein beginnendes Klimakterium diagnostiziert hatte.[51] Ähnlich ist das Nichterkennen einer bakteriellen Infektion trotz eindeutiger Anzeichen als Fehldiagnose und zwar als grober Behandlungsfehler beurteilt worden[52]; eine nicht erkannte und daher auch nicht behan-

47 Pschyrembel, Klinisches Wörterbuch, S. 638.

48 Dudenhausen/Pschyrembel, Praktische Geburtshilfe, S. 56; Pschyrembel, Klinisches Wörterbuch, S. 341.

49 Dudenhausen/Pschyrembel, Praktische Geburtshilfe, S. 58: „Triple-Test bei Down-Syndrom: simultane Bestimmung von Alphafetoprotein, humaner Choriongonadotropin und Östriol im Serum der Schwangeren in der 17.-20. SSW mit dem Ziel, das Risiko für chromosomale Aberrationen besser zu erfassen".

50 Pschyrembel, Klinisches Wörterbuch, S. 597: „Fetoskopie: direkte intrauterine Betrachtung des Fetus mit dem Fetoskop".

51 BGH, MedR 1996, 21f.

52 OLG Karlsruhe, VersR 1989, 195, 196.

delte Infektion der Schwangeren kann sehr oft zu einer Pränatalinfektion und schwerwiegenden Schädigungen bei der Leibesfrucht bzw. dem Neugeborenen führen.[53] Aber auch die fehlerhafte Bewertung der Befunde der Pränataldiagnostik, z.B. betreffs des Risikos einer Chromosomenaberration bei der Leibesfrucht, die zu Störungen wie dem Down-Syndrom führen kann, ist meistens fatal für die Zukunft der Leibesfrucht.[54] Eine Fehlleistung im Diagnostikbereich wird auch dann angenommen, wenn der Spezialist in einer apparativ nicht optimal ausgestatteten Klinik die Ultraschalluntersuchungen bei einer „Risikopatientin" nicht selbst vornimmt, sondern diese einer Assistenzärztin überlässt, und zwar gleichgültig ob sie über hinreichende Berufserfahrung verfügt.[55]

Eine weitere wichtige und häufig vorkommende Kategorie von aktiven Behandlungsfehlern besteht aus den Behandlungsfehlern im engeren Sinne. Darunter sind solche Fehlleistungen zu verstehen, die mit der Wahl der Behandlungsmethode oder der eigentlichen Durchführung von medizinischen Maßnahmen verbunden sind.

Ein wichtiges Prinzip der Medizinwissenschaft ist der Grundsatz der Behandlungs- oder Therapiefreiheit, gemäß dem der Arzt über die Freiheit verfügt, zum einen den Behandlungsfall überhaupt zu übernehmen oder ihn abzulehnen, zum anderen den bereits übernommenen Fall nach der Methode durchzuführen, die er vorzieht.[56] Was die Behandlungswahl betrifft, erspart sie dem Arzt die Sorgfaltspflichten seines Berufs freilich nicht; die Therapiewahl soll verantwortlich und sachgerecht erfolgen, nämlich nach sorgfältiger Abwägung der Vorteile und Risiken jedes möglichen Verfahrens bzw. unter besonderer Rücksichtnahme auf die Eigenheiten des Patienten und natürlich nach vergleichender Gegenüberstellung aller anderen in Betracht kommenden, konkurrierenden Verfahren der vorgezogenen Methode.[57] Der Arzt darf auch neuartige Behandlungsmethoden einsetzen, nachdem er den Patienten entsprechend darüber aufgeklärt hat, wenn sie wissenschaftlich außer Streit stehen, risikoärmer als die standardmäßigen

---

53 Pschyrembel, Klinisches Wörterbuch, S. 1548: Eine Pränatalinfektion, d.h. eine intrauterine Infektion der Leibesfrucht mit Viren, Bakterien bzw. Protozoen, kann auch von der Schwangeren auf die Leibesfrucht hämatogen (über die Plazenta) oder deszendierend (aus den Eileitern) übertragen werden; diese Infektion kann zu Embryopathien, Fetopathien bzw. angeborenen Fehlbildungen führen, die sich pränatal oder postnatal – unter Umständen erst in der Kindheit – manifestieren.

54 Pschyrembel, Klinisches Wörterbuch, S. 345. Eine solche Fehlbewertung wurde trotzdem vom OLG Köln in seinem Urteil vom 20.06.1988 – 7 U 269/86, VersR 1989, 631, 632, als unerheblich beurteilt.

55 LG Köln, MedR 1999, 323, 325f.

56 Uhlenbruck/Laufs, in: Laufs/Uhlenbruck, Handbuch des Arztrechts, § 52 Rn. 4.

57 Laufs, in: Laufs/Uhlenbruck, Handbuch des Arztrechts, § 99 Rn. 19f.

Verfahren sind oder bessere Ergebnisse versprechen.[58] Im Bereich der Schwangerschaftsbetreuung kann es zu erheblichen Schäden der Leibesfrucht kommen, wenn der betreuende Arzt eine falsche Entscheidung bei der Behandlungswahl trifft. Wenn beispielsweise eine schwere intrauterine Azidose[59] der Leibesfrucht vor Beginn der Geburt durch Fetalblutuntersuchung nachgewiesen worden ist, der Arzt jedoch die sofortige Schnittentbindung[60] ablehnt und stattdessen das lang andauernde Verfahren der vaginalen Geburt vorzieht, kann seine Entscheidung zu Asphyxie[61] bei der Leibesfrucht und zu deren intrauterinem Tod führen. Eine sehr wahrscheinliche Gefahr für die Leibesfrucht liegt auch dann vor, wenn der Arzt eine ungeeignete Therapie gegen eine pränatale Infektion der Leibesfrucht (etwa durch die Übertragung einer Viren- oder Bakterieninfektion von der Schwangeren) vorzieht, was erhebliche Entwicklungsstörungen und pränatale Krankheiten (Embryo- oder Fetopathien) hervorrufen kann. Auf diese Weise liegen viele Spätfolgen, die sich erst im Laufe der Kindheit manifestieren, z.B. als Wachstums- und Entwicklungsstörungen, Hörschaden, Diabetes mellitus Typ 1 oder respiratorische Krankheiten, an pränatalen Infektionen.[62]

Darüber hinaus ist es möglich und auch nicht selten, dass der Arzt die richtige Entscheidung zum Thema der Behandlungswahl trifft, er jedoch die Maßnahme nicht kunstgerecht durchführt. Damit ist gemeint, dass er die Maßnahme nicht mit der nach dem Standard der medizinischen Wissenschaft und Erfahrung berufsfachlich gebotenen (und nicht bloß üblichen!) Sorgfalt vollzieht.[63] Es ist möglich, dass der Arzt die gebotene Sorgfalt bei einem ärztlichen Verfahren im Rahmen der Schwangerschaftsbetreuung nicht aufweist und dadurch eine Verletzung bei der Leibesfrucht verursacht; das wäre beispielsweise beim Einsatz von invasiven Methoden der pränatalen Diagnostik denkbar, wie etwa der

58 Deutsch/Spickhoff, Medizinrecht, S. 131; Laufs, in: Laufs/Uhlenbruck, Handbuch des Arztrechts, § 99 Rn. 21.

59 Pschyrembel, Klinisches Wörterbuch, S. 189: „Azidose: Störung im Säure-Basen-Haushalt mit Abfall des arteriellen pH unter 7,36“; ders., S. 190: „Azidose, intrauterine: durch Fetalblutuntersuchung nachweisbare fetale Azidose (pH<7,25)“. Als Ursache gilt die verminderte Versorgung mit Sauerstoff vor und während der Geburt, z.B. infolge Plazentainsuffizienz, Nabelschnurkomplikation, unregelmäßiger Gabe von Wehenmitteln, Vena-cava-inferior-Syndrom, langer Geburtsdauer; u.U. kann sie intrauterine Asphyxie verursachen.

60 Pschyrembel, Klinisches Wörterbuch, S. 1725: „Schnittentbindung: operative Beendigung der Schwangerschaft oder der Geburt unter chirurgischer Eröffnung des Uterus bei hohem mütterlichem und kindlichem Risiko oder auf Wunsch der Mutter“.

61 Pschyrembel, Klinisches Wörterbuch, S. 162: „Asphyxie: Atemstillstand (Apnoe) mit konsekutivem Herz-Kreislauf-Stillstand“.

62 Dudenhausen/Pschyrembel, Praktische Geburtshilfe, S. 105.

63 Laufs, in: Laufs/Uhlenbruck, Handbuch des Arztrechts, § 99 Rn. 5-7.

Durchführung einer Amniozentese, ohne die Sicherheitsmaßnahme der Ultraschallsicht zu ergreifen.[64]

Mit den Gefahren beider vorgenannten Fälle, nämlich sowohl der Behandlungswahl als auch der Durchführung der gewählten Therapie, sind die fetalchirurgischen Eingriffe sehr eng verbunden. Die FAZ[65] berichtet von einem bisher einzigartigen Fall im Bereich der pränatalen chirurgischen Eingriffe. Die Ärzte der Universitätsklinik Bonn haben das Leben einer Leibesfrucht retten können, die einem hohen Risiko ausgesetzt wurde, nachdem es in der 20. SSW zu einem vorzeitigen Blasensprung gekommen war. Ein so früher Blasensprung führt meistens zu einem Schwangerschaftsabbruch, da er die allgemeine Drohung tödlicher Infektionen bzw. in etwa 30-50% der Fälle eine endgültige Unterbrechung der Lungenentwicklung hervorruft. Die Ärzte setzten ein neues Verfahren ein, das bislang noch nie bei einem vorzeitigen Blasensprung angewendet worden war. Bei diesem Verfahren wird ein Instrument, das Fetoskop heißt, durch den Magen der Schwangeren hindurch zur Leibesfrucht vorgeschoben. Man führt es durch deren Mund in die Luftröhre, wo ein winziger Ballon platziert und aufgeblasen wird. Das hat zur Folge, dass sich die in der Lunge ständig erzeugte Flüssigkeit staut und der entstehende Druck das Organ zum Wachstum anregt. Dadurch erreichten die Ärzte die Weiterentwicklung der Lungen und somit die Rettung der Leibesfrucht. Es lässt sich freilich feststellen, dass solche Eingriffe Risikohandlungen darstellen, die zu erheblichen Schädigungen bei der Leibesfrucht anstatt zu ihrer Rettung führen können, wenn sie nicht sorgfältig von spezialisierten und erfahrenen Ärzten eingesetzt werden. Die Gefahr steigt erheblich im Fall von neuartigen Eingriffen, die noch nie angewendet worden sind.

Außerdem hat die Therapie „am richtigen Ort, von der richtigen Person und zur richtigen Zeit“[66] zu erfolgen. Demgemäß ist eine Fernbehandlung verboten, vor allem wenn der Arzt den Patienten und den Behandlungsfall gar nicht kennt oder er keine Voruntersuchungen vorgenommen hat.[67] So hat das OLG Frankfurt a.M. angenommen, dass sich eine Hebamme nicht auf die telefonischen Anordnungen eines Arztes verlassen dürfe, der die Gebärende nicht einmal gesehen habe.[68]

---

64 Pschyrembel, Klinisches Wörterbuch, S. 68. Mögliche Komplikationen einer Amniozentese, wie z.B. vorzeitiger Blasensprung, Verletzungen des Fetus, Infektionen usw., lassen sich auf ein Minimum reduzieren, wenn die Amniozentese unter Ultraschallsicht erfolgt.

65 FAZ vom 29.10.2007, S. 9.

66 Deutsch/Spickhoff, Medizinrecht, S. 130.

67 Uhlenbruck/Laufs, in: Laufs/Uhlenbruck, Handbuch des Arztrechts, § 53 Rn. 16.

68 OLG Frankfurt/M, MedR 1991, 207, 209.

Des Weiteren gehört es zu den Pflichten des Arztes, die Behandlung persönlich vorzunehmen, bzw. ist es verboten, die Durchführung der ärztlichen Maßnahmen auf (nicht ärztliche) Dritte zu übertragen. Zu den nicht delegationsfähigen Leistungen zählen vor allem die Leistungen, die aufgrund ihrer Schwierigkeit bzw. Gefährlichkeit oder der Unvorhersehbarkeit möglicher Reaktionen ärztliches Fachwissen voraussetzen und vom Arzt selbst vorgenommen werden müssen.[69] Es kann z.B. zu fatalen Ergebnissen führen, wenn der betreuende Arzt eine schwierige operative Handlung an der Schwangeren oder den Einsatz einer Methode der Pränataldiagnostik einer Krankenschwester oder einem noch nicht zugelassenen bzw. unerfahrenen Praktikanten überlässt. Der BGH hat z.B. entschieden, dass die Überwachung eines Kardiotokogramms (CTG) die pflegerische Kompetenz einer Nachtschwester übersteigt.[70]

Ebenso ist der Arzt verpflichtet, die erforderlichen Maßnahmen den Maßstäben der medizinischen Wissenschaft entsprechend rechtzeitig zu vollziehen.[71] Es ist beispielsweise erforderlich, bei vorzeitigem Blasensprung vor der 35. SSW eine antibiotische Prophylaxe so schnell wie möglich einzusetzen, weil innerhalb von 24 Stunden nach vorzeitigem Blasensprung 2-4% der Feten eine Infektion aufweisen, ein Prozentsatz, der auf 20% nach 48 Stunden steigt. Da aber die Schwangere oft spät aufgenommen wird, wird auch die Prophylaxe zu spät begonnen.[72] Die Wichtigkeit des rechtzeitigen Eingreifens des Arztes lässt sich auch durch folgendes Beispiel feststellen: Im Fall eines Amnioninfektionssyndroms ist die Schwangerschaft schnell zu beenden, sonst verdoppelt sich die Gefahr der perinatalen Mortalität.[73]

Weiterhin gehört auch eine Übermaßbehandlung zu den Behandlungsfehlern i.e.S. Darunter ist eine wissenschaftlich unvertretbare Überschreitung des Maßes betreffs des Einsatzes einer medizinischen Maßnahme, etwa eine Überdosis eines Medikamentes oder die unzulässige übermäßige Strahlenaussetzung, zu verstehen. Die Unvertretbarkeit der Überschreitung wird selbstverständlich dem Stand der Medizin- wissenschaft zum Zeitpunkt der Durchführung der Maßnahme gemäß beurteilt.[74] Während der Schwangerschaft sind z.B. Impfungen auf vitale Indikationen (etwa Tollwut) oder unaufschiebbare Auslandsreisen (Gelbfieber, Typhus, Cholera) zu beschränken; daraus lässt sich schlussfolgern,

69 Uhlenbruck/Laufs, in: Laufs/Uhlenbruck, Handbuch des Arztrechts, § 47 Rn. 1, 4. Davon ausgenommen sind vorbereitende, unterstützende oder ergänzende Tätigkeiten, die vom Hilfspersonal des Arztes durchgeführt werden dürfen.

70 BGH, MedR 1996, 466, 468f.

71 Uhlenbruck/Laufs, in: Laufs/Uhlenbruck, Handbuch des Arztrechts, § 52 Rn. 15.

72 Dudenhausen/Pschyrembel, Praktische Geburtshilfe, S. 88.

73 Dudenhausen/Pschyrembel, Praktische Geburtshilfe, S. 89.

74 Deutsch/Spickhoff, Medizinrecht, S. 132.

dass ein Übermaß an Impfungen möglicherweise gefährlich für die Leibesfrucht ist, obwohl Impfungen im richtigen Maß wegen der besonderen Empfindlichkeit der Schwangeren erforderlich sind.[75]

Schließlich wird eine zusätzliche Kategorie von ärztlichen Fehlleistungen angenommen, nämlich die Kategorie des sog. begleitenden Fehlers, d.h. einer Fehlleistung, die nicht die eigentliche, erfolgreich entwickelte Behandlung betrifft, sondern die sonstigen Tätigkeiten um die Behandlung herum umschließt. Unter dem Begriff des begleitenden Fehlers können z.B. Nebenwirkungen, Kontraindikationen oder sogar das Zurücklassen von Fremdkörpern in einer Wunde subsumiert werden.[76] So kann z.B. ein betreuender Arzt, der einen Eingriff an der Schwangeren vornimmt, wobei er Kontraindikationen völlig außer Acht lässt, die Leibesfrucht Schädigungsgefahren aussetzen.

bb) Ärztliche Fehlleistungen durch Unterlassen

Das Fehlverhalten des Arztes kann nicht nur aus einer kunstwidrigen Übernahme bzw. Durchführung einer ärztlichen Maßnahme, sondern auch aus dem Nichttätigwerden trotz seiner Erforderlichkeit bestehen. Eine der wichtigsten ärztlichen Fehlleistungen, die das Leben oder die normale Entwicklung bzw. die Gesundheit der Leibesfrucht gefährden, stellt das gegen die berufsfachlich gebotene Sorgfalt verstoßende Unterlassen einer erforderlichen Maßnahme dar.

Solche Unterlassungen finden oft im Bereich der Diagnostik statt und sind Gegenstand einer umfangreichen Rechtsprechung geworden. Dazu ist z.B. vom BGH entschieden worden, dass das Unterlassen von üblichen und notwendigen Untersuchungsmaßnahmen als grober Behandlungsfehler bewertet werden könne.[77] Darüber hinaus hat der BGH, aufgrund eines Falles aus dem Bereich der Schwangerschaftsbetreuung, die Nichterhebung von Befunden als möglicherweise groben Behandlungsfehler angesehen; in diesem Fall wurden die Anzeichen einer bevorstehenden Frühgeburt wegen der Unterlassung der erforderlichen vaginalen Untersuchung der Schwangeren nicht erkannt, was der BGH als Behandlungsfehler, obgleich nicht grob, beurteilt hat.[78] Die nicht selten auftretende Unterlassung der gebotenen Diagnostikverfahren kann eine misslungene Diagnose zur Folge haben und damit in das Unterbleiben der erforderlichen Therapie münden. Besonders schwere Folgen für die Gesundheit oder sogar für das Leben der Leibesfrucht hat die Unterlassung von Zusatzuntersuchungen der

75 Dudenhausen/Pschyrembel, Praktische Geburtshilfe, S. 121f.
76 Deutsch/Spickhoff, Medizinrecht, S. 133.
77 BGH, MedR 1991, 83, 84.
78 BGH, MedR 1995, 70, 71.

pränatalen Diagnostik, die im Fall einer sog. Risikoschwangerschaft indiziert sind.

Die gleichen Folgen kann auch die kunstwidrige Unterlassung von gebotenen Maßnahmen im Rahmen der Therapie haben, wie z.B. die Unterlassung einer erforderlichen intrauterinen Behandlung der Leibesfrucht im Fall einer Komplikation, die zum Tode oder zu erheblichen Behinderungen der Leibesfrucht führen kann (wie etwa ein Nabelschnurvorfall, eine vorzeitige Plazentalösung oder eine Plazentainsuffizienz).[79] Als Unterfall der Nichtbehandlung wird auch eine verspätete Behandlung angenommen, wenn das Tätigwerden des Arztes dringend erforderlich war.[80]

cc) Informations- und Aufklärungsmängel

Eine besondere Kategorie von ärztlichen Fehlleistungen, die die Leibesfrucht Gefahren aussetzen und getrennt dargestellt werden, sind die Aufklärungsmängel im Rahmen der Patientenberatung. Die Patienten sind keine passiven Objekte der ärztlichen Behandlung, vielmehr ist ihre aktive Teilnahme daran ein entscheidender, zum Erfolg der Therapie beitragender Faktor. Es ist nämlich von sehr großer Bedeutung, dass der Patient z.B. die richtige Dosierung eines Medikamentes zu sich nimmt, oder eine besondere Lebensweise zur Abwendung von Komplikationen führt. Unentbehrliche Voraussetzung für die zweckentsprechende, mitwirkende Teilnahme des Patienten an allen Verfahren, die der Pflege seiner Konstitution dienen, ist eine richtige, vollständige Aufklärung vonseiten des Arztes.

Es gehört zu den Pflichten des Arztes, dem Patienten besondere Anweisungen und sonstige Informationen über den Verlauf, die Möglichkeiten, die Wirkungen und die Risiken der Behandlung bzw. der zu behandelnden Konstellation zu geben. Abgesehen von der Pflicht zu der sog. Selbstbestimmungsaufklärung, die auf der verfassungsrechtlich legitimierten (Art. 1 Abs. 1 i.V.m. Art. 2 Abs. 1 und Abs. 2 S. 1 GG) Patientenautonomie bzw. dem Selbstbestimmungsrecht des Patienten beruht und den ärztlichen Eingriff rechtfertigt, ist hier die sog. therapeutische Aufklärung oder Sicherungsaufklärung von besonderer Bedeutung. Darunter ist die Pflicht des Arztes zu verstehen, den Patienten rechtzeitig und vollständig über seinen Gesundheitszustand aufzuklären und ihm alle Informationen zur Verfügung zu stellen, die seine medizinische Versorgung ermöglichen bzw. unterstützen. Zweck dieser Aufklärung ist sowohl die Gewährleistung des Behandlungserfolgs als auch der Schutz des Patienten vor durch Komplikationen oder Nebenwirkungen bedingten Schäden. Zu den Informatio-

79 Dudenhausen/Pschyrembel, Praktische Geburtshilfe, S. 96.

80 Deutsch/Spickhoff, Medizinrecht, S. 130.

nen, die dazu beitragen, gehören die Aufklärung des Patienten über Art und Risiken seiner Krankheit oder Anfälligkeit, die Hinweise über notwendige Maßnahmen, unter Einbeziehung ihrer Alternativen und Gefahren, und die Anweisungen betreffs erforderlicher Veränderungen seiner Lebensweise bzw. Medikamentendosis oder Nebenwirkungen.

Insbesondere im Bereich der Schwangerenbetreuung ist es ärztliche Aufgabe, die Schwangere unfassend zu informieren, und zwar über Schwangerschafts- und Geburtsverlauf, Methoden der Geburtsvorbereitung bzw. -überwachung, Anzeichen der Geburt, Ernährung, Substitution von Eisen und anderen Mikronährstoffen, Lebensführung, Alkohol- und Nikotinkonsum, Reisen und Schwangerschaftsbeschwerden.

Ein erhebliches Risiko für die Entwicklung der Schwangerschaft stellt die Möglichkeit einer ungenügenden, unklaren und daher kunstwidrigen Aufklärung der Eltern dar. Die unvollständige Aufklärung über gebotene Maßnahmen im Fall einer Komplikation oder in Zusammenhang mit der besonderen Betreuung einer Risikoschwangerschaft kann zu erheblichen Schäden bei der Leibesfrucht oder zu ihrem Tod führen. Der BGH hat schon über Fälle entschieden, in denen der Arzt den Eltern schuldhaft falsche oder lückenhafte Auskunft über die Erforderlichkeit eines gebotenen Schwangerschaftstests zur Früherkennung pränataler Vorschäden des Kindes gab.[81] Schwerwiegende Folgen für die Leibesfrucht, besonders in Zusammenhang mit einer Risikoschwangerschaft, kann aber auch eine mangelnde oder fehlerhafte Auskunft über erforderliche Veränderungen der Lebensweise der Eltern haben, wie etwa das Vermeiden von Sporttreiben und sonstigen Körperbelastungen in bestimmten Fällen, oder die Ergänzung bzw. Verbesserung der Ernährung.

Dementsprechend hat die Rechtsprechung bereits festgestellt, dass ein Frauenarzt die Schwangere über die Möglichkeit, aber auch über die Risiken einer Fruchtwasseranalyse aufzuklären habe, wenn bestimmte Risikofaktoren (Alter der Schwangeren) vorliegen.[82] Ferner wurde schon entschieden, dass es zu den Sorgfaltspflichten einer Ärztin, die eine Schwangere während der gesamten Schwangerschaft betreue, gehöre, alle für die Eltern des werdenden Kindes wichtigen Informationen bezüglich der Schwangerschaft zu ermitteln und an diese weiterzugeben.[83] Außerdem wurde auch bejaht, dass der Arzt verpflichtet sei, über das altersbedingt erhöhte Risiko der genetischen Schädigung der Leibesfrucht und über die Möglichkeiten der pränatalen Diagnostik zu beraten, und dass diese Verpflichtung generell und umfassend bestehe und nicht nur dann,

81 BGHZ 86, 240; 89, 95.

82 LG Dortmund, MedR 1985, 95.

83 LG Lübeck, NJW 1985, 2197, 2199.

wenn die Patientin die Aufklärung ausdrücklich wünsche.[84] Schließlich nimmt die Rechtsprechung an, dass der Arzt verpflichtet sei, eine Schwangere richtig und vollständig über das Risiko einer Chromosomenanomalie des Kindes, die Möglichkeiten ihrer Feststellung und die damit verbundenen Risiken aufzuklären.[85]

b) Die Lebensweise der Schwangeren als mögliche Schadensursache

Eine kunstgerechte Betreuung der Schwangerschaft bedeutet nicht per se, dass die Entwicklung der Leibesfrucht unter den bestmöglichen Bedingungen stattfindet. Von sehr großer Relevanz für die normale Entwicklung der Schwangerschaft und die Gesundheit der Leibesfrucht ist nämlich das Verhalten der Schwangeren, bedingt durch ihre enge körperliche Verbindung. Die Lebensweise der Schwangeren kann die Quelle erheblicher Schäden oder sogar des Todes der Leibesfrucht darstellen oder zu deren postnataler Behinderung oder deren Tod führen. Es ist z.B. möglich, dass die Gesundheit der Leibesfrucht erheblich belastet wird, wenn die Schwangere Drogen konsumiert oder Extremsportarten betreibt. Als gefährlich gilt auch der tägliche Alkoholkonsum (> 17 g), da die Abort- und Frühgeborenenrate bei Alkoholabusus erhöht ist. Außerdem sind Kinder chronischer Alkoholikerinnen von einem embryofetalen Alkoholsyndrom bedroht, das Untergewicht, Mikrozephalie[86], somatische bzw. psychische Retardierung, aber auch Gesichts- und weitere Fehlbildungen einbezieht.[87] Ähnliches gilt für den Nikotinkonsum, da der erhöhte Zigarettenkonsum in der Schwangerschaft zur Geburt von intrauterin mangelentwickelten Neugeborenen beiträgt; Kinder rauchender Mütter sind im Durchschnitt 150-200 g leichter. Auch können sie Verhaltensstörungen und mentale Retardierung aufweisen.[88]

Ein Risikofaktor, der jedoch nicht immer von der Schwangeren gewollt herbeigeführt wird, sind die schlechten Ernährungsgewohnheiten. Eine an Eisen, Iod, Folsäure oder Calcium mangelnde Ernährung kann die normale Entwicklung der Leibesfrucht stören und sogar ihr Leben bedrohen. Es ist z.B. erwiesen, dass ein Iodmangel für erhöhte perinatale Mortalität und Säuglingssterblichkeit verantwortlich ist. Darüber hinaus kann der Mangel an Folsäure zu Neuralrohr-

---

84 OLG Düsseldorf, NJW 1989, 1548, 1549.

85 OLG Köln, Urteil vom 20.06.1988 – 7 U 269/86, VersR 1989, 631.

86 Pschyrembel, Klinisches Wörterbuch, S. 1222: „Mikrozephalie: Form der Dyszephalie, mit Verkleinerung des Schädelumfangs“.

87 Dudenhausen/Pschyrembel, Praktische Geburtshilfe, S. 61.

88 Dudenhausen/Pschyrembel, Praktische Geburtshilfe, S. 61.

defekten führen, wie beispielsweise zu Anenzephalie[89], Spina bifida[90], Meningomyelozele[91], begleitet von frühem Tod oder dauerhafter Behinderung.[92] Natürlich sind Ernährungsprobleme nicht immer durch die Lebensweise der Schwangeren bedingt, wie etwa beim Vegetarismus ohne indizierte Ernährungssupplemente. Oft sind solche Probleme durch Armut, niedrigen Sozialstatus oder mangelnde Bildung verursacht. Aber auch chronische Erkrankungen, häufige Infektionen oder Essstörungen können zu Ernährungsproblemen führen.[93]

Eine durch die Schwangere herbeigeführte Bedrohung für die Leibesfrucht kann durch die Unterlassung medizinischer Betreuung oder notwendiger Untersuchungen und Maßnahmen während der Schwangerschaft bestehen. Eine leichtfertige Schwangere, der die Schwangerschaft und deren Risiken gleichgültig sind, mag kritische Untersuchungen bzw. Behandlungen zur Feststellung oder Therapie von Anomalien bei der Leibesfrucht auslassen und dadurch mittelbar zu fatalen Folgen für die Gesundheit oder sogar für das Leben der Leibesfrucht bzw. des sich daraus entwickelten Neugeborenen führen.

Schließlich gibt es Fälle, in denen die Schwangere alle notwendigen Maßnahmen ergreift, um die optimale Entwicklung der Leibesfrucht zu gewährleisten, jedoch liegen andere, nicht bekämpfbare Risikofaktoren vor, die die Gesundheit der Leibesfrucht einer ernsten Gefahr aussetzen. Als Beispiele dafür könnten das sehr fortgeschrittene Alter (die Entscheidung für eine Schwangerschaft nach dem Alter von 45 Jahren bedeutet für die Leibesfrucht allein dadurch ein Chromosomenaberrationenrisiko von 6,2%[94]) oder eine sehr schwerwiegende Infektionskrankheit der Schwangeren, wie die HIV-Erkrankung, dienen.

---

89 Pschyrembel, Klinisches Wörterbuch, S. 83: „Anenzephalie: schwerste, relativ häufige Fehlbildung mit Fehlen des Schädeldachs (Akranie) und Fehlen oder Degeneration wesentlicher Teile des Gehirns infolge des ausbleibenden Verschlusses des Neuralrohrs in der Gehirnregion“.

90 Pschyrembel, Klinisches Wörterbuch, S. 1805f.: „Spina bifida: Sammelbegriff für alle angeborenen Spaltbildungen im hinteren oder vorderen Teil der Wirbelsäule, meist dorsal im Lumbal- oder Sakralbereich; Hemmungsfehlbildung mit unvollständigem Verschluss der Medullarrinne bzw. des Neuropodus caudalis“.

91 Pschyrembel, Klinisches Wörterbuch, S. 1205: „Meningomyelozele: häufigste Fehlbildung des Rückenmarks bei Spina bifida (partialis)“.

92 Dudenhausen/Pschyrembel, Praktische Geburtshilfe, S. 60.

93 Dudenhausen/Pschyrembel, Praktische Geburtshilfe, S. 60f.

94 Pschyrembel, Klinisches Wörterbuch, S. 345.

c) Das Verhalten Dritter als mögliche Schadensursache

Nicht nur der Arzt oder die Schwangere sind in der Lage, die Leibesfrucht durch ihr Verhalten zu schädigen. Die enge körperliche Verbindung der Leibesfrucht mit der Schwangeren bedeutet, dass auch ein Dritter eine erhebliche Schädigung oder den Tod der Frucht durch Einwirkung auf die Schwangere herbeiführen kann. Der Dritte mag zum familiären bzw. sozialen Umfeld der Schwangeren gehören oder völlig unbekannt sein. Die Einwirkung kann sowohl eine direkte als auch eine indirekte Einwirkung auf den Körper der Schwangeren sein. Eine direkte Einwirkung auf die Schwangere, die auch die Leibesfrucht schädigen oder töten kann, besteht z.B. in einer körperlichen Verletzung der Schwangeren, entweder vorsätzlich oder auch fahrlässig. Ein indirektes Verursachen von Gesundheitsproblemen bei der Leibesfrucht durch Dritte kann z.B. dadurch geschehen, dass man die Schwangere Zigarettenrauch oder Radioaktivität aussetzt oder die Schwangere beim Zugang zu den für eine erfolgreiche Schwangerschaft erforderlichen Mitteln behindert.

2. Teil: Die völker- und europarechtlichen Grundlagen eines strafrechtlichen Schutzes der Leibesfrucht

Das Grundgesetz legt in Art. 25 ausdrücklich fest, dass die allgemeinen Regeln des Völkerrechts[95] Bestandteil des Bundesrechts sind, die den Gesetzen vorgehen und Rechte bzw. Pflichten unmittelbar für die Bewohner des Bundesgebietes erzeugen. Das Grundgesetz verpflichtet zu einer allgemeinen „Völkerrechtsfreundlichkeit", wie es mehrmals von der höchstrichterlichen Rechtsprechung bestätigt wurde.[96] Das bedeutet, dass alle Staatsorgane der Durchsetzung des Völkerrechts dienen müssen, und zwar durch eine völkerrechtsfreundliche Interpretation, d.h. eine gemäß den völkerrechtlichen Verpflichtungen des Staates erfolgende Auslegung und Anwendung des nationalen Rechts bzw. des Verfassungsrechts[97], durch die Befolgung aller Völkerrechtsnormen, die den Staat binden, und die Unterlassung von Verletzungen, wo dies möglich ist, aber auch durch die Korrektur solcher Verletzungen von völkerrechtlichen Verpflichtungen.[98] Daraus ergibt sich die Pflicht des Gesetzgebers, bei der Gesetzgebung Verstöße gegen das Völkerrecht zu vermeiden, aber auch die Pflicht der Gerichte, bei der Auslegung bzw. Anwendung des Gesetzes die Übereinstimmung mit dem Völkerrecht zu beachten (bei der Auslegung bzw. Anwendung des einfachen nationalen Rechts ist das Völkerrecht zu beachten, während bei der Auslegung bzw. Anwendung des Verfassungsrechts es zwar berücksichtigt werden muss, bei einem Konflikt mit einer Verfassungsnorm gegenüber dem Grundgesetz aber zurücktreten sollte[99]).

---

95 Jarass, in: Jarass/Pieroth, GG Kommentar, Art. 25 Rn. 1: Als Völkerrecht ist „die Gesamtheit der Regeln über die Beziehungen zwischen Staaten und anderen Völkerrechtssubjekten, insb. internationalen Organisationen (in eingeschränktem Umfang auch von Individuen) und andererseits das interne Recht internationaler Organisationen zu verstehen". Ders., in: Jarass/Pieroth, GG Kommentar, Art. 25 Rn. 5, unter Verweis auf BVerfGE 15, 25, 34; 23, 288, 316f.; 16, 27, 33: Unter dem Begriff „allgemeine Regeln des Völkerrechts" werden „Rechtsvorschriften, die allgemein gelten, d.h. von der weltweit überwiegenden Mehrheit der Staaten, der weitaus größeren Zahl anerkannt werden" verstanden.

96 BVerfGE 18, 112, 121; 31, 58, 75; 75, 1, 17.

97 BVerfGE 74, 358, 370; 111, 307, 328; 112, 1, 25.

98 BVerfGE 112, 1, 26.

99 Jarass, in: Jarass/Pieroth, GG Kommentar, Art. 25 Rn. 14, unter Verweis auf BVerfGE 75, 1, 18f.; 37, 271, 279.

Ähnliches gilt, was das Europarecht im engeren Sinne[100] betrifft, das grundsätzlich innerstaatlich unmittelbar anwendbar bzw. wirksam ist, was durch Art. 23 Abs. 1 i.V.m. Art. 24 Abs. 1 GG ermöglicht wurde.[101] Das Europarecht i.e.S. hat sogar den Anwendungsvorrang im Fall eines Konfliktes mit dem nationalen Recht[102], was auch bei Widersprüchen zwischen dem Europarecht und dem Grundgesetz gilt, soweit die Grenzen der Ermächtigung oder, anders gesagt, der übertragbaren Hoheitsrechte nicht überschritten werden.[103] Das bedeutet, dass dem Europarecht auch gegenüber den nationalen Grundrechten Vorrang eingeräumt wird, unter dem Vorbehalt des im Wesentlichen gleichkommenden Grundrechtsschutzes, d.h. unter der Voraussetzung, dass das Europarecht generell bzw. grundsätzlich den notwendigen, vergleichbaren Standard bei dem Grundrechtsschutz gewährleistet.[104] Es ist also durch Art. 23 Abs. 1 S. 1 GG die Verpflichtung der staatlichen Organe, und damit auch des Gesetzgebers bzw. der Gerichte, festgelegt, das innerstaatlich geltende und wirksame Europarecht bei der Anwendung und Auslegung des nationalen Rechts bzw. seinen Vorrang bei Konflikten mit dem deutschen Recht zu beachten.[105]

Diese weitgehende Wechselwirkung zwischen den Gesetzen zum einen und dem Grundgesetz bzw. dem Völker- und Europarecht zum anderen führt zum Ergebnis, dass eine Untersuchung des strafrechtlichen Schutzes der Leibesfrucht gegen Beeinträchtigungen des Lebens bzw. der Gesundheit nicht ohne eine vo-

---

100 Als Europarecht i.e.S. waren vor Inkrafttreten des Vertrags von Lissabon das Recht der Europäischen Gemeinschaften (Gemeinschaftsrecht – 1. Säule der EU) und das vorwiegend intergouvernementale Recht der Gemeinsamen Außen- und Sicherheitspolitik (2. Säule der EU) sowie der polizeilichen und justitiellen Zusammenarbeit in Strafsachen (3. Säule der EU) zu verstehen. Nach Inkrafttreten des Vertrags von Lissabon bezeichnet es das Recht der Europäischen Union. Dagegen erfasst das Europarecht i.w.S. auch andere Formen der institutionalisierten zwischenstaatlichen Zusammenarbeit in Europa, etwa im Rahmen des Europarates bzw. der EMRK. Hier wird nur das Europarecht i.e.S. untersucht. Die wichtigsten Ausdrücke des Europarechts i.w.S. sind im Bereich der völkerrechtlichen Darstellung des Status der Leibesfrucht erwähnt. Ausführlicher zur Unterscheidung zwischen Europarecht i.e.S. und i.w.S. in: Herdegen, Europarecht, § 1 Rn. 2ff, 6ff.

101 Jarass, in: Jarass/Pieroth, GG Kommentar, Art. 23 Rn. 33, 35, mit Hinweis auf BVerfGE 75, 223, 243f.

102 BVerfGE 73, 339, 375; 75, 223, 244; 85, 191, 204.

103 Jarass, in: Jarass/Pieroth, GG Kommentar, Art. 23 Rn. 34-36, unter Verweis auf BVerfGE 73, 339, 375.

104 Jarass, in: Jarass/Pieroth, GG Kommentar, Art. 23 Rn. 38f., unter Verweis auf BVerfGE 102, 147, 164.

105 Jarass, in: Jarass/Pieroth, GG Kommentar, Art. 23 Rn. 40f.

rangegangene Prüfung des völker- bzw. europarechtlichen und schließlich auch des verfassungsrechtlichen Status der Leibesfrucht erfolgen kann.

I. Der völkerrechtliche Status der Leibesfrucht

Der Begriff des Völkerrechts lässt sich als „die Gesamtheit der rechtlichen Regeln über die (hoheitlichen) Beziehungen von Staaten, internationalen Organisationen und anderen Völkerrechtssubjekten untereinander“ und zwar „einschließlich der für die Völkergemeinschaft relevanten Rechte oder Pflichten Einzelner“ definieren.[106] Das Völkerrecht umfasst also Regeln, die die staatliche Gewalt nach innen beschränken, insbesondere zum Schutz von Menschenrechten des Einzelnen. Diese Rechte sind entweder elementare Menschenrechte, die zu Grundwerten der Völkerrechtsordnung mit gewohnheitsrechtlicher Geltung geworden sind (wie die klassischen Freiheitsrechte der „ersten Generation“), oder vertraglich gesicherte Menschenrechte (z.B. die wirtschaftlichen, kulturellen und sozialen Rechte der „zweiten Generation“).[107] Das Völkerrecht kann als Bestandteil des Bundesrechts gelten, das sogar dem einfachen Recht vorgeht und unmittelbar Rechte und Pflichten für die Bürger erzeugt, wie es gemäß Art. 25 GG bei den allgemeinen Regeln des Völkerrechts bzw. dem Völkergewohnheitsrecht der Fall ist. Völkerrechtliches Vertragsrecht dagegen bedarf einer Rechtsverordnung oder eines Zustimmungsgesetzes, um innerstaatlich wirksam zu werden (Art. 59 Abs. 2 GG). Soweit aber Völkerrecht innerstaatliche Geltung erlangt hat, kann es bestimmte Rechte für den Einzelnen bilden, insbesondere wenn es sich um elementare Menschenrechte handelt. Das innerstaatlich geltende Völkerrecht wird von den Staatsorganen vollzogen – und sogar unmittelbar, soweit es um inhaltlich bestimmte Vorschriften geht – bzw. gilt als Maßstab für die Auslegung des innerstaatlichen Rechts.[108]

Zu den wesentlichsten Vorschriften des Grundgesetzes, die auch von der „Ewigkeitsgarantie“ des Art. 79 Abs. 3 erfasst sind, gehört die Bestimmung des Art. 1 Abs. 2 GG, nach der sich das deutsche Volk zu unverletzlichen und unveräußerlichen Menschenrechten als Grundlage jeder menschlichen Gemeinschaft, des Friedens und der Gerechtigkeit in der Welt bekennt. Diese Menschenrechte erkennen das Individuum als Träger von völkerrechtlichen Rechten und Pflichten und daher als Rechtssubjekt an und schützen den Einzelnen vor

106 Herdegen, Völkerrecht, § 1 Rn. 4.

107 Herdegen, Völkerrecht, § 4 Rn. 15.

108 Vitzthum, Völkerrecht, 2. Abschnitt Rn. 57ff., 131ff., 159ff.; Herdegen, Völkerrecht, § 22 Rn. 2, 5f., 12ff., 17ff.

Eingriffen sowohl des Heimatstaates als auch fremder Staaten.[109] Da also die innerstaatliche Rechtsordnung nicht unabhängig vom Völkerrecht steht, ist es sinnvoll zu untersuchen, ob auch die Leibesfrucht im Kontext der völkerrechtlichen Ordnung und insbesondere der Menschenrechte einen besonderen Schutz genießt. Dazu werden die relevanten, universellen, aber auch regionalen, völkerrechtlichen Verträge analysiert, die heute im Wesentlichen dem Menschenrechtsschutz gewidmet sind.

1. Universelle völkerrechtliche Verträge

Bereits in der Präambel der *UN-Charta* von 1945 steht eine Deklaration des Glaubens an die Grundrechte des Menschen bzw. die Würde und den Wert der menschlichen Persönlichkeit, in Reaktion auf das Desaster der beiden Weltkriege[110], die in Art. 1 Abs. 3 erneut bestätigt wird.[111] Als Markstein der universellen Anerkennung des Menschenrechtsschutzes auf völkerrechtlicher Ebene gilt allerdings die von der Generalversammlung der Vereinten Nationen angenommene *Allgemeine Erklärung der Menschenrechte* (AEMR) vom 10. Dezember 1948.[112] Obwohl die Erklärung keine unmittelbare Verbindlichkeit vorweist, sind die dort deklarierten Menschenrechte durch mehrere völkerrechtliche Verträge gewährleistet bzw. gehören einige schon dem völkerrechtlichen Gewohnheitsrecht an.[113] Die Würde aller Menschen wird ausdrücklich sowohl in die Präambel als auch in Art. 1 der AEMR aufgenommen[114], während das Lebens-

---

109 Vitzthum, Völkerrecht, 3. Abschnitt Rn. 218; Herdegen, Völkerrecht, § 47 Rn. 1.

110 Charter of the United Nations, Preamble: „We the Peoples of the United Nations determined […] to reaffirm faith in fundamental human rights, in the dignity and worth of the human person". Deutsche Fassung in: Sartorius II, Internationale Verträge – Europarecht, Nr. 1 S. 1.

111 Charter of the United Nations, Chapter 1, Art. 1 Nr. 3: „promoting and encouraging respect for human rights and for fundamental freedoms". Deutsche Fassung in: Sartorius II, Internationale Verträge – Europarecht, Nr. 1 S. 2.

112 Universal Declaration of Human Rights, UN General Assembly A/RES/217 (III), S. 71ff. Deutsche Fassung in: Sartorius II, Internationale Verträge – Europarecht, Nr. 15 S. 1.

113 Herdegen, Völkerrecht, § 47 Rn. 3.

114 Universal Declaration of Human Rights, UN General Assembly A/RES/217 (III), S. 71, Preamble: „recognition of the inherent dignity and of the equal and inalienable rights of all members of the human family"; S. 72, Art. 1: „All human beings are born free and equal in dignity and rights". Deutsche Fassung in: Sartorius II, Internationale Verträge – Europarecht, Nr. 15 S. 1f.

recht aller Menschen in Art. 3 AEMR sichergestellt wird.[115] Es ist allerdings sehr unwahrscheinlich, dass die Würde bzw. das Leben auch der Leibesfrucht zum Schutzgegenstand der AEMR gehören. Zum einen wird durch die grammatische Auslegung die Meinung gestützt, dass die AEMR nur geborenen Menschen Würde bzw. Rechte zuordne, da gemäß Art. 1 AEMR alle Menschen frei und gleich an Würde und Rechten „*geboren*" sind.[116] Zum anderen lässt sich aus der Entstehungsgeschichte der Erklärung feststellen, dass die AEMR wegen der verschiedenen Rechtslagen der Leibesfrucht insbesondere im Hinblick auf den Schwangerschaftsabbruch in den Mitgliedstaaten keine Lebensgarantie für das ungeborene Leben enthält.[117]

Ein verbindlicher Menschenrechtsschutz – mit sowohl Abwehr- als auch positiver Leistungsfunktion[118] – wird allerdings erst durch die beiden Internationalen Pakte der Vereinten Nationen von 1966 gewährleistet, nämlich den *Internationalen Pakt über bürgerliche und politische Rechte*[119] (IPbpR) und den *Internationalen Pakt über wirtschaftliche, soziale und kulturelle Rechte*[120] (IPwskR). Beide Pakte setzen in ihren Präambeln fest, dass alle Menschen über eine angeborene Würde verfügen, aus der sich alle Menschenrechte ableiten; daher verbinden sie die Menschenwürde mit der Angehörigkeit zur menschlichen Spezies.[121] Ähnlich wird gemäß Art. 6 Abs. 1 S. 1 des IPbpR das „angeborene" Lebensrecht jedes Menschen anerkannt, das der Staat gesetzlich schützen muss. Ferner schützt Art. 12 Abs. 1 des IPwskR das Recht eines jeden Menschen auf das für ihn erreichbare Höchstmaß an körperlicher und geistiger Gesundheit. Auch in diesen Texten wird jedoch die Leibesfrucht nicht als Trägerin von Menschenrechten erwähnt. Eine mögliche Einbeziehung der Leibesfrucht in den Schutzbereich der beiden Pakte wird erst durch Art. 12 Abs. 2 (a) des IPwskR vorgenommen, demgemäß die Vertragsstaaten die erforderlichen Maßnahmen u.a. zur Senkung der Zahl der Totgeburten treffen müssen, während Art. 6 Abs.

---

115 Universal Declaration of Human Rights, UN General Assembly A/RES/217 (III), S. 72, Art. 3: „Everyone has the right to life, liberty and the security of person". Deutsche Fassung in: Sartorius II, Internationale Verträge – Europarecht, Nr. 15 S. 2.

116 Ausführlich dazu: Müller-Terpitz, Der Schutz des pränatalen Lebens, S. 387.

117 Müller-Terpitz, Der Schutz des pränatalen Lebens, S. 387, unter Hinweis auf die Ablehnung der relevanten Vorstöße Chiles und des Libanon.

118 Herdegen, Völkerrecht, § 48 Rn. 5.

119 International Covenant on Civil and Political Rights and [First] Optional Protocol, UN General Assembly A/RES/2200 (XXI), S. 52ff. BGBl. 1973 II, S. 1534.

120 International Covenant on Economic, Social and Cultural Rights, UN General Assembly A/RES/2200 (XXI), S. 49ff. BGBl. 1973 II, S. 1570.

121 In beiden Präambeln wird die Menschenwürde als „inherent dignity of the human person" beschrieben, wobei als „inherent dignity" die angeborene Würde i.S. einer innewohnenden, von Natur aus dazugehörenden Qualität des Menschen zu verstehen ist.

5 IPbpR die Vollstreckung der Todesstrafe an schwangeren Frauen verbietet. Diese Vorschriften dienen aber eher dem „faktischen" Schutz der Leibesfrucht und setzen auf keinen Fall eine Rechtsposition für sie fest.[122] Diese Ansicht lässt sich auch durch die vorbereitenden Materialien stützen, aus denen sich der fehlende Wille der Mehrheit der unterzeichnenden Staaten ergibt, das ungeborene Leben in den Schutzbereich der Pakte einzubeziehen.[123] Obwohl auch diese Vorschriften keine Rechtsträgerschaft der Leibesfrucht anerkennen, lässt sich aus ihrem „faktischen" Schutz ableiten, dass das ungeborene Leben von den Unterzeichnern zumindest als schützenswertes Rechtsgut perzipiert wird.[124]

Einen weiteren, verbindlichen und von fast allen Staaten ratifizierten Vertrag, der für den Schutz der Leibesfrucht in völkerrechtlicher Ebene relevant ist, stellt das *UN-Übereinkommen über die Rechte des Kindes* von 1989 dar.[125] Gemäß Art. 6 Abs. 1 des Übereinkommens hat jedes Kind ein angeborenes Recht auf Leben bzw. die Vertragsstaaten müssen das Überleben und die Entwicklung des Kindes in größtmöglichem Umfang gewährleisten. Zur Erklärung des Begriffs „Kind" dient Art. 1, nach dem „Kind" i.S. dieses Übereinkommens jeder Mensch ist, der das achtzehnte Lebensjahr noch nicht vollendet hat, soweit die Volljährigkeit nach dem auf das Kind anzuwendenden Recht nicht früher eintritt. Es wird festgestellt, dass Art. 1 nur eine Obergrenze betreffs des Alters des zu schützenden Subjekts bestimmt, was zunächst die Leibesfrucht vom Schutzbereich des Übereinkommens nicht ausschließen mag. Schon nach dem allgemeinen Sprachgebrauch wird allerdings das Wort „Kind" zur Bestimmung eines bereits geborenen Menschen verwendet. Außerdem lässt sich aus den Materialien schlussfolgern, dass es zunächst beabsichtigt war, das pränatale Leben ausdrücklich vom Anwendungsbereich des Übereinkommens auszuschließen. Die altersbezogene Untergrenze der Definition des Art. 1 wurde jedoch nur darum offengelassen, um den Staaten Flexibilität bei einer möglichen Einbeziehung der Leibesfrucht in den Schutzbereich des Übereinkommens im Vorgang der Gesetzgebung zu gewähren.[126] Die Ansicht, dass auch das vorgeburtliche Leben in den Anwendungsbereich des Übereinkommens falle, wird dadurch verstärkt, dass schon die Konventionspräambel bestimmt, dass „das Kind wegen seiner

122 Müller-Terpitz, Der Schutz des pränatalen Lebens, S. 388, 391.

123 Duncker, Strafrechtlicher Lebensschutz in vivo, S. 80f.; Haßmann, Embryonenschutz, S. 29. Dagegen wird die Auffassung vertreten, dass die Gewährleistung des Lebensrechts aus Art. 6 Abs. 1 IPbpR die Leibesfrucht jedenfalls ab dem Zeitpunkt der extrauterinen Lebensfähigkeit umfasse: Müller-Terpitz, Der Schutz des pränatalen Lebens, S. 390; Nowak, CCPR-Kommentar, Art. 6 Rn. 35f.

124 Müller-Terpitz, Der Schutz des pränatalen Lebens, S. 388.

125 BGBl. 1990 II, S. 121ff.

126 Müller-Terpitz, Der Schutz des pränatalen Lebens, S. 395.

mangelnden körperlichen und geistigen Reife besonderen Schutzes und besonderer Fürsorge, insbesondere eines angemessenen rechtlichen Schutzes vor und nach der Geburt bedarf".[127] Richtiger scheint jedoch die Meinung zu sein, nach der die Präambel nur einen Aufruf an die Vertragsstaaten darstelle, angemessene Maßnahmen zum Schutz des pränatalen Lebens zu ergreifen.[128] Diese Auffassung verstärkt sich durch die Erklärung in den Materialien, dass diese Bestimmung in der Präambel nicht die Auslegung des Art. 1 oder der anderen Vorschriften beeinflussen sollte, bzw. dass es keine Absicht des Präambelsatzes sei, das vorgeburtliche Leben in die Begriffsdefinition des Art. 1 einzubeziehen.[129] Daraus lässt sich schlussfolgern, dass die Leibesfrucht auch vom UN-Übereinkommen über die Rechte des Kindes nicht erfasst wird.

Eine Reihe von biomedizinspezifischen Bestimmungen ist in der *Allgemeinen Erklärung über das menschliche Genom und die Menschenrechte* der UNESCO vom 11.11.1997 enthalten.[130] Hauptgegenstand dieser Erklärung ist der Schutz der Menschenwürde bzw. der Menschenrechte vor Gefährdungen, die der Umgang mit dem menschlichen Genom in sich birgt. Ein Recht auf Leben ist in der Erklärung allerdings nicht enthalten. In Art. 1 der Erklärung wird festgestellt, dass das menschliche Genom der grundlegenden Einheit aller Mitglieder der menschlichen Gesellschaft sowie der Anerkennung der ihnen innewohnenden Würde und Vielfalt zugrundeliege, und daher sei es in einem symbolischen Sinne das Erbe der Menschheit. Aus dieser Feststellung lassen sich die Bestimmungen des Art. 2 der Erklärung ableiten, gemäß denen jeder Mensch das Recht auf Achtung seiner Würde und Rechte habe, und zwar unabhängig von seinen genetischen Eigenschaften, bzw. die Menschenwürde es gebiete, den Menschen nicht auf seine genetischen Eigenschaften zu reduzieren und seine Einzigartigkeit und Vielfalt zu achten. Die Tatsache, dass die Erklärung das menschliche Genom als Grundlage für die Anerkennung der jedem Mitglied der menschlichen Spezies innewohnenden Würde betrachtet, spricht dafür, dass auch die Leibesfrucht in den Anwendungsbereich der Erklärung als Trägerin des menschlichen Genoms, also auch der Menschenwürde, einzubeziehen ist. Eine solche Auslegung würde jedoch dem Willen der UNESCO-Mitgliedstaaten widersprechen. Der Vorbehalt der Mitgliedstaaten gegen eine Einmischung der Erklärung in heftig umstrittene Fragen um den Status des pränatalen Lebens zeigt sich darin, dass einige Mitglieder des Rechtsausschusses des Internationa-

127 Duncker, Strafrechtlicher Lebensschutz in vivo, S. 81.

128 Müller-Terpitz, Der Schutz des pränatalen Lebens, S. 397.

129 Haßmann, Embryonenschutz, S. 31; Müller-Terpitz, Der Schutz des pränatalen Lebens, S. 397.

130 Universal Declaration on the Human Genome and Human Rights, UNESCO Doc. 29 C / Res. 16 (1997).

len Bioethik-Komitees im Verlauf der Entwurfsdiskussion die ursprüngliche Formulierung der Erklärung zum Diskriminierungsverbot[131] („keine Person darf [...]") abgelehnt haben. Sie haben argumentiert, dass die Wortwahl „Person" zu Auseinandersetzungen um die Frage führen könnte, ob auch die Leibesfrucht als „Person" i.S. dieser Erklärung verstanden werden dürfte; folglich wurde in Art. 6 der Erklärung zum Diskriminierungsverbot von „keine Person" („no person") zum – als weniger problematisch empfundenen – Terminus „niemand" („no one") gewechselt, um die Leibesfrucht vom Anwendungsbereich dieser Vorschrift auszuschließen.[132] Es wurde zwar anschließend zugesagt, dass der Anwendungsbereich der Vorschrift im erläuternden Bericht klarzustellen wäre. Das aber unterblieb letztendlich. Dadurch haben die Mitgliedstaaten ihren Wunsch gezeigt, das pränatale Leben nicht in den Anwendungsbereich der Erklärung einzubeziehen, um eine mögliche Rückwirkung der Erklärung zu vermeiden, da auf internationaler Ebene große Meinungsverschiedenheiten betreffs der Frage um den Status der Leibesfrucht herrschen.[133]

Ähnliches gilt für die *Erklärung über Bioethik und Menschenrechte* der UNESCO von 2005, die der Achtung der Menschenwürde und der Menschenrechte insbesondere in bioethikbezogenen Bereichen dient. Aus denselben Gründen hat sich auch diese Erklärung mit speziellen Fragen des pränatalen Schutzes nicht beschäftigt.[134]

2. Regionale völkerrechtliche Verträge in Europa

Der Menschenrechtsschutz wird durch Verträge auf regionaler Ebene noch wirksamer, da die Vertragsstaaten meistens in stärkerem Maße gemeinsame Grundwerte teilen. In Europa wurde diese Feststellung insbesondere durch die hohe Wirksamkeit der *Europäischen Konvention zum Schutze der Menschenrechte und Grundfreiheiten* (EMRK) von 1950 bestätigt.[135] Die EMRK mit ihren Zusatzprotokollen setzt einen Mindeststandard für den Schutz der Menschenrechte in den Mitgliedstaaten des Europarates fest. Die EMRK schützt die ele-

131 „Niemand darf einer Diskriminierung aufgrund genetischer Eigenschaften ausgesetzt werden, die darauf abzielt, Menschenrechte, Grundfreiheiten oder die Menschenwürde zu verletzen, oder dies zur Folge hat."

132 Haßmann, Embryonenschutz, S. 32.

133 Haßmann, Embryonenschutz, S. 32f.; Müller-Terpitz, Der Schutz des pränatalen Lebens, S. 413ff.

134 Müller-Terpitz, Der Schutz des pränatalen Lebens, S. 417.

135 BGBl. 1952 II, S. 685, 953. Sartorius II, Internationale Verträge – Europarecht, Nr. 30.

mentaren Menschenrechte, die nicht nur als Abwehrrechte, sondern auch als Quelle von staatlichen Schutzpflichten verstanden werden. Die besondere Bedeutung der EMRK liegt darin, dass ihre Garantien durch ein Beschwerdeverfahren (Staaten- bzw. Individualbeschwerde) sichergestellt werden; nicht nur Staaten, sondern auch Individuen und nicht-staatliche Organisationen dürfen sich an den Europäischen Gerichtshof für Menschenrechte (EGMR) wegen einer Verletzung der EMRK-Garantien durch einen Mitgliedstaat wenden.[136]

Im Hinblick auf die Thematik der vorliegenden Untersuchung ist die Gewährleistung des Rechts auf Leben gemäß Art. 2 EMRK von besonderer Bedeutung.[137] Nach Art. 2 Abs. 1 EMRK wird das Recht jedes Menschen auf Leben gesetzlich geschützt. Das bedeutet, dass die Mitgliedstaaten die Verpflichtung übernehmen, nicht nur von Verletzungen des Lebensrechts des Einzelnen abzusehen, sondern auch das Lebensrecht durch Gesetzgebung bzw. passende Rechtsanwendung zu gewährleisten. Fraglich ist, ob auch die Leibesfrucht zum Schutzbereich des Art. 2 Abs. 1 EMRK gehört. Diese Frage war mehrmals Gegenstand der Rechtsprechung der Konventionsorgane insbesondere in Bezug auf die Schwangerschaftsgesetzgebung der Mitgliedstaaten.[138] Die (heute aufgelöste) Europäische Kommission für Menschenrechte (EKMR) und anschließend der EGMR haben in diesen Entscheidungen die Frage nach der personalen Reichweite des Schutzes gemäß Art. 2 Abs. 1 EMRK unbeantwortet gelassen. In allen relevanten Entscheidungen haben sich die EKMR und der EGMR allerdings dahingehend geäußert, dass die Entscheidung über die Reichweite des Lebensschutzes nach Art. 2 Abs. 1 EMRK in den Ermessensspielraum der Mitgliedstaaten falle. Die Konventionsorgane haben eine Bestimmung des Zeitpunkts, in dem das Lebensrecht beginnt, deswegen verweigert, weil in den Gesetzgebungen der Mitgliedstaaten eine große Diskrepanz zwischen den Ansichten über den Status des pränatalen Lebens herrsche und daher eine verbindliche Stellungnahme der Konventionsorgane unter solchen Umständen unmöglich bzw. nicht wünschenswert wäre. Die Beantwortung der Frage nach dem Beginn des Le-

---

136 Grabenwarter, Europäische Menschenrechtskonvention, § 16 Rn. 2ff.; Herdegen, Völkerrecht, § 49 Rn. 3.

137 Die Menschenwürde wird zwar nicht ausdrücklich in der EMRK geschützt, sie stellt aber die erforderliche Grundlage für den Schutz der übrigen Menschenrechte durch die Konvention unter Hinweis auf die Allgemeine Erklärung der Menschenrechte dar. Ausführlich dazu: Haßmann, Embryonenschutz, S. 61f.

138 EKMR, Brüggemann u. Scheuten gegen Bundesrep. Deutschland, EuGRZ 1978, 199; EKMR, Paton gegen Vereinigtes Königreich, EuGRZ 1981, 20ff.; EKMR, Hercz gegen Norwegen, Decisions and Reports – Sammlung der Entscheidungen der EKMR 73, 155; EGMR, Open Door und Dublin Well Woman gegen Irland, EuGRZ 1992, 484ff.; EGMR, Vo gegen Frankreich, EuGRZ 2005, 568ff.

bensschutzes bzw. dem Status der Leibesfrucht sei eine Aufgabe der Mitgliedstaaten, die dazu über einen breiten Ermessensspielraum verfügten.[139]

Sehr wichtige Regelungen im speziellen Bereich der Biomedizin enthält das Übereinkommen zum Schutz der Menschenrechte und der Menschenwürde im Hinblick auf die Anwendung von Biologie und Medizin: Übereinkommen über Menschenrechte und Biomedizin (BMÜ) des Europarates von 1997 mit seinen Zusatzprotokollen. Das BMÜ folgt der Regelungstechnik der Rahmenkonvention, die zunächst aus sehr unbestimmten bzw. unverbindlichen Zielsetzungen und Programmsätzen besteht, um den möglichst weitesten Konsens unter den Staaten über umstrittene Fragestellungen zu erreichen. Davon ausgehend wird ferner beabsichtigt, die unbestimmten Zielvorstellungen der Rahmenkonvention durch die Annahme von Zusatzprotokollen mit genaueren und verbindlichen Regelungen zu konkretisieren.[140] Den Zweck des BMÜ stellen der Schutz der Würde und der Identität aller menschlichen Lebewesen, die Gewährleistung ihrer Freiheit von Diskriminierung und die Wahrung ihrer Integrität sowie ihrer sonstigen Grundrechte und Grundfreiheiten im Hinblick auf die Anwendung von Biologie und Medizin dar (Art. 1 Abs. 1 BMÜ). Schon in der Präambel des BMÜ wird festgestellt, dass der Missbrauch von Biologie und Medizin die Menschenwürde gefährden könne und es daher notwendig sei, das menschliche Leben in seiner Individualität und als Teil der Menschheit zu achten bzw. seine Würde zu gewährleisten. Zu diesem Zweck werden Individualrechte gewährleistet, wie etwa das Recht auf Einwilligung (Art. 5-9 BMÜ) und Auskunft (Art. 10 BMÜ), das Diskriminierungsverbot aufgrund des genetischen Erbes (Art. 11 BMÜ) oder das Verbot der Durchführung von prädiktiven genetischen Untersuchungen zu nicht-gesundheitsbezogenen Zwecken (Art. 12 BMÜ). Das BMÜ enthält auch Schutzvorschriften, die den menschlichen Embryo in vitro betreffen. Gemäß Art. 18 Abs. 1 BMÜ sind die Rechtsordnungen der Staaten verpflichtet, einen angemessenen Schutz des Embryos zu gewährleisten, sofern sie Forschung an Embryonen in vitro zulassen. Daraus ergibt sich, dass das BMÜ die Embryonenforschung nicht verbietet. Die Erzeugung menschlicher Embryonen zu Forschungszwecken ist allerdings verboten (Art. 12 Abs. 2 BMÜ). Ob durch das BMÜ das pränatale Leben menschenrechtlich geschützt wird, ist aber zweifelhaft. Das BMÜ enthält keine Bestimmungen über die Reichweite des Anwendungsbereichs der Konvention bzw. des dadurch gewährleisteten Schutzes. Die Begriffsverwendung ist ebenso wenig klärend. Oft wird der Begriff

139 Grabenwarter, Europäische Menschenrechtskonvention, § 20 Rn. 2f.; Haßmann, Embryonenschutz, S. 57ff.; Herdegen, Völkerrecht, § 49 Rn. 4; Müller-Terpitz, Der Schutz des pränatalen Lebens, S. 400ff.

140 Taupitz, VersR 1998, 542ff.

„menschliches Lebewesen“ benutzt, um jemandem Würde zuzumessen; er erfasst offensichtlich auch das pränatale Leben, da es schon aus genetischen Gründen der menschlichen Spezies angehört. Wenn es sich jedoch um die Zuschreibung von Individualrechten handelt, unterscheidet das BMÜ zwischen den „menschlichen Lebewesen“, die einfache Inhaber von Menschenwürde sind und daher als Rechtsgut ohne subjektive Grundrechtsträgerschaft einfach objektivrechtlich geschützt werden müssen, und den selbständigen Grundrechtsträgern, die als „jedermann“ („everyone“, „toute personne“) beschrieben werden und gerade als Rechtssubjekte den Schutz des BMÜ genießen.[141] Im erläuternden Bericht zum BMÜ wird sogar bestätigt, dass die Begriffe „jedermann“ und „menschliches Lebewesen“ wegen der weitgehenden Uneinigkeit über die Reichweite dieser Termini nicht genauer erklärt werden könnten; eine präzisere Definition bzw. Auslegung sei den einzelnen Staaten überlassen.[142]

3. Zwischenergebnis bezüglich des völkerrechtlichen Schutzes der Leibesfrucht

Aus der Untersuchung des Status des pränatalen Lebens auf völkerrechtlicher Ebene lässt sich die Schlussfolgerung ziehen, dass die Leibesfrucht keinen individuellen Menschenrechtsschutz genießt. Sie wird zwar als objektiv schützenswertes Rechtsgut anerkannt. Auch wird ihr die allen Mitgliedern der menschlichen Spezies innewohnende Würde zugeordnet. Vom Schutzbereich der gewährleisteten Menschenrechte wird sie aber nicht als Rechtssubjekt erfasst, da es bislang unmöglich war, einen weitgehenden Konsens unter den Staaten zum Thema des rechtlichen Status der Leibesfrucht bzw. der Reichweite ihres Schutzes zu erreichen. Stattdessen ist die Entscheidung über das Ob und Inwieweit des individualrechtlichen Schutzes der Leibesfrucht wiederholt den innerstaatlichen Rechtsordnungen überlassen, die zu diesem Zweck über einen breiten Ermessens- bzw. Beurteilungsspielraum verfügen.

---

141 Haßmann, Embryonenschutz, S. 13ff.; Duncker, Strafrechtlicher Lebensschutz in vivo, S. 92f.; Müller-Terpitz, Der Schutz des pränatalen Lebens, S. 431ff.

142 Duncker, Strafrechtlicher Lebensschutz in vivo, S. 92; Müller-Terpitz, Der Schutz des pränatalen Lebens, S. 434, 444.

II. Der Status der Leibesfrucht im Europarecht i.e.S.

Die überstaatliche Natur der Europäischen Union[143] und die daraus folgende, in den Mitgliedstaaten unmittelbare Geltung des Unionsrechts hat es notwendig gemacht, einen unionsweiten Grundrechtsstandard zum Schutz der Bürger gegenüber der unmittelbar ausgeübten Hoheitsgewalt der Union anzunehmen. Da weder das primäre noch das sekundäre Gemeinschaftsrecht einen Grundrechtskatalog aufwiesen[144], hat der EuGH (mit der Zustimmung der anderen Gemeinschaftsorgane) den gemeinschaftsweiten grundrechtlichen Schutz in der Form allgemeiner Rechtsgrundsätze etabliert und ihn so in das primäre Gemeinschaftsrecht einbezogen.[145] Die Rechtserkenntnisquellen der ungeschriebenen Gemeinschaftsgrundrechte, die als allgemeine Rechtsgrundsätze gelten, bestehen zum einen aus den Menschenrechten, wie sie in der EMRK gewährleistet sind, zum anderen aus den gemeinsamen Verfassungsüberlieferungen der Mitgliedstaaten.[146] Bereits auf diese Erkenntnisquellen gründet der EuGH die Gewährleistung einer Reihe von Grundrechten, die vom BVerfG in seiner „Solange II-Entscheidung“[147] aufgelistet wurden, wie etwa die Vereinigungsfreiheit, der allgemeine Gleichheitsgrundsatz, das Willkürverbot, die Religionsfreiheit und der Schutz der Familie. Diese Beachtung der EMRK bzw. der gemeinsamen Verfassungsüberlieferungen der Mitgliedstaaten wird sogar in Art. 6 Abs. 2 EUV ausdrücklich bestimmt[148], während Art. 6 Abs. 1 EUV die Grundsätze der

143 Bis zum Inkrafttreten des Vertrags von Lissabon hatte nur die erste Säule der EU, d.h. die Gemeinschaften, kraft übertragener Hoheitsrechte überstaatliche Natur erlangt und ist dadurch in der Lage, selbstständig Kompetenzen gegenüber den Mitgliedstaaten, aber auch ihren Bürgern auszuüben. Die beiden anderen Säulen (Gemeinsame Außen- und Sicherheitspolitik sowie Polizeiliche und Justitielle Zusammenarbeit in Strafsachen) hatten ihren zwischenstaatlichen intergouvernementalen Charakter erhalten, was auch nach der Auflösung des „Drei-Säulen-Modells“ durch das Inkrafttreten des Vertrags von Lissabon von 2007 ab dem 01. Dezember 2009 fortbestehen wird. Mehr zum Thema in: Herdegen, Europarecht, § 5 Rn. 1-3.

144 Das gilt mit der Ausnahme der Freiheitsverbürgungen der Gemeinschaftsverträge, die im Bereich des Wirtschaftslebens eine Reihe von Grundrechten bzw. Grundfreiheiten gewährleisteten, z.B. das Eigentum, die wirtschaftliche Handlungsfreiheit oder die Wettbewerbsfreiheit.

145 EuGHE 1979, 3727, 3744.

146 Herdegen, Europarecht, § 3 Rn. 58; Streinz, Europarecht, § 11 Rn. 754.

147 BVerfGE 73, 339, 380f.

148 Art. 6 Abs. 2 EUV: „Die Union achtet die Grundrechte, wie sie in der am 4. November 1950 in Rom unterzeichneten Europäischen Konvention zum Schutze der Menschenrechte und Grundfreiheiten gewährleistet sind und wie sie sich aus den gemeinsamen

Freiheit, der Demokratie, der Achtung der Menschenrechte und Grundfreiheiten sowie der Rechtsstaatlichkeit (welche Grundsätze allen Mitgliedstaaten gemeinsam seien) als Grundlagen der Union betrachtet.

Als Meilenstein für den Grundrechtsschutz im Rahmen des Europarechts i.e.S. gilt die *Charta der Grundrechte der Europäischen Union* von 2007, die vertragliche Geltung und daher auch Rechtsverbindlichkeit ab dem Inkrafttreten des *Vertrags von Lissabon* von 2007 erlangt hat.[149] Schon Art. 3 EUV n.F. (nach der Reformation des Unionsvertrags durch den Vertrag von Lissabon) bestimmt, dass die Grundwerte der Europäischen Union aus der Achtung der Menschenwürde, Freiheit, Demokratie, Gleichheit, Rechtsstaatlichkeit und der Wahrung der Menschenrechte bestehen. Darüber hinaus wurde die Charta der Grundrechte der Europäischen Union von der EMRK sehr stark beeinflusst und enthält eine Reihe von Grundrechten, die nun nicht mehr bloß als ungeschriebene allgemeine Rechtsgrundsätze gelten, sondern auch vertragliche Verbindlichkeit erlangt haben. Daneben bleibt allerdings die ungeschriebene Gewährleistung von Grundrechten, wie sie sich aus der EMRK bzw. den gemeinsamen Verfassungsüberlieferungen der Mitgliedstaaten ergeben.[150] Die grundrechtlichen Gewährleistungen der Charta der Grundrechte gelten zunächst für die Unionsorgane und Behörden bzw. sonstige Stellen der Europäischen Union, aber auch für Mitgliedstaaten ausschließlich im Rahmen der Durchführung des Rechts der Union.[151] Das Vereinigte Königreich und Polen haben sich jedoch vom Anwendungsbereich der Charta ausgeschlossen.

Grundrechte, die in der Charta gewährleistet werden und relevant im Hinblick auf den Status der Leibesfrucht im Europarecht i.e.S. sein könnten, sind insbesondere die Menschenwürde und das Recht auf Leben sowie das Recht auf Unversehrtheit. Bereits in der Präambel wird klargestellt, dass sich die Union auf „die unteilbaren und universellen Werte der Würde des Menschen, der Freiheit, der Gleichheit und der Solidarität" gründe. Dementsprechend wird in Art. 1 ausdrücklich festgestellt, dass die Würde des Menschen unantastbar bzw. zu achten und zu schützen sei. Ferner garantiert Art. 2 Abs. 1 das Recht jedes Menschen auf Leben, während Art. 3 Abs. 1 bestimmt, dass jeder Mensch das Recht

---

Verfassungsüberlieferungen der Mitgliedstaaten als allgemeine Grundsätze des Gemeinschaftsrechts ergeben."

149 Der Vertrag von Lissabon ist gem. Art. 54 Abs. 2 EUV n.F. „am ersten Tag des auf die Hinterlegung der letzten Ratifikationsurkunde folgenden Monats" in Kraft getreten. Art. 6 Abs. 1 EUV n.F. setzt ausdrücklich fest, dass die Charta der Grundrechte dieselbe Rechtsverbindlichkeit wie die Verträge erlangen wird.

150 Streinz/Ohler/Herrmann, Der Vertrag von Lissabon zur Reform der EU, S. 100.

151 Herdegen, Europarecht, § 9 Rn. 31; Streinz/Ohler/Herrmann, Der Vertrag von Lissabon zur Reform der EU, S. 101.

auf körperliche und geistige Unversehrtheit habe. Insbesondere was den Bereich der Biomedizin betrifft, werden eugenische Praktiken, insbesondere diejenigen, die auf die Selektion von Menschen abzielen (Art. 3 Abs. 2 Buchst. b), sowie das reproduktive Klonen von Menschen (Art. 3 Abs. 2 Buchst. d) verboten. Schließlich gewährleistet Art. 24 die Rechte des Kindes.

Ob diese Grundrechtsgewährleistungen zugleich die Anerkennung eines subjektiven rechtlichen Status auch für die Leibesfrucht bedeuten, ist eher zweifelhaft. Zwar werden die Begriffe „Mensch“ bzw. „Kind“ nicht genauer bestimmt, obwohl der Begriff „Mensch“ auch im Kontext der eugenischen Selektion und des reproduktiven Klonens verwendet wird, was zu dem Schluss führen könnte, dass auch das pränatale Leben vom Begriff erfasst wird. Weder in der Charta selbst noch in den Erläuterungen[152], die gemäß Art. 52 Abs. 7 der Charta als Anleitung für die Auslegung der Charta verfasst wurden und von den Gerichten der Union und der Mitgliedstaaten gebührend zu berücksichtigen seien, wird das pränatale Leben überhaupt angesprochen. Dagegen wird für die Auslegung dieser Artikel auf Vorschriften des völkerrechtlichen Rechts verwiesen, nämlich betreffs der Auslegung des Art. 1 (Menschenwürde) auf die Allgemeine Erklärung der Menschenrechte von 1948, des Art. 2 (Lebensrecht) auf die EMRK und des Art. 3 auf das Übereinkommen über Menschenrechte und Biomedizin. Insbesondere für das Recht auf Leben wird ausdrücklich erklärt, dass es auf den entsprechenden Bestimmungen der EMRK beruhe und die gleiche Bedeutung und Tragweite wie diese habe. Aber auch im Allgemeinen wird gemäß Art. 52 Abs. 3 der Charta bestimmt, dass ihre Grundrechtsgewährleistungen, die den durch die EMRK garantierten Rechten entsprechen, die gleiche Bedeutung und Tragweite haben, wie sie ihnen in der EMRK verliehen werde. Ähnliches bestimmt Art. 52 Abs. 3 betreffs Grundrechte, die in der Charta anerkannt werden, wie sie sich aus den gemeinsamen Verfassungsüberlieferungen der Mitgliedstaaten ergeben, die im Einklang mit diesen Überlieferungen ausgelegt werden.

Wie aber bei der Untersuchung des völkerrechtlichen Status der Leibesfrucht festgestellt wurde, wird die Leibesfrucht auf der völkerrechtlichen Ebene bestenfalls als ein objektiv schützenswertes Rechtsgut angesehen, stellt aber kein Rechtssubjekt mit selbständiger Grundrechtsträgerschaft dar. Eine Auslegung der Grundrechte der Charta nach Bedeutung und Tragweite der Vorschriften dieser völkerrechtlichen Texte führt zum gleichen Ergebnis. Die Leibesfrucht wird zunächst als schützenswertes Rechtsgut anerkannt, da sie wegen ihrer Zugehörigkeit zur menschlichen Spezies über eine angeborene Würde verfügt, sie entbehrt aber der Qualität des Rechtssubjekts und daher wird sie nicht als Grundrechtsträgerin von den entsprechenden Artikeln der Charta geschützt.

152 Amtsblatt der EU 2007, Nr. C 303/17.

Genau diese einfache Rechtsgutsqualität soll hinter den Verboten der eugenischen Selektion bzw. des reproduktiven Klonens hinsichtlich des pränatalen Schutzes stehen. Dass die Leibesfrucht kein Rechtssubjekt der Bestimmungen der Charta darstellt, wird auch im Hinblick auf die Verfassungsüberlieferungen der Mitgliedstaaten bestätigt. Wie schon oben dargestellt wurde, besteht Streit unter den europäischen Rechtsordnungen über das Thema der Natur bzw. des Schutzes der Leibesfrucht, der dazu geführt hat, dass alle relevanten Konventionen von einer direkten Behandlung dieses Themas absehen. Daher kann mit Sicherheit die Schlussfolgerung gezogen werden, dass es keine „gemeinsamen Verfassungsüberlieferungen der Mitgliedstaaten" zu dieser Frage gibt, die der Auslegung der Vorschriften der Charta dienen könnten. Es muss eher angenommen werden, dass sich auch dieser Text nicht mit der Frage des pränatalen Schutzes auseinandersetzen konnte.

3. Teil: Die Stellung der Leibesfrucht in der deutschen Rechtsordnung

I. Die Grundlagen eines strafrechtlichen Schutzes der Leibesfrucht im deutschen Grundgesetz

Vor einer Untersuchung der Schutzoptionen, die das Strafrecht der Leibesfrucht gegen Beeinträchtigungen bietet, welche ihr Leben oder ihre Gesundheit bzw. normale Entwicklung in Gefahr setzen, ist eine Prüfung des verfassungsrechtlichen Status der Leibesfrucht nicht nur sinnvoll, sondern auch notwendig. Denn Zweck des strafrechtlichen Schutzes ist es, das freie und friedliche Zusammenleben der Bürger dadurch sicherzustellen, dass er alle verfassungsrechtlich garantierten Grundrechte gewährleistet.[153]

Im Grundgesetz für die Bundesrepublik Deutschland vom 23. Mai 1949 haben die Grundrechte erheblich an Relevanz gewonnen, da sie nunmehr die Gesetzgebung, Rechtsprechung und Lehre sehr stark beeinflussen, und zwar in allen Rechtsgebieten, sogar auch in dem des Privatrechts, anders als unter der liberalen Tradition der Weimarer Reichsverfassung von 1919.[154] Die Grundrechte aus dem weiten Grundrechtskatalog des Grundgesetzes, die am stärksten den Diskurs rund um die Biomedizin und den pränatalen Schutz prägen, sind insbesondere die Menschenwürde (Art. 1 Abs. 1 GG) und das Recht auf Leben und körperliche Unversehrtheit (Art. 2 Abs. 2 S. 1 GG). Die Untersuchung dieser Grundrechte zum Zweck der Aufdeckung einer möglichen Schutzvorsorge für die Leibesfrucht gegen schädigende Beeinträchtigungen stellt den Gegenstand der folgenden Analyse dar. Die Erörterung wird mit dem Grundrecht auf Leben und körperliche Unversehrtheit beginnen, obwohl es in weitem Umfang auf dem Menschenwürdeschutz des Art. 1 Abs. 1 GG beruht, der die Achtung und den Schutz der menschlichen Identität und Integrität gebietet.[155] Dass das Recht auf Leben und körperliche Unversehrtheit vorrangig untersucht wird, liegt daran, dass dieses Recht als spezieller im Vergleich zum Menschenwürdeschutz in Betracht kommt, was den Schutz des Lebens und der Gesundheit der Leibesfrucht gegen schädigende Einwirkungen betrifft, und daher systematisch den Vorrang gegenüber der generellen Vorschrift des Art. 1 Abs. 1 GG genießt.

---

153 Roxin, Strafrecht AT I, § 2, Rn. 7.

154 Pieroth/Schlink, Grundrechte Staatsrecht II, § 2 Rn. 40.

155 Pieroth/Schlink, Grundrechte Staatsrecht II, § 9 Rn. 391.

1. Das Recht auf Leben und körperliche Unversehrtheit (Art. 2 Abs. 2 S. 1 GG)

a) Grundaussagen

Artikel 2 Abs. 2 S. 1 GG legt zum ersten Mal in der deutschen Verfassungsgeschichte fest, dass „jeder das Recht auf Leben und körperliche Unversehrtheit" hat. Eine solche Deklaration war bis dahin für den Gesetzgeber eine Selbstverständlichkeit, insbesondere was das Recht auf Leben betrifft, weshalb er es nicht für notwendig hielt, dieses Recht ausdrücklich in der Verfassung zu gewähren. Nachdem aber das nationalsozialistische Regime bewiesen hat, dass der Schutz von Leben bzw. körperlicher Integrität nicht für alle eine Selbstverständlichkeit darstellt, hielt der Gesetzgeber des Grundgesetzes es für zwingend, auch das Recht auf Leben, das die notwendige Voraussetzung für den Genuss aller anderen Rechte darstellt, und das Recht auf körperliche Unversehrtheit ausdrücklich in der Verfassung zu schützen.

Das Recht auf Leben und körperliche Unversehrtheit ist vor allem ein subjektives Abwehrrecht gegen Einwirkungen des Staates.[156] Diese subjektive Funktion wurde vom Bundesverfassungsgericht sogar als die einzige Funktion des Grundrechts des Art. 2 Abs. 2 S. 1 GG anerkannt. Das Gericht hat ausdrücklich die Wirkung des Rechts „darauf beschränkt, negativ ein Recht auf Leben und körperliche Unversehrtheit zu statuieren, d.h. insbesondere den staatlich organisierten Mord und die zwangsweise durchgeführten Experimente an Menschen auszuschließen".[157]

Das Bundesverfassungsgericht hat allerdings in seinen späteren Entscheidungen[158] auch eine objektiv-rechtliche Schutzpflicht des Staates angenommen, nämlich eine Verpflichtung des Staates, sich durch alle seine Organe schützend und fördernd vor die Rechte aus Art. 2 Abs. 2 S. 1 GG zu stellen.[159] Die staatliche Schutzpflicht wird als umfassend betrachtet, was bedeutet, dass alle staatli-

156 Huber, in: Merten/Papier, Handbuch der Grundrechte, § 49 Rn. 10; Jarass, in: Jarass/Pieroth, GG Kommentar, Art. 2 Rn. 80; Kunig, in: von Münch/Kunig, GG Kommentar I, Art. 2 Rn. 51; Leibholz/Rinck, GG Kommentar, Art. 2 Rn. 460; Pieroth/Schlink, Grundrechte Staatsrecht II, § 9 Rn. 391.

157 BVerfGE 1, 97, 104f.

158 BVerfGE 39, 1, 41; 46, 1, 12f.; 49, 24, 53; 46, 160, 164; 77, 170, 214; 49, 89, 142; 53, 30, 57.

159 Huber, in: Merten/Papier, Handbuch der Grundrechte, § 49 Rn. 10; Jarass, in: Jarass/Pieroth, GG Kommentar, Art. 2 Rn. 80; Kunig, in: von Münch/Kunig, GG Kommentar I, Art. 2 Rn. 54-56; Leibholz/Rinck, GG Kommentar, Art. 2 Rn. 460; Pieroth/Schlink, Grundrechte Staatsrecht II, § 9 Rn. 391.

che Gewalt und Organe durch alle zur Verfügung stehenden Mittel – also auch durch Gesetzgebung und Rechtsanwendung – zur Erfüllung dieser Pflicht beitragen müssen. Außerdem ist diese Schutzpflicht auch gegen private Aktivität gerichtet, d.h., der Staat muss die Bürger auch vor rechtswidrigen Eingriffen vonseiten anderer schützen, die ihr Leben oder ihre körperliche Unversehrtheit bedrohen.[160] Bei der Erfüllung dieser Schutzpflicht verfügen die Staatsorgane über Ermessen, nämlich über einen „weiten Einschätzungs-, Wertungs- und Gestaltungsspielraum [...], der auch Raum lässt, etwa konkurrierende öffentliche und private Interessen zu berücksichtigen" und von den Gerichten nur in begrenztem Umfang überprüft werden kann.[161] Deshalb liegt eine Verletzung der Schutzpflichten und daher auch eine Verletzung der Grundrechte aus Art. 2 Abs. 2 S. 1 GG nur vor, wenn die öffentliche Gewalt überhaupt keine oder gänzlich ungeeignete bzw. völlig unzulängliche Schutzmaßnahmen getroffen hat.[162] Ein Mittel, das dem Staat bei der Erfüllung seiner Schutzpflichten aus Art. 2 Abs. 2 S. 1 GG zur Verfügung steht, ist das Strafrecht bzw. die Strafverfolgung. Freilich kommt das Strafrecht nur als ein Mittel unter mehreren anderen in Betracht und ein Eingreifen des Strafrechts in allen lebens- bzw. gesundheitsbedrohlichen Sachverhalten ist auf keinen Fall selbstverständlich.[163] In der Tat gibt es keine Verpflichtung des Staates, seine Schutzpflicht immer unter Androhung von Strafverfolgung zu erfüllen. Vielmehr gilt das Strafrecht als ein subsidiäres Mittel, eine „Ultima Ratio der Sozialpolitik", das erst dann in Betracht kommt, wenn sich alle anderen Instrumente der Rechtsordnung und der Sozialpolitik – etwa die zivilrechtliche Klage, polizeiliche Anordnungen, Verwaltungssanktionen u.Ä. – als ungeeignet oder ungenügend erweisen, wie es bei Delikten des Schweregrades eines Mordes oder einer schweren Körperverletzung der Fall ist.[164]

Fraglich ist nun, welches der Schutzbereich der Rechte auf Leben und körperliche Unversehrtheit ist und ob zu den Trägern des Grundrechts auch die Leibesfrucht gehört. Die Frage über die Grundrechtsträgerschaft darf nur ad hoc, d.h. betreffs des einzelnen zu untersuchenden Grundrechts, beantwortet werden. Die Zuordnung einer Grundrechtsträgerschaft, die alle Grundrechte umfasst, kann aus folgenden Gründen nicht erfolgen. Zum einen wenden sich einige Grundrechte praktisch (gemäß Art. 19 Abs. 3 GG ihrem „Wesen nach") nur an

160 Kunig, in: von Münch/Kunig, GG Kommentar I, Art. 2 Rn. 55; Leibholz/Rinck, GG Kommentar, Art. 2 Rn. 470.

161 BVerfGE 77, 170, 214f.

162 BVerfGE 77, 170, 215; Kunig, in: von Münch/Kunig, GG Kommentar I, Art. 2 Rn. 56; Leibholz/Rinck, GG Kommentar, Art. 2 Rn. 460.

163 Kunig, in: von Münch/Kunig, GG Kommentar I, Art. 2 Rn. 57.

164 Roxin, Strafrecht AT I, § 2 Rn. 38.

natürliche, nicht aber an juristische Personen, wie z.B. das Recht auf Leben und körperliche Unversehrtheit des Art. 2 Abs. 2 S. 1 GG; eine juristische Person kann nicht über Leben und körperliche Unversehrtheit verfügen und daher kann sie auch nicht in solchen Rechten verletzt werden. Zum anderen sind nicht alle Grundrechte, die auf natürliche Personen anwendbar sind, als Menschenrechte ausgestaltet, sondern beschränken ihre Anwendbarkeit auf Deutsche; Träger solcher Rechte – wie z.B. der Grundrechte aus Art. 8, 9 Abs. 1, 11, 12 oder 16 Abs. 1 und 2 GG – sind nur Deutsche im Sinne des Art. 116 Abs. 1 GG. Eine ähnliche Unterscheidung zwischen inländischen und ausländischen juristischen Personen als Grundrechtsträger ist durch Art. 19 Abs. 3 GG festgesetzt.[165]

Als Schutzobjekt des Rechts auf Leben ist das menschliche Leben im Sinne des körperlichen Daseins zu verstehen. Das bedeutet, dass die Aufrechterhaltung des Lebens als die biologisch-physische Existenz des Menschen gegen drohende Einwirkungen des Staates, aber auch vonseiten Dritter geschützt wird.[166] Das Recht auf körperliche Unversehrtheit schützt die menschliche Gesundheit im biologisch-physiologischen Sinne vor Schädigungen oder Gefährdungen, worin auch die psychische Gesundheit einzubeziehen ist, soweit es sich um Wirkungen handelt, die den körperlichen Schmerzen ähneln, wie z.B. bei psychisch-seelischen Pathologien.[167] Allerdings ist es nicht erforderlich, dass der Betroffene bei der Beeinträchtigung auch Schmerzen empfindet.[168] Die Abwesenheit von Unlustgefühlen[169] bzw. das soziale Wohlbefinden[170] sind jedoch vom Begriff der körperlichen Unversehrtheit nicht umfasst.

Trägerin des Grundrechts auf Leben und körperliche Unversehrtheit ist jede natürliche Person, und zwar ohne Rücksicht auf Lebensalter oder geistigen Zustand.[171] Außerdem handelt es sich um ein Menschenrecht[172], d.h. ein Recht, das

---

165 von Münch, in: von Münch/Kunig, GG Kommentar I, Vor. Art. 1-19 Rn. 7.

166 Jarass, in: Jarass/Pieroth, GG Kommentar, Art. 2 Rn. 81; Kunig, in: von Münch/Kunig, GG Kommentar I, Art. 2 Rn. 44; Pieroth/Schlink, Grundrechte Staatsrecht II, § 9 Rn. 392.

167 Jarass, in: Jarass/Pieroth, GG Kommentar, Art. 2 Rn. 83; Pieroth/Schlink, Grundrechte Staatsrecht II, § 9 Rn. 393.

168 Di Fabio, in: Maunz/Dürig, GG Kommentar, Art. 2 Abs. 2 Rn. 55; Jarass, in: Jarass/Pieroth, GG Kommentar, Art. 2 Rn. 83; Pieroth/Schlink, Grundrechte Staatsrecht II, § 9 Rn. 395.

169 Pieroth/Schlink, Grundrechte Staatsrecht II, § 9 Rn. 393, unter Hinweis auf BVerwG, NJW 1995, 2648, 2649.

170 Pieroth/Schlink, Grundrechte Staatsrecht II, § 9 Rn. 393; Schmidt-Aßmann, AöR 1981, 205, 210.

171 Jarass, in: Jarass/Pieroth, GG Kommentar, Art. 2 Rn. 84; Kunig, in: von Münch/Kunig, GG Kommentar I, Art. 2 Rn. 45f.; Leibholz/Rinck, GG Kommentar, Art. 2 Rn. 471.

172 Kunig, in: von Münch/Kunig, GG Kommentar I, Art. 2 Rn. 44.

nicht nur deutsche Staatsangehörige, sondern alle „Leben besitzenden menschlichen Individuen“ schützt.[173] Es herrscht Einigkeit darüber, dass die Trägerschaft des Rechts aus Art. 2 Abs. 2 S. 1 GG jedenfalls die Zeit seit der Geburt bis zum Tode umfasst.[174] Streitigkeiten tauchen jedoch im Hinblick auf die vorgeburtliche Zeit auf.[175]

Es ist nicht ganz klar, ob Art. 2 Abs. 2 S. 1 GG mit dem Wort „jeder“ auch das vorgeburtliche Leben – sowohl in vivo als auch in vitro – in den Schutzbereich des Grundrechts auf Leben und körperliche Unversehrtheit einbezieht. Die Frage beschränkt sich natürlich nicht auf Art. 2 Abs. 2 S. 1 GG, sondern betrifft auch die allgemeine Grundrechtsträgerschaft und ihren Anfang. Freilich sind die meisten Grundrechte ihrer Natur gemäß nur für geborene Menschen bestimmt, wie z.B. die Religions- (Art. 4 Abs. 1 GG), die Meinungs- (Art. 5 Abs. 1 GG) oder die Versammlungsfreiheit (Art. 8 Abs. 1 GG). Für andere Grundrechte, wie die Menschenwürde und das Recht auf Leben und körperliche Unversehrtheit, ist jedoch die Antwort auf die Grundrechtsträgerschaft des pränatalen Lebens nicht so offensichtlich.

Schon mit dem Ausdruck „pränatales Leben“ wird angedeutet, dass das Leben schon vor der Geburt und sicher vor ihrer Vollendung beginnt.[176] In der Lehre ist das sog. *Kontinuitätsargument* verbreitet, nämlich die Meinung, dass schon mit der Befruchtung oder jedenfalls ab der Nidation ein „ununterbrochenes Kontinuum“ in Gang gesetzt werde, nämlich ein „autonomes Entfaltungsprogramm“, das bis zu seinem Ende (dem Tode) eine „kontinuierliche Entwicklung“ ohne biologische Zäsuren darstelle.[177] Da also dieses Kontinuum von

173 Leibholz/Rinck, GG Kommentar, Art. 2 Rn. 471.

174 Jarass, in: Jarass/Pieroth, GG Kommentar, Art. 2 Rn. 84; Kunig, in: von Münch/Kunig, GG Kommentar I, Art. 2 Rn. 46; Leibholz/Rinck, GG Kommentar, Art. 2 Rn. 471.

175 Es wird weitgehend angenommen, dass die Grundrechtsträgerschaft grundsätzlich mit dem Tod endet, da ein toter Mensch in der Mehrheit der Grundrechte nicht mehr verletzt werden kann. Ein Toter hat kein Leben bzw. keine körperliche Unversehrtheit, die beeinträchtigt werden könnten, er kann keine Meinung mehr äußern (Art. 5 Abs. 1 GG), keinen Beruf wählen und ausüben (Art. 12 Abs. 1 GG), kein Eigentum besitzen (Art. 14 Abs. 1 GG) usw. Das BVerfG (BVerfGE 30, 173, 194) hat jedoch dem toten Menschen ausnahmsweise Schutz gegen Verletzungen seiner Menschenwürde (Art. 1 Abs. 1 GG) gewährt, nicht aber Schutz seines allgemeinen Persönlichkeitsrechts aus Art. 2 Abs. 1 GG. Die heute herrschende Meinung bestimmt den Zeitpunkt des Todeseintritts nach dem Hirntodkonzept; mehr dazu: Rixen, Lebensschutz am Lebensende, S. 247ff.

176 Di Fabio, in: Maunz/Dürig, GG Kommentar, Art. 2 Abs. 2 Rn. 24.

177 Di Fabio, in: Maunz/Dürig, GG Kommentar, Art. 2 Abs. 2 Rn. 24; Huber, in: Merten/Papier, Handbuch der Grundrechte, § 49 Rn. 9; Lorenz, HStR VI, § 128 Rn. 10; Murswiek, in: Sachs, GG Kommentar, Art. 2 Rn. 143; Stern, Staatsrecht III/1, S. 1057. Ablehnend: Schroth, JZ 2002, 170, 176.

nichts unterbrochen werde und es daher keinen rechtlichen Unterschied zwischen dem Menschen vor der Geburt und nach der Geburt gebe, sollte auch das vorgeburtliche Leben zu den Grundrechtsträgern zählen, und zwar vom Zeitpunkt der Nidation an, wenn nicht schon mit der Verschmelzung von Ei- und Samenzellen. Jeder Versuch, dem vorgeburtlichen Leben weniger Achtung aus rechtlicher bzw. moralischer Sicht als dem geborenen Menschen beizumessen, sei absolut willkürlich, da es sich nur um verschiedene Entwicklungsstufen in einem kontinuierlichen bzw. ununterbrochenen Entwicklungsvorgang handele; die Verwendung von scharfen Zäsuren, die einen unterschiedlichen rechtlichen Status während der vorgeburtlichen Entwicklung rechtfertigen sollen, wäre genauso willkürlich und unhaltbar wie eine rechtliche Differenzierung zwischen Säuglingen, Schulkindern und Erwachsenen auf der Grundlage ihrer unterschiedlich fortgeschrittenen Entwicklung.[178]

Mit dem Kontinuitätsargument steht das *Identitätsargument* sehr eng in Zusammenhang, gemäß dem das vorgeburtliche Leben und der geborene Mensch während des ganzen, kontinuierlichen Entwicklungsprozesses ein und denselben Organismus darstellen. Die Leibesfrucht und der aus ihr entwickelte Mensch seien identisch und daher sollten sie den gleichen rechtlichen Status genießen.[179]

Ähnlich hat sich das sog. *Speziesargument* entwickelt, das den Schwerpunkt allein auf die Zugehörigkeit zur Gattung Mensch legt. Denn nach teleologischer Interpretation des Art. 2 Abs. 2 S. 1 GG sei Sinn und Zweck dieser Norm der Schutz allen menschlichen Lebens, insbesondere eingedenk der nationalsozialistischen Verbrechen. Kritisch könne zwar nur die Zugehörigkeit zur menschlichen Spezies sein oder, anders gesagt, die bloße Existenz individuellen biologisch-physiologischen Lebens, also auch pränatalen Lebens[180] und zwar ohne Rücksicht auf die Art der Erzeugung (in vivo oder in vitro).[181] Auch das pränatale menschliche Leben stelle aber ein menschliches Wesen dar, das alle genetischen Eigenschaften der Gattung „Homo sapiens sapiens" besitze, und daher sollte es den rechtlichen bzw. moralischen Status des geborenen Menschen genießen, und zwar ohne Rücksicht darauf, dass es noch keine vollständige menschliche Gestalt aufweisen könne.[182]

---

178 So Beckmann, MedR 2001, 169, 172.

179 Damschen/Schönecker, in: Damschen/Schönecker (Hrsg.), Der moralische Status menschlicher Embryonen, S. 4f.

180 Di Fabio, in: Maunz/Dürig, GG Kommentar, Art. 2 Abs. 2 Rn. 24: Die biologische Verbundenheit von Leibesfrucht und Schwangerer beseitigt nicht die biologische Autonomie der Leibesfrucht.

181 Müller-Terpitz, Der Schutz des pränatalen Lebens, S. 242, 245ff.

182 Schockenhoff, Der moralische Status, S. 71, 74.

Auch dem *Potentialitätsargument* zufolge ist die Zugehörigkeit der Leibesfrucht zur menschlichen Spezies für die Anerkennung derselben rechtlichen Achtung wie beim geborenen Menschen maßgeblich. Dieser Ansicht liegt aber nicht die Überlegung zugrunde, dass die Leibesfrucht bereits vor der Geburt einen Menschen darstelle, sondern dass sie über das Potential verfüge, sich zu einem Menschen zu entwickeln. Das vorgeburtliche Leben sei der rechtlichen und moralischen Achtung wert, denn es verfüge über das Potential, unter normalen Umständen alle Fähigkeiten und Eigenschaften zu entwickeln, die ein Mitglied der menschlichen Spezies von anderen Lebewesen unterscheiden.[183]

Was die Einbeziehung der menschlichen Leibesfrucht in den Kreis der Grundrechtsträger des Rechts aus Art. 2 Abs. 2 S. 1 GG betrifft, haben sich sowohl die Rechtsprechung als auch die Lehre mit dem Problem des Beginns der Grundrechtsträgerschaft in Bezug auf das Recht auf Leben und körperliche Unversehrtheit ausführlich beschäftigt, was zur Entwicklung von mehreren, variationsreichen Auffassungen geführt hat. Der Streit beinhaltet Meinungen, die einen Einbezug des pränatalen Lebens in den Schutzbereich des Art. 2 Abs. 2 S. 1 GG völlig verneinen, bis hin zu Auffassungen, die bereits der befruchteten Eizelle eine Grundrechtsträgerschaft betreffs Art. 2 Abs. 2 S. 1 GG zuschreiben. Diese Ansichten werden im Folgenden detaillierter präsentiert.

b) Die Debatte in der Rechtsprechung

Das BVerfG hat sich mit der Frage der Grundrechtsträgerschaft der Leibesfrucht in Bezug auf den Lebensschutz aus Art. 2 Abs. 2 S. 1 GG in den sog. „Abtreibungsurteilen" des Zweiten Senats aus den Jahren 1975 und 1993 beschäftigt. Im „ersten Abtreibungsurteil" vom 25. Februar 1975[184] entschied das BVerfG über die sog. „Fristenlösung", die die Straflosigkeit des Schwangerschaftsabbruchs für eine Zeit von 12 Wochen seit der Empfängnis unter bestimmten Voraussetzungen vorsah. Das BVerfG stellte ausdrücklich fest, dass das sich im Mutterleib entwickelnde Leben als „selbständiges Rechtsgut unter dem Schutz der Verfassung" steht.[185] Der Zweite Senat kam zu diesem Ergebnis nach grammatischer, teleologischer und historischer Auslegung des Art. 2 Abs. 2 S. 1 GG. Nach dem Wortlaut der Vorschrift, gemäß der „jeder das Recht auf Leben hat", sei auch die Leibesfrucht vom Begriff „jeder" umfasst, da Leben im Sinne der geschichtlichen Existenz eines menschlichen Individuums nach gesicherter, biologisch-physiologischer Erkenntnis jedenfalls vom 14. Tage nach der Emp-

---

183 Beckmann, Der Embryo und die Würde des Menschen, S. 192.

184 BVerfGE 39, 1ff.

185 BVerfGE 39, 1, 36.

fängnis (Nidation, Individuation[186]) an bestehe. Das Gericht nimmt also den Schutz des pränatalen Lebens jedenfalls ab der Nidation bzw. Individuation an, denn der damit begonnene Entwicklungsprozess sei ein kontinuierlicher Vorgang, der keine scharfen Einschnitte aufweise und eine genaue Abgrenzung der verschiedenen Entwicklungsstufen des menschlichen Lebens nicht zulasse. Er sei auch nicht mit der Geburt beendet; z.B. treten die für die menschliche Persönlichkeit spezifischen Bewusstseinsphänomene erst längere Zeit nach der Geburt auf. Deshalb stellte das BVerfG fest, dass der Schutz des Art. 2 Abs. 2 Satz 1 GG weder auf den „fertigen" Menschen nach der Geburt noch auf den selbständig lebensfähigen Nasciturus beschränkt werden könnte. Das Recht auf Leben werde jedem gewährleistet, der „lebt"; da aber zwischen einzelnen Abschnitten des sich entwickelnden Lebens vor der Geburt oder zwischen ungeborenem und geborenem Leben kein Unterschied gemacht werden könne, sei „jeder" im Sinne des Art. 2 Abs. 2 Satz 1 GG jedes Leben besitzende menschliche Individuum und daher auch das noch ungeborene menschliche Wesen.[187] Außerdem hat das Gericht auch nach teleologischer Auslegung die Ansicht vertreten, dass Sinn und Zweck dieser Grundgesetzbestimmung es erfordern, den Lebensschutz auch auf das sich entwickelnde Leben auszudehnen, da dieser Schutz nie vollständig sein könnte, wenn nicht auch die „Vorstufe des fertigen Lebens", d.h. das pränatale Leben, umfasst wäre. Darüber hinaus rechtfertigt das Gericht diese extensive Auslegung mit dem Argument, dass sie dem in der Rechtsprechung des Bundesverfassungsgerichts[188] aufgestellten Grundsatz entspreche, wonach in Zweifelsfällen diejenige Auslegung zu wählen sei, welche die juristische Wirkungskraft der Grundrechtsnorm am stärksten entfalte.[189] Schließlich erwähnte das BVerfG zur Rechtfertigung des Einbezugs der Leibesfrucht in den Schutz aus Art. 2 Abs. 2 S. 1 GG die Entstehungsgeschichte des Artikels, nach der festgestellt werden könnte, dass die Formulierung „jeder hat das Recht auf Leben" auch das „keimende Leben" einschließen sollte.[190]

---

186 Als Individuation ist das Entwicklungsstadium zu verstehen, in dem die Fähigkeit zu einer monozygoten (eineiigen) Mehrlingsbildung verloren geht. Zeitlich geht sie mit der Nidation einher (ca. am Ende der 2. SSW). Keller, in: Keller/Günther, Fortpflanzungsmedizin; Lüttger, JR 1969, 445, 451. Ausführlich über die verschiedenen Stadien der pränatalen Entwicklung als maßgebliche Zäsuren für die Anerkennung der Grundrechtsträgerschaft wird weiter unten bei der Analyse der strittigen Meinungen in der Literatur diskutiert.

187 BVerfGE 39, 1, 37.

188 BVerfGE 32, 54, 71; 6, 55, 72.

189 BVerfGE 39, 1, 37f.

190 BVerfGE 39, 1, 38ff.

Das Gericht hat sich aus allen diesen Gründen entschlossen, dass die Schutzpflicht des Staates der Leibesfrucht gegenüber umfassend sei und dass sie daher nicht nur unmittelbare staatliche Eingriffe in das sich entwickelnde Leben verbiete, sondern dem Staat auch gebiete, sich schützend und fördernd vor dieses Leben zu stellen, d.h. vor allem, es auch vor rechtswidrigen Eingriffen vonseiten anderer zu bewahren und zwar auch gegenüber der Mutter. Zudem erfolge diese Schutznotwendigkeit auch aus Art. 1 Abs. 1 GG, der die Menschenwürde schützt; der Meinung des Gerichts nach kommt menschlichem Leben Menschenwürde zu, gleichgültig ob es sich dieser Würde bewusst sei oder sie selbst zu wahren wisse, und daher sollte auch das pränatale Leben wegen seiner Menschenwürde geschützt werden.[191]

Die Frage, ob dieser Schutz der Leibesfrucht durch Art. 2 Abs. 2 S. 1 GG nur als objektiv-rechtlich gelten oder ob der Leibesfrucht auch individuelle Grundrechtsträgerschaft zugeordnet werden sollte, hat das BVerfG jedoch offengelassen. Dass die Leibesfrucht von den objektiven Normen der Verfassung geschützt wird, die den Staat zum rechtlichen Schutz des werdenden Lebens von Verfassungs wegen verpflichten, hat das BVerfG eher bejaht. Ob sie aber auch alle Kriterien erfüllt, die sie selbst zu einer individuellen Grundrechtsträgerin mit subjektiven und daher auch einklagbaren Rechten machen, meinte das Gericht nicht in dieser Entscheidung beantworten zu müssen.

Ab welchem Zeitpunkt das menschliche Wesen als individueller Träger von Grundrechten gelten kann, wurde auch nicht im sog. „zweiten Abtreibungsurteil“ des Zweiten Senats des BVerfG vom 28. Mai 1993 ausdrücklich beantwortet.[192] In dieser Entscheidung, die auf die Lösung von Disputen aus dem neuen, nach der Wiedervereinigung Deutschlands geltenden Schwangeren- und Familienhilfegesetz vom 27.7.1992 fokussierte, hat das Gericht erneut festgestellt, dass auch das ungeborene Leben den verfassungsrechtlichen Schutz aus Art. 2 Abs. 2 S. 1 GG genieße. Auch in diesem Urteil hat das Gericht darauf verzichtet, darüber zu entscheiden, ob verfassungsrechtlich geschütztes menschliches Leben bereits mit der Verschmelzung von Ei und Samenzelle entsteht. Der Zweite Senat meinte, dass – da Gegenstand der angegriffenen Vorschriften der Schwangerschaftsabbruch sei, und zwar vor allem die strafrechtliche Regelung – nur der Zeitraum der Schwangerschaft entscheidungserheblich sei. Dieser Zeitraum reiche vom Abschluss der Einnistung des befruchteten Eis in der Gebärmutter (also von der Nidation) bis zum Beginn der Geburt.

Die beiden „Abtreibungsurteile“ stimmen also darin überein, dass sie das ungeborene Leben jedenfalls ab dem Zeitpunkt der Nidation als verfassungs-

191 BVerfGE 39, 1, 42ff.

192 BVerfGE 88, 203ff.

rechtlich geschützt betrachten. Aber anders als das erste „Abtreibungsurteil", das der Leibesfrucht einen Schutz zuordnet, der auf den objektiven Wertentscheidungen des Art. 2 Abs. 2 S. 1 GG beruht, erkennt das zweite Urteil der Leibesfrucht eine selbständige Grundrechtsträgerschaft zu. Nach der Ansicht des Gerichts handelt es sich jedenfalls in der so bestimmten Zeit der Schwangerschaft bei dem Ungeborenen um „individuelles, in seiner genetischen Identität und damit in seiner Einmaligkeit und Unverwechselbarkeit bereits festgelegtes, nicht mehr teilbares Leben, das im Prozeß des Wachsens und Sich-Entfaltens sich nicht erst zum Menschen, sondern als Mensch entwickelt. Wie immer die verschiedenen Phasen des vorgeburtlichen Lebensprozesses unter biologischen, philosophischen, auch theologischen Gesichtspunkten gedeutet werden mögen und in der Geschichte beurteilt worden sind, es handelt sich jedenfalls um unabdingbare Stufen der Entwicklung eines individuellen Menschseins. Wo menschliches Leben existiert, kommt ihm Menschenwürde zu."[193] Die Leibesfrucht wird dadurch als eigenständige, individuelle Grundrechtsträgerin anerkannt, die sich als Mensch im Mutterleib entwickelt, da sie mit der Nidation alle Voraussetzungen erfüllt hat, die für die Feststellung notwendig sind, dass die Leibesfrucht das Potential zur Entwicklung zum Menschen besitzt und seine Individualität bzw. Singularität feststehen.[194]

Das zweite Urteil begründet diesen Schutz jedoch nicht durch das Recht auf Leben und körperliche Unversehrtheit nach Art. 2 Abs. 2 S. 1 GG, wie das erste Urteil, sondern gerade durch die Menschenwürde des Art. 1 Abs. 1 GG. Das Gericht meinte, dass die Menschenwürde des ungeborenen Lebens „im Dasein um seiner selbst willen" liege.[195] Der Achtung und dem Schutz dieser Menschenwürde entspringe die Verpflichtung der Rechtsordnung, ein eigenes Lebensrecht der Leibesfrucht anzuerkennen und alle rechtlichen Voraussetzungen für ihre freie Entfaltung zu gewährleisten. Dieses Lebensrecht werde nicht erst durch die Annahme seitens der Mutter begründet, sondern stehe dem Ungeborenen schon aufgrund seiner Existenz zu. Es sei das elementare und unveräußerliche Recht, das „von der Würde des Menschen ausgeht und unabhängig von bestimmten religiösen oder philosophischen Überzeugungen gilt, über die der Rechtsordnung eines religiös-weltanschaulich neutralen Staates kein Urteil zusteht". Diese Schutzpflicht für das ungeborene Leben sei nicht nur auf menschliches Leben allgemein, sondern gerade auf das einzelne Leben bezogen. Ihre Erfüllung sei eine „Grundbedingung geordneten Zusammenlebens im Staat, die aller staatlichen Gewalt obliegt, d.h. dem Staat in allen seinen Funktionen, auch und gerade

193 BVerfGE 88, 203, 251f.

194 Huber, in: Merten/Papier, Handbuch der Grundrechte, § 49 Rn. 11.

195 BVerfGE 88, 203, 252.

der gesetzgebenden Gewalt", und sich auch auf Gefahren beziehe, die von anderen Menschen ausgehen, sogar auch von der Schwangeren selbst.[196]

c) Der Streit in der Literatur

Ab welchem Zeitpunkt und unter welchen Voraussetzungen der Mensch auch zum individuellen Grundrechtsträger wird, blieb sehr umstritten in der Literatur, in der verschiedene Kriterien als maßgeblich für die Erlangung der Grundrechtsträgerschaft verwendet werden. Je nach vertretener Auffassung können sie von absoluter Schutzlosigkeit des pränatalen Lebens bis zur vollständigen Anerkennung seiner Grundrechtsträgerschaft in Bezug auf den Lebensschutz aus Art. 2 Abs. 2 S. 1 GG reichen. Als Grundlagen für die Zuschreibung oder Verweigerung von pränataler Grundrechtsträgerschaft werden sowohl Kriterien von rechtsphilosophischer bzw. soziologischer Natur als auch rein biologische Kriterien verwendet. Diese Ansatzpunkte werden im Folgenden getrennt erörtert.

aa) Anhaltspunkte rechtsphilosophischer und soziologischer Natur[197]

Die Vertreter solcher Kriterien zur Begründung ihrer Thesen in Bezug auf den individuellen grundrechtlichen Lebensschutz der Leibesfrucht legen Nachdruck auf soziale Aspekte des menschlichen Lebens bzw. auf Fähigkeiten, die den Menschen von anderen Lebewesen unterscheiden, etwa seine Fähigkeit, Interessen zu haben oder Empfindungen zu erleben.

Ein Kriterium von soziologischer Natur stellt die Aufnahme eines Wesens in die Rechtsgemeinschaft dar, d.h. der Zeitpunkt, zu dem ein Wesen für die Gesellschaft bedeutend wird; dieser Zeitpunkt solle die Vollendung der Geburt sein, ab der das Kind auch Rechtsfähigkeit besitze.[198] Diese Ansicht ist aber in der Lehre auf Kritik gestoßen, weil sie wenig Bezug zu heutigen Verhältnissen habe.[199] In der Zeit der modernen medizinischen Überwachung einer Schwangerschaft sei die Leibesfrucht keine „Unbekannte" mehr, die erst zum Zeitpunkt der Geburt relevant für ihre soziale Umgebung werde. Vielmehr komme ihr große emotionale und soziale Bedeutung für ihr Umfeld schon während der Schwangerschaft zu, da ihre Entwicklung und ihre persönlichen Eigenschaften beobachtet werden können. Außerdem soll diese These gegen den Einwand verstoßen, dass der grundrechtliche Schutz nicht auf fremden Zwecksetzungen beruhen dürfe; solche Zwecksetzungen stellen z.B. die soziale Relevanz oder die

---

196 BVerfGE 88, 203, 252.

197 Eine ausführliche Analyse dazu in: Müller-Terpitz, Der Schutz des pränatalen Lebens, S. 145ff.

198 Rüpke, ZRP 1974, 73f.

199 Müller-Terpitz, Der Schutz des pränatalen Lebens, S. 148.

Annahme durch die Mutter dar und können deshalb nicht maßgebend für die Zuschreibung des grundrechtlichen Lebensschutzes sein.[200]

Auf der anderen Seite stellen einige Autoren auf den Wendepunkt ab, zu dem jemand die Fähigkeit erlangt, Träger von Interessen zu sein und Empfindungen zu erleben. Hier werden die beiden wichtigsten Begründungen präsentiert, nämlich die „Interessentheorie“ von N. Hoerster und die Theorie der „Erlebensfähigkeit“ von R. Merkel. Nach der Interessentheorie ist maßgebliches Kriterium für die Aufnahme eines Wesens in den subjektiven Grundrechtsträgerkreis die Fähigkeit dieses Wesens, Träger von Interessen zu sein; was das Recht auf Leben betreffe, sollte es nur den Wesen zugeschrieben werden, die ein Überlebensinteresse, ein Interesse zum Weiterleben, haben. Über ein solches Interesse könne nur ein Wesen verfügen, das sich seiner Existenz und Identität bewusst sei, daher sei eine Leibesfrucht vom subjektiven Lebensrecht bereits ausgeschlossen, weil sie kein Überlebensinteresse habe.[201] Auf ähnliche Weise wird behauptet, dass ein Wesen den subjektiven Grundrechtsträgern des Lebensrechts nicht angehören dürfe, solange es keine Erlebensfähigkeit, d.h. keine Fähigkeit zur Empfindung bzw. Wahrnehmung, habe.[202] Die Leibesfrucht könne jedoch ungefähr ab der 20. SSW Empfindungen als „lustvoll“ erfahren, was bedeute, dass sie ein Interesse zum Fortdauern dieses Erlebnisses und daher auch ein „minimales“ Lebensinteresse habe; aus diesem Grund könne ihr auch ab diesem Zeitpunkt das subjektive Lebensrecht zugeschrieben werden.[203] Diesen Thesen wird in der Lehre entgegengehalten, dass das Lebensrecht nicht vom Selbstbewusstsein abhängig sein dürfe, da auch geborene Menschen in ihrem Selbstbewusstsein beeinträchtigt sein können, wie etwa schwerstbehinderte oder sich in einem Koma befindende Menschen, die aber auf jeden Fall ihr volles subjektives Lebensrecht genießen.[204] Ähnlich haben Menschen, die sich in einem irreversiblen komatösen Zustand befinden, ihre Erlebensfähigkeit verloren, bzw. es gebe Leute, die eine solche Fähigkeit nie besaßen, wie z.B. anenzephale Kinder. Das Abhängigmachen des Lebensrechts von der Erlebensfähigkeit würde auch diesen Menschen das subjektive Lebensrecht entziehen; dagegen wäre es konsequent, ein subjektives Lebensrecht von solchen Tieren anzunehmen, die schon eine Erlebensfähigkeit besitzen.[205] Ob die interessen- oder erlebensorientierten Kriterien von Hoerster und Merkel abgelehnt werden müssen, wird im

200 Müller-Terpitz, Der Schutz des pränatalen Lebens, S. 149. So auch: BVerfGE 88, 203, 252.

201 Hoerster, Ethik des Embryonenschutzes, S. 70f., 74ff.

202 Merkel, in: FS Müller-Dietz, S. 493, 509f.

203 Merkel, Früheuthanasie, S. 460ff.

204 Müller-Terpitz, Der Schutz des pränatalen Lebens, S. 166.

205 Müller-Terpitz, Der Schutz des pränatalen Lebens, S. 167.

letzten Teil der Erörterung, der den moralischen Status der Leibesfrucht betrifft, weiter analysiert.

bb) Anhaltspunkte biologischer Natur

Als herrschend in der Literatur gelten die biologisch-physiologischen Kriterien, die als maßgebliche Zeitpunkte biologische Entwicklungsstadien bevorzugen, wie etwa die Verschmelzung von Ei- und Samenzelle, die Nidation, die Individuation, den Beginn der Gehirntätigkeit, die ersten spürbaren Kindsbewegungen oder die Geburt.

Die Geburt stellt ohne Zweifel ein sehr wichtiges Ereignis im menschlichen Lebensverlauf dar, da das Kind ab diesem Zeitpunkt eine vollständige Autonomie dem Mutterleib gegenüber erlangt. Außerdem markiert die Geburt den Eintritt des neuen Menschen in die Außenwelt und damit seine Existenz in der sozialen Umwelt.[206] Es wird allerdings dieser These entgegengehalten, dass die modernen Methoden der pränatalen Diagnostik bewiesen haben, dass die Geburt keine wichtige Rolle betreffs des eigentlichen menschlichen Entwicklungsprozesses spiele. Alle körperlichen Funktionen und Eigenschaften des Kindes seien schon vor dem Einsatz der Geburt vollständig entwickelt. In diesem Sinne sei eine Leibesfrucht in den letzten Tagen (oder sogar Wochen) der Schwangerschaft mit dem Neugeborenen gleichzusetzen oder – wenn sie mit einem frühgeborenen Kind verglichen werde – sogar diesem voraus.[207] Aus diesem Grund sei es eher zweifelhaft, ob die Geburt immer noch als ein entscheidender Zeitpunkt für die Annahme einer Grundrechtsträgerschaft gedacht werden sollte.

Ein weiteres biologisches Kriterium, das der Vergangenheit angehört (und in einem lockeren Zusammenhang mit theologischen Ansichten über die Seele steht[208]), stellt die Wahrnehmung der ersten intrauterinen Bewegungen des Kin-

206 Rüpke, ZRP 1974, 73f.

207 Müller-Terpitz, Der Schutz des pränatalen Lebens, S. 173f.

208 Die (von Aristoteles stammende) alte Beseelungslehre wurde ab der Mitte des 16. Jahrhunderts von einigen Kirchenlehrern zugunsten der neuen empirischen Theorie der ersten spürbaren Kindsbewegungen aufgegeben; unter den Vertretern der neuen Theorie war auch Benedikt Carpzov, einer der bedeutendsten Kriminalisten des 17. Jahrhunderts, der den Beginn der ersten spürbaren Kindsbewegungen als Zeichen der Menschwerdung und daher auch als Anlass für die Anwendung der Totschlagssanktion bei einer Abtreibung ab diesem Zeitpunkt ansah. Mehr in: Carpzov, Practica Nova I; Jerouschek,
Die juristische Konstruktion des Abtreibungsverbots, in: Gerhard, Frauen in der Geschichte des Rechts, S. 248ff.; Menzel/Ackermann, Verfassungsrechtsprechung, S. 242f.

des durch die Mutter dar.[209] Dieses Kriterium wird aber heute nicht mehr vertreten, denn die Wahrnehmung der ersten Bewegungen des Kindes stellt keinen bedeutsamen Maßstab für die Zuschreibung von Grundrechtsträgerschaft dar, da es sich nur um eine Empfindung der Schwangeren handelt, die variieren oder auch fehlen kann.[210]

Eine andere Zäsur, die vorgeschlagen worden ist, stellt der Beginn der Hirntätigkeit der Leibesfrucht dar. Hiernach sollte der Beginn des Gehirnlebens konsequenterweise als der Anfang des menschlichen Lebens angenommen werden, da auch das Ende des Lebens durch das Ausbleiben der Hirnfunktion bestimmt werde; die einzig logisch konsequente Zäsur sei also der Beginn der Hirntätigkeit gegen den 57. Tag post conceptionem.[211] Gegen diese Zäsur wird zunächst eingewendet, dass auch das Hirntod-Kriterium nicht unumstritten sei, obwohl es im Transplantationsgesetz gesetzlich bestimmt worden sei.[212] Außerdem sei die Gehirntätigkeit im pränatalen Entwicklungsvorgang keine so wichtige Stufe, wie es der Hirntod für das Lebensende sei. Zwar bleibe mit dem Hirntod die Fähigkeit des Organismus aus, die übrigen körperlichen Funktionen selbst, d.h. ohne technische Unterstützung, auszuführen; die Leibesfrucht werde aber pränatal auch vor dem Einsetzen der Hirntätigkeit von sich selbst weiterentwickelt und könne sogar ohne Gehirn bis zur Geburt gelangen (Anenzephalus).[213] Genau deswegen sei ein Abstellen auf dieses Kriterium für die Bejahung der subjektiven Grundrechtsträgerschaft nicht geeignet.

Als entscheidendes Kriterium für die Erlangung von Grundrechtsträgerschaft wird von einigen Autoren die Individuation angenommen. Es wurde schon erwähnt, dass als Individuation der Zeitpunkt zu verstehen ist, nach dem die Option einer eineiigen Mehrlingsbildung nicht mehr besteht; dieses Ereignis fällt zeitlich mit der Nidation zusammen. Demzufolge wird behauptet, dass kein subjektives Lebensrecht anerkannt werden könne, solange die Möglichkeit noch bestehe, dass sich aus einem Ei mehrere Individuen entwickeln, denn das Lebensrecht setze die Existenz eines Individuums voraus; vor diesem Zeitpunkt könne zwar ein objektiv-rechtlicher Schutz geboten werden, einen vollen sub-

---

209 Koppernock, Das Grundrecht auf bioethische Selbstbestimmung, S. 115; Schirmer, Status und Schutz des frühen Embryos, S. 167ff.

210 Schirmer, Status und Schutz des frühen Embryos, S. 170.

211 Sass, Hirntod und Hirnleben, S. 160ff., 173. Zustimmend auch Joerden, Menschenleben, S. 45ff.; Spickhoff, NJW 2003, 1701, 1710.

212 Lüttger, JR 1971, 309, 312. Mehr in: Rixen, Lebensschutz am Lebensende, S. 247ff.

213 Müller-Terpitz, Der Schutz des pränatalen Lebens, S. 185f.; Schirmer, Status und Schutz des frühen Embryos, S. 186f.

jektiven Lebensschutz könne aber nur ein Individuum genießen.[214] Gegen das Individuationskriterium wird vorgetragen, dass der Embryo auch vor der Individuation ein Individuum darstelle, das noch ungeteilt besteht, obwohl es die Möglichkeit besitzt, sich in mehrere Individuen zu teilen; ob es ungeteilt, als ein Individuum bleibt, oder aus ihm mehrere Individuen entspringen, sei für die Bejahung der Grundrechtsträgerschaft nicht relevant, denn in allen Fällen handele es sich um (ein oder mehrere) Individuen.[215]

Ein sehr wichtiges Ereignis für das werdende Leben, das von mehr als 30% aller befruchteten Eizellen nie erreicht wird[216], stellt die Nidation dar, nämlich die Einnistung der Blastozyste in den Uterus. Die hohe Wahrscheinlichkeit einer fehlgehenden Einnistung hat zur These geführt, dass es sinnlos wäre, das subjektive Lebensrecht einer Blastozyste zuzuschreiben, deren Entwicklung zu einer Leibesfrucht bzw. zu einem Menschen noch gar nicht sicher sein könne.[217] Diesem Argument wird entgegengehalten, dass nicht auf rein statistische Fakten abgestellt werden dürfe bzw. dass das Grundgesetz durch Art. 2 Abs. 2 S. 1 jeden, der bereits existiert, unabhängig von seinen Überlebenschancen schütze, was dann auch für das pränidative Leben gelten müsse.[218]

Die h.M. in der Literatur stellt auf einen noch früheren Zeitpunkt für die Erlangung der Grundrechtsträgerschaft des Lebensrechts ab, und zwar auf die Befruchtung der Eizelle durch ein Spermium.[219] Dieser Ansicht nach stellt die Fertilisation der Eizelle das Ereignis dar, das der Entstehung eines Individuums entspricht, nämlich einer funktionell selbständigen Einheit, die über das notwendige Potential verfügt, sich unter bestimmten Bedingungen zu einem Menschen zu entwickeln. Die „kontinuierliche Entwicklung" des Kontinuitätsargumentes bzw. der Argumentation des BVerfG soll zu diesem Zeitpunkt einsetzen und ohne weitere Zäsuren zu einem neuen, vollständigen menschlichen Leben führen.

---

214 Coester-Waltjen, FamRZ 1984, 230, 235; Schreiber, MedR 2003, 367, 369f.; Taupitz, NJW 2001, 3433, 3438.

215 Müller-Terpitz, Der Schutz des pränatalen Lebens, S. 192.

216 Dudenhausen/Pschyrembel, Praktische Geburtshilfe, S. 326.

217 Di Fabio, in: Maunz/Dürig, GG Kommentar, Art. 2 Abs. 2 Rn. 25; Lüttger, JR 1969, S. 445, 450; Murswiek, in: Sachs, GG Kommentar, Art. 2 Rn. 145a; Schroth, JZ 2002, S. 170, 176f.

218 Müller-Terpitz, Der Schutz des pränatalen Lebens, S. 202f.; Ostendorf, JZ 1984, S. 595, 598f.; Schneider, Rechtliche Aspekte der Präimplantations- und Präfertilisationsdiagnostik, S. 117.

219 Unter Anderen Brewe, Embryonenschutz und Stammzellgesetz, S. 77ff.; Kunig, in: von Münch/Kunig, GG Kommentar I, Art. 2 Rn. 49; Laufs, JZ 1986, 769, 774f.; Lorenz, in: Isensee/Kirchhof, HStR VI, § 128 Rn. 21; Stern, Staatsrecht III/1, S. 1057f.; Sternberg-Lieben, JuS 1986, 673, 677.

Aus dieser Debatte in der Literatur kann die Schlussfolgerung gezogen werden, dass die überwiegende Lehre den entscheidenden Zeitpunkt für die Erlangung des subjektiven Lebensrechts schon in der Befruchtung, spätestens aber in der Nidation sieht. Für die vorliegende Untersuchung ist diese letzte Feststellung von Bedeutung, da Objekt der folgenden Analyse die Leibesfrucht erst ab dem Zeitpunkt der Nidation ist, die auch von der h.M. in der Lehre als Grundrechtsträger anerkannt wird.

d) Zwischenergebnis

Die Rechtsprechung und die h.M. in der Literatur erkennen also an, dass auch das Leben bzw. die körperliche Unversehrtheit der Leibesfrucht, wenn nicht schon mit der Befruchtung, so doch jedenfalls ab der Nidation vom Schutz des Art. 2 Abs. 2 S. 1 GG erfasst werden und zwar nicht nur vom objektivrechtlichen Schutz, sondern auch im subjektiven Sinne als eigenständige Grundrechtsträgerin, deren Recht gerade aus Art. 1 Abs. 1 GG entspringt.[220] Aufgrund der beiden „Abtreibungsurteile" wurde auch festgestellt, dass das Strafrecht nur ein Mittel unter anderen dem Staat zum Schutz der Leibesfrucht zur Verfügung stehenden ist, das nur dann eingesetzt werden sollte, wenn alle anderen Mittel der Sozialpolitik keinen vollständigen Schutz bieten können.[221]

2. Der Schutz der Menschenwürde (Art. 1 Abs. 1 GG)

Als wichtigstes aller Grundrechte im Grundgesetz steht die Gewährleistung der Würde des Menschen nach Art. 1 Abs. 1 GG. Für diese Sonderstellung sprechen sowohl die systematische Spitzenposition des Grundrechts[222] im Text der Verfassung als auch seine Absicherung durch die sog. Ewigkeitsgarantie des Art. 79 Abs. 3 GG. Nach ihr darf Art. 1 GG durch eine Verfassungsänderung nicht be-

220 Jarass, in: Jarass/Pieroth, GG Kommentar, Art. 2 Rn. 85; Kunig, in: von Münch/Kunig, GG Kommentar I, Art. 2 Rn. 47, 61; Murswiek, in: Sachs, GG Kommentar, Art. 2 Rn. 146; Stern, Staatsrecht IV/1, S. 150.

221 Kunig, in: von Münch/Kunig, GG Kommentar I, Art. 2 Rn. 58, 58a; Leibholz/Rinck, GG Kommentar, Art. 2 Rn. 482.

222 Trotz der Argumente, dass der Menschenwürdeschutz kein Grundrecht darstelle, da er abstrakt bzw. nicht als subjektives Recht formuliert sei und außerdem als vom Grundrechtskatalog ausgeschlossen erscheine, weil Art. 1 Abs. 3 GG von „nachfolgenden Grundrechten" spreche, ist die Qualität des Art. 1 Abs. 1 GG als Grundrecht heute von der herrschenden Meinung in der Literatur anerkannt. Mehr dazu: Sachs, Verfassungsrecht II – Grundrechte, B1 Rn. 3.

rührt werden. Auch seine unmittelbare Drittwirkung, die nicht nur vor staatlichen, sondern auch privaten Verletzungen der Menschenwürde schützt, spricht für diese Einordnung.[223]

Der Wortlaut des Art. 1 Abs. 1 S. 1 GG, nach dem die Würde des Menschen unantastbar ist, lässt sich durch Art. 1 Abs. 1 S. 2 GG konkretisieren: Die Menschenwürde zu achten und zu schützen, ist Verpflichtung aller staatlichen Gewalt. Daraus ergibt sich die objektiv-rechtliche Pflicht des Staates, bei der Auslegung und Anwendung des Rechts und bei jeder Ausübung von staatlicher Gewalt die Menschenwürde zu achten. Die abwehrrechtliche Wirkung des Art. 1 Abs. 1 GG wird durch die subjektiv-rechtliche Schutzverpflichtung des Staates, die Menschenwürde des Einzelnen zu schützen, ergänzt.[224]

Den Begriff „Menschenwürde" zufriedenstellend zu definieren, ist bis heute nicht gelungen.[225] Deswegen hat die Mehrheit in der Literatur auf eine solche positive Definition verzichtet. Dagegen wurde versucht, wie es auch in der Rechtsprechung geschieht, den Begriff der Menschenwürde durch negative Umschreibungen, nämlich von den Verletzungsfällen her, zu konkretisieren. Das BVerfG hat in seiner früheren Rechtsprechung die sog. „Objektformel" verwendet, um die Menschenwürde zu definieren. Demgemäß ist als Verletzung der Menschenwürde jede Behandlung zu beurteilen, die den Menschen „zum bloßen Objekt des Staates" mache.[226] Nach einem Versuch des BVerfG, die Objektformel im sog. „Abhörurteil" näher zu präzisieren, hat es eine Verletzung der Menschenwürde in jeder Behandlung des Menschen gesehen, die „seine Subjektqualität prinzipiell in Frage stellt" oder „in der Behandlung im konkreten Fall eine willkürliche Missachtung der Würde des Menschen" bedeute bzw. den Wert, der „dem Menschen kraft seines Personseins zukommt", verachte.[227] Die Objektformel wurde im sog. „Urteil zum Großen Lauschangriff" erneut vom BVerfG präzisiert, indem das Gericht einen Eingriff in die Menschenwürde bei jeder Be-

---

223 Epping, Grundrechte, Rn. 569; Sachs, Verfassungsrecht II – Grundrechte, B1 Rn. 2; Schmalz, Grundrechte, Rn. 451.

224 Epping, Grundrechte, Rn. 571-573; Pieroth/Schlink, Grundrechte Staatsrecht II, § 7 Rn. 351; Sachs, Verfassungsrecht II – Grundrechte, B1 Rn. 5, 7, 31.

225 Die „Mitgifttheorie", die als Menschenwürde einen dem Menschen von Gott oder der Natur mitgegebenen Wert versteht, und die „Leistungstheorie", nach der die Menschen ihre Würde aufgrund der Leistung ihrer eigenen Identitätsbildung selbst bestimmen, werden als unzureichend betrachtet. Mehr dazu in: Pieroth/Schlink, Grundrechte Staatsrecht II, § 7 Rn. 353ff.

226 BVerfGE 87, 209, 228.

227 BVerfGE 30, 1, 26.

handlung annimmt, die „die Achtung des Wertes vermissen lässt, der jedem Menschen um seiner selbst willen zukommt."[228]

Die üblichen Verletzungen der Menschenwürde lassen sich der Rechtsprechung gemäß in Fallgruppen unterscheiden. Dazu zählen vor allem Eingriffe gegen die körperliche Integrität, z.B. Folter oder erniedrigende bzw. grausame Strafen.[229] Als Verletzung der Menschenwürde ist auch das Entbehren der elementaren Lebensgrundlagen angenommen, wenn z.B. der Staat nicht einmal die für das Existenzminimum erforderlichen Mittel zur Verfügung stellt[230], und die Verletzung der persönlichen Ehre, etwa durch in einer grob verachtenden Weise geschehene Erniedrigungen[231] oder kommerzielle Ausbeutung[232]. Aber auch die Verachtung der personalen Identität des Menschen durch die Entziehung der Möglichkeit zur autonomen Selbstdarstellung, trotz der bestehenden Fähigkeit dazu, verstößt hiernach gegen seine Würde.[233] Gleiches gilt für sehr schwerwiegende Verstöße gegen die elementare Rechtsgleichheit, d.h. die gleiche Achtung jedes Menschen als Person, bzw. die Behandlung eines Menschen als minderwertiges Wesen[234], etwa durch das Absprechen seines Lebensrechts.[235]

Das Grundrecht des Art. 1 Abs. 1 GG ist ein „Jedermann-Grundrecht", das jeden einzelnen Menschen schützt und zwar über sein gesamtes Leben ab dem Zeitpunkt, ab dem die Existenz eines Menschen beginnt. Wie von der Rechtsprechung des BVerfG[236] und der herrschenden Lehre angenommen, beginnt das durch Menschenwürde gesicherte Leben spätestens ab dem Zeitpunkt der Nidation. Daher ist bereits die Leibesfrucht vom Menschenwürdeschutz erfasst.[237] Es bleibt deswegen Aufgabe des Staates, bei allen seinen Funktionen und durch alle seine Organe die Menschenwürde der Leibesfrucht zu achten und zu schützen, und zwar nicht nur vor staatlichen, sondern auch vor privaten Eingriffen.

---

228 BVerfGE 109, 279, 313.

229 BVerfGE 45, 187ff. (lebenslange Freiheitsstrafe).

230 BVerfGE 82, 60ff.

231 BVerfGE 30, 173ff. (Mephisto).

232 BVerfGE 96, 375ff.

233 BVerfGE 47, 239ff. (zwangsweise Veränderung der Haar- und Barttracht); BVerfGE 49, 286ff. (Transsexuellen-Urteil I).

234 BVerfG, NJW 2001, 61, 63.

235 Pieroth/Schlink, Grundrechte Staatsrecht II, § 7 Rn. 361ff.; Sachs, Verfassungsrecht II – Grundrechte, B1 Rn. 14ff.; Schmalz, Grundrechte, Rn. 456ff.

236 BVerfGE 39, 1ff. (erstes Abtreibungsurteil); 88, 203ff. (zweites Abtreibungsurteil).

237 Epping, Grundrechte, Rn. 577; Sachs, Verfassungsrecht II – Grundrechte, B1 Rn. 24f.

3. Fazit zum verfassungsrechtlichen Schutz der Leibesfrucht

Nach dieser Erörterung steht fest, dass das Grundgesetz der Leibesfrucht nicht gleichgültig gegenübersteht. Zum Teil wird sie sogar als Grundrechtsträgerin anerkannt, was die Grundrechte auf Leben und körperliche Unversehrtheit bzw. den Menschenwürdeschutz betrifft. Demgemäß ist sie nicht nur objektivrechtlich geschützt, sondern genießt als Grundrechtsträgerin auch den subjektivrechtlichen Schutz seitens des Staates, und zwar auch dann, wenn ihre Rechte durch die Schwangere oder Dritte beeinträchtigt werden.

Die Frage nach dem Beginn der Grundrechtsträgerschaft des ungeborenen Lebens braucht hier nicht weiter erörtert zu werden, da Gegenstand der vorliegenden Untersuchung der strafrechtliche Schutz des pränatalen Lebens ab dem Zeitpunkt der Nidation ist. Es herrscht aber weitestgehende Einigkeit in der Rechtsprechung und der Lehre, dass die Leibesfrucht jedenfalls ab der Nidation als Grundrechtsträgerin den Schutz ihres Lebens, ihrer körperlichen Unversehrtheit und ihrer Menschenwürde genießt.

Die Anerkennung der Leibesfrucht als Trägerin der Grundrechte aus Art. 1 Abs. 1 bzw. Art. 2 Abs. 2 S. 1 GG bedeutet, dass der Staat sie durch alle seine Organe und mit sämtlichen Staatsgewalten schützen muss. Das führt jedoch nicht zugleich zu dem Ergebnis, dass der Schutz der Leibesfrucht unbedingt durch das Einsetzen des Strafrechts erfolgen muss. Das Strafrecht ist nur ein Mittel unter anderen, die vielleicht als geeigneter für die Abwehr einer bestimmten Grundrechtsbeeinträchtigung angesehen werden können. Wenn sich aber alle anderen Mittel der Sozialpolitik als ungeeignet oder ungenügend erweisen, darf bzw. muss der Staat die Leibesfrucht mittels des Strafrechts schützen.

II. Der Schutz der Leibesfrucht aus zivilrechtlicher Sicht

Bevor die Untersuchung des Schutzes der Leibesfrucht nach den Vorschriften des deutschen Strafrechts fortgesetzt wird, ist eine kurze Darlegung der rechtlichen Stellung des pränatalen menschlichen Lebens aus zivilrechtlicher Sicht sinnvoll.

Laut § 1 BGB beginnt die Rechtsfähigkeit des Menschen mit der Vollendung der Geburt. Das bedeutet, dass die Fähigkeit, Träger von Rechten und

Pflichten zu sein, erst dann eintritt, wenn das Kind aus dem Mutterleib völlig ausgetreten ist.[238] Demzufolge wird klar, dass, während sowohl Rechte als auch Pflichten in der Person eines Säuglings entstehen können, die Leibesfrucht nicht rechtsfähig ist. Ebenso keine Rechtsfähigkeit besitzt das Kind, das während der Geburt und jedenfalls vor deren Vollendung stirbt, bzw. das Kind, das tot geboren wird.[239]

Die Rechtsunfähigkeit des pränatalen menschlichen Lebens bedeutet nicht, dass es zivilrechtlich absolut schutzlos bleibt, was z.B. in der Schutzvorschrift des § 844 Abs. 2 S. 2 BGB[240] oder im Bereich des Erbrechts (z.B. § 1923 Abs. 2 BGB)[241] besonders klar wird. Aber auch im Fall einer pränatalen Schädigung der Leibesfrucht durch rechtswidriges Handeln hat das Kind nach h.M. in der Literatur einen Schadensersatzanspruch wegen vorgeburtlicher Schädigung nach § 823 BGB.[242] Voraussetzung dafür soll sein, dass es lebend geboren werde, also die Rechtsfähigkeit erlange und dadurch zum Träger des Schadensersatzanspruchs werde, wobei es nicht darauf ankomme, ob die schädigende Handlung vor dem Erwerb der Rechtsfähigkeit stattgefunden habe. Der Grund dafür liege darin, dass § 1 BGB lediglich den Beginn der Rechtsfähigkeit, nicht aber denjenigen der Verletzungsfähigkeit von Rechtsgütern festsetze.[243]

Diese Ansicht wird auch in der Rechtsprechung vertreten. Der BGH hat bereits in seiner sog. „Lues-Entscheidung“[244] von 1952 ein Schadensersatzrecht nach § 823 Abs. 1 BGB des mit angeborener Lues zur Welt gekommenen Kindes angenommen, dessen Gesundheitsverletzung daran lag, dass die Mutter in einem Krankenhaus durch Verschulden eines der gesetzlichen Vertreter des Krankenhauses mit Lues angesteckt wurde, und zwar trotz der Tatsache, dass das Kind zur Zeit der Schädigungshandlung noch nicht einmal gezeugt war. Das Gericht hat den Kausalzusammenhang zwischen der schadenstiftenden Handlung (schuldhafte Infektion der Mutter) und der eingetretenen Rechtsgutsverlet-

---

238 Brox/Walker, BGB AT, § 33 Rn. 703, 705; Medicus, BGB AT, § 63 Rn. 1039, 1043. Das Abschneiden der Nabelschnur sei für den Erwerb der Rechtsfähigkeit nicht maßgebend.

239 Brox/Walker, BGB AT, § 33 Rn. 705.

240 „Die Ersatzpflicht tritt auch dann ein, wenn der Dritte zur Zeit der Verletzung gezeugt, aber noch nicht geboren war.“

241 Mehr dazu in: Damrau (Hrsg.), NK – Erbrecht, § 1923 Rn. 3.

242 Brox/Walker, BGB AT, § 33 Rn. 706; Fuchs, Deliktsrecht, S. 12f.; Kötz/Wagner, Deliktsrecht, Rn. 139; Medicus, BGB AT, § 63 Rn. 1049; Rüthers/Stadler, BGB AT, § 14 Rn. 8.

243 Brox/Walker, BGB AT, § 33 Rn. 706; Kötz/Wagner, Deliktsrecht, Rn. 139; Medicus, BGB AT, § 63 Rn. 1049.

244 BGHZ 8, 243.

zung als entscheidend für die Zuerkennung von Schadensersatzansprüchen des Kindes beurteilt.[245] Eine Rechtsgutsverletzung liege trotz der Rechtsunfähigkeit der Leibesfrucht vor, da es sich in diesem Zusammenhang nicht um den Schaden einer Leibesfrucht oder eines nicht gezeugten menschlichen Wesens handele, sondern um den Schaden an der Gesundheit eines geborenen Kindes, das ohne die schädigende Handlung nicht als kranker, luesbehafteter Mensch gezeugt bzw. geboren worden wäre.[246] Auch das Argument, dass mangels der Präexistenz eines unverletzten Vorzustandes keine Gesundheitsverletzung beim Kind vorliegen könne, hat der BGH unter Berufung auf ein naturrechtliches Gegenargument abgelehnt: Die Rechtsgüter Leben und Gesundheit seien der Rechtsordnung vorgegeben, da sie Ausdruck der Personhaftigkeit des Menschen, ein Teil der Natur bzw. der Schöpfung seien. Ein jeder Mensch habe daher ein Recht auf diese Lebensgüter und damit darauf, dass nicht von Menschenhand sein natürliches Wachstum gestört bzw. beeinträchtigt werde. Bei einer solchen Störung liege auch eine Verletzung dieser Rechtsgüter vor; in diesem Fall sei das Kind an seiner Gesundheit verletzt, da es in seinen inneren Lebensvorgängen gestört sei und nicht die Gesundheit empfangen habe, die von Schöpfung und Natur für den lebenden Organismus eines Menschen vorgegeben sei.[247]

Auf dieser Sichtweise hat der BGH in seiner späteren „Autounfall-Entscheidung“ von 1972 bestanden, indem er angenommen hat, dass derjenige, der die Leibesfrucht verletze, dem später mit einem Gesundheitsschaden zur Welt gekommenen Kind aus unerlaubter Handlung auf Schadensersatz hafte.[248] Erneut hat das Gericht eine Schädigung der Gesundheit des krank geborenen Kindes anstatt eines einfachen Schadens an der Leibesfrucht durch die vorgeburtlich stattgefundene Handlung angenommen und zwar mit der Argumentation, dass die Leibesfrucht dazu bestimmt sei, als Mensch ins Leben zu treten, bzw. dass sie und das später geborene Kind identische Wesen seien und daher Verletzungen der Leibesfrucht jedenfalls mit Vollendung der Geburt zu einer Verletzung der Gesundheit des Menschen werden.[249] Die Verletzungsfähigkeit der Leibesfrucht, welche ihre Schadensersatzansprüche begründen kann, wurde vom BGH auch in weiteren Entscheidungen unterstützt und wird heute als herrschender Standpunkt vertreten.[250]

---

245 BGHZ 8, 243, 246.

246 BGHZ 8, 243, 248f.

247 BGHZ 8, 243, 247f.

248 BGHZ 58, 48.

249 BGHZ 58, 48, 50f.

250 BGHZ 93, 351 (Schockschaden); 106, 153 (ärztliches Fehlverhalten).

Als sehr problematisch gelten dagegen Fälle, in denen ein Schadensersatzanspruch nicht mehr mit der Krankheit des Kindes wegen vorgeburtlicher Schädigung, sondern mit der Geburt selbst begründet wird. In solchen Fällen geht es meistens um ein ärztliches Fehlverhalten bei empfängnisverhütenden Eingriffen oder im Bereich der pränatalen Diagnostik, der genetischen Beratung bzw. Aufklärung der künftigen Eltern; die Eltern eines wegen des ärztlichen Fehlers krank geborenen Kindes machen den Arzt für den Ersatz des Unterhaltsaufwands haftbar mit dem Argument, dass die Schwangerschaft bzw. die Geburt des Kindes ungewünscht war, oder dass sie die Schwangerschaft hätten abbrechen lassen, hätte der Arzt nicht kunstwidrig gehandelt. Als Beispiele für die erste Fallgruppe (unerwünschte Schwangerschaft) können folgende Sachverhalte dienen: Eine Frau beschließt nach der Geburt eines schwerstbehinderten Kindes, sich sterilisieren zu lassen, die Sterilisation ist aber fehlerhaft durchgeführt und die Frau bleibt empfängnisfähig, was wegen genetischer Prädisposition zur Geburt eines zweiten behinderten Kindes führt; ähnlich wird die Familienplanung der Eltern gestört, wenn sie aufgrund einer fehlgeschlagenen genetischen Beratung ein krankes Kind zur Welt bringen. Die zweite Fallgruppe (fehlerhafte pränatale Diagnostik) betrifft ärztliche Diagnose- oder Aufklärungsfehler, die nach der Zeugung des Kindes stattfinden und zur Geburt eines kranken Kindes beitragen, das die Eltern bei einer kunstgerecht durchgeführten Pränataldiagnostik hätten abtreiben lassen.

Was die erste Fallgruppe angeht, gründet sich die Rechtsprechung auf die Vertragspflichten des Arztes. Demgemäß sei der Arzt nach der Vorschrift des § 280 Abs. 1 BGB zum Schadensersatz – insbesondere was die Unterhaltsbelastungen der Eltern betrifft – verpflichtet, wenn er seine Pflichten aus dem Behandlungs- bzw. Beratungsvertrag schuldhaft verletzt habe.[251] Dafür sei es immer erforderliche Voraussetzung, dass der Schutz vor solchen Schäden vertraglicher Gegenstand gewesen sei.[252] Die Haftung des Arztes in Fällen der ersten Gruppe entsteht daher aus der Tatsache, dass bereits die Zeugung des Kindes vermieden worden wäre, hätte der Arzt nach seinen vertraglichen Pflichten (z.B. kunstgerechte Durchführung der Sterilisation bzw. der genetischen Beratung) gehandelt.[253] Die Verletzung dieser Vertragspflichten führt aber nur dann zur Haftung des Arztes, wenn ihre Erfüllung auch rechtmäßig und daher vom Schutzzweck des Vertrags erfasst wäre.[254] Diese Voraussetzung ist zwar bei fehlerhaften Durchführungen von Sterilisationen bzw. genetischen Beratungen er-

251 BGHZ 76, 249, 256; 76, 259, 262; 143, 389, 393.

252 BGHZ 124, 128, 138f.; 143, 389, 393; NJW 2000, 1782, 1783.

253 Fuchs, Deliktsrecht, S. 14f.; Kötz/Wagner, Deliktsrecht, Rn. 140.

254 Fuchs, Deliktsrecht, S. 15f.; Kötz/Wagner, Deliktsrecht, Rn. 140.

füllt, die Rechtmäßigkeit der Erfüllung der Vertragspflicht ist aber in Sachverhalten der zweiten Fallgruppe (fehlerhafte pränatale Diagnostik) nicht selbstverständlich.

Im Fall einer unterlassenen bzw. kunstwidrig durchgeführten pränatalen Diagnostik, die zur Geburt eines kranken Kindes geführt hat, während die Eltern die Schwangerschaft hätten abbrechen lassen, wenn der Arzt seine Pflichten aus dem Vertrag nicht verletzt hätte, wird auf die Rechtmäßigkeit des Schwangerschaftsabbruchs abgestellt. Nach der Auffassung des BGH ist entscheidend, ob der Abbruch der Schwangerschaft rechtmäßig gemäß § 218a Abs. 2, 3 StGB oder lediglich straffrei nach § 218a Abs. 1 StGB gewesen wäre.[255] Insbesondere was das frühere Indikationenmodell betrifft, nimmt die unter dem Einfluss des Zweiten Senats des BVerfG[256] entwickelte Rechtsprechung des BGH[257] an, dass Fälle, die heute bloß straffrei nach § 218a Abs. 1 StGB seien, nicht vom Schutzzweck des ärztlichen Behandlungsvertrags umfasst werden; daher könne der Unterhaltsaufwand für einen misslungenen Schwangerschaftsabbruch, der zwar als straffrei, nicht aber auch als rechtmäßig gelte, keine Grundlage für einen Schadensersatzanspruch darstellen.[258] Die Fälle der sog. embryopathischen Indikation sind nach der Abschaffung des § 218a Abs. 2 Nr. 1 a.F. StGB nicht mehr ausdrücklich geregelt, die herrschende Meinung in der Literatur[259] bzw. Rechtsprechung[260] spricht sich gleichwohl dafür aus, dass diese Fälle nach dem Willen des Gesetzgebers[261] grundsätzlich von der medizinischen Indikation des § 218a Abs. 2 StGB erfasst werden sollten; damit wäre ein Schwangerschaftsabbruch aus „embryopathisch unterlegter medizinisch-sozialer Indikation“[262] nicht nur straffrei, sondern auch rechtmäßig und folglich würde der durch das Misslingen des Abbruchs entstehende Schaden in den Schutzbereich des Arztvertrags fallen bzw. eine Entschädigung i.S. eines Unterhaltsaufwands für das Kind begründen.

Mit den oben erörterten Fallgruppen ist die sehr umstrittene Frage vom „wrongful life“ eng verbunden. Dabei handelt es sich um eigene Ersatzansprüche des Kindes, dessen Abtreibung unterlassen wurde, sodass es mit Behinderungen zur Welt gekommen ist; die Entschädigung wird dann aufgrund des ei-

---

255 BGHZ 129, 178; 151, 133, 138.

256 BVerfGE 88, 203.

257 BGHZ 129, 178; BGH NJW 2002, 1489, 1490.

258 Fuchs, Deliktsrecht, S. 15f.; Kötz/Wagner, Deliktsrecht, Rn. 140.

259 Merkel, Nomos Kommentar, § 218a Rn. 95ff.; Müller, NJW 2003, 697, 702ff.; Stürner, JZ 2003, 155f.; Schönke/Schröder, StGB Kommentar, § 218a Rn. 37.

260 BGH NJW 2002, 2636f.; OLG Düsseldorf VersR 2003, 1542f.

261 BT-Drs. 13/1850 S. 51.

262 Hillenkamp, FS Amelung, S. 427, 430f.

genen unerwünschten Lebens beansprucht. Der BGH hat jedoch Schadensersatzansprüche des Kindes wegen unterbliebenen Schwangerschaftsabbruchs ausdrücklich verneint.[263]

Zusammenfassend lässt sich aus der vorausgehenden Analyse des Status der Leibesfrucht im Zivilrecht schlussfolgern, dass sie zwar vor der Vollendung der Geburt keine Rechtsfähigkeit besitzt, aber auch nicht absolut schutzlos bleibt. Insbesondere im Zusammenhang mit durch pränatales ärztliches Fehlverhalten bedingten Gesundheitsschädigungen werden Schadensersatzansprüche des krank geborenen Kindes trotz der Rechtsunfähigkeit der Leibesfrucht zum Zeitpunkt der Verletzung angenommen. Als Rechtfertigungsgründe dafür werden sowohl die Menschidentität der Leibesfrucht, nämlich dass sie dazu bestimmt sei, als Mensch geboren zu werden, als auch die Kontinuität angeführt, die zwischen Leibesfrucht und geborenem Menschen besteht. Voraussetzung für die Annahme von jeglichen Rechten bleibt jedoch, dass die Leibesfrucht lebend geboren wird; diese Tatsache spricht dafür, dass der Leibesfrucht kein selbständiger zivilrechtlicher Status zuerkannt wird. Vielmehr sind ihre Rechte immer auf die Erlangung des Menschseins durch die Geburt angewiesen.

III. Der strafrechtliche Schutz der Leibesfrucht de lege lata in der deutschen Rechtsordnung

Alles Risikoverhalten, das schon oben (unter II, 2.) erwähnt wurde, aber auch die allgemeinen Risiken aller Schwangerschaften können zu leichten oder sehr erheblichen Gesundheitsschädigungen der Leibesfrucht bzw. des neugeborenen Menschen oder sogar zu ihrem Tod führen.[264] Mit diesen Risiken und ihren Folgen sind das Verhalten des betreuenden Arztes, aber auch das der Schwangeren und das ihres sozialen Umfeldes sehr eng verbunden. Ein unvorsichtiges oder fehlerhaftes pränatales Vorgehen des betreuenden Arztes, der Schwangeren oder eines Dritten kann die Geburt eines kranken, behinderten oder sogar toten Kindes bzw. dessen Erkrankung, Behinderung oder Tod nach der Geburt zur Folge haben, da die Entwicklung der Leibesfrucht in großem Maß von der Tätigkeit des Arztes und der Lebensweise der Schwangeren bzw. dem Verhalten ihres sozialen Umfeldes abhängt. Das folgende Kapitel hat als Ziel festzustellen, ob und inwieweit vorgeburtliche schädigende Verhaltensweisen des Arztes, der

263 BGHZ 86, 240, 250ff.

264 Die Risiken und ihre schädliche Folgen sind weiter oben (unter II, 1. und 2.) ausführlich präsentiert worden.

Schwangeren oder eines Dritten, die eine Erkrankung, Behinderung oder den Tod des Neugeborenen bzw. die Geburt eines bereits kranken, behinderten oder toten Kindes verursachen, vom Strafgesetzgeber als strafwürdig beurteilt worden sind.

1. Pränatale Einwirkungen auf die Leibesfrucht nach den allgemeinen Tatbeständen des StGB

a) Pränatale Einwirkungen als Tötungsdelikte

Das durch die Tötungstatbestände i.e.S. des StGB (§§ 211-213, 216, 222) geschützte Rechtsgut ist das menschliche Leben. Angriffsobjekt ist der lebende andere Mensch, d.h. nach der Meinung der absolut herrschenden Lehre der geborene Mensch.[265] Diese Auffassung stützt sich darauf, dass der 16. Abschnitt des Besonderen Teils des StGB auch das Delikt des Schwangerschaftsabbruchs (§ 218 StGB) umfasst, das das ungeborene menschliche Leben vom Zeitpunkt der Nidation bis zum Beginn der Geburt (also zum Zeitpunkt, zu dem eine Schwangerschaft nach h.M. in der Literatur ende) schütze; der Schutz des ungeborenen Lebens durch die Schwangerschaftsabbruchstatbestände des StGB wirkt nach h.M. als eine Sperre für die Anwendung der Tötungstatbestände, die also erst das geborene Leben betreffen sollen.[266] Der Begriff „Leben" stellt einen Rechtsbegriff dar, dessen normativer Gehalt in der juristischen Praxis und Theorie interpretiert werden muss, da es in der medizinischen Wissenschaft keine Übereinstimmung betreffs seiner Bestimmung bzw. seiner Grenzen gibt.[267] Außerdem hat der Gesetzgeber keine ausdrückliche Bestimmung des Handlungsobjekts der Tatbestände über den Schwangerschaftsabbruch (§§ 218ff. StGB) gegeben[268] und damit keine feste Abgrenzung der Schwangerschaftsabbruchsdelik-

---

265 Jähnke, in: Leipziger Kommentar StGB, Vor § 211 Rn. 2; Lackner/Kühl, StGB Kommentar, Vor § 211 Rn. 1; Neumann, in: Nomos Kommentar StGB, Bd. 2, Vor § 211 Rn. 1; Schneider, in: Münchener Kommentar StGB, Vor §§ 211ff. Rn. 1.

266 Eser, in: Schönke/Schröder, StGB Kommentar, Vorbem. §§ 211ff. Rn. 1; Jähnke, in: Leipziger Kommentar StGB, Vor § 211 Rn. 2; Küper, GA 2001, 515, 534; Lackner/Kühl, StGB Kommentar, Vor § 211 Rn. 1; Neumann, in: Nomos Kommentar StGB, Bd. 2, Vor § 211 Rn. 1; Schneider, in: Münchener Kommentar StGB, Vor §§ 211ff. Rn. 1.

267 Schneider, in: Münchener Kommentar StGB, Vor §§ 211ff. Rn. 5; Schreiber, JZ 1983, 593f.

268 Mit der Ausnahme von § 218 Abs. 1 S. 2, in dem zwar der Anfang der Schwangerschaft (Nidation), nicht aber ihr Ende bestimmt wird.

te von den Tötungstatbeständen festgelegt; determiniert ist einfach ein „Zustand“[269], nämlich die Schwangerschaft, und zwar nur ihr Anfang, nicht aber ihr Ende. Da es keinen im Strafgesetz ausdrücklich bestimmten Zeitpunkt gibt, der den Übergang vom Leibesfrucht- zum Menschstatus und daher auch von den den Schwangerschaftsabbruch betreffenden Tatbeständen zu den Tötungsdelikten markiert, gibt es seit langem in der Lehre und der Rechtsprechung eine Auseinandersetzung über den Beginn des Lebensschutzes i.S. der §§ 211ff. und also den entscheidenden Zeitpunkt für die Erlangung der Menschqualität, in dem jemand zum geschützten Tatobjekt der Tötungsdelikte werden kann.

aa) Der Beginn des Menschseins i.S. der allgemeinen Tötungsdelikte des StGB

Die Existenz des früheren § 217 Abs. 1 StGB a.F. (Kindestötung[270]) hat Rechtsprechung und Schrifttum[271] dazu gebracht, den Beginn der Geburt, nämlich das Einsetzen des Geburtsaktes, als maßgeblichen Zeitpunkt für den Anfang des Lebensschutzes i.S. der §§ 211ff. und damit für die Erlangung der Menschqualität zu akzeptieren. § 217 Abs. 1 StGB a.F. zufolge ist das Opfer des Deliktes nicht als „Leibesfrucht“, sondern bereits als „Kind“ bestimmt worden, und zwar auch dann, wenn die Tötung *in* der Geburt stattgefunden hat; daraus wurde gefolgert, dass eine Tötung ab dem Zeitpunkt des Anfangs der Geburt keine Leibesfrucht mehr, sondern einen Menschen betreffe und deswegen kein Abtreibungs-, sondern ein Tötungsdelikt darstellen würde.

(1) Die Abgrenzung in der Rechtsprechung

Die Folgerung des „Beginns der Geburt“ als entscheidendes Kriterium für die Erlangung der Menschqualität aus § 217 StGB a.F. ist schon sehr früh in der Rechtsprechung des RG gezogen worden. Bereits im Jahr 1880 hat das RG[272] den aus dem Zivilrecht stammenden Zeitpunkt der „Vollendung der Geburt“ als entscheidenden Punkt für die Abgrenzung zwischen Mensch und Leibesfrucht mit dem Argument abgelehnt, dass er mit der Terminologie des Strafgesetzbuchs, und zwar mit § 217 StGB a.F., nicht vereinbar sei. Das Gericht hat vielmehr bestätigt, dass sich aus § 217 StGB a.F. die Notwendigkeit ergebe, den Begriff „Mensch“ weiter auszulegen, da die Kindestötung ein Delikt gegen das

269 Tröndle/Fischer, StGB, § 218 Rn. 2.

270 § 217 Abs. 1 StGB a.F.: „Eine Mutter, welche ihr nichteheliches Kind in oder gleich nach der Geburt tötet, wird mit Freiheitsstrafe nicht unter drei Jahren bestraft“.

271 BGHSt 31, 348, 351; 32, 194f.; Eser, in: Schönke/Schröder, StGB Kommentar, Vorbem. §§ 211ff. Rn. 13; Jähnke, in: Leipziger Kommentar StGB, Vor § 211 Rn. 3; Lackner/Kühl, StGB Kommentar, Vor § 211 Rn. 3; Lüttger, JR 1971, 133; Schneider, in: Münchener Kommentar StGB, Vor §§ 211ff. Rn. 6-10.

272 RGSt 1, 446ff.

Leben eines „Kindes" sei, d.h. eines Menschen, nicht einer ungeborenen Frucht, wobei die Eigenschaft des Menschen auf den „Beginn des Geburtsaktes" festgelegt werden müsse. Ab dem Beginn des Geburtsaktes gebe es keine Leibesfrucht mehr, sondern einen Menschen, der den Lebensschutz eines Geborenen genießen sollte.[273]

Das RG hat diese Auffassung auch später in einem Urteil bestätigt, das den Zeitraum der Abtreibung genauer bestimmen sollte.[274] Demnach hat das Gericht als Gegenstand des Abtreibungsdeliktes „die noch nicht abgestorbene Frucht im Mutterleib vor demjenigen Momente, welcher in § 217 mit den Worten ‚in der Geburt' bezeichnet wird", bestimmt.

1883 hat das RG seine These nicht nur wiederholt, sondern deren Begründung ergänzt. Nach Ansicht des Gerichts habe der Gesetzgeber den „Beginn des Geburtsaktes" als entscheidenden Zeitpunkt für die Anwendung der Tötungsdelikte in § 217 mit der Absicht festgelegt, dem Kinde einen „erhöhteren Schutz" genau während dieser gefahrvollen Phase der Geburt beizumessen; der erhöhte Lebensschutz werde „auf den Geburtshergang in seinem vollen Umfange von dessen Beginne bis zur Trennung des Kindes von der Mutter" ausgedehnt.[275]

Auch die neuere Rechtsprechung hat den Beginn der Geburt als maßgebende Zäsur für die Unterscheidung zwischen Leibesfrucht und Menschen auf die Bestimmung des § 217 StGB a.F. gestützt. Der BGH hat ausdrücklich angenommen, dass die Zäsur des Beginns der Geburt, wie sie in § 217 festgesetzt wird, als Abgrenzungskriterium für die Anwendung aller Tötungstatbestände gelte, da sie den Wechsel von der Tötung einer Leibesfrucht, also einem Schwangerschaftsabbruch, zur Tötung eines Menschen markiere.[276]

Dass der entscheidende Zeitpunkt für den Beginn des menschlichen Lebens und daher auch für die Anwendung der Tötungstatbestände des StGB im Beginn der Geburt liege, hat der BGH erneut[277] mit Verweisung auf § 217 StGB a.F. belegt; nach dem Gericht stellt eine Tötung ab dem Zeitpunkt des Beginns der Geburt nicht mehr einen Schwangerschaftsabbruch, sondern ein Tötungsdelikt dar, weil ihr Tatobjekt keine Leibesfrucht, sondern ein Kind sei.

Das OLG Karlsruhe hat diesem Standpunkt in einem Fall von fahrlässiger Tötung einer Leibesfrucht vor dem Beginn der Geburt zugestimmt.[278] In diesem Urteil kennzeichnet das Gericht § 217 StGB a.F. als eine „im Gesetz selbst angelegte Zäsur", welche die Objektsqualität des betroffenen Lebewesens von ei-

273 RGSt 1, 446f.

274 RGSt 4, 380.

275 RGSt 9, 131f.

276 BGHSt 31, 348, 351.

277 BGHSt 32, 194f.

278 OLG Karlsruhe, NStZ 1985, 314f.

ner Leibesfrucht zu einem Menschen bewirke und dadurch den Übergang vom Schwangerschaftsabbruch zu den Tötungsdelikten definiere. Genau diese Argumentation, die auf § 217 StGB a.F. beruht, hat auch das OLG Bamberg einige Jahre später in einem weiteren Fall von pränataler fahrlässiger Tötung angenommen.[279]

(2) Die strafrechtliche Zäsur in der Literatur

Im gleichen Sinne hat die absolute Mehrheit der Lehre den Beginn der Geburt als maßgebliches Kriterium für die Abgrenzung zwischen Leibesfrucht und Mensch bzw. für den Eintritt in den Anwendungsbereich der allgemeinen Tötungsdelikte des StGB gesehen.[280] Genau wie die Rechtsprechung haben auch die Vertreter dieser Ansicht in der Literatur ihre These unter Hinweis auf die positiv-gesetzliche Norm des § 217 StGB a.F. gerechtfertigt.[281] Wie es Lüttger[282] treffend ausgedrückt hat, ist diese Norm sogar als eine „versteckte Legaldefinition" einer „im Gesetz selbst angelegten Zäsur" empfunden worden, die nicht nur für den Bereich der Kindestötung gelten, sondern die Abgrenzung zwischen dem Schwangerschaftsabbruch und allen Tötungsdelikten definieren sollte, weil sie den „Ausdruck eines allgemeinen Grundgedankens" des Gesetzgebers darstelle, was den Begriff der Menschqualität für alle Tötungstatbestände betreffe.

Das Schrifttum hat jedoch die positiv-gesetzliche Begründung der Zäsur des Beginns der Geburt durch eine kriminalpolitische Rechtfertigung der Grundentscheidung des Gesetzgebers ergänzt. Demgemäß sei es erforderlich, das menschliche Leben schon in diesem Zeitabschnitt ab dem Beginn des Geburtsaktes bis zu dessen Vollendung umfassender zu schützen, der voller Gefahren durch unvorsichtiges Verhalten des Arztes oder des Hilfspersonals stecke; ein Fehlverhalten, das auf Fahrlässigkeit beruhe, stelle keinen Gegenstand der §§ 218ff. StGB dar, was zu einer Schutzlosigkeit des Lebewesens, das gerade gebo-

279 OLG Bamberg, NJW 1988, 2963f.

280 Arzt/Weber, Strafrecht BT, § 2 Rn. 85; Eser, in: Schönke/Schröder, StGB Kommentar, Vorbem. §§ 211ff. Rn. 13; Heinemann, Frau und Fötus, S. 62f.; Jähnke, in: Leipziger Kommentar StGB, Vor § 211 Rn. 3; Koch, in: Eser/Koch, Schwangerschaftsabbruch 1, S. 104ff.; Küper, GA 2001, 515, 517f.; Lackner/Kühl, StGB Kommentar, Vor § 211 Rn. 3; Lüttger, JR 1971, 133; ders., NStZ 1983, 481; Neumann, in: Nomos Kommentar StGB, Bd. 2, Vor § 211 Rn. 5; Saerbeck, Beginn und Ende des Lebens, S. 84ff.; Schneider, in: Münchener Kommentar StGB, Vor §§ 211ff. Rn. 6-10; Sternberg-Lieben, JuS 1986, 673, 675; Tag, Der Körperverletzungstatbestand, S. 131ff.; Tröndle/Fischer, StGB, Vor § 211 Rn. 2.

281 Küper, GA 2001, 515, 528.

282 Lüttger, JR 1971, 133.

ren werde, in dieser gefahrvollen Zeitspanne ab Beginn der Geburt führe. Der Gesetzgeber habe dieses kriminalpolitische Problem dadurch zu beseitigen versucht, dass er die Erwerbung der Menschqualität schon ab dem Beginn des Geburtsaktes in § 217 StGB a.F. festgesetzt und dadurch den Weg zur Anwendung der allgemeinen Tötungstatbestände des StGB in diesem Zeitraum erhöhter Gefährdung eröffnet habe.[283]

(3) Die Debatte nach Aufhebung des § 217 StGB a.F.

Nach der Aufhebung des Tatbestandes der Kindestötung durch das 6. StrRG zum 01.04.1998 ist die gesetzlich angedeutete Trennlinie zwischen Leibesfrucht- und Menschqualität bzw. zwischen Abtreibungs- und Tötungsdelikt entfallen. Die Tatsache, dass keine positivrechtliche Begründung für die Annahme der Zäsur des Beginns der Geburt mehr vorlag, gab Anlass zu einer Auseinandersetzung in Bezug auf die bestehende Rechtslage bzw. eine eventuelle Vorverlegung der entscheidenden Zäsur sogar vor Beginn der Geburt.

Ein wichtiger Teil der Lehre hat zur Aufhebung des § 217 StGB a.F. die Meinung vertreten, dass der Gesetzgeber nur die als unannehmbar empfundene Privilegierung der Tötung eines unehelich gezeugten Kindes beseitigen wollte; er habe dagegen keine Absicht gehabt, den Begriff des Menschen neu zu definieren bzw. den maßgeblichen Zeitpunkt für die Erlangung der Menschqualität zu verändern. Diesem Teil des Schrifttums zufolge hat sich auch nach der Aufhebung des Tatbestandes der Kindestötung betreffs der Zäsur des Beginns der Geburt nichts geändert.[284]

Diese These wurde aber mit dem Argument abgelehnt, dass aus einer vormaligen Rechtslage, die nicht mehr existiere, keine Begründung für die Auslegung des geltenden Rechts gewonnen werden könne.[285] Auch wurde die Meinung, dass der Beginn der Geburt als Trennlinie zwischen Leibesfruchtcharakter und Menschqualität gewohnheitsrechtliche Geltung erlangt habe[286], zurückgewiesen; die Ablehnung der gewohnheits- rechtlichen Natur der Zäsur des § 217

283 Eser, in: Schönke/Schröder, StGB Kommentar, Vorbem. §§ 211ff. Rn. 13; Koch, in: Eser/Koch, Schwangerschaftsabbruch 1, S. 106; Lüttger, JR 1971, 133f.; Schneider, in: Münchener Kommentar StGB, Vor §§ 211ff. Rn. 8.

284 Eser, in: Schönke/Schröder, StGB Kommentar, Vorbem. §§ 211ff. Rn. 13; Hirsch, H.J., in: FS Eser, S. 309, 318ff.; Ingelfinger, Grundlagen und Grenzbereiche des Tötungsverbots, S. 127ff.; Jäger, JuS 2000, 31f.; Jähnke, in: Leipziger Kommentar StGB, Vor § 211 Rn. 3; Lackner/Kühl, StGB Kommentar, Vor § 211 Rn. 3; Ulsenheimer, Arztstrafrecht in der Praxis, S. 385f.; Wessels/Hettinger, Strafrecht BT 1, Rn. 9.

285 Küper, GA 2001, 515, 529; Tröndle/Fischer, StGB, Vor § 211 Rn. 3.

286 So Krey/Heinrich, Strafrecht BT 1, Rn. 3; Ingelfinger, Grundlagen und Grenzbereiche des Tötungsverbots, S. 128.

StGB a.F. gründete sich auf die Argumentation, dass diese Zäsur zum einen nicht auf einer allgemeinen Überzeugung, sondern einfach auf einer positivrechtlichen Regelung beruht habe und dass sie zum anderen durch die Erlaubnis der Anwendung der Tötungstatbestände während des Geburtsvorgangs strafschärfendes oder sogar (im Fall des Versuchs der Mutter im Vergleich zu § 218 Abs. 4 S. 2 StGB) strafbegründendes Gewohnheitsrecht und damit einen Verstoß gegen Art. 103 Abs. 2 GG darstellen würde.[287]

Die Stichhaltigkeit der Argumente gegen eine Fortgeltung des Abgrenzungskriteriums des Beginns der Geburt auch nach Wegfall des § 217 StGB a.F. macht es notwendig, den Begriff „Mensch" neu zu bestimmen bzw. nach den allgemeinen Regeln auszulegen.[288]

(a) Der Vorschlag zur Vorverlegung des Beginns des Menschseins in die Schwangerschaft

Die Aufhebung des § 217 StGB a.F. hat vereinzelt[289] zu der Auffassung geführt, dass eine Vorverlagerung des Anwendungsbereichs der Tötungsdelikte in den Zeitraum vor dem Beginn der Geburt nun möglich wäre; wie es Gropp ausgedrückt hat, stelle die Lex scripta „kein unüberwindliches Hindernis mehr" dar für eine Erstreckung des Begriffs „Mensch" auf das vorgeburtliche Stadium. Gropp nimmt zwar an, dass gemäß § 218a Abs. 4 S. 1 StGB bis zum Ende der 22. Woche nach der Empfängnis nur die Tatbestände über den Schwangerschaftsabbruch anwendbar sind, vertritt aber die Meinung, dass nach dem Ablauf der 22. Woche die Einbeziehung der Leibesfrucht in den Rechtsbegriff „Mensch" nur eine „Frage der Auslegung" sei.[290] Eine solche Einbeziehung würde nach Gropp dem Wortlaut der §§ 212 bzw. 218 StGB nicht widersprechen, denn eine Leibesfrucht könne als „anderer" i.S. des § 212 StGB verstanden werden. Auch habe der Gesetzgeber in den Tatbeständen des Schwangerschaftsabbruchs keine Definition – weder der Schwangerschaft noch ihres Abbruchs – gegeben. Ferner nimmt er zwar an, dass der Gesetzgeber nach historischer Auslegung den Anwendungsbereich der §§ 218ff. StGB bis zum Beginn der Geburt erstreckt habe, er stellt aber dieser Annahme entgegen, dass diese historische Auslegung seit 1871 viel an Überzeugungskraft verloren habe. Außerdem gehe sein Vorschlag auch nach teleologischer Auslegung mit §§ 211ff.

287 Neumann, in: Nomos Kommentar StGB, Bd. 2, Vor § 211 Rn. 6.

288 Gropp, GA 2000, 1, 14; Küper, GA 2001, 515, 532ff.; Neumann, in: Nomos Kommentar StGB, Bd. 2, Vor § 211 Rn. 6; Weinschenk, § 217 StGB, S. 161ff.

289 Gropp, GA 2000, 1, 14ff.; Struensee, in: Dencker/Struensee/Nelles/Stein, 6. StrRG, S. 29.

290 Gropp, GA 2000, 1, 14.

StGB konform, da er dem Schutz des menschlichen Lebens diene. Trotzdem akzeptiert er schließlich, dass seine These nach gesetzessystematischer Auslegung de lege lata nicht vertretbar sei, weil sie im Bereich der fahrlässigen Tötung (aber auch der Körperverletzung) in weitem Maße strafbegründend wirken würde, was nur nach gesetzgeberischer Intervention verfassungskonform sein könnte.[291]

Nachdem Gropp einräumt, dass eine Vorverlegung des Anwendungsbereichs der Tötungsdelikte in das vorgeburtliche Stadium nur de lege ferenda vorgeschlagen werden könne, verfolgt er seine Argumentation hierum insoweit weiter, als er das lebensfähige[292] Ungeborene dem geborenen Kind hinsichtlich des strafrechtlichen Schutzes gleichstellt. Nach seiner Meinung verstieße die Verweigerung des gleichen rechtlichen Status für lebensfähige Ungeborene wie für geborene Kinder gegen den Gleichheitssatz des Art. 3 GG. Dieser verbiete zunächst, wesentlich Gleiches sachwidrig ungleich bzw. wesentlich Ungleiches willkürlich gleich zu behandeln.[293] Da ein Mensch unmittelbar vor dem Einsetzen der Eröffnungswehen einem Menschen gerade nach dem Einsatz der Eröffnungswehen im Wesentlichen gleiche, stimme eine ungleiche Behandlung durch die Relativierung des strafrechtlichen Schutzes des Ungeborenen nicht mit dem Gleichheitsprinzip überein.[294] Die Ungleichbehandlung von lebensfähigen Ungeborenen und Geborenen lasse sich nicht durch die Kennzeichnung des Beginns der Geburt als eines Zeitpunkts, zu dem die „Unbekanntheit", das „Nichtvorhanden-Sein" bzw. die „gesellschaftliche Unbedeutsamkeit" beseitigt werden, rechtfertigen. Denn heutzutage sei der Beginn der Geburt kein Anhaltspunkt mehr für die Beseitigung der „Unsichtbarkeit" bzw. der „gesellschaftlichen Nichtexistenz" des Ungeborenen; die modernen Methoden der pränatalen Diagnostik ließen das ungeborene Kind seinem gesellschaftlichen Umfeld bekannt und von diesem beobachtet werden. Demzufolge spiele es eine genauso wichtige gesellschaftliche Rolle wie das bereits geborene Kind. Der Beginn der

---

291 Gropp, GA 2000, 1, 14f.

292 Unter dem Kriterium der Lebensfähigkeit wird die Fähigkeit des Kindes verstanden, mit der Trennung vom Mutterleib überleben zu können, wenn auch zunächst nur mit technischer Unterstützung. Diese Fähigkeit sei nach gegenwärtigem medizinischem Stand ab einem Schwangerschaftsalter von etwa 20 bis 22 Wochen seit der Empfängnis gegeben. Gropp, GA 2000, 1, 13.

293 BVerfGE 4, 144, 155 (Willkür im objektiven Sinn genüge, d.h. die tatsächliche und eindeutige Unangemessenheit der Regelung in Bezug auf den zu ordnenden Gesetzgebungsgegenstand); 50, 177, 186; 51, 295, 300f.; 60, 16, 42.

294 Die Straffreistellung der Schwangeren aus kriminalpolitischen Gründen bzw. das Ausscheiden von Sachverhalten, die sich im Rahmen des sozial Üblichen bewegen, wie etwa die Medikamenteneinnahme oder der Nikotinkonsum durch die Schwangere, akzeptiert auch Gropp als notwendig; Gropp, GA 2000, 1, 16f.

Geburt, der nunmehr einfach „eine Episode auf dem Lebensweg des Menschen“ sei, könne daher keine wichtige Zäsur für die Schutzwürdigkeit des Ungeborenen mehr darstellen; vielmehr sollte der Gesetzgeber die Risiken des pränatalen Umganges mit der Leibesfrucht zum Anlass nehmen, den Lebensschutz auf den vorgeburtlichen Bereich (zumindest was die lebensfähigen Ungeborenen betreffe) zu erstrecken, genauso wie er 1871 die Risiken des Geburtsvorgangs zum Anlass für die Anerkennung des Menschseins schon in der Geburt gemäß § 217 StGB a.F. genommen hat.[295]

Eine Vorverlagerung des Lebensschutzes durch die Tötungstatbestände des StGB ins vorgeburtliche Stadium, wenn auch nur de lege ferenda, wird jedoch von der Rechtsprechung und der Lehre abgelehnt.[296] Ihr wird entgegengehalten, dass der Versuch, die Leibesfrucht durch die Tötungstatbestände im Vorfeld des Beginns der Geburt vor fahrlässigem Fehlverhalten des Arztes oder des Hilfspersonals zu schützen, notwendigerweise auch zur Pönalisierung des privaten Lebens der Schwangeren und ihres sozialen Umfeldes führen würde, denn eine neue Definition der Rechtsbegriffe „Mensch“ bzw. „Lebensbeginn“ sei allgemeinverbindlich und daher würde sie auch die Lebensweise der Schwangeren (z.B. Nikotinkonsum, Sporttreiben, Motorradfahren usw.) in einem unannehmbaren Ausmaß erfassen; der ganze Verlauf der Schwangerschaft würde so unter staatliche Kontrolle gebracht werden.[297] Darüber hinaus aber würde die Festsetzung des Beginns des Menschseins zu einem vorgeburtlichen Zeitpunkt – etwa dem Ablauf von 20 Wochen seit der Empfängnis, wie Gropp vorschlägt – zur systematischen Verwirrung zwischen Tötungs- und Schwangerschaftsabbruchsdelikten führen.[298]

(b) Die Vollendung der Geburt als Beginn des Menschseins

Im Gegensatz zur Verschiebung des Lebensschutzes durch §§ 211ff. StGB auf vorgeburtliche Stadien lautet eine andere Ansicht, dass als entscheidender Zeit-

---

295 Gropp, GA 2000, 1, 9f.

296 BGHSt 31, 348; Arzt, FamRZ 1983, 1019f.; Hirsch, JR 1985, 336f.; Jähnke, in: Leipziger Kommentar StGB, Vor § 211 Rn. 4; Lüttger, NStZ 1983, 481ff.; Schneider, in: Münchener Kommentar StGB, Vor §§ 211ff. Rn. 9f.

297 Jähnke, in: Leipziger Kommentar StGB, Vor § 211 Rn. 4; Schneider, in: Münchener Kommentar StGB, Vor §§ 211ff. Rn. 10. So aber auch Gropp, GA 2000, 1, 15f., der auf der Seite der Straffreiheit der Schwangeren oder sogar der mit ihr zusammenlebenden Angehörigen steht.

298 Küper, GA 2001, 515, 533f.; Schneider, in: Münchener Kommentar StGB, Vor §§ 211ff. Rn. 10. Das Problem gibt auch Gropp zu, der eine Intervention des Gesetzgebers zur Umformulierung der §§ 218 Abs. 1 S. 1 und 218a Abs. 4 StGB verlangt, Gropp, GA 2000, 1, 15.

punkt für die Erlangung der Menschqualität erst die Vollendung der Geburt angenommen werden sollte.[299] R. Herzberg und A. Herzberg vertreten die Meinung, dass schon unter Geltung des § 217 StGB a.F. die Verwendung des Wortes „Kind“ nicht zur Anerkennung des Menschseins für das Lebewesen, das sich gerade in der Geburt befinde, hätte führen dürfen; denn der Begriff „Kind“ werde in der Alltagssprache auch für die Bezeichnung des Ungeborenen verwendet bzw. er werde sogar in § 219 Abs. 1 S. 3 StGB gebraucht, um die Ausnahmesituation zu bestimmen, in der die Schwangere eine extreme Belastung durch das Austragen der Leibesfrucht („Austragen des Kindes“) erleiden müsse. Insbesondere wird durch die Autoren betont, dass es widersprüchlich sei, nur geborene Menschen als Tatobjekte der Tötungstatbestände zu bestimmen, aber gleichwohl ein Wesen als geborenen Menschen anzusehen, das die Schwangere erst zu gebären beginne.[300]

Erst recht gebe es – so Herzberg und Herzberg – nach der Aufhebung des § 217 StGB a.F. keinen Anlass mehr, den Beginn des Menschseins ins letzte Stadium der Schwangerschaft, also vor die Vollendung der Geburt, zu verlegen. Stattdessen beinhalte § 219 StGB die ausdrückliche Festlegung des Gesetzgebers, dass alle Ungeborenen, gleichgültig in welchem Stadium der Schwangerschaft, taugliche Tatobjekte nur eines Schwangerschaftsabbruchs gemäß § 218ff. StGB sein könnten. Die Tatsache, dass auch nach der Streichung des § 217 StGB a.F. von der herrschenden Lehre an der bisherigen Rechtsbestimmung festgehalten wird, kritisieren die Autoren als „Missachtung der objektiven Gesetzeslage“. Ihrer Ansicht nach ist erst die Vollendung der Geburt die maßgebliche Zäsur für den Beginn des Menschseins, genau wie die Rechtsfähigkeit des Menschen gemäß § 1 BGB mit der Vollendung der Geburt einsetzt; da das Menschsein im strafrechtlichen Sinn zum selben Zeitpunkt wie die zivilrechtliche Rechtsfähigkeit ende, sei es auch logisch, dass sie auch zum selben Zeitpunkt einsetze. Nur dann werde die unannehmbare Konstellation des – vom Beginn bis zur Vollendung der Geburt – „nicht rechtsfähigen Menschen“ verhindert.[301] Darüber hinaus lenken sie die Aufmerksamkeit auf umstrittene Kollisionsfälle, die als notwendiges Ergebnis des gleichrangigen Status von Mutter und Kind in der Geburt erscheinen; da die Gebärende keinen Vorrang mehr dem in der Geburt befindenden Kind gegenüber genieße, dürfe der Arzt in einer notstandsähnlichen Situation das Kind im Mutterleib nicht töten, um die Mutter gemäß § 218a Abs. 2 StGB aus einer „Gefahr für das Leben“ oder aus der „Ge-

299 Herzberg/Herzberg, JZ 2001, 1106, 1112f.

300 Herzberg/Herzberg, JZ 2001, 1106, 1108, 1110. Zustimmend auch Neumann, in: Nomos Kommentar StGB, Bd. 2, Vor § 211 Rn. 8.

301 Herzberg/Herzberg, JZ 2001, 1106, 1110.

fahr einer schwerwiegenden Beeinträchtigung des körperlichen [...] Gesundheitszustandes“ zu retten. Aber auch in einem Pflichtenkollisionsfall, in dem die Gefahren für Mutter und Kind nicht voneinander abhängig sind, betrachten Herzberg und Herzberg die Möglichkeit des Arztes, frei zu wählen, welchen Menschen er retten wird, als unannehmbar, denn sie glauben, dass die Pflicht zur Rettung der bereits geborenen Mutter nicht gleichrangig mit der Pflicht der Rettung eines menschlichen Wesens sein dürfe, das sich zwar in der Geburt befinde, aber noch nicht geboren sei.[302] Ihrer Ansicht nach können problematische Fälle solcher Art nur dadurch gelöst werden, dass man den Beginn des strafrechtlichen Menschseins und den der Rechtsfähigkeit zeitlich aufeinander abstimme. Da es keinen nicht rechtsfähigen Menschen gebe, könne das Menschsein auch im strafrechtlichen Sinn erst mit der Vollendung der Geburt i.S. des § 1 BGB beginnen. Die Gefahren, die unbestreitbar schon in der Geburt entstehen, könnten nur de lege ferenda abgewendet werden, indem der Gesetzgeber neue Tatbestände der vorsätzlichen oder fahrlässigen „Tötung der Leibesfrucht“ bzw. der vorsätzlich oder fahrlässig begangenen „Verletzung der Leibesfrucht“ in der Geburt einführe.[303]

Die Vollendung der Geburt als maßgebende Zäsur für die Erlangung des Menschseins im strafrechtlichen Sinn wird aber von der herrschenden Lehre abgelehnt. Als Begründung wird an die kriminalpolitische Zwecksetzung appelliert, das menschliche Wesen, das geboren wird, vor den besonderen Gefahren zu schützen, die im Geburtsvorgang unausweichlich sind. Die h.M. in der Literatur hält das Eingreifen der allgemeinen Tötungstatbestände schon ab dem Beginn des Geburtsaktes nicht nur als absolut kompatibel mit dem Sinn des Strafgesetzes, sondern auch als die geeignetste Lösung für das Beschützen des in der Geburt befindlichen, neuen menschlichen Wesens vor der besonderen Gefahrensituation, in der es sich befindet.[304] Allerdings wird die Notwendigkeit einer Neubestimmung der Trennlinie zwischen Leibesfruchtcharakter und Menschqualität nach der Aufhebung des § 217 StGB a.F. trotz des Zugeständnisses der kriminalpolitischen Gründe für das frühe Einsetzen der Tötungstatbestände teilweise eingeräumt.[305]

302 Herzberg/Herzberg, JZ 2001, 1106, 1110f.

303 Herzberg/Herzberg, JZ 2001, 1106, 1112f.

304 Eser, in: Schönke/Schröder, StGB Kommentar, Vorbem. §§ 211ff. Rn. 13; Jähnke, in: Leipziger Kommentar StGB, Vor § 211 Rn. 3; Lackner/Kühl, StGB Kommentar, Vor § 211 Rn. 3; Lüttger, JR 1971, 133f.; Schneider, in: Münchener Kommentar StGB, Vor §§ 211ff. Rn. 8; Wessels/Hettinger, Strafrecht BT 1, Rn. 9.

305 Gropp, GA 2000, 1, 14; Küper, GA 2001, 515, 532ff.; Neumann, in: Nomos Kommentar StGB, Bd. 2, Vor § 211 Rn. 6; Weinschenk, § 217 StGB, S. 161ff.

(c) Eine Neubestimmung des Beginns des Menschseins unter der neuen Rechtslage

Als folgerichtig erscheint die Ansicht von Küper. Er stellt fest, dass der Gesetzgeber zwar die Aufhebung der Privilegierung von § 217 StGB a.F. beabsichtigt, sich aber mit der damit möglicherweise verbundenen Veränderung der Zäsur des Beginns der Geburt gar nicht beschäftigt habe. Daher lasse sich auch nicht behaupten, er habe die Absicht gehabt, diese Zäsur beizubehalten. Ein mangelnder Wille zum Eingreifen in den Bereich der bisherigen Abgrenzung zwischen Leibesfrucht- und Menschqualität bedeute nicht ohne weiteres auch einen positiven Willen zur Bewahrung dieser Abgrenzung.[306] Die Unterlassung des Gesetzgebers, sich mit der Zäsur aus § 217 StGB a.F. auseinanderzusetzen, dürfe nicht eo ipso zur Annahme führen, dass die Zäsur trotz der Aufhebung der Vorschrift beibehalten werden sollte. Vielmehr sei ihr Bestehen von einer Auslegung der heutigen Rechtslage abhängig.

Die „positivierte Trennlinie" von § 217 StGB a.F. ist zwar beseitigt worden, das bedeutet aber nicht, dass keine positivrechtliche Abgrenzung zwischen Leibesfrucht und Mensch mehr besteht. Wie in der Literatur[307] schon angemerkt worden ist, stellt § 218 Abs. 1 StGB immer noch die normative Grundlage für die Unterscheidung des Bereichs des Schwangerschaftsabbruchs von dem der Tötungsdelikte dar; dort wird der Begriff „Schwangerschaft" festgelegt und damit mittelbar auch das Tatobjekt der Delikte nach §§ 218ff. StGB, nämlich die „Leibesfrucht", bestimmt. Eine Beeinträchtigung der Leibesfrucht, die zu deren Tode führt, wird ausschließlich dem Anwendungsbereich der Tatbestände über den Schwangerschaftsabbruch zugeschlagen. Die Schwangerschaft und daher die Leibesfruchtqualität beginnen gemäß § 218 Abs. 1 S. 2 StGB erst mit der Nidation. Das menschliche Wesen, das sich vom Zeitpunkt der Nidation bis zum Ende der Schwangerschaft im Mutterleib entwickelt, ist demgemäß als „Leibesfrucht" zu verstehen und gehört zum Regelungsbereich der §§ 218ff. StGB. Dieses Wesen kann unabhängig von seiner Entwicklungsphase aus gesetzessystematischen Gründen nicht gleichzeitig als Mensch i.S. der Tötungsdelikte gelten, da die Vorschriften über den Schwangerschaftsabbruch eine „Sperrwirkung" gegenüber den Tötungsdelikten entfalten.[308] Diese Auffassung wurde auch in der ersten Entscheidung des BGH nach der Aufhebung des § 217 StGB a.F. vertreten: „Ungeachtet der Aufhebung des § 217 StGB durch Art. 1 Nr. 35 des 6.

306 Küper, GA 2001, 515, 531f.

307 Küper, GA 2001, 515, 533f.; Schneider, in: Münchener Kommentar StGB, Vor §§ 211ff. Rn. 10.

308 Kaufmann, JZ 1971, 569f.; Küper, GA 2001, 515, 533; Lüttger, JR 1971, 133, 140; Schneider, in: Münchener Kommentar StGB, Vor §§ 211ff. Rn. 10.

StrRG vom 26.1.1998 (BGBl I, 164) wird diese Grenzlinie auch heute noch durch die Geburt bestimmt, [...]. Diese Abgrenzung, [...], ergibt sich nach dem Fortfall des § 217 StGB aus der Systematik der Tatbestandsmerkmale der §§ 212 I, 222 StGB einerseits und des § 218 I StGB andererseits, welche den Beginn des Menschseins mit der Folge der Anwendbarkeit der Tötungstatbestände erst an das Ende der Schwangerschaft, also die Geburt, anknüpft."[309]

Von besonderer Notwendigkeit ist also die Bestimmung des Endes einer Schwangerschaft; von diesem Zeitpunkt an darf man von einem Menschen sprechen, zu dessen Schutz nunmehr die Tötungstatbestände eingreifen, da die Eigenschaft der Leibesfrucht bzw. die Anwendung der Vorschriften über den Schwangerschaftsabbruch nur bis zum Ende der Schwangerschaft dauern. Besonders interessant ist der Standpunkt von Küper, der eine restriktive Auslegung des § 218 Abs. 1 StGB befürwortet, die das Ende der Schwangerschaft auf den Zeitpunkt nicht der Vollendung, sondern schon des Beginns der Geburt festlegen will, ebenso wie die extensive Auslegung des § 217 StGB a.F. den Anwendungsbereich der Schwangerschaftsabbruchstatbestände in den Zeitraum vor dem Einsetzen des Geburtsaktes beschränkt hatte. Auf diese Weise könnte das Abgrenzungskriterium, welches nach h.M. in der Lehre[310] wegen der „gewohnheitsrechtlichen" Geltung der Zäsur des § 217 StGB a.F. immer noch unverändert bestehe, eine positivrechtliche Begründung erlangen.[311]

Was allerdings geprüft werden sollte, ist, ob die einschränkende Auslegung des § 218 Abs. 1 StGB mit Art. 103 Abs. 2 GG vereinbar ist, da sie den Anwendungsbereich der Tötungsdelikte und daher auch die Strafbarkeit erweitert. Um der Gefahr der strafbegründenden bzw. straferweiternden Analogie zu entkommen, muss sich die Auslegung des Begriffs „Schwangerschaft" an die Wortlautgrenze des Gesetzes halten.[312] Aber zum Wortsinn des Begriffs „Schwangerschaft" gehört obligatorisch weder der Anfang des Geburtsaktes noch seine Fortsetzung; der angefangene Geburtsvorgang kann eigentlich nicht mehr als „Schwangerschaft" beschrieben werden. Vielmehr stellt er eine „neue, eigenständige Lebensphase des Kindes" dar. Diese Aussage stimmt auch mit dem medizinisch-wissenschaftlichen Begriff der „Schwangerschaft" überein, der den

---

309 BGH NStZ 2008, 393, 394.

310 Eser, in: Schönke/Schröder, StGB Kommentar, Vorbem. §§ 211ff. Rn. 13; Hirsch, H.J., in: FS Eser, S. 314ff.; Ingelfinger, Grundlagen und Grenzbereiche des Tötungsverbots, S. 127ff.; Jäger, JuS 2000, S. 31f.; Jähnke, in: Leipziger Kommentar StGB, Vor § 211 Rn. 3; Lackner/Kühl, StGB Kommentar, Vor § 211 Rn. 3; Ulsenheimer, Arztstrafrecht in der Praxis, S. 385f.; Wessels/Hettinger, Strafrecht BT 1, Rn. 9.

311 Küper, GA 2001, 515, 535f.

312 Mehr in: Roxin, Strafrecht AT I, § 5 Rn. 26ff.

Zustand von der Konzeption bis zum Eintritt der Geburt[313] beschreibt.[314] Das bedeutet, dass eine solche Auslegung des § 218 Abs. 1 StGB verfassungskonform ist und außerdem der traditionellen Zäsur des Beginns der Geburt, die von der absoluten Mehrheit der Strafrechtslehre als noch geltendes „Gewohnheitsrecht" betrachtet wird, treu bleiben kann. Allerdings umgeht eine positivrechtliche Abgrenzung zwischen Leibesfrucht und Mensch – anders als die Annahme einer „gewohnheitsrechtlichen" Geltung der Zäsur des Beginns der Geburt – die Gefahr eines Verstoßes gegen Art. 103 Abs. 2 GG.

(d) Zwischenergebnis

Die Aufhebung des § 217 StGB a.F. hat praktisch nichts geändert, was den entscheidenden Zeitpunkt für die Erlangung der Menschqualität und also auch für die Abgrenzung zwischen Schwangerschaftsabbruch und Tötungsdelikten betrifft. Die absolut herrschende Lehre vertritt die Ansicht, dass durch die Streichung der Vorschrift über die Kindestötung die Zäsur des Beginns der Geburt erhalten geblieben ist, da der Gesetzgeber keine Änderung in diesem Bereich beabsichtigt hat. Außerdem soll die sich aus § 217 StGB a.F. ergebende Zäsur auch deswegen ihre Gültigkeit bewahrt haben, weil sie inzwischen gewohnheitsrechtliche Geltung erlangt hat.

Die Schwächen dieser Argumente, die schon vorher erwähnt worden sind, werden durch die Berufung auf eine positivrechtliche Begründung der Beibehaltung der Zäsur des Geburtsbeginns umgangen; dieselbe Abgrenzung zwischen Leibesfruchtcharakter und Menschqualität kann auch durch verfassungskonforme Auslegung des Begriffs „Schwangerschaft" erfolgen, wie sie in § 218 Abs. 1 StGB bestimmt ist. Eine derartige Auslegung des § 218 Abs. 1, die den Beginn der Geburt als maßgebende Zäsur für die Erlangung der Menschqualität begünstigt, ist nicht nur mit Art. 103 Abs. 2 GG vereinbar, sondern erscheint auch aus kriminalpolitischen Gründen als notwendig, um das neue menschliche Leben vor den erhöhten Gefahren des Geburtsvorgangs zu bewahren.

(4) Wann kann man vom Beginn der Geburt sprechen?

Die fast allgemeine wissenschaftliche und richterliche Anerkennung des Beginns der Geburt als entscheidendes Abgrenzungskriterium zwischen Schwangerschaftsabbruchs- und Tötungsdelikten bedeutet allerdings nicht zugleich, dass der Wendepunkt schon geklärt ist. Vielmehr ist es erforderlich, auch den Terminus „Beginn der Geburt" näher zu präzisieren, da es nicht ganz offensicht-

313 Pschyrembel, Klinisches Wörterbuch, S. 1654, Stichwort: „Schwangerschaft".

314 Küper, GA 2001, 515, 537.

lich ist, was genau unter diesem Rechtsbegriff gemeint ist. Auch darüber gibt es eine Auseinandersetzung in Rechtsprechung und Literatur.

Die strittigen Meinungen haben verschiedene Zeitpunkte im Geburtsverlauf als maßgeblich für die Markierung des Beginns der Geburt angenommen, und zwar sowohl beim natürlichen als auch beim operativen Verlauf der Geburt. Die Tatsache, dass der Geburtsverlauf ein komplizierter, vielschichtiger Prozess ist, der viele verschiedene Ereignisse aufweist, die auch davon abhängen, in welcher Weise er durchgeführt wird, zeigt, dass es sinnvoll, aber auch notwendig ist, den Begriff des Geburtsanfangs in den Fällen von natürlichem bzw. künstlichem Geburtsverlauf getrennt zu bestimmen.

(a) Der Beginn des Menschseins bei regulärem Verlauf der Geburt

Früher wurde der Beginn der Geburt auf den Zeitpunkt festgelegt, in dem die Plazentaratmung durch die Lungenatmung ersetzt wird, also den Zeitpunkt, zu dem das Kind nicht mehr mittels der Nabelschnur, sondern durch die eigenen Lungen atmet oder zumindest die Möglichkeit dazu aufweist.[315] Diese Ansicht ist jedoch an der medizinisch-wissenschaftlichen Feststellung gescheitert, dass beide Atmungen in der Regel auch gleichzeitig stattfinden können, z.B. wenn das Kind zwar den Mutterleib schon verlassen hat, die Nabelschnur aber noch nicht durchtrennt ist, oder wenn im Verlauf der Geburt Sauerstoff in den geöffneten Geburtskanal eindringt.[316] Der Wechsel der Atmungsform ist also kein taugliches Kriterium für die Bestimmung des Beginns der Geburt, da er empirisch nicht mit Sicherheit präzisiert werden kann.

In diese Zeit gehört auch die Meinung, die ursprünglich auch das RG vertrat[317], dass als Beginn der Geburt der zumindest teilweise Austritt des Kindes aus dem Mutterleib zu verstehen sei.[318] Auch diese These wurde abgelehnt, da der Austritt des Kindes aus dem Mutterleib, wenn auch nur teilweise, auf keinen Fall den „Geburtsbeginn“ markieren kann, stellt er doch schon ein fortgeschrittenes Geburtsstadium dar. Darüber hinaus ist das Anliegen des Gesetzgebers ein umfangreicherer Schutz des Kindes schon ab dem Anfang der Geburt; dieser Zwecksetzung kann aber nicht gedient werden, wenn von einer späten Phase, die

315 von Liszt, Strafrecht, § 80, S. 310: „Das selbständige Dasein beginnt […] mit dem Aufhören der fötalen Plazentaratmung und der Möglichkeit der Atmung durch die Lungen“.

316 Lüttger, JR 1971, 133f.; Schmidt-Matthiesen/Wallwiener, Gynäkologie und Geburtshilfe, S. 309.

317 RGSt 1, 446, 448: „Es genügt, muß aber auch als notwendig erfordert werden, daß das Kind zum Teil bereits den Schoß der Mutter verlassen hat und damit an die Außenwelt getreten ist, um dasselbe als in der Geburt begriffen erscheinen zu lassen“.

318 Binding, BT 1, S. 37f.

schon sehr nah an die Vollendung der Geburt heranreicht, ausgegangen wird.[319] Von dieser Meinung hat später auch das RG Abschied genommen, indem es auf das Einsetzen der „Ausstoßungsversuche, durch welche die Frucht nach außen getrieben werden soll", abgestellt hat.[320]

Diese These der späteren Rechtsprechung des RG ist die heute in Rechtsprechung und Schrifttum herrschende Meinung zum Geburtsbeginn. Hiernach darf die Rede vom Geburtsbeginn sein, sobald der Versuch des Mutterleibes beginnt, das Kind auszustoßen, bzw. die Wehen einsetzen, die im weiteren Verlauf zur Ausstoßung des Kindes führen.[321] Den Beginn dieser Ausstoßungsversuche hat früher ein Teil des Schrifttums mit dem Einsetzen der sog. „Treib"- bzw. „Presswehen" gleichgesetzt.[322] Die „Treib"- und „Presswehen" sind aus medizinischer Sicht die starken und sich in schnellem Tempo wiederholenden Wehen, welche das Kind durch den unteren Teil des Geburtskanals und abschließend aus dem Mutterleib hinausstoßen.[323]

Diese Ansicht ist aber zu Recht mit dem Argument kritisiert worden, dass die Treib- und Presswehen erst in einem späteren Stadium des Geburtsvorgangs auftreten und daher nicht als das „Einsetzen" der Versuche des Mutterleibes, das Kind auszustoßen, beschrieben werden können; die Ausstoßungsversuche beginnen nicht erst mit den Treib- oder Presswehen, sondern werden mit ihnen bereits ausgeführt.[324] Ebenso sind besonders früh erscheinende Wehen als untauglich abzulehnen, wie etwa die „Schwangerschafts"- und die „Senk"- oder „Stellwehen". Es ist treffend vermerkt, dass bei den „Schwangerschaftswehen", die nur als Anzeichen einer bevorstehenden Geburt medizinisch beschrieben werden können und manchmal auch „Übungswehen" genannt werden, „der Uterus nur trainiert", um den Geburtsvorgang durchzuhalten.[325] Die „Senk"- oder „Stellwe-

---

319 Lüttger, JR 1971, 133f.

320 RGSt 9, 131f.; 26, 178f.

321 RGSt 9, 131; 26, 178; BGHSt. 10, 5; 31, 348, 356; Eser, in: Schönke/Schröder, StGB Kommentar, Vorbem. §§ 211ff. Rn. 13; Jähnke, in: Leipziger Kommentar StGB, Vor § 211 Rn. 3; Lüttger, JR 1971, 133, 134f.; Schneider, in: Münchener Kommentar StGB, Vor §§ 211ff. Rn. 11; Wessels/Hettinger, Strafrecht BT 1, Rn. 9.

322 Preisendanz, StGB, § 217 Anm. 3; Saerbeck, Beginn und Ende des Lebens, S. 95ff.; Welzel, Das deutsche Strafrecht, S. 244, 260. Diese Meinung vertritt auch heute Neumann, in: Nomos Kommentar StGB, Bd. 2, Vor § 211 Rn. 9, mit dem Argument, dass früher beginnende Wehen einfach Veränderungen im Körper der Schwangeren darstellen, die keine Einwirkungen auf die Leibesfrucht und deren Status haben können.

323 Schmidt-Matthiesen/Wallwiener, Gynäkologie und Geburtshilfe, S. 231.

324 Heinemann, Frau und Fötus, S. 63; Jähnke, in: Leipziger Kommentar StGB, Vor § 211 Rn. 3; Lüttger, JR 1971, 133, 135; Merkel, Früheuthanasie, S. 104.

325 Lüttger, JR 1971, 133, 135; Schneider, in: Münchener Kommentar StGB, Vor §§ 211ff. Rn. 11.

„Stellwehen“ sorgen dafür, dass das Kind tiefer in das Becken der Schwangeren rutscht, um seine Stellung für den Einsatz der Geburt vorzubereiten.[326] Alle diese Wehenarten erscheinen schon in den letzten Schwangerschaftswochen und haben als Ziel, den Mutterleib und die Leibesfrucht auf die Geburt vorzubereiten. Keinesfalls können sie aber aus medizinischer Sicht als „Einsetzen der Ausstoßungsversuche“ verstanden werden.

Im Gegensatz zu Wehenarten, die entweder zu früh oder erst in einem späteren Stadium auftreten, werden heute die „Eröffnungswehen“ mit fast allgemeiner Zustimmung in Rechtsprechung und Schrifttum als das Einsetzen der Ausstoßungsversuche des Mutterleibes markierend angenommen.[327] Die Eröffnungswehen sind regelmäßige Wehen, die an Stärke und Häufigkeit zunehmen und dazu dienen, den Gebärmutterhals zu erweitern, bis er für das Kind ganz durchgängig wird; außerdem helfen sie dabei, das Kind in den Gebärmutterhalskanal hineinzuschieben, bevor die Presswehen es durch den unteren Geburtskanal befördern. Die Eröffnungswehen werden nicht nur aus medizinischer, sondern auch aus juristischer Sicht als die „die Ausstoßungsversuche des Mutterleibes“ einleitenden Wehen gekennzeichnet, denn ihre Funktion und ihr zeitliches Auftreten markieren den Anfang eines wichtigen Abschnitts des Geburtsvorgangs (von vielfach längerer Dauer als der der Presswehen), der als erster Teil des eigentlichen Geburtsaktes beschrieben werden kann; darüber hinaus befindet sich das Kind erst ab diesem Zeitpunkt in einer ernsten, auf geburtshilflichen Gründen beruhenden Gefahrenlage, deren Bekämpfung die kriminalpolitische Funktion der Zäsur des „Beginns der Geburt“ beabsichtigt.[328]

Es kommt nicht darauf an, ob die Eröffnungswehen spontan einsetzen oder künstlich, i.e. durch medikamentöse Maßnahmen, hervorgerufen werden. Im zweiten Fall beginnt die Geburt nicht schon mit der Anwendung der ärztlichen Maßnahmen, sondern erst mit dem tatsächlichen Einsetzen der künstlich herbeigeführten Eröffnungswehen.[329] Ebenso gleichgültig ist, ob die Zwischenzeit vom Einsetzen der Eröffnungswehen bis zur Ausstoßung des Kindes länger ge-

---

326 Schmidt-Matthiesen/Wallwiener, Gynäkologie und Geburtshilfe, S. 231.

327 BGHSt 32, 194, 195f.; OLG Karlsruhe, NStZ 1985, 314f.; Eser, in: Schönke/Schröder, StGB Kommentar, Vorbem. §§ 211ff. Rn. 13; Heinemann, Frau und Fötus, S. 63; Hirsch, JR 1985, 336ff.; Jähnke, in: Leipziger Kommentar StGB, Vor § 211 Rn. 3; Jung, NStZ 1985, 316; Koch, MedR 1985, 83f.; Lackner/Kühl, StGB Kommentar, Vor § 211 Rn. 3; Lüttger, JR 1971, 133, 135; Merkel, Früheuthanasie, S. 104f.; Tag, Der Körperverletzungstatbestand, S. 132f.

328 Lüttger, JR 1971, 133, 135.

329 OLG Karlsruhe, NStZ 1985, 314f.; Eser, in: Schönke/Schröder, StGB Kommentar, Vorbem. §§ 211ff. Rn. 13; Heinemann, Frau und Fötus, S. 64f.; Jähnke, in: Leipziger Kommentar StGB, Vor § 211 Rn. 3.

dauert hat; die Dauer des übrigen Geburtsverlaufs ist unerheblich und das Gleiche gilt für mögliche Unterbrechungen des weiteren Vorgangs.[330]

Ein Sonderfall besteht bei einer sog. „Sturzgeburt“, d.h. einer Geburt, die sich innerhalb von einigen Minuten mit nur wenigen Wehen (oder sogar mit nur einer Wehe) ereignet. In diesem Fall, in dem es äußerst schwierig – oder gar unmöglich – ist, zwischen Eröffnungs- und Presswehen zu unterscheiden, tritt die erste oder die einzige Wehe an die Stelle der Eröffnungswehen als Beginn der Geburt. In ähnlicher Weise kann die Zäsur der Eröffnungswehen von einem anderen Ereignis ersetzt werden, das anstelle von ihnen oder vor ihrem Einsetzen den eigentlichen Geburtsvorgang in Bewegung setzt; ein solcher Fall liegt beispielsweise bei einem „vorzeitigen Blasensprung“ vor, wenn sich die Fruchtblase bereits vor dem Einsetzen der Eröffnungswehen (die erst später erscheinen) öffnet. In all diesen Fällen wird die Ratio Legis dadurch beachtet, dass das Kind schon ab dem tatsächlichen Anfang des eigentlichen Geburtsverlaufs unter den Schutz der Tötungsdelikte gestellt wird.[331]

(b) Der Beginn des Menschseins bei operativer Durchführung der Geburt

Die letztgenannte Absicht bestimmt die Antwort auf die Frage nach dem Beginn des „Menschseins“ i.S. der § 211ff. StGB auch im Bereich der operativen Entbindung – meistens des sog. „Kaiserschnitts“. Die Eröffnungswehen können auch hier den Beginn der Geburt markieren, wenn die künstliche Entbindung erst nach ihrem Einsetzen entschieden bzw. durchgeführt worden ist. In der Regel werden allerdings solche operativen Eingriffe schon vor dem Beginn der Eröffnungswehen vorgenommen; in diesem Fall werden die Eröffnungswehen durch den operativen Eingriff ersetzt. Es ist also anzunehmen, dass der die Eröffnungswehen ersetzende Eingriff maßgebend ist.[332] Fraglich ist, welches genaue Stadium des Eingriffs an die Stelle der Eröffnungswehen als Beginn der Geburt tritt.

Die höchstrichterliche Rechtsprechung hat sich noch nicht zu diesem Thema geäußert. In der Literatur hat es dagegen auch in diesem Bereich Streit gegeben. Es wurde vereinzelt angenommen, dass die Eröffnungswehen bereits durch die Einleitung der Narkose ersetzt werden.[333] Diese Ansicht wird aber zu Recht ab-

330 Jähnke, in: Leipziger Kommentar StGB, Vor § 211 Rn. 3; Lüttger, JR 1971, 133, 135.
331 Lüttger, JR 1971, 133, 135f.
332 OLG Karlsruhe, NStZ 1985, 314f.; Eser, in: Schönke/Schröder, StGB Kommentar, Vorbem. §§ 211ff. Rn. 13; Lüttger, Heinitz-FS, S. 359ff.
333 Cremer, MedR 1993, 421f.

gelehnt[334], denn die Einleitung der Narkose stellt einfach ein die Operation vorbereitendes Verfahren dar, ähnlich wie die Senkwehen den Mutterleib und das Kind für die Geburt vorbereiten, den eigentlichen Geburtsverlauf aber noch nicht einleiten. Außerdem könnte die Narkoseeinleitung vielen anderen Zwecken dienen, die mit dem Geburtsvorgang nichts zu tun haben, sie darf also nicht als die Geburt einleitendes Verfahren verstanden werden.

Ein anderer Teil des Schrifttums hebt auf die Eröffnung der Bauchdecke ab, die den ersten Schritt der abdominalen Schnittentbindung darstellt und ihren Befürwortern nach aus kontextgebundener Ansicht als der Auftakt der operativen Geburt verstanden werden sollte.[335] Auch diese These wird aber mit dem Argument zurückgewiesen, dass die Eröffnung der Bauchdecke objektiv zu verschiedenen Zwecken stattfinden kann und daher nicht als Beginn der Geburt und somit des Menschseins beurteilt werden darf.[336]

Die h.M. in der Lehre favorisiert die Eröffnung des Uterus als den die Eröffnungswehen ersetzenden Beginn der Geburt.[337] Diese Meinung überzeugt in einem höheren Grade, da die Eröffnung des Uterus das eigentliche Einsetzen des Verfahrens zur Entbindung des Kindes vom Mutterleib darstellt. Ähnlich wie die Eröffnungswehen zur Erweiterung des Muttermundes führen, um den Durchgang des Kindes in den Geburtskanal zu ermöglichen, wird der Uterus geöffnet, damit das Kind in die Außenwelt kommen kann. Außerdem ist die Eröffnung des Uterus der Orientierungspunkt, zu dem sich das Kind in einer erhöhten Gefahrenlage befindet, daher ist von diesem Zeitpunkt an der kriminalpolitische Zweck des Gesetzes, das Kind in der gefährlichen Geburtsphase durch die Tötungstatbestände zu schützen, gerechtfertigt. Freilich findet auch die Eröffnung des Uterus nicht exklusiv zu Geburtszwecken statt; vielmehr kann der Uterus z.B. auch dann geöffnet werden, wenn ein vorgeburtlicher, operativer Eingriff, etwa eine fetalchirurgische Behandlung, notwendig ist. Da es sich aber

334 Eser, in: Schönke/Schröder, StGB Kommentar, Vorbem. §§ 211ff. Rn. 13; Jähnke, in: Leipziger Kommentar StGB, Vor § 211 Rn. 3; Ratzel/Hiersche/Opderbecke, MedR 1994, 472ff.

335 Lüttger, FS Heinitz, S. 359, 365f.; Schneider, in: Münchener Kommentar StGB, Vor §§ 211ff. Rn. 12; Tag, Der Körperverletzungstatbestand, S. 136f.

336 Eser, in: Schönke/Schröder, StGB Kommentar, Vorbem. §§ 211ff. Rn. 13; Ingelfinger, Grundlagen und Grenzbereiche des Tötungsverbots, S. 134ff.; Jähnke, in: Leipziger Kommentar StGB, Vor § 211 Rn. 3.

337 Eser, in: Schönke/Schröder, StGB Kommentar, Vorbem. §§ 211ff. Rn. 13; Ingelfinger, Grundlagen und Grenzbereiche des Tötungsverbots, S. 134ff.; Jähnke, in: Leipziger Kommentar StGB, Vor § 211 Rn. 3; Lackner/Kühl, StGB Kommentar, Vor § 211 Rn. 3; Neumann, in: Nomos Kommentar StGB, Bd. 2, Vor § 211 Rn. 10; Tröndle/Fischer, StGB, Vor § 211 Rn. 2.

in diesen Fällen nicht um eine dauerhafte, vollständige Trennung des Kindes von der Mutter handelt, kann die Uteruseröffnung aus solchen Gründen keinen Wechsel der Objektsqualität bewirken, der dann ohnehin nur über diese kurze Zeit bestehen und nach Vollendung der Behandlung zurück zum Leibesfruchtcharakter führen müsste.[338]

(c) Zwischenergebnis

Die heute in Rechtsprechung und Schrifttum herrschende These bestimmt den Geburtsbeginn als den Einsatz des Versuchs des Mutterleibes, das Kind auszustoßen. Die Ausstoßungsversuche des Mutterleibes beginnen nicht mit Wehenarten, die entweder zu früh oder erst in einem späteren Stadium stattfinden, sondern erst mit den Eröffnungswehen, die den Uterus erweitern und das Kind in den oberen Geburtskanal hineinschieben. Gemäß ihrer Funktion und ihrer zeitlichen Abstimmung dürfen sie als Anfang des Geburtsvorgangs beurteilt werden. Darüber hinaus befindet sich das Kind erst ab diesem Zeitpunkt in einer ernsten Gefahrenlage, die der Gesetzgeber durch Einsatz der Tötungstatbestände (und auch – wie hier schon gesagt werden kann – der Körperverletzungstatbestände) zu bekämpfen beabsichtigt. Bei operativer Entbindung des Kindes, wenn die Eröffnungswehen noch nicht begonnen haben, werden sie durch die operative Eröffnung des Uterus ersetzt. Ab diesem Zeitpunkt beginnt das Menschsein aus strafrechtlicher Sicht und können die Tötungstatbestände des StGB zum Schutz des sich in der Geburt befindenden Kindes eingesetzt werden.

bb) Der Einsatz der allgemeinen Tötungsdelikte des StGB bei pränatalen Beeinträchtigungen

Die vorangegangene Analyse der Auseinandersetzung bezüglich des Beginns des Menschseins aus strafrechtlicher Sicht hat zum Ergebnis geführt, dass der Beginn der Geburt mit dem Einsatz der Eröffnungswehen bzw. mit der operativen Eröffnung des Uterus den Wendepunkt für die Erlangung der Menschqualität darstellt. Von diesem Zeitpunkt an ist das neue menschliche Wesen durch die Tötungstatbestände des StGB geschützt. Im Gegensatz dazu handelt es sich vor diesem Zeitpunkt um eine Leibesfrucht, die kein taugliches Objekt eines Tötungsdeliktes ist und daher keinen Schutz durch die §§ 211ff. StGB genießen kann. Eine vorsätzliche oder fahrlässige Einwirkung auf die Leibesfrucht vor Geburtsbeginn, die deren Absterben zur Folge hat, ist deswegen kein Tötungsdelikt nach den Vorschriften des StGB.

Vor diesem Zeitpunkt kann das ungeborene Leben – wie im Folgenden ausführlicher dargestellt wird – nur durch die Strafbestimmungen des Schwanger-

338 Heinemann, Frau und Fötus, S. 68ff.

schaftsabbruchs (§§ 218-219b StGB) geschützt werden, deren Tatobjekt die Leibesfrucht ab dem Zeitpunkt der abgeschlossenen Einnistung des befruchteten Eies in die Gebärmutter ist (§ 218 Abs. 1 Satz 2 StGB)[339] und deren Taterfolg das Absterben der Leibesfrucht bildet.[340] Im Gegensatz zu den Tötungstatbeständen schützen die Vorschriften über den Schwangerschaftsabbruch lediglich gegen vorsätzliche Beeinträchtigungen ihres Tatobjekts, während die fahrlässige Einwirkung, die zum Tode der Leibesfrucht führt, nicht durch § 218 StGB bestraft wird.[341]

Folglich ist eine Beeinträchtigung der Leibesfrucht, die deren Tod zur Folge hat und mit Vorsatz (bedingter Vorsatz genügt[342]) durchgeführt worden ist, als Schwangerschaftsabbruch nach § 218 StGB zu beurteilen. Im Gegensatz dazu bleibt eine fahrlässige Beeinträchtigung der Leibesfrucht, die zu deren Tod und zwangsläufig zum Abbruch des Schwangerschaftsverlaufs führt, nicht nur außerhalb des Bereichs der Tötungsdelikte i.e.S., sondern auch außerhalb des Anwendungsbereichs der §§ 218ff. StGB, da nur der vorsätzliche Schwangerschaftsabbruch durch sie erfasst wird. Der Gesetzgeber hat sich also nicht nur gegen eine Strafbarkeit der vorsätzlichen, todverursachenden Eingriffe auf die Leibesfrucht gemäß §§ 211ff. StGB, sondern auch gegen jegliche Pönalisierung von fahrlässigen Beeinträchtigungen der Leibesfrucht im Vorfeld des Geburtsbeginns, die zu ihrem Tode führen, entschieden. Dahinter steht der Gedanke, dass eine Strafdrohung gegen fahrlässige Einwirkungen oder Unterlassungen durch die Schwangere (z.B. durch Drogenkonsum) oder Dritte, die zum Tod der Leibesfrucht führen, eine untragbare staatliche Kontrolle des Verlaufs der Schwangerschaft darstellen würde.[343] Deswegen wird aber auch das fahrlässige Verhalten des Arztes aufgrund einer einheitlichen Geltung und Anwendung der Definition des Lebensbeginns als nicht strafwürdig beurteilt.[344] Die Folgen die-

339 Der Embryo vor der Einnistung in die Gebärmutter ist nicht durch das StGB geschützt. Der Embryo im extrauterinen Embryonalstadium (in vitro) ist durch die Spezialvorschriften des Embryonenschutzgesetzes geschützt.

340 Schneider, in: Münchener Kommentar StGB, Vor §§ 211ff. Rn. 1.

341 Eser, in: Schönke/Schröder, StGB Kommentar, § 218 Rn. 41; Lackner/Kühl, StGB Kommentar, § 218 Rn. 10; Tröndle/Fischer, § 218 Rn. 11, 12.

342 Lackner/Kühl, StGB Kommentar, § 218 Rn. 9.

343 Kaufmann, JZ 1971, 569, 571; Tepperwien, Pränatale Einwirkungen als Tötung oder Körperverletzung, S. 119f.

344 Allerdings gibt es Vorschläge, nur die Schwangere aus diesen kriminalpolitischen Gründen straffrei zu stellen; im Gegensatz dazu wird die Festlegung einer Sondervorschrift vorgeschlagen, die Ärzte und ärztliches Hilfspersonal mit Strafe bedrohen würde. Mehr dazu in: Gropp, GA 2000, 1, 15ff.; Hirsch, JR 1985, 336, 337f.

ser Entscheidung des Gesetzgebers, die oft zu als nicht gerecht empfundenen Strafbarkeitslücken führen, werden weiter unten diskutiert.

cc) Pränatale Beeinträchtigungen mit postnatalem Tötungserfolg

Problematischer als die Fälle, in denen der Tod der Leibesfrucht im Uterus eintritt, sind die Fälle von pränatalen Beeinträchtigungen der Leibesfrucht, in denen der Tod erst nach dem Geburtsbeginn eintritt, also nachdem die Leibesfrucht Menschqualität erlangt hat und daher zum Tatobjekt eines Tötungsdelikts werden kann. Sowohl die Schwangerschaftsabbruchs- als auch die Tötungstatbestände des StGB gehören zu den Erfolgsdelikten, d.h. ihr Tatbestand wird nicht schon mit der Vornahme der im Gesetz beschriebenen Tathandlung erfüllt. Vielmehr bedarf es eines weiteren, vom Gesetzgeber missbilligten Erfolgs, der von der Handlung zeitlich und räumlich abgrenzbar und mit ihr durch einen ursächlichen Zusammenhang verbunden ist.[345] Meistens ist dieser Kausalverlauf von der Tathandlung bis zum Eintritt des (tödlichen) Erfolgs sehr kurz; manchmal können aber zwischen ihnen auch größere zeitliche Abstände liegen, z.B. wenn eine Frau in den ersten Monaten der Schwangerschaft mit einer Krankheit infiziert wird, sich das Kind aber erst im Geburtskanal die Infektion holt und nach einigen Tagen an den Folgen der Infektion stirbt. Schwierigkeiten können dann auftreten, wenn im Kausalverlauf zwischen der schädlichen pränatalen Handlung und dem Erfolgseintritt (Tod) die Geburt eingesetzt und die Objektsqualität des betroffenen Wesens von einer Leibesfrucht zu einem Menschen verwandelt worden ist.

Wichtig ist es in solchen Fällen, in denen die Tathandlung auf eine Leibesfrucht ohne Menschqualität eingewirkt hat, der Erfolg aber an einem geborenen Menschen eingetreten ist, das maßgebliche Kriterium für die Feststellung der Objektsqualität (Leibesfrucht oder Mensch) und damit für die Abgrenzung zwischen Schwangerschaftsabbruch und Tötungsdelikten zu bestimmen. Dabei können drei wichtige zeitliche Ereignisse als entscheidend in Betracht kommen, und zwar die Zeit der Handlungsvornahme, die Zeit der Einwirkung der Handlung auf das Opfer und der Zeitpunkt des Erfolgseintritts. Um den maßgebenden Zeitpunkt, zu dem die Objektsqualität vorliegen muss, näher zu bestimmen, müssen zuerst die verschiedenen möglichen Lösungen einzeln erörtert werden.

(1) Der Zeitpunkt der Handlungsvornahme

Die Handlungsvornahme wird als die Willensbetätigung des Täters verstanden, i.S. einer für die Außenwelt bedeutsamen Verhaltensweise, die vom Willen des

345 Roxin, Strafrecht AT I, § 10 Rn. 102; Wessels/Beulke, Strafrecht AT, § 1 Rn. 23.

Täters beherrschbar ist.[346] Über die Bedeutung des Zeitpunkts der Handlungsvornahme für die Objektsqualität kann man aus der Rechtsprechung vor dem Jahr 1983 nichts herleiten. Es gab zwar in der Rechtsprechung des RG einige Entscheidungen[347], in denen ausgedrückt worden ist, dass das Opfer zum Zeitpunkt der „Handlung" des Täters als Mensch anzusehen sei. Diese Entscheidungen haben sich aber nicht mit dem Problem des Wechsels der Objektsqualität während des Kausalverlaufs beschäftigt, sondern nur mit der Frage, ob es sich in diesen Fällen während des gesamten Kausalverlaufs um eine Leibesfrucht oder einen Menschen handelte. Daher dürfen aus ihnen keine Folgerungen zu diesem Thema gezogen werden.[348]

Der Zeitpunkt der Täterhandlung wird allerdings im Schrifttum zu Recht als irrelevant abgelehnt, und zwar mit dem Argument, dass die Handlungsvornahme von der Einwirkung auf das Tatobjekt bzw. von dem Erfolgseintritt zeitlich so entfernt sein kann, dass nicht einmal die Existenz des Tatobjekts zu diesem Zeitpunkt erforderlich ist.[349] Ein Beispiel dafür, das in der strafrechtlichen Lehre sehr beliebt ist, stellt der Fall des Bauwerks dar, welches vom Täter nicht kunstgerecht erstellt worden ist und deswegen erst einige Jahre später einstürzt; dabei stirbt ein Kleinkind, das zum Zeitpunkt der mangelhaften Handlung nicht nur ungeboren, sondern nicht einmal gezeugt war. Ein weiteres, beliebtes Beispiel ist das der Giftflasche, die vom Täter irgendwo versteckt worden ist, jedoch von einem Kleinkind, das damals noch nicht geboren war, einige Jahre später entdeckt und mit fatalen Ergebnissen ausgetrunken wird. In solchen Fällen würde die Handlungsvornahme als maßgebender Zeitpunkt für das Vorliegen der erforderlichen Objektsqualität zur Straflosigkeit des Täters führen. Dieses ungerechte Ergebnis wird aber von der h.M. zu Recht verworfen und der Zeitpunkt der Handlung als irrelevant abgelehnt.[350] Es ist also richtig anzunehmen, dass die Zeit der Handlungsvornahme unerheblich ist, was die Umwandlung der Objektsqualität betrifft.

---

346 Kaufmann, JZ 1971, 569; Roxin, Strafrecht AT I, § 7 Rn. 5; Tepperwien, Pränatale Einwirkungen als Tötung oder Körperverletzung, S. 46.

347 RGSt 9, 131, 133; 26, 178f.; 1, 446, 449.

348 Mehr zu diesen Entscheidungen in: Tepperwien, Pränatale Einwirkungen als Tötung oder Körperverletzung, S. 23ff.

349 Kaufmann, JZ 1971, 569; Tepperwien, Pränatale Einwirkungen als Tötung oder Körperverletzung, S. 46.

350 Eser, in: Schönke/Schröder, StGB Kommentar, Vorbem. §§ 211ff. Rn. 15; Jähnke, in: Leipziger Kommentar StGB, Vor § 211 Rn. 4; Kaufmann, JZ 1971, S. 569; Schneider, in: Münchener Kommentar StGB, Vor §§ 211ff. Rn. 13; Tepperwien, Pränatale Einwirkungen als Tötung oder Körperverletzung, S. 46.

(2) Der Zeitpunkt des Erfolgseintritts

Als Zeitpunkt des Erfolgseintritts ist der Zeitpunkt gemeint, zu dem der vom Gesetzgeber missbilligte deliktische Erfolg tatsächlich eintritt. Im Fall der Schwangerschafts- bzw. Tötungstatbestände stellt der Tod der Leibesfrucht oder des Menschen den deliktischen Erfolg dar. Wenn angenommen werden könnte, dass die Objektsqualität erst zum Zeitpunkt des Erfolgseintritts entscheidend sei, würde das zum Ergebnis führen, dass auch fahrlässige pränatale Einwirkungen auf eine Leibesfrucht als Tötungsdelikt zu bestrafen wären, wenn der Todeserfolg erst nach der Geburt eintritt.

Diese Auffassung wird aber von der herrschenden Lehre abgelehnt. Gegen sie wird das richtige Argument vorgetragen, dass sie eine Umgehung der Sperrwirkung der §§ 218ff. StGB darstellen würde. Der Gesetzgeber hat sich für eine Pönalisierung nur der vorsätzlichen Abtötung einer Leibesfrucht entschlossen; wenn man jedoch versuchen würde, eine Leibesfruchttötung nach den Tötungstatbeständen des StGB aus dem Grund zu bestrafen, dass der Todeserfolg erst nach Beginn der Geburt eingetreten ist, würde die Gefahr einer nach Art. 103 Abs. 2 GG verbotenen strafbegründenden Analogie entstehen.[351] Eine Umwandlung der Objektsqualität erst zum Zeitpunkt des Erfolgseintritts ist also unerheblich; die todverursachende Einwirkung auf eine Leibesfrucht kann nicht nach den Tötungsdelikten bestraft werden, selbst wenn der Tod erst nach der Geburt eintritt.[352]

(3) Der Zeitpunkt der Einwirkung auf das Tatobjekt

Nach h.M.[353] ist weder die Zeit der Handlungsvornahme (oder die Zeit, zu der der Täter hätte handeln müssen) noch die Zeit des Erfolgseintritts (also des Todes) entscheidend, sondern der Zeitpunkt der „Einwirkung" auf das Tatobjekt. Unter diesem Begriff wird der Zeitpunkt verstanden, in dem das „Auftreffen" der Täterhandlung auf das Tatobjekt stattfindet.[354] Nach einem Teil der Lehre ist als Zeitpunkt der Einwirkung der Zeitpunkt zu verstehen, in dem die schädigende Handlung oder Unterlassung nicht nur auf das Tatobjekt trifft, sondern sich

351 Kaufmann, JZ 1971, 569, 570f.; Lüttger, JR 1971, 133, 136ff.; Sternberg-Lieben, JuS 1986, S. 673, 675.

352 Auch in den: BVerfG NJW 88, 2945; OLG Bamberg NJW 88, 2963f.

353 Eser, in: Schönke/Schröder, StGB Kommentar, Vorbem. §§ 211ff. Rn. 15; Jähnke, in: Leipziger Kommentar StGB, Vor § 211 Rn. 4; Schneider, in: Münchener Kommentar StGB, Vor §§ 211ff. Rn. 13.

354 Kaufmann, JZ 1971, 569; Lüttger, JR 1971, 133, 138; ders., NStZ 1983, 481, 483; Wessels/Hettinger, Strafrecht BT 1, S. 4.

beim Betroffenen auszuwirken beginnt.[355] Es wird allerdings betont, dass die Unterscheidung zwischen den beiden Begriffen (Einwirkung oder Auswirkung) keine praktische Bedeutung habe, da das Abstellen auf beide Begriffe zu den gleichen Ergebnissen führe.[356] Ähnlich meint Lüttger[357], dass der BGH in seinem Urteil 3 StR 25/83 vom 22.04.1983 („Buscopan"-Entscheidung, BGHSt 31, 348ff.) beide Formulierungen synonym verwende. Im Folgenden wird der Begriff „Einwirkung" vorgezogen, der auch von der herrschenden Lehre[358] verwendet wird. Im Fall einer Unterlassung gilt der Zeitpunkt als maßgeblich, zu dem die erforderliche Tätigkeit nicht vorgenommen wird; bei dauernder Unterlassung ist dies der letztmögliche Zeitpunkt, zu dem die erfolgsabwendende Handlung noch hätte erfolgen können.[359]

Wenn demnach die schädigende Einwirkung vor dem Geburtsbeginn auf eine Leibesfrucht trifft und eine Fehlgeburt in Bewegung setzt, ist das Verhalten des Täters als Schwangerschaftsabbruch nach § 218 StGB zu beurteilen, selbst wenn der Tod der Leibesfrucht erst außerhalb des mütterlichen Körpers eintritt.[360] Das gilt selbstverständlich nur, wenn der Täter vorsätzlich gehandelt hat; im Fall eines fahrlässigen Verhaltens ist kein Schwangerschaftsabbruch nach § 218 StGB anzunehmen, sondern bleibt das Verhalten völlig straflos, da der Schwangerschaftsabbruch nur bei Vorsatz bestraft wird.[361]

Wenn auf der anderen Seite die schädigende Einwirkung eines pränatalen Verhaltens erst nach Beginn der Geburt stattfindet und daher einen lebenden anderen Menschen trifft, kommen die Tötungstatbestände des StGB zur Anwendung und zwar auch bei fahrlässigem Verhalten des Täters gemäß § 222 StGB, der die fahrlässige Tötung eines anderen Menschen mit Strafe bedroht.[362] Als Beispiel könnte der folgende Sachverhalt dienen: Die Schwangere wurde pränatal mit einer für Neugeborene lebensgefährlichen Krankheit infiziert, die aber erst während des Durchgangs durch den Vaginalkanal (also nach dem Einsatz

355 Eser, in: Schönke/Schröder, StGB Kommentar, Vorbem. §§ 211ff. Rn. 15.

356 Heinemann, Frau und Fötus, S. 88.

357 Lüttger, NStZ 1983, 481, 483.

358 Kaufmann, JZ 1971, 569; Lüttger, JR 1971, 133, 138; ders., NStZ 1983, 481, 483; Wessels/Hettinger, Strafrecht BT 1, S. 4.

359 BGHSt 31, 348, 353f.; Heinemann, Frau und Fötus, S. 89; Ulsenheimer, Arztstrafrecht in der Praxis, Rn. 320.

360 Eser, in: Schönke/Schröder, StGB Kommentar, Vorbem. §§ 211ff. Rn. 15; Jähnke in: Leipziger Kommentar StGB, § 211 Rn. 4; Kaufmann, JZ 1971, 569f.; Küper, GA 2001, 515, 519; Wessels/Hettinger, Strafrecht BT 1, S. 12f.

361 BVerfG NJW 1988, 2945; BGHSt 31, 348, 352f.; Eser, in: Schönke/Schröder, StGB Kommentar, Vorbem. §§ 211ff. Rn. 15; Küper, GA 2001, 515, 520f.; Tepperwien, Pränatale Einwirkungen als Tötung oder Körperverletzung, S. 114f.

362 Eser, in: Schönke/Schröder, StGB Kommentar, Vorbem. §§ 211ff. Rn. 15.

der Eröffnungswehen, und zwar in dem letzten Stadium des Geburtsvorgangs) auf das Kind übertragen wird. In diesem Fall trifft die schädigende Einwirkung das Tatobjekt erst nach dem Beginn der Eröffnungswehen, d.h., sie trifft keine Leibesfrucht mehr, sondern einen Menschen; wenn dieser Mensch dann stirbt, handelt es sich um ein Tötungsdelikt nach §§ 211ff. StGB.

Die Problematik hat sich auch in der Rechtsprechung gestellt, erstmals mit dem sog. „Contergan"-Verfahren von 1971. In den 1960er Jahren haben viele Schwangere in der Frühschwangerschaft das thalidomidhaltige Schlafmittel Contergan der Firma Grünenthal AG eingenommen, was dazu geführt hat, dass ihre Kinder in hohem Grade mit bestimmten Fehlbildungen der Extremitäten (Dysmelien) geboren wurden, und zwar oft in Kombination mit Fehlbildungen der inneren und Sinnesorgane, wie der Ohren, der Augen, am Schädel, am Herzen, am Darm, an den Nieren und an den Urogenitalorganen. Viele von diesen Kindern starben innerhalb der ersten Lebenstage bzw. -monate.[363] Den Mitarbeitern der Firma Grünenthal wurde vorgeworfen, dass sie die Missbildungen bzw. den Tod der Neugeborenen fahrlässig, und zwar wegen nicht genügend sorgfältiger Erprobung des Medikaments bzw. mangelhafter Aufklärung der Ärzte und werdenden Eltern über mögliche Nebenwirkungen, verursacht und sich daher wegen fahrlässiger Körperverletzung bzw. fahrlässiger Tötung schuldig gemacht hätten. Am 27. Mai 1968 begann in Alsdorf bei Aachen der sog. Contergan-Prozess, wobei das LG Aachen in einem Fall ohne Präzedenz entscheiden musste. Da auch die alte Fassung des § 218 StGB nur vorsätzliche Einwirkungen, die das Ziel der Abtötung der Leibesfrucht verfolgten, unter Strafe stellte, musste sich das LG Aachen mit der Möglichkeit beschäftigen, pränatale Einwirkungen, die zur Schädigung oder zum Tode der Leibesfrucht oder des sich aus ihr entwickelnden Kindes führten, nach den allgemeinen Körperverletzungs- bzw. Tötungsdelikten zu bestrafen. Das Landgericht hat zwar angenommen, dass die Leibesfrucht als solche nicht durch die Tötungs- bzw. Körperverletzungsvorschriften des StGB geschützt sei, es hat aber auch bekräftigt, dass diese Vorschriften in Fällen anwendbar seien, in denen die schädlichen postnatalen Folgen der fahrlässigen Verhaltensweisen letztlich nicht die Leibesfrucht, sondern Menschen betroffen hätten. Es hat deswegen die Ansicht vertreten, dass die Tötungsvorschriften des StGB statt der Vorschriften über den Schwangerschaftsabbruch anwendbar seien, wenn eine pränatale Einwirkung auf die Leibesfrucht den Tod des sich aus ihr entwickelnden Kindes nach der Geburt verursacht.[364]

Diese Meinung des LG Aachen wurde von der Lehre erheblich kritisiert und zwar mit dem Argument, dass die Tötungsdelikte zu den Zustandsdelikten ge-

---

363 Marquardt, in: Niethard/Marquardt/Eltze (Hrsg.), Contergan – 30 Jahre danach, S. 9.

364 LG Aachen, JZ 1971, 507, 509ff.

hörten, d.h., ihr Tatbestand werde mit der Herbeiführung eines bestimmten, zu missbilligenden Zustandes abgeschlossen und eine Aufrechterhaltung durch den Täter sei weder notwendig noch relevant.[365] Das bedeute, dass die erforderliche Qualität des Tatobjekts zum Zeitpunkt der schädlichen Einwirkung bereits vorhanden sein müsse, während eine Umwandlung der Objektsqualität bis zum Erfolgseintritt nicht genüge, um den Tatbestand des Zustandsdeliktes zu erfüllen. In diesem Fall aber war das Tatobjekt zum Zeitpunkt der Einwirkung eine Leibesfrucht, d.h. kein taugliches Objekt eines Tötungsdeliktes, und die schädigende Einwirkung, die zu ihrem Tod nach der Geburt geführt hat, könnte nur als Schwangerschaftsabbruch beurteilt werden; der Beginn der Geburt und die folgende Umwandlung der Objektsqualität von einer Leibesfrucht zum Menschen seien irrelevant, da der maßgebliche Zeitpunkt der der Einwirkung auf die Leibesfrucht sei. Diese Einwirkung könne nur als Schwangerschaftsabbruch gelten, gleichgültig ob sie den Tod der Leibesfrucht im Mutterleib oder nach dem Beginn der Geburt außerhalb des Mutterleibes herbeiführe. Der Gesetzgeber habe sich allerdings für eine Pönalisierung nur des vorsätzlichen Schwangerschaftsabbruchs entschieden, was bedeute, dass die fahrlässige Herbeiführung eines Abbruchs der Schwangerschaft völlig straflos bleibe. Der Versuch des LG Aachen, den fahrlässigen Schwangerschaftsabbruch unter Anwendung der Tötungsdelikte zu bestrafen, wurde als Versuch, das Gesetz zu umgehen, kritisiert, da er eine verfassungswidrige strafbegründende Analogie darstellen würde.[366]

Fast 20 Jahre nach der Contergan-Katastrophe hat der BGH mit der sog. „Buscopan"-Entscheidung[367] „der Rechtsansicht des LG Aachen in der Sache zunächst den Boden entzogen".[368] In diesem Fall handelte es sich um eine falsche Diagnose eines im Notfalldienst gerufenen Arztes. Die Patientin klagte über Krämpfe im Unterleib, gegen die der Arzt ihr eine krampflösende, schmerzdämpfende Spritze mit dem Medikament Buscopan gab. Seine Vermutung, die Patientin sei schwanger, stellte er zurück, weil die Patientin eine Schwangerschaft verneinte. Einige Stunden später, als die Wirkung der Spritze nachließ

365 Kaufmann, JZ 1971, 569, 571; Krey/Heinrich, Strafrecht BT 1, Rn. 187; Lilie, in: Leipziger Kommentar StGB, Vor § 223 Rn. 7; Lüttger, JR 1971, 133, 140; Roxin, JA 1981, 542, 548; ders., Strafrecht AT I, § 10 Rn. 106; Theilig, Die Strafbarkeit pränataler Einwirkungen, S. 31.

366 Eser, in: Schönke/Schröder, StGB Kommentar, § 223 Rn. 1a; Joecks, in: Münchener Kommentar StGB, Vor §§ 223ff. Rn. 12; Kaufmann, JZ 1971, 569, 571; Lilie, in: Leipziger Kommentar StGB, Vor § 223 Rn. 7; Lüttger, NStZ 1983, 481, 485; Paeffgen, Nomos Kommentar, § 223 Rn. 4; Theilig, Die Strafbarkeit pränataler Einwirkungen, S. 32.

367 BGHSt 31, 348.

368 Lüttger, NStZ 1983, 481, 485.

und die Schmerzen steigend regelmäßig wiederkehrten, wurde er erneut gerufen und diesmal verordnete er Buscopan-Zäpfchen, ohne eine gynäkologische Untersuchung vorzunehmen bzw. von einem Kollegen vornehmen zu lassen, obwohl er wieder mehr zu der Annahme gelangte, dass es doch um eine Schwangerschaft bzw. um Geburtswehen ging. Als am folgenden Tag die Schmerzen wieder stärker wurden, setzte die herbeigeholte Vertreterin des Hausarztes ohne eigene Untersuchung der Patientin die falsche wehenhemmende Medikation fort, weil sie sich auf die schriftlich niedergelegte falsche Diagnose des ersten Arztes verließ. Am Morgen des folgenden Tages gebar die Patientin ein totes Kind, das an den Folgen eines Sauerstoffmangels während überlanger Geburt innerhalb der letzten 24 Stunden gestorben war. Hätte schon der erste Arzt nach seinem zweiten Besuch eine geburtshilfliche Betreuung veranlasst, wäre das Kind lebend zur Welt gekommen.

Der BGH hat in Übereinstimmung mit der Kritik in der Lehre die Strafbarkeit fahrlässiger pränataler Handlungen mit postnatalem Todeserfolg abgelehnt. Für die Frage, ob es sich um einen Schwangerschaftsabbruch oder um ein Tötungsdelikt handele, sei die Tatobjektsqualität zum Zeitpunkt der fahrlässigen schädlichen Einwirkung auf das Tatobjekt maßgeblich: „Wandelt sich die Rechtsqualität des Opfers nach dem Eingriff von der Leibesfrucht zum Menschen, so ist der Zeitpunkt der Einwirkung auf das Opfer, nicht der des Todeseintritts, maßgebend für die Frage, ob eine vorsätzliche Tötung eines Menschen oder ein Schwangerschaftsabbruch anzunehmen ist. [...] Dieselbe Abgrenzung muss auch dann gelten, wenn es sich um eine fahrlässige Todesverursachung handelt."[369] In diesem Fall wurde aber auf eine Leibesfrucht eingewirkt, die kein taugliches Objekt eines Tötungsdeliktes sei, deswegen könnte nur ein Schwangerschaftsabbruch vorliegen. Der Gesetzgeber habe jedoch den fahrlässigen Schwangerschaftsabbruch als nicht strafbar beurteilt und eine andere Auslegung hätte eine Strafausdehnung entgegen dem Willen des Gesetzgebers zur Folge. Der BGH hat eine Strafbarkeitslücke angenommen und explizit erwähnt, dass sie nur durch den Gesetzgeber geschlossen werden könnte.

dd) Zwischenergebnis bezüglich der pränatalen Beeinträchtigungen als Tötungsdelikte

Aus dem gerade Dargestellten lässt sich schlussfolgern, dass ein zufälliger und manchmal (etwa bei operativer Entbindung) auch vom Arzt frei gewählter und manipulierbarer Zeitpunkt, nämlich der des Beginns der Geburt mit dem Einsatz der Eröffnungswehen bzw. mit der operativen Eröffnung des Uterus, das entscheidende Kriterium für die Anwendung entweder der Tötungstatbestände oder

369 BGHSt 31, 348, 352f.

der Vorschriften über den Schwangerschaftsabbruch des StGB in Abhängigkeit von der jeweiligen Objektsqualität zum Zeitpunkt der Einwirkung ist. Im Fall eines fahrlässigen Verhaltens hängt hiervon seine Beurteilung als fahrlässige Tötung nach § 222 StGB oder als völlig strafloser fahrlässiger Abbruch der Schwangerschaft ab. Einige Minuten können also maßgeblich für die Beurteilung des gleichen Verhaltens entweder als Vergehen oder als tatbestands- bzw. strafrechtlich sanktionslos sein. Einige Minuten vor dem Einsatz der Eröffnungswehen ist das Kind als „bloße" Leibesfrucht vor fahrlässigen und unverantwortlichen Verhaltensweisen des Arztes oder seiner Mutter vollkommen schutzlos, während das Verhalten, das seine Tötung zur Folge hat, als ein Vergehen gegen das Leben nach § 222 StGB bestraft wird, wenn die schädigende Einwirkung auf das Kind zufälligerweise nach dem Einsatz der Eröffnungswehen stattfindet.

b) Pränatale Einwirkungen als Körperverletzungsdelikte

Als Folge eines schädigenden Verhaltens des Arztes, der Schwangeren oder eines Dritten kann außer dem Tod eine (schwere oder mindere) Verletzung der Gesundheit bzw. der körperlichen Integrität der Leibesfrucht eintreten. Ein solches Verhalten kann also zur Geburt eines schwer verletzten oder behinderten Menschen bzw. zum Auftreten einer Gesundheitsschädigung oder Behinderung erst nach der Geburt führen. Auch hier ist umstritten, ob und unter welchen Umständen solche pränatalen Handlungen unter die Vorschriften des StGB und zwar unter den Begriff der Körperverletzung nach § 223 StGB eingeordnet werden können. Diese Frage ist der Gegenstand der folgenden Untersuchung.

aa) Die Leibesfrucht als taugliches Tatobjekt der Körperverletzungsdelikte

Schutzgut der Vorschrift des § 223 StGB ist das körperliche Wohl des Menschen, dessen körperliche Integrität und Gesundheit vor Misshandlung und Schädigung geschützt werden.[370] Unter körperlicher Misshandlung ist eine üble, unangemessene Behandlung zu verstehen, durch die das Opfer in seinem körperlichen Wohlbefinden, wenn auch nicht unbedingt durch Zufügung von Schmerzen, so doch in mehr als nur unerheblichem Grade beeinträchtigt wird.[371] Eine

---

370 Eser, in: Schönke/Schröder, StGB Kommentar, Vorbem. § 223 Rn. 1; Joecks, in: Münchener Kommentar StGB, Vor §§ 223ff. Rn. 4, 5; Lackner/Kühl, StGB Kommentar, § 223 Rn. 1; Lilie, in: Leipziger Kommentar StGB, Vor § 223 Rn. 1; Paeffgen, Nomos Kommentar, § 223 Rn. 2.

371 BGHSt 25, 277; Eser, in: Schönke/Schröder, StGB Kommentar, § 223 Rn. 3; Lackner/Kühl, StGB Kommentar, § 223 Rn. 4.

Gesundheitsschädigung ist jedes Hervorrufen oder Steigern eines vom normalen Zustand der körperlichen Funktionen nachteilig abweichenden (pathologischen) Zustandes, gleichgültig, auf welche Art und Weise er verursacht wird und ob das Opfer dabei Schmerz empfindet.[372] Daraus wird hergeleitet, dass nicht nur die Herbeiführung, sondern auch jede Verschlimmerung oder Steigerung einer schon bestehenden Krankheit eine Körperverletzung darstellt. Es wird darüber hinaus vertreten, dass auch die Fähigkeit, sich ungestört zu entwickeln, die auch eine Leibesfrucht besitzt, als eine körperliche Funktion verstanden werden könne, deren Störung als Körperverletzung zu beurteilen sei.[373]

Das Problem liegt auch hier in der Qualität des Tatobjekts der Körperverletzungsdelikte; taugliches Tatobjekt der Körperverletzung nach § 223 StGB ist – wie bei den Tötungsdelikten – eine andere Person, also nach h.M. ein geborener Mensch.[374] Nach dieser Ansicht, die seit der neuen Fassung des StGB („eine andere Person" statt des Ausdrucks „ein anderer" der alten Fassung des Verbrechensbekämpfungsgesetzes[375]) noch unstreitiger geworden ist, ist eine Einwirkung auf die Leibesfrucht, die deren körperliche Schädigung zur Folge hat, nicht vom Tatbestand des § 223 StGB erfasst. Kritisch ist auch hier, wie bei den Tötungsdelikten, dass im Fall einer pränatalen Handlung, die zu einem Körperschaden bzw. einer Gesundheitsverletzung der Leibesfrucht führt, das Tatobjekt noch keine Menschqualität erlangt hat und deswegen kein taugliches Objekt einer Körperverletzung nach § 223 StGB darstellen kann. Denn es wird zu Recht vermerkt, dass die Zäsur des Beginns der Geburt, wie sie weiter oben detailliert erörtert worden ist, auch für die Körperverletzungstatbestände gilt; nur eine einheitliche Bestimmung des Menschenbegriffs kann für den gesamten strafrechtlichen Bereich gelten, daher haben sowohl die Tötungs- als auch die Körperverletzungstatbestände denselben Anwendungsbereich, der mit dem Geburtsbeginn einsetzt.[376] Darüber hinaus würde die Annahme einer Strafbarkeit pränataler Schädigungen nach den Körperverletzungsvorschriften einen zweifellosen Wertungswiderspruch darstellen, da die gravierendere Tat der Tötung der Leibesfrucht nur als Schwangerschaftsabbruch und zwar nur bei vorsätzlicher Begehung bestraft werden könnte, während die mildere Tat der Verletzung der Leibesfrucht als Körperverletzung nach §§ 223ff. StGB schwerer zu bestrafen wäre, und zwar auch im Fall eines fahrlässigen Verhaltens.

---

372 BGHSt 36, 1, 6; 43, 346, 354; Lackner/Kühl, StGB Kommentar, § 223 Rn. 5.

373 Tepperwien, Pränatale Einwirkungen als Tötung oder Körperverletzung, S. 77ff.

374 Eser, in: Schönke/Schröder, StGB Kommentar, § 223 Rn. 1; Lilie, in: Leipziger Kommentar StGB, Vor § 223 Rn. 7; Paeffgen, Nomos Kommentar, § 223 Rn. 3.

375 BT-Drs. 12/6853, S. 26.

376 Blei, MMW 1970, 741ff.; Lüttger, JR 1971, 133f.

Wie bei den Tötungsdelikten wurden vereinzelt auch hier andere Meinungen geäußert, wie die von Gropp[377], die im Bereich der Erörterung des pränatalen Lebensschutzes ausführlich aufgezeigt worden ist. Auch im Bereich der Körperverletzungsdelikte hat Gropp die Ansicht vertreten, dass das lebensfähige Ungeborene dem geborenen Kind aus strafrechtlicher Sicht gleichgestellt werden sollte. Wie schon dargestellt wurde, verstößt seiner Meinung nach die Verneinung des gleichen rechtlichen Status für lebensfähige Ungeborene wie für geborene Kinder gegen das Gleichheitsprinzip des Art. 3 GG. Er nimmt zwar an, dass sein Vorschlag de lege lata nicht haltbar ist, da die Körperverletzungsdelikte der §§ 223ff. StGB „einen anderen Menschen i.S. eines geborenen Menschen voraussetzen".[378] Er fordert aber, dass dem lebensfähigen Ungeborenen de lege ferenda der gleiche strafrechtliche Status zugesprochen werden müsse wie dem geborenen Kind, dass also auch das lebensfähige Ungeborene den Schutz aus §§ 223ff. StGB genießen solle, wobei die Geburt des geschädigten Kindes für die Bejahung der Tatbestandsmäßigkeit nicht erforderlich sein solle. Dieser Schutz würde nach der Ansicht des Autors seine Folgen gegenüber Ärzten im Rahmen der pränatalen Diagnostik und Therapie, nicht jedoch gegenüber der Schwangeren entfalten. Die Straffreistellung der Schwangeren beruhe auf ihrer „Zwangsgemeinschaft" mit der Leibesfrucht, dergemäß ein strafrechtlicher Eingriff in ihren Lebensbereich eher unzumutbar wäre.[379]

Einer zweiten Meinung nach[380] lässt sich die Gleichbehandlung von Ungeborenen und geborenen Menschen, zumindest im Fall der Anwendbarkeit der Körperverletzungsdelikte des StGB, im Hinblick auf vorgeburtlich schädigende Handlungen aus Art. 2 Abs. 2 GG schlussfolgern, der das Leben und die körperliche Unversehrtheit jedes Menschen schützt. In Art. 2 Abs. 2 GG werde explizit der Vorbehalt gemacht, dass nur aufgrund eines Gesetzes in dieses Recht eingegriffen werden dürfe. Auf diesen Vorbehalt gründet Weiß seine Meinung, dass es keinen Anlass gebe, den eindeutigen Wortlaut eines „jeden Menschen" einengend (auf geborene Menschen) zu interpretieren, da es keine weitere Vorschrift des GG gebe, die inhaltlich zwischen einem geborenen und einem ungeborenen Kind unterscheide. Zwar stelle die Existenz des § 218 StGB eine Einschränkung des Begriffs „Mensch" zum geborenen Menschen dar, was die Delikte gegen das Leben betreffe, und daher habe diese Vorschrift eine bestimmte Sperrwirkung hinsichtlich der vorgeburtlichen Anwendbarkeit der Tötungstatbestände zur Folge. Sie habe aber keine solche Wirkung in den Fällen der An-

377 Gropp, GA 2000, 1ff.
378 Gropp, GA 2000, 1, 5.
379 Gropp, GA 2000, 1, 16f.
380 Weiß, GA 1995, 373, 376ff.

wendbarkeit der Körperverletzungstatbestände, die mangels einer anderen einschränkenden gesetzlichen Vorschrift auf Körperverletzungen aller Menschen anwendbar seien, d.h. auch auf vorgeburtliche Einwirkungen, die eine Körperverletzung des Ungeborenen zur Folge haben.

Diese These verstößt allerdings gegen den Einwand der Gesetzessystematik, da der Begriff des „Menschseins“ für den gesamten Bereich des Strafrechts identisch ausgelegt werden muss und der Anwendungsbereich von Körperverletzungs- und Tötungsdelikten daher nicht verschieden bestimmt werden darf.[381] Außerdem wäre es widersprüchlich, zwar eine fahrlässige pränatale Beeinträchtigung der Leibesfrucht mit Todesfolge straflos zu lassen, aber eine minder schwere Folge, wie die der Gesundheitsschädigung, als Körperverletzung gemäß §§ 223ff. StGB zu bestrafen. Es ist daher anzunehmen, dass die Leibesfrucht auch kein taugliches Objekt einer Körperverletzung nach §§ 223ff. StGB darstellt, da sie vor dem Beginn der Geburt keine Menschqualität besitzt.

bb) Pränatale Verletzungen mit postnatalem Erfolg

Problematisch ist allerdings der Fall, in dem die Folgen einer schädlichen pränatalen Einwirkung auf die Leibesfrucht erst nach Beginn der Geburt eintreten oder jedenfalls noch fortwirken und daher einen Menschen treffen. In diesem Fall ist, wie bereits oben geklärt wurde, die Objektsqualität nach h.M. zum Zeitpunkt weder der Handlungsvornahme noch des Erfolgseintritts, sondern des Beginns der Einwirkung der Handlung auf das Tatobjekt entscheidend.[382] Wenn also das Tatobjekt zum Zeitpunkt der Einwirkung der schädigenden Handlung noch eine Leibesfrucht ist, bleibt die Schädigung völlig straflos, da sie weder unter die Körperverletzung nach § 223 StGB subsumiert werden kann noch von § 218 StGB erfasst ist. Die schädigende Beeinträchtigung kann nur dann de lege lata nach § 223 StGB als Körperverletzung bestraft werden, wenn sie erst nach dem Geburtsbeginn, d.h. nach Erlangung der Menschqualität, auf das Tatobjekt eingewirkt hat.

Das LG Aachen hat im „Contergan“-Verfahren die Anwendung der Körperverletzungstatbestände bei pränatalen Einwirkungen, die schwere Gesundheitsschädigungen der Neugeborenen zur Folge hatten, mit dem Argument angenommen, dass die Missbildungen und die Störung der körperlichen Funktionen erst in einem nachgeburtlichen Stadium, also nachdem das Tatobjekt die Menschqualität erlangt hätte, in Erscheinung treten konnten. Die körperlichen

381 Blei, MMW 1970, 741ff.; Lüttger, JR 1971, 133f.

382 Eser, in: Schönke/Schröder, StGB Kommentar, § 223 Rn. 1a; Lilie in: Leipziger Kommentar StGB, Vor § 223 Rn. 7; Lüttger, JR 1971, 133, 138; Paeffgen, Nomos Kommentar, § 223 Rn. 4.

Funktionen der Leibesfrucht seien nämlich nur in ihren Anlagen existent und daher könnte ihre Störung bzw. eine Gesundheitsschädigung nur angelegt, auf keinen Fall aber abschließend verursacht werden. Die Störung einer körperlichen Funktion könnte nur einen Menschen treffen, da sie nicht vor dem Einsetzen der entsprechenden Funktion auftreten könnte; die Funktion selbst aber trete erst nach der Geburt ein.[383] Dieser Ansicht stand jedoch der Einwand entgegen, dass die Geburt als kranker Mensch nicht als Körperverletzung beurteilt werden könnte, da es bei diesem Menschen bereits zum Beginn der Geburt an einem unverletzten Vorzustand fehle.[384] Das LG Aachen war aber der Ansicht, dass ein unverletzter Vorzustand keine tatbestandliche (sie sei im Tatbestand auch nicht erwähnt), sondern lediglich eine logische Voraussetzung darstelle. Dieser logischen Voraussetzung werde aber genügt, wenn ein unverletzter Vorzustand im natürlichen Sinne bestanden habe, und sei es in vortatbestandlicher Zeit. Nach Meinung des LG Aachen ist die schädliche Einwirkung eine tatbestandslose natürliche Verletzung, da die Anlage zur Störung späterer körperlicher Funktionen beim Menschen darin liege, dass sich die äußerliche Missgestalt schon bei der Leibesfrucht zeige. Allerdings stelle diese natürliche Verletzung, die zum Zeitpunkt der Menschwerdung bestehe und sich danach weiter entwickele, selbst eine Weiterentwicklung von vorherigen Entwicklungsstadien dar, die sämtlich auf die erstmalige schädliche Einwirkung auf die Leibesfrucht zurückzuführen seien. Da die Leibesfrucht vor dieser Einwirkung unverletzt gewesen sei, bedeute das, dass innerhalb des natürlichen Entwicklungsverlaufs ein unverletzter Vorzustand doch vorgelegen habe. Ferner hat das Landgericht als einziges maßgebliches Kriterium für die Tatbestandsmäßigkeit des § 230 StGB die Tatsache angenommen, dass der Erfolg (Körperverletzung) an einem Menschen, d.h. einem tauglichen Handlungsobjekt, verursacht worden sei, es hat also den Zeitpunkt des Erfolgseintritts anstatt den der Einwirkung des schädlichen Verhaltens auf das Tatobjekt als entscheidend angesehen.[385]

Diese Ansicht wurde aber von der späteren Rechtsprechung[386] bzw. der herrschenden Lehre[387] mit Recht abgelehnt. Eine schädigende pränatale Beein-

383 LG Aachen, JZ 1971, 507, 509.

384 Kaufmann, JZ 1971, 569, 571; Tepperwien, Pränatale Einwirkungen als Tötung oder Körperverletzung, S. 64. Dieser Einwand ist auch im Zivilrecht (Anerkennung eines Schadensersatzanspruches aus § 823 Abs. 1 BGB für eine pränatale Schädigung) erhoben worden, s. Schmidt, JZ 1952, 167.

385 LG Aachen, JZ 1971, 507, 510.

386 BGHSt 31, 348ff.; OLG Karlsruhe, NStZ 1985, 314f.

387 Eser, in: Schönke/Schröder, StGB Kommentar, § 223 Rn. 1a; Kaufmann, JZ 1971, 569, 570; Lüttger, JR 1971, 133, 136ff.; ders., NStZ 1983, 481, 482ff.; Roxin, JA 1981, 542, 548.

trächtigung, die zwar auf eine Leibesfrucht eingewirkt hat, deren Folgen aber auch den sich daraus entwickelnden Menschen treffen, ist nach herrschender Meinung nicht als Körperverletzung nach §§ 223ff. StGB zu beurteilen. Der maßgebende Zeitpunkt für die Beurteilung des Tatobjekts als ein taugliches Objekt der Delikte der §§ 223ff. StGB ist der der Einwirkung des schädigenden Verhaltens auf das Tatobjekt, das aber zu diesem Zeitpunkt noch über keine Menschqualität verfügte und daher kein taugliches Objekt einer Körperverletzung sein konnte. Die Tatsache, dass die Gesundheitsschädigung – als Folge dieser pränatalen Einwirkung – letztlich einen Menschen trifft[388], kann kein überzeugendes Argument für die Annahme einer Körperverletzung darstellen, da das Delikt des § 223 StGB ein Zustandsdelikt ist, d.h. mit der Herbeiführung des vom Gesetzgeber missbilligten Zustandes abgeschlossen ist. Deshalb ist es notwendig, dass das tatbestandsmäßige Schutzobjekt schon im Schädigungszeitpunkt vorhanden ist. Das aber ist nicht der Fall, wenn die schädigende Einwirkung auf eine Leibesfrucht trifft, auch wenn sie einen Dauerschaden verursacht; die Aufrechterhaltung des Schadens über eine Wandlung der Objektsqualität hinaus genügt nicht, um den Tatbestand des Zustandsdeliktes des § 223 StGB zu erfüllen.[389]

Außerdem glauben die herrschende Lehre und die Rechtsprechung die Ablehnung einer Einbeziehung der pränatalen Schädigungen mit postnatalen Folgen in den Begriff der Körperverletzung nach § 223 StGB auch auf gesetzessystematische Gründe stützen zu können. Der Gesetzgeber habe sich ausdrücklich gegen eine Pönalisierung des fahrlässigen Schwangerschaftsabbruchs entschieden und daher die Leibesfrucht nur vor vorsätzlicher Abtötung geschützt. Eine Ausdehnung der Strafbarkeit auf fahrlässige Abtötungshandlungen bzw. Körperverletzungen der Leibesfrucht (auch bei Dauerschäden mit postnatalen Folgen) würde deshalb eine nach Art. 103 II GG verbotene strafbegründende Analogie darstellen und zu Wertungswidersprüchen führen, etwa weil die fahrlässige Abtötung der Leibesfrucht im Mutterleib straflos bliebe, während die fahrlässige Herbeiführung einer vorzeitigen Geburt und das folgende Absterben des noch

388 LG Aachen JZ 1971, 507, 509; Arzt/Weber, Strafrecht BT, S. 149; Gössel/Dölling, Strafrecht BT 1, S. 142f.

389 Kaufmann, JZ 1971, 569, 571; Krey/Heinrich, Strafrecht BT 1, Rn. 187; Lilie, in: Leipziger Kommentar StGB, Vor § 223 Rn. 7; Lüttger, JR 1971, 133, 140; ders., NStZ 1983, 481, 485; Roxin, JA 1981, 542, 548; ders., Strafrecht AT I, § 10 Rn. 106; Theilig, Die Strafbarkeit pränataler Einwirkungen, S. 31.

nicht lebensfähigen Kindes als fahrlässige Tötung nach § 222 StGB strafbar würden.[390]

cc) Pränatale Beeinträchtigungen als Körperverletzung der Schwangeren

Als ein Versuch, die Gesundheitsschädigung der Leibesfrucht unter die Körperverletzungstatbestände zu subsumieren, wurde die Möglichkeit untersucht, schädliche Einwirkungen, die zur Verletzung der Leibesfrucht führen, als Körperverletzung der Schwangeren nach §§ 223ff. StGB zu bestrafen.[391] Selbstverständlich ist eine Körperverletzung der Schwangeren zu bejahen, wenn die schädliche Einwirkung auch sie in ihrer körperlichen Integrität bzw. Gesundheit nicht nur unerheblich beeinträchtigt. Als Beispiele dafür könnten folgende Sachverhalte dienen: Die Schwangere wird bei einem Verkehrsunfall erheblich verletzt, was auch dazu führt, dass das Kind behindert geboren wird; die Schwangere wird von einem Dritten angegriffen, wobei sie heftige Verletzungen erleidet, die auch zur Gesundheitsschädigung der Leibesfrucht führen; der Arzt verursacht im Rahmen der pränatalen Diagnostik oder bei der Durchführung geburtshilflicher Maßnahmen körperliche Verletzungen sowohl bei der Schwangeren als auch bei der Leibesfrucht. In all diesen Fällen lässt sich unproblematisch eine Körperverletzung der Schwangeren annehmen, da alle Voraussetzungen der Körperverletzungstatbestände (§§ 223ff. StGB) erfüllt sind.

Problematisch ist die Annahme einer Körperverletzung der Schwangeren in Fällen, in denen nur die Leibesfrucht vom schädlichen Eingriff betroffen wird, während die Schwangere in ihrer Gesundheit unverletzt bleibt, z.B. wenn sie – wie es im Contergan-Fall geschehen ist – ein Medikament zu sich nimmt, das zwar für sie harmlos ist, aber bei der Leibesfrucht erhebliche Missbildungen verursacht. Einer Meinung nach, die in der älteren Literatur bzw. Rechtsprechung vertreten wurde, ist die Leibesfrucht ein Teil des Organismus der Schwangeren; deswegen stelle jede Verletzung der Leibesfrucht zwangsläufig auch eine Körperverletzung der Schwangeren dar, da jeder Eingriff in den Organismus der Schwangeren eine nicht nur unerhebliche Beeinträchtigung ihrer

390 Eser, in: Schönke/Schröder, StGB Kommentar, § 223 Rn. 1a; Joecks, in: Münchener Kommentar StGB, Vor §§ 223ff. Rn. 12; Kaufmann, JZ 1971, 569, 571; Lilie, in: Leipziger Kommentar StGB, Vor § 223 Rn. 7; Lüttger, NStZ 1983, 481, 485; Paeffgen, Nomos Kommentar, § 223 Rn. 4; Theilig, Die Strafbarkeit pränataler Einwirkungen, S. 32.

391 Arzt, FamRZ 1983, 1019, 1020; Hirsch, JR 1985, 335, 339; Jung, NStZ 1985, 316f.; Lüttger, JR 1971, 133, 141; Sigel, Die Strafbarkeit pränataler Einwirkungen, S. 97ff.

körperlichen Integrität bedeute.[392] Diese Ansicht lässt sich jedoch vor dem medizinisch-biologischen Hintergrund nicht vertreten. Danach sind Leibesfrucht und Mutter zwei zu differenzierende, selbständige biologische Systeme, wie sich aus dem getrennten Blutkreislauf, Zellbestand, Stoffwechsel, aus der verschiedenen Blutgruppe bzw. dem unterschiedlichen Rhesusfaktor oder aus dem eigenen endokrinen System ergibt. Jeder der beiden in Verbindung stehenden, aber doch getrennten Organismen könnte erkranken, ohne dass der andere beeinträchtigt wird, oder sogar sterben, während der andere überlebt (wie z.B. im Fall des „Erlanger Babys“[393]), woraus sich schlussfolgern lässt, dass die Leibesfrucht kein Organ der Schwangeren darstellt.[394]

Aber auch aus normativen Gründen ist diese Meinung abzulehnen. Die Etablierung der Tatbestände der §§ 218ff. StGB bedeutet eine Anerkennung der Selbständigkeit der Rechtsgutsqualität der Leibesfrucht seitens des Gesetzgebers, da der Tatbestand des Schwangerschaftsabbruchs auch gegenüber der Schwangeren Anwendung findet. Die Meinung, dass die Leibesfrucht nicht als Teil des mütterlichen Körpers strafrechtlich geschützt werde, sondern als selbständiger Rechtsgutsträger eigenständigen strafrechtlichen Schutz durch besondere Tatbestände genieße, ist heute herrschend und wird auch von der Rechtsprechung vertreten.[395] Eine schädliche Einwirkung auf die Leibesfrucht kann daher nur dann als Körperverletzung der Schwangeren angesehen werden, wenn die Schwangere selbst durch diese Einwirkung in ihrer Gesundheit nicht nur unerheblich verletzt wird.

dd) Zwischenergebnis bezüglich der pränatalen Beeinträchtigungen als Körperverletzungsdelikte

Aus dem Dargestellten folgt der Schluss, dass die Körperverletzungstatbestände des StGB nur dann – nach herrschender Meinung in Literatur und Rechtsprechung – in Betracht kommen, wenn sich die schädigende Einwirkung auf einen Menschen, d.h. nach dem Beginn der Geburt mit dem Einsatz der Eröffnungswehen, auszuwirken beginnt. Vor diesem Zeitpunkt, also vor Erlangung der Menschqualität, wird die Leibesfrucht nicht vor fahrlässigen oder vorsätzlichen schädigenden Einwirkungen durch die Körperverletzungstatbestände des StGB

392 RGSt 41, 328, 330; BGHZ 58, 48, 54; Horch, Das Verbrechen der Abtreibung, S. 55; von Liszt, Die kriminelle Fruchtabtreibung, Bd. 2, S. 521; Otto, Grundkurs Strafrecht, Die einzelnen Delikte, § 13, Rn. 65-68; Welzel, Das deutsche Strafrecht, S. 302.

393 Mehr dazu in: Kiesecker, Die Schwangerschaft einer Toten.

394 Sigel, Die Strafbarkeit pränataler Einwirkungen, S. 99f.

395 BGHSt 11, 15, 16f.; BVerfGE 39, 1, 42ff.; Eser, in: Schönke/Schröder, StGB Kommentar, Vor §§ 218ff. Rn. 9; Jähnke, in: Leipziger Kommentar StGB, Vor § 218 Rn. 15; Lüttger, JR 1971, 133, 141; Roxin, JA 1981, 542, 547.

geschützt, selbst wenn diese Einwirkungen einen die Erlangung der Menschqualität überdauernden Schaden verursachen, da es sich zum Zeitpunkt der Einwirkung um eine Leibesfrucht handelte, die kein taugliches Objekt einer Körperverletzung nach den Vorschriften des StGB darstellt. Nicht anders als bei den Tötungstatbeständen hängt der Eintritt der Strafbarkeit nach den Vorschriften des StGB über die Körperverletzung bei einer Einwirkung, die die gleichen schädigenden Folgen auf die Gesundheit der Leibesfrucht und des sich aus ihr entwickelnden Menschen haben kann, damit von einem „zufallsbedingten" und, bei operativer Entbindung, sogar vom Arzt frei manipulierbaren Zeitpunkt, nämlich dem des Beginns der Geburt, ab.

c) Die Anwendbarkeit anderer Tatbestände des StGB auf schädliche pränatale Einwirkungen auf die Leibesfrucht

Im Folgenden ist zu prüfen, ob schädliche pränatale Einwirkungen auf die Leibesfrucht, die deren Tod bzw. deren Gesundheitsverletzung schon im Mutterleib oder nach der Geburt verursachen, von anderen Straftatbeständen im Rahmen des StGB erfasst sind. Tatbestände aus dem Bereich des Nebenstrafrechts, die möglicherweise in Betracht kommen, werden in einem späteren Stadium untersucht.

aa) Der Schwangerschaftsabbruch nach §§ 218ff. StGB

Wie bereits festgestellt wurde, sind Strafvorschriften, die dem Schutz des ungeborenen menschlichen Lebens dienen, die Tatbestände der §§ 218ff. StGB über den Schwangerschaftsabbruch, die nur mittelbar – als Schutzreflex – andere Rechtsgüter wie die Gesundheit bzw. die Entscheidungsfreiheit der Schwangeren (nicht jedoch sonstige bevölkerungspolitische Interessen[396]) schützen.[397]

Unter dem Begriff des Abbruchs einer Schwangerschaft wird jeder Eingriff verstanden, mit dem vor Beginn der Geburt (aber nach Abschluss der Einnistung des befruchteten Eies in der Gebärmutter) auf die Leibesfrucht eingewirkt und dadurch ihr Tod – entweder schon im Mutterleib oder nach der Geburt als unmittelbare Folge des Eingriffs – herbeigeführt wird.[398] Es ist also erforderlich, dass der vor dem Beginn der Geburt stattgefundene Eingriff den Tod der Leibesfrucht verursacht, und zwar unabhängig davon, ob der Tod schon im Mutterleib

396 Eser, in: Schönke/Schröder, StGB Kommentar, Vor §§ 218ff. Rn. 13.

397 Eser, in: Schönke/Schröder, StGB Kommentar, Vor §§ 218ff. Rn. 9, 12; Lackner/Kühl, StGB Kommentar, § 218 Rn. 1; Tröndle/Fischer, StGB, Vor § 218 Rn. 2; Wessels/Hettinger, Strafrecht BT 1, § 4 Rn. 223, 224.

398 Küper, Strafrecht BT, S. 252.

unmittelbar (durch unmittelbare Trennung von der Gebärmutter) bzw. mittelbar (etwa durch Einnahme von Medikamenten, die den Ausstoß der Leibesfrucht aus dem Mutterleib verursachen) herbeigeführt wird oder ob die Frucht zunächst lebend abgeht und erst danach als geborenes Kind infolge der durch den Eingriff bedingten Lebensunfähigkeit bzw. Schädigung stirbt. Es ist ebenso wenig erforderlich, dass der Tod des Kindes auf ungenügender Ausreifung beruht; es genügt, wenn er sich als unmittelbare Auswirkung des Eingriffs darstellt bzw. alsbald nach dem Fruchtabgang (also nicht erst als Spätfolge des Eingriffs) eintritt.[399] Der Tod der Leibesfrucht stellt auch dann einen Schwangerschaftsabbruch dar, wenn er die Folge der vorsätzlichen Tötung der Schwangeren ist, sofern der Täter von der Schwangerschaft Kenntnis hat oder mit ihrem Vorliegen rechnet; dann liegt eine Tateinheit zwischen §§ 211ff. und § 218 StGB vor.[400]

Der strafbare Eingriff ist von jedermann begehbar, daher auch von der Schwangeren selbst (für die allerdings Strafausschließungsgründe gemäß § 218 IV 2, § 218a IV 1, § 218b I 3 und § 218c II StGB vorgesehen sind). Es reicht nur ein vorsätzlicher Eingriff zur Verwirklichung der Tatbestände der §§ 218ff. StGB, d.h., der Täter muss die Abtötung der Leibesfrucht bezweckt, sie mit sicherem Wissen begangen oder sie in Kauf genommen haben. Eine fahrlässige Herbeiführung des Todes der Leibesfrucht ist vom Gesetzgeber als nicht strafwürdig beurteilt worden. Aus demselben Grund liegt auch dann kein Schwangerschaftsabbruch vor, wenn im letzten Drittel der Schwangerschaft ein ärztlicher Eingriff vorgenommen wird, der die Geburt eines lebensfähigen Kindes zum Ziel hat, selbst wenn das Kind tot zur Welt kommt, da der Täter den Tod weder beabsichtigt noch sich mit ihm abgefunden hat.[401]

Es ist folglich selbstverständlich, dass Eingriffe, die zwar eine Gesundheitsverletzung der Leibesfrucht verursachen, als deren Folge das Kind aber lebend zur Welt kommt oder erst in einem späteren Stadium stirbt, nicht als Schwangerschaftsabbrüche beurteilt werden können. Dagegen macht sich der Täter, der zwar mit Schwangerschaftsabbruchsabsicht gehandelt, den Tod aber nicht herbeigeführt hat, wegen Versuchs eines Schwangerschaftsabbruchs nach § 218 IV 1 StGB strafbar (die Schwangere wird nach § 218 IV 2 StGB von der Strafe befreit). Aber auch im Fall, in dem der Tod doch eingetreten ist, bleibt der Täter straflos, wenn er nicht mindestens mit Eventualvorsatz gehandelt hat, da der Gesetzgeber den fahrlässigen Schwangerschaftsabbruch nicht mit Strafe bedroht.

399 Lackner/Kühl, StGB Kommentar, § 218 Rn. 4.

400 BGHSt 11, 15, 18; BGH NStZ 1996, 276; Wessels/Hettinger, Strafrecht BT 1, § 4 Rn. 239.

401 Eser, in: Schönke/Schröder, StGB Kommentar, § 218 Rn. 19; Wessels/Hettinger, Strafrecht BT 1, § 4 Rn. 226.

Die Schwangerschaftsabbruchsvorschriften können also nur dann in Betracht kommen, wenn das schädliche pränatale Verhalten des Täters vorsätzlich zur Abtötung der Leibesfrucht vor oder alsbald nach dem Fruchtabgang geführt hat. Im Gegensatz dazu sind pränatale Verhaltensweisen, die fahrlässig den Tod der Leibesfrucht herbeiführen, bzw. Verhaltensweisen, die nicht den Tod, sondern eine Gesundheitsverletzung der Leibesfrucht zur Folge haben, von einer Anwendung der §§ 218ff. StGB ausgeschlossen.

bb) Die unterlassene Hilfeleistung nach § 323c StGB

Vereinzelt wurde in der Literatur untersucht[402], inwieweit eine Gesundheitsverletzung oder Abtötung der Leibesfrucht, die als Folge unterlassener notwendiger ärztlicher Maßnahmen bzw. Untersuchungen eingetreten ist, vom echten Unterlassungsdelikt des § 323c StGB erfasst werden könnte.

Nach dem Wortlaut des § 323c StGB ist die Leibesfrucht vom Schutz dieser Vorschrift nicht ausgeschlossen, da es – im Gegensatz zu den Tötungs- bzw. Körperverletzungsdelikten – nach dem Gesetzestext nicht um einen „Menschen" als taugliches Objekt, das durch die zu missbilligende Unterlassung hilflos bleibt, geht. Die Vorschrift schützt Individualrechtsgüter eines Betroffenen, insbesondere Leben, Gesundheit oder Eigentum; aber auch eine Leibesfrucht ist als selbständiger Rechtsgutsträger vom Gesetzgeber (die Strafvorschriften über den Schwangerschaftsabbruch stellen einen Beweis dafür dar, zumindest was das Rechtsgut des Lebens betrifft) bzw. von der Rechtsprechung[403] anerkannt und daher könnten auch ihre Rechtsgüter durch Unglücksfälle oder bei gemeiner Gefahr bzw. Not im Sinne des § 323c StGB gefährdet sein.

Als Unglücksfall wird nach h.M. jedes äußere, plötzlich eintretende Ereignis angesehen, das erhebliche Gefahr für ein Individualrechtsgut mit sich bringt oder zu bringen droht.[404] Eine – sogar schwere – Krankheit oder eine normal verlaufende Schwangerschaft sind nicht als Unglücksfälle angesehen worden[405]; es wurde aber angenommen, dass eine plötzliche Verschlimmerung des Verlaufs einer Krankheit doch als Unglücksfall im Sinne des § 323c StGB gelte.[406] Eine gemeine Gefahr besteht, wenn die konkrete Möglichkeit eines erheblichen

---

402 Theilig, Die Strafbarkeit pränataler Einwirkungen, S. 52ff.

403 BGHSt 11, 15, 16f.; BVerfGE 39, 1, 42ff.

404 Cramer/Sternberg-Lieben, in: Schönke/Schröder, StGB Kommentar, § 323c Rn. 5; Lackner/Kühl, StGB Kommentar, § 323c Rn. 2; Spendel, in: Leipziger Kommentar StGB, § 323c Rn. 42ff.; Tröndle/Fischer, StGB, § 323c Rn. 2a; Wessels/Hettinger, Strafrecht BT 1, § 23 Rn. 1044.

405 OLG Bay NJW 1953, 556; OLG Düsseldorf NJW 1991, 2979.

406 BGHSt 6, 147, 152; 21, 50; BGH NJW 1983, 350, 351; BGH NStZ 1985, 122; 1985, 409; OLG Bay NJW 1953, 556; OLG Düsseldorf NJW 1995, 799.

Schadens an Leib oder Leben oder an bedeutenden Sachwerten für unbestimmt viele Personen nach einer aus Ex-ante-Sicht vorgenommenen Beurteilung naheliegt, während eine gemeine Not eine die Allgemeinheit betreffende Notlage bedeutet.[407]

Angesichts dieser Definitionen wird zunächst geprüft, ob auch die Leibesfrucht als Opfer einer Unterlassung der Hilfeleistung nach § 323c StGB geschützt werden könnte, da die grammatische Auslegung der Vorschrift sie nicht von vornherein ausschließt. Eine Verletzung der Leibesfrucht durch den Arzt im Rahmen der pränatalen Diagnostik oder die plötzliche Verschlimmerung einer Krankheit der Leibesfrucht können als Unglücksfälle angesehen werden, da sie plötzlich eintretende Ereignisse darstellen, die eine erhebliche Gefahr für die Rechtsgüter Leben und Gesundheit der Leibesfrucht mit sich bringen oder zu bringen drohen. Es ist fraglich, ob sich der Arzt nach § 323c StGB strafbar macht, wenn er vorsätzlich (Dolus eventualis genügt) keine Hilfe dabei leistet und sein Vorsatz alle Umstände[408] umfasst, aus denen sich sowohl das Vorliegen eines Unglücksfalles als auch die Möglichkeit, die Erforderlichkeit bzw. die Zumutbarkeit seiner Hilfeleistung ergeben.

Wenn das Ereignis, das den Unglücksfall darstellt, auf die Leibesfrucht einwirkt und deren Tod verursacht, dann muss die Verantwortung des die Hilfeleistung unterlassenden Arztes nach dem echten Unterlassungsdelikt des § 323c StGB aus Gründen der Subsidiarität gegenüber der Verantwortung nach dem unechten Unterlassungsdelikt des § 218 StGB i.V.m. § 13 StGB zurücktreten.[409] Der unterlassende Arzt ist Garant für die Abwendung des Erfolgs, da er aufgrund seiner besonderen Pflichtenstellung, die auf der freiwilligen Übernahme der ärztlichen Behandlung (Übernahme von Schutz- und Beistandspflichten) oder auch auf dem pflichtwidrigen gefährdenden Vorverhalten (Ingerenz) im Fall eines kunstwidrigen Behandlungsfehlers beruht, rechtlich dafür einzustehen hat, dass der tatbestandliche Erfolg nicht eintritt.[410] Aus denselben Gründen ist der Arzt nach § 212 StGB i.V.m. § 13 StGB verantwortlich, während die Verantwortung nach § 323c StGB zurücktritt, wenn die Ursache des Todes, die vom Arzt hätte bekämpft werden sollen, auf das Kind nach Beginn der Geburt einwirkt und deshalb keine Leibesfrucht mehr, sondern einen Menschen trifft. Der Vorsatz des unterlassenden Arztes lässt sich auf seine Entscheidung beziehen,

407 Cramer/Sternberg-Lieben, in: Schönke/Schröder, StGB Kommentar, § 323c Rn. 8; Lackner/Kühl, StGB Kommentar, § 323c Rn. 3; Spendel, in: Leipziger Kommentar StGB, § 323c Rn. 58ff., 70ff.; Tröndle/Fischer, StGB, § 323c Rn. 3b (i.V.m. § 243 Rn. 21), § 323c Rn. 3c.

408 BGH GA 71, 336, 337f.

409 BGHSt 3, 65, 68; 14, 282, 285; Wessels/Beulke, Strafrecht AT, § 16 Rn. 748.

410 Wessels/Beulke, Strafrecht AT, § 16 Rn. 715, 720, 725.

untätig zu bleiben, da das vorsätzliche Unterlassen genau durch die bewusste Entscheidung zwischen Untätigbleiben und möglichem Tun dargestellt wird.[411] Gegenstand des Vorsatzes sind alle Merkmale, die den objektiven Tatbestand erfüllen, und damit beim unechten Unterlassungsdelikt auch die Merkmale, die die Garantenstellung begründen; den Tatbestandsvorsatz stellt der Wille zum Untätigbleiben dar, und zwar „in Kenntnis aller objektiven Tatbestandsmerkmale und in dem Bewusstsein, dass die Abwendung des drohenden Erfolges möglich ist“.[412]

Anders sollte aber die Unterlassung des Arztes beurteilt werden, wenn der tatbestandliche Erfolg des Todes der Leibesfrucht nicht eintritt (also der objektive Tatbestand des unechten Unterlassungsdeliktes des § 218 StGB i.V.m. § 13 StGB oder der des § 212 StGB i.V.m. § 13 StGB nicht erfüllt ist) oder wenn der Erfolg, der eintritt, zu keinem Tatbestand eines Strafgesetzes gehört, wie es der Fall bei einer Gesundheitsverletzung der Leibesfrucht vor Beginn der Geburt ist, also vor dem Erlangen der Menschqualität und daher der Fähigkeit, taugliches Objekt eines Körperverletzungsdeliktes zu sein. In beiden Fällen macht sich der Arzt nicht nach einem unechten Unterlassungsdelikt strafbar, jedoch wird die Möglichkeit einer Bestrafung nach § 323c StGB untersucht, da diese Vorschrift – anders als die unechten Unterlassungsdelikte – nicht das Unterlassen der Erfolgsabwendung, sondern einfach das Unterlassen der Hilfeleistung bestraft, und zwar das Unterlassen der Hilfeleistung bei der Gefährdung eines Individualrechtsguts unabhängig von anderen Straftatbeständen. In den oben genannten Fällen, bei denen entweder der Arzt die Leibesfrucht verletzt oder sich eine bereits bestehende Krankheit der Leibesfrucht plötzlich verschlimmert, und dadurch die unmittelbare Gefahr eines erheblichen Schadens für das Leben oder die Gesundheit der Leibesfrucht entsteht, handelt es sich um einen Unglücksfall i.S. des § 323c StGB. Aber auch die Voraussetzungen der Möglichkeit, der Erforderlichkeit und der Zumutbarkeit der Hilfeleistung sind in diesen Fällen erfüllt, wenn der Arzt die Fähigkeit und Möglichkeit hatte, erforderliche ärztliche Maßnahmen in den Grenzen des eigenen Leistungsvermögens auszuführen, bzw. wenn seine Hilfe nach objektiv nachträglicher Prognose erforderlich zur Rettung der Leibesfrucht war und wenn der erhebliche Grad der Gefährdung, die hohe Wahrscheinlichkeit des Rettungserfolgs, die enge räumliche Beziehung und der Mangel an Risiko beim Rettungsversuch oder an schutzwürdigen kollidierenden

411 BGHSt 19, 295, 299; 46, 373, 379.

412 Wessels/Beulke, Strafrecht AT, § 16 Rn. 732.

Interessen bzw. Pflichten die Hilfeleistung zumutbar gemacht haben.[413] Wenn also der Vorsatz des Arztes alle oben genannten Umstände (Vorliegen eines Unglücksfalles, Möglichkeit, Erforderlichkeit und Zumutbarkeit seiner Hilfeleistung) erfasst, könnte sein Untätigbleiben, das die Voraussetzungen eines unechten Unterlassungsdeliktes nicht erfüllt, nach § 323c StGB bestraft werden. Das könnte auch dann gelten, wenn es sich um keinen Unglücksfall, sondern um eine gemeine Gefahr oder Not handelt, wobei jemand einer z.B. von einem Erdbeben oder einer Überschwemmung gefährdeten Schwangeren keine Hilfe leistet und dadurch die konkrete Möglichkeit eines erheblichen Schadens für das Leben oder die Gesundheit der Leibesfrucht entsteht.

Obwohl die grammatische Auslegung den Schutz der Leibesfrucht durch § 323c StGB unabhängig vom Ergebnis der Unterlassung nicht auszuschließen scheint, lässt sich aus der systematischen Auslegung jedoch eine andere Schlussfolgerung ziehen. Der Gesetzgeber hat sich entschlossen, die Leibesfrucht nur vor vorsätzlicher Abtötung durch die Schwangerschaftsabbruchstatbestände zu schützen, während andere Beeinträchtigungen der Leibesfrucht völlig straflos geblieben sind. Der Versuch, Verhaltensweisen und ihre möglichen Folgen, die vom Gesetzgeber als straflos beurteilt worden sind, durch andere Tatbestände zu bestrafen, würde zu erheblichen Wertungswidersprüchen führen, da eine Gesundheitsverletzung der Leibesfrucht, die durch Begehung verursacht worden wäre, straflos bliebe, denn die Leibesfrucht ist kein taugliches Objekt eines Körperverletzungsdeliktes, während sie nach § 323c StGB eine Freiheitsstrafe bis zu einem Jahr oder eine Geldstrafe herbeiführen würde, wenn sie durch das Unterlassen der Hilfeleistung verursacht worden wäre. Das bedeutet, dass das bloße Fehlen der gebotenen mitmenschlichen Solidarität strenger als die direkte aktive Verletzung von Individualrechtsgütern behandelt werden würde. Außerdem könnte eine solche Auslegung als Versuch, das Gesetz zu umgehen, beurteilt werden und zwar durch Begründung der Strafbarkeit dem Willen des Gesetzgebers entgegen und daher dem Gesetzlichkeitsprinzip zuwider.

cc) Zwischenergebnis bezüglich der Anwendung von anderen Tatbeständen des StGB

Aus der Untersuchung der möglichen Anwendung anderer Tatbestände des StGB lässt sich schlussfolgern, dass die Vorschriften über den Schwangerschaftsabbruch die zentrale und vielleicht auch einzige Vorsorge des Gesetzgebers betreffs des Schutzes der Leibesfrucht vor pränatalen Beeinträchtigungen

413 Cramer/Sternberg-Lieben, in: Schönke/Schröder, StGB Kommentar, § 323c Rn. 13ff., 19, 20ff.; Lackner/Kühl, StGB Kommentar, § 323c Rn. 5ff.; Tröndle/Fischer, StGB, § 323c Rn. 4-7; Wessels/Hettinger, Strafrecht BT 1, § 23 Rn. 1045ff.

darstellen. Freilich beschränkt sich dieser Schutz auf Beeinträchtigungen, die vorsätzlich den Tod der Leibesfrucht intrauterin oder nach dem Abgang der Frucht aus dem Mutterleib verursachen; die fahrlässige Abtötung der Leibesfrucht bleibt außerhalb des Anwendungsbereichs der Schwangerschaftsabbruchstatbestände.

Die Anwendung des Tatbestandes der unterlassenen Hilfeleistung nach § 323c StGB ist nicht möglich, obwohl die grammatische Auslegung der Vorschrift eine Anwendung nicht von vornherein ausschließt. Ihr stehen aber die Sperrwirkung der Schwangerschaftsabbruchsvorschriften und der Wille des Gesetzgebers entgegen. Auch würde sie erhebliche Wertungswidersprüche entstehen lassen.

d) Schlussfolgerungen aus der Untersuchung der pränatalen Beeinträchtigungen der Leibesfrucht nach den allgemeinen Tatbeständen des StGB

Aus der vorangegangenen Prüfung der Möglichkeit eines strafrechtlichen Schutzes der Leibesfrucht durch Tatbestände des StGB vor Beeinträchtigungen, die ihr Leben bzw. ihre Gesundheit verletzen, darf man die Schlussfolgerung ziehen, dass das pränatale Leben im bestehenden Strafrechtssystem nur einen sehr geringen Schutz genießt, obwohl es sich während des ganzen Verlaufs der Schwangerschaft in einer erhöhten Gefahrenlage befindet. Eine Beeinträchtigung der Leibesfrucht durch den Arzt im Rahmen der pränatalen Diagnostik bzw. Therapie oder durch die Schwangere selbst und ihr soziales Umfeld kann zu ihrer Abtötung oder Beschädigung entweder im Uterus oder nach der Geburt führen.

Trotz der Kenntnis dieser Gefahren hat sich der Gesetzgeber des StGB entschlossen, die Leibesfrucht fast schutzlos zu lassen. Sie wird nur durch die Schwangerschaftsabbruchstatbestände des StGB vor vorsätzlicher Abtötung strafrechtlich bewahrt, während fahrlässige Beeinträchtigungen, die ihren Tod oder eine Beschädigung verursachen, völlig straflos bleiben. Der Gesetzgeber hat der Leibesfrucht den strafrechtlichen Schutz durch die Tatbestände des StGB sogar im Fall einer vorsätzlichen Beeinträchtigung verweigert, die auf ihre körperliche Schädigung abzielt. Die vorangegangene Untersuchung der möglichen Risiken, denen die Leibesfrucht während der Schwangerschaft gegenübersteht, hat allerdings gezeigt, dass dieser Bereich der menschlichen Entwicklung eines weiteren Schutzes bedarf; zu dieser Annahme sind – wie schon erwähnt – auch die Rechtsprechung und ein wichtiger Teil des Schrifttums gekommen, die einen gesetzgeberischen Eingriff zur Schließung der Strafbarkeitslücken für notwendig halten.[414]

2. Pränatale Einwirkungen auf die Leibesfrucht nach Tatbeständen des deutschen Nebenstrafrechts

Da pränatale Einwirkungen, die den Tod bzw. eine Gesundheitsverletzung der Leibesfrucht verursachen, nur in sehr geringem Grade von den allgemeinen Tatbeständen des StGB erfasst sind, während die Mehrheit der Beeinträchtigungen der Leibesfrucht völlig straflos bleibt, ist es fraglich, ob andere Straftatbestände außerhalb des StGB, nämlich aus dem Bereich des Nebenstrafrechts, schädliche pränatale Einwirkungen auf die Leibesfrucht erfassen, auf die die Tatbestände des StGB nicht angewendet werden können.

a) Das Embryonenschutzgesetz

Das Embryonenschutzgesetz (ESchG) vom 13.12.1990 erweckt den Eindruck, als stelle es ein Gesetz zum umfassenden Schutz des pränatalen Lebens vor Beeinträchtigungen dar. Fraglich ist also, inwieweit auch pränatale Einwirkungen, die den Tod bzw. eine Schädigung der Gesundheit der Leibesfrucht verursachen, vom ESchG erfasst sind.

Das ESchG verbietet in § 1 jede missbräuchliche Anwendung von Fortpflanzungstechniken durch detaillierte Varianten, die im Wesentlichen zwei Zielsetzungen verfolgen: zum einen die Abwendung gespaltener Mutterschaften (§ 1 I Nr. 1, 2, 6, 7), zum anderen das Verhindern der Verwendung von Fortpflanzungstechniken zu anderen, „schwangerschaftsfremden" Zwecken (§ 1 I Nr. 2, 3, 4, 5, 6). § 1 II erweitert das Verbot durch die Einbeziehung von Handlungen, die der Erzeugung von „Vorkeimen" dienen.[415] Das ESchG verbietet ferner jede Verwendung von Embryonen zu fremdnützigen, d.h. nicht ihrer Erhaltung dienenden, Zwecken (§ 2), die gezielte Festlegung des Geschlechts des künftigen Kindes (§ 3), die eigenmächtige künstliche Befruchtung bzw. Übertragung eines Embryos und die postmortale Insemination (§ 4), die künstliche Veränderung der Erbinformation menschlicher Keimbahnzellen bzw. die Ver-

---

414 BGHSt 31, 348, 353; OLG Karlsruhe, NStZ 1985, 314f.; Gropp, GA 2000, 1, 7ff.; Günther, in: Keller/Günther, Fortpflanzungsmedizin, S. 137, 171f.; Hirsch, JR 1985, 336, 340; Kaufmann, JZ 1971, 569, 571f.; Lüttger, FS Heinitz, S. 369ff.; Tepperwien, Pränatale Einwirkungen als Tötung oder Körperverletzung, S. 97ff.

415 Jung, JuS 1991, 431, 432.

wendung solcher veränderter Keimbahnzellen (§ 5), das Klonen von Menschen (§ 6) und die gezielte Erzeugung von Chimären- bzw. Hybridwesen aus Menschen und Tieren (§ 7). Schließlich sieht das Gesetz einen strafbewehrten Arztvorbehalt vor, was die künstliche Befruchtung und die Übertragung von Embryonen betrifft (§ 9, 11).

Die Grenzen des Anwendungsbereichs des ESchG werden durch die Bestimmung des Begriffs „Embryo" in § 8 gesetzt. Als „Embryo" im Sinne dieses Gesetzes gilt bereits die befruchtete, entwicklungsfähige menschliche Eizelle vom Zeitpunkt der Kernverschmelzung an, ferner jede einem Embryo entnommene totipotente Zelle[416], die sich bei Vorliegen der dafür erforderlichen weiteren Voraussetzungen zu teilen und zu einem Individuum zu entwickeln vermag. Das ESchG schützt – anders als die Schwangerschaftsabbruchstatbestände – den Embryo während der Pränidationsphase außer- und innerhalb der Gebärmutter. Die beschriebenen verbotenen Tathandlungen müssen also an einem extrakorporal gezeugten oder schon vor der Nidation entnommenen Embryo vorgenommen werden. Zweck der vorliegenden Erörterung ist aber die Entdeckung von Tatbeständen, die möglicherweise die Leibesfrucht nach Abschluss der Einnistung im Mutterleib vor schädlichen Einwirkungen schützen. Da aber das ESchG den sich in vitro oder jedenfalls in der pränidativen Entwicklungsphase befindenden Embryo schützt, kann es nicht in Betracht kommen. Der Ausschluss der Leibesfrucht, die schon in der Gebärmutter eingenistet ist, vom Schutzbereich des ESchG wird auch in der amtlichen Begründung des Gesetzesentwurfs festgestellt, wonach es keine Aufgabe des Entwurfs sei, Straftatbestände vorzusehen, die dem Schutz von Embryonen und Föten nach dem in § 219d StGB (alte Fassung) bezeichneten Zeitpunkt der Einnistung des befruchteten Eies in der Gebärmutter dienen. Darüber hinaus dient das ESchG dem Schutz des Embryos nur gegen den Missbrauch der neuen Fortpflanzungstechniken und der Biogenetik. Tatbestände, die „das nackte Leben des Embryos in vitro"[417] gegen vorsätzliche oder fahrlässige Abtötung schützen, enthält es dagegen nicht; sich daraus ergebende Lücken (z.B. in Fällen leichtfertiger Schädigungen des Embryos und Fötus durch Medikamente oder Röntgenstrahlen) sind nach der Formulierung des Gesetzesentwurfes „durch ein in Vorbereitung befindliches Strafrechtsänderungsgesetz zu schließen".[418]

416 Keller/Günther/Kaiser, EschG, S. 296: „Totipotenz ist die Fähigkeit der Einzelzellen eines sehr frühen Embryonalstadiums (4- bis 8-Zell-Stadium) zur vollen Differenzierung zu einem lebensfähigen Organismus nach Lösung aus dem Zellverband".

417 Gropp, GA 2000, 1, 4.

418 BT-Drs. 11/5460 vom 25.10.1989, S. 7.

Aus dem weit ausgedehnten und jeder Abwägung entzogenen Schutz des Embryos vor der Nidation bzw. in vitro[419] entstehen Wertungswidersprüche zur sehr weitgehenden Schutzlosigkeit der Leibesfrucht in vivo nach der Nidation, die nur gegen vorsätzliche Abtötung durch §§ 218ff. StGB geschützt wird und der Abwägung mit Gegeninteressen der Schwangeren unterliegt.[420] Es mag vielleicht Gründe geben, die eine Bewahrung des extrakorporalen Embryos vor ethisch problematischen Tätigkeiten nahelegen; der erschöpfende Schutz eines befruchteten Eies im Vergleich zur fast allgemeinen Schutzlosigkeit einer völlig entwickelten Leibesfrucht in der letzten Schwangerschaftswoche ist jedoch nur schwierig zu rechtfertigen.

b) Das Stammzellgesetz

Das Stammzellgesetz (StZG) wurde am 25. April 2002 vom Deutschen Bundestag zur Ergänzung des mangelhaften Schutzes verabschiedet, der betreffs des Umgangs mit menschlichen Embryonen (einschließlich totipotenter Zellen) durch das Embryonenschutzgesetz gewährleistet wird. Objekt einer umfassenden öffentlichen Debatte war der Konflikt zwischen dem Schutz der Menschenwürde bzw. des Lebensrechts und der Gewährleistung bzw. Förderung der Forschungsfreiheit. Das ESchG verbietet zwar die verbrauchende Embryonenforschung bzw. die Herstellung und Verwendung von Embryonen und embryonalen Stammzellen[421] zu fremdnützigen Forschungszwecken, lässt aber deren Einfuhr und die Verwendung importierter Stammzellen zu. Das führte dazu, dass in Deutschland embryonale Stammzellen zu Forschungszwecken verwendet werden durften, die im Ausland von Embryonen gewonnen wurden.[422] Die Zulässigkeit des Stammzellimports bzw. ihrer Verwendung zu Forschungszwecken, bei gleichzeitigem innerstaatlichem Verbot ihrer Gewinnung und fremdnützigen

419 Selbst dieser wird teilweise als unzureichend kritisiert; so Laufs, in: Laufs/Uhlenbruck, Handbuch des Arztrechts, § 129 Rn. 18, 19; Ulsenheimer, Arztstrafrecht in der Praxis, § 7 Rn. 358a.

420 Eser, in: Schönke/Schröder, StGB Kommentar, vor §§ 218ff. Rn. 11.

421 Pschyrembel, Klinisches Wörterbuch, S. 1819: „Stammzellen: undifferenzierte und unbegrenzt teilungsfähige Zellen, aus denen durch Teilung jeweils wiederum eine Stammzelle und eine zur Differenzierung fähige Zelle entstehen; Stammzellen sind gewebespezifisch determiniert und stellen das Ausgangsmaterial der embryonalen Organentwicklung und aller regenerationsfähigen Gewebe des Erwachsenen dar.“

422 Catenhusen, in: Maio/Just, Die Forschung an embryonalen Stammzellen, S. 239, 240f.; Laufs, Auf dem Wege zu einem Fortpflanzungsmedizingesetz?, S. 35.

Verwendung, wurde wegen der offensichtlichen Inkonsequenz sogar als „Doppelmoral“ kritisiert.[423]

Das Stammzellgesetz versucht, diese aufeinanderprallenden Interessen in Einklang zu bringen, indem es sowohl die Menschenwürde und das Recht auf Leben des menschlichen Embryos als auch die Forschungsfreiheit als Schutzzwecke anerkennt (§ 1 StZG). Um dem ersten Schutzzweck zu dienen, verbietet das StZG grundsätzlich die Einfuhr und die Verwendung embryonaler Stammzellen (§ 4 Abs. 1 StZG). Diese Handlungen werden nur ausnahmsweise zugelassen und zwar unter dem Vorbehalt einer behördlichen Genehmigung nach den Voraussetzungen des § 4 Abs. 2 StZG i.V.m. § 6 Abs. 1 StZG. Durch diese Ausnahme versucht der Gesetzgeber dem zweiten Zweck zu dienen, nämlich der Forschungsfreiheit, indem er der deutschen hochrangigen, alternativlosen und ethisch vertretbaren[424] Forschung den Weg ebnet und ihr dadurch erlaubt, mit den internationalen Standards mitzuhalten.[425] Gleichzeitig macht die Regelung vielen verzweifelten Patienten große Hoffnungen auf neue Therapien, die aus der Stammzellforschung hervorgehen. Das grundsätzliche Verbot der Einfuhr und Verwendung embryonaler Stammzellen wird durch die Blankettstraftatbestände des § 13 StZG zum Nebenstrafrecht.[426]

Das StZG legt bereits in § 2 fest, dass sein Anwendungsbereich auf die Einfuhr und Verwendung embryonaler Stammzellen beschränkt ist. Es definiert diese Begriffe in § 3 StZG. Nach § 3 Nr. 1 sind Stammzellen i.S. des StZG „alle menschlichen Zellen, die die Fähigkeit besitzen, in entsprechender Umgebung sich selbst durch Zellteilung zu vermehren, und die sich selbst oder deren Tochterzellen sich unter geeigneten Bedingungen zu Zellen unterschiedlicher Spezialisierung, jedoch nicht zu einem Individuum zu entwickeln vermögen (pluripotente Stammzellen).“

§ 3 Nr. 2 StZG definiert die embryonalen Stammzellen i.S. dieses Gesetzes als „alle aus Embryonen, die extrakorporal erzeugt und nicht zur Herbeiführung einer Schwangerschaft verwendet worden sind oder einer Frau vor Abschluss ihrer Einnistung in der Gebärmutter entnommen wurden, gewonnenen pluripotenten Stammzellen“.

Bereits durch diese Definitionen wird also festgesetzt, dass das StZG nur die Stammzellen erfasst, die einem Embryo in vitro oder zwar intrauterin, aber auf jeden Fall vor der Einnistung in der Gebärmutter entnommen werden, nämlich

423 Enquete-Kommission Recht und Ethik der modernen Medizin, Stammzellforschung, S. 121f.; Wolbert, DMW 2003, 453ff.

424 BT-Drs. 14/8394 vom 27.02.2002, S. 8.

425 Gehrlein, NJW 2002, 3680, 3681.

426 Beck, Stammzellforschung und Strafrecht, S. 142.

durch die Zerstörung der Hülle einer Blastozyste, d.h. eines einige Tage alten Embryos, oder, anders gesagt, durch Tötung eines extrakorporalen Embryos.[427] Als Quellen für die Gewinnung der embryonalen Stammzellen können Embryonen dienen, die entweder zu Forschungszwecken hergestellt wurden oder für eine künstliche Befruchtung bestimmt waren, aber nicht eingepflanzt wurden, bzw. Eizellen, die durch Zellkerntransfer zur Weiterentwicklung angeregt wurden, und sonstige z.B. durch Parthenogenese[428] geschaffene totipotente Zellen.[429] Das StZG findet also keine Anwendung bei Stammzellgewinnung von einer Leibesfrucht nach der Nidation, da diese Stammzellen keine embryonalen i.S. des StZG, sondern fetale Stammzellen sind.[430] Die Straftatbestände des StZG betreffen und beschützen nur extrakorporal erzeugte und nicht zur Herbeiführung einer Schwangerschaft verwendete bzw. einer Frau vor der Nidation entnommene Embryonen. Die Leibesfrucht nach der Nidation, deren strafrechtlicher Schutz das Objekt der vorliegenden Arbeit darstellt, gehört nicht zum Schutzbereich des StZG, das daher – genau wie das ESchG – nicht in Betracht kommen kann, was die Untersuchung des strafrechtlichen Schutzes der Leibesfrucht betrifft.

Auch in diesem Fall ist bemerkenswert, dass der Gesetzgeber einen so umfangreichen Schutz von Embryonen und embryonalen Stammzellen gewährt, während die Leibesfrucht nach ihrer Einnistung in der Gebärmutter und bis zum Beginn der Geburt – selbst als ein vollendeter Organismus – keines entsprechenden Schutzes würdig befunden worden ist.

c) Das Gentechnikgesetz

Das Gentechnikgesetz (GenTG) soll nach § 1 des Gesetzes dem Schutz des Menschen und der Umwelt vor Gefahren, die aus dem Umgang mit der Gentechnik stammen, dienen. Die Gentechnik bezeichnet die „Gesamtheit der Methoden zur Charakterisierung und Isolierung genetischen Materials, zu dessen gezielter Neukombination sowie zur Vermehrung und Wiedereinführung des neukombinierten Erbmaterials in eine andere biologische Umgebung."[431]

427 Beck, Stammzellforschung und Strafrecht, S. 92, 108; Brewe, Embryonenschutz und Stammzellgesetz, S. 133.

428 Pschyrembel, Klinisches Wörterbuch, S. 1444: „Parthenogenese: sog. Jungfernzeugung; eingeschlechtliche Fortpflanzung mit Entwicklung unbefruchteter Eier bei verschiedenen Gruppen des Tierreichs."

429 Beck, Stammzellforschung und Strafrecht, S. 92.

430 Beck, Stammzellforschung und Strafrecht, S. 127.

431 Alt, in: Münchener Kommentar 5 GenTG, vor §§ 1ff. Rn. 1.

Da die Gentechnik bei der Diagnose von Erbkrankheiten bzw. Chromosomenaberrationen und deren Ursachen oder beim Ersatz defekter Gene durch normale Gene im Rahmen einer Gentherapie verwendet werden kann, erscheint es prima facie sinnvoll zu prüfen, ob die strafrechtlichen Schutzvorschriften des GenTG auch auf pränatale Einwirkungen, die den Tod bzw. eine Schädigung der Gesundheit der Leibesfrucht verursachen, anwendbar sind.

Gemäß § 2 III GenTG aber gilt dieses Gesetz nicht für die Anwendung von gentechnisch veränderten Organismen am Menschen. Der Bereich der Humangenetik sollte mit den Vorschriften des ESchG geregelt werden. Das bedeutet, dass mögliche schädliche Einwirkungen auf die Leibesfrucht durch Anwendung der Humangenetik nicht vom GenTG erfasst werden.

d) Das Arzneimittelgesetz

Gemäß § 5 I AMG ist es verboten, bedenkliche Arzneimittel in den Verkehr zu bringen; in § 5 II AMG werden als „bedenklich" solche Arzneimittel beschrieben, bei denen nach dem jeweiligen Stand der wissenschaftlichen Erkenntnisse der Verdacht besteht, dass sie bei bestimmungsgemäßem Gebrauch schädliche Wirkungen haben, die über ein nach den Erkenntnissen der medizinischen Wissenschaft vertretbares Maß hinausgehen. Dieses Verhalten wird auch dann bestraft, wenn es auf Fahrlässigkeit beruht (§ 95 IV AMG).[432]

Die Frage, ob auch pränatale schädliche Einwirkungen auf die Leibesfrucht unter den Begriff „schädliche Wirkungen" des AMG fallen und ob sie daher nach dem AMG bestraft werden können, kann durch eine Betrachtung der Entstehungsgeschichte des AMG bejaht werden.[433] Bei der Verfassung der Vorschriften des AMG wurden die aus der Contergan-Katastrophe gewonnenen Erkenntnisse berücksichtigt, was dazu geführt hat, dass auch die Leibesfrucht vor schädlichen Beeinträchtigungen des Lebens oder ihrer Gesundheit unter Anwendung der Vorschriften des AMG geschützt wird. Da sich aber der Anwendungsbereich dieser Vorschriften auf das Inverkehrbringen von Arzneimitteln beschränkt und deswegen nur einen geringen Teil der Verhaltensweisen, die einer Leibesfrucht schaden können, erfasst, wird der durch dieses Gesetz angebotene Schutz als unzureichend betrachtet.

---

432 Rehmann, AMG, § 5 Rn. 1, 2.

433 Deutsch/Lippert, AMG Kommentar, S. 2f.

e) Das Lebensmittel- und Futtermittelgesetz

Das „Gesetz über den Verkehr mit Lebensmitteln, Tabakerzeugnissen, kosmetischen Mitteln und sonstigen Bedarfsgegenständen" vom 15. August 1974 (LMBG) ist am 2. September 2005 durch das Lebensmittel-, Bedarfsgegenstände- und Futtermittelgesetzbuch (LFGB) abgelöst worden. Genau wie das alte LMBG beinhaltet das LFGB eine Reihe von strafrechtlichen Regelungen, gemäß denen es verboten ist, Lebensmittel herzustellen und in Verkehr zu bringen, deren Verzehr geeignet ist, die Gesundheit zu schädigen (§ 5 LFGB), ein Verbot, das auch für Futtermittel, die mittelbar die menschliche Gesundheit schädigen könnten (§ 17 LFGB), für kosmetische Mittel (§ 26 LFGB) bzw. für sonstige Bedarfsgegenstände (§ 30 LFGB) gilt, die diese Eignung besitzen.

Die Tatsache, dass die Leibesfrucht keinerlei Erwähnung findet, könnte dafür sprechen, dass nur geborene Menschen vom LFGB geschützt werden. Es wird aber die Auffassung vertreten[434], dass die Gewährleistung der Schutzfunktion vor Gesundheitsschädigungen von AMG und LMBG „eine einheitliche Gesamtregelungsmaterie" bilde. Daher wäre es absurd, wenn der Gesetzgeber die Leibesfrucht nur vor Schädigungen, die von gefährlichen Arzneimitteln verursacht werden können, nicht aber vor durch Lebensmittel und Bedarfsgegenstände bedingten Schädigungen schützte. Das müsse konsequenterweise auch für das neue LFGB gelten, da es im Wesentlichen die alten Schutzvorschriften des LMBG erhalten habe. Diese Annahme überschreitet aber die Grenzen der zulässigen ausdehnenden Auslegung und dringt in den Bereich der verbotenen strafbegründenden Analogie vor, indem sie das Ziel der Ausfüllung der Schutzlücke des LFGB durch Erweiterung und Weiterentwicklung des Rechtsschutzes des AMG verfolgt (Rechtsneuschöpfung).[435] Die Tatsache, dass der Gesetzgeber die Leibesfrucht vor gesundheitsschädlichen Einwirkungen durch Arzneimittel schützen wollte, bedeutet nicht selbstverständlich, dass er sie auch vor Schädigungen durch Lebensmittel und sonstige Bedarfsgegenstände, die von der Schwangeren konsumiert werden, schützen will. Denn zum einen decken solche Produkte einen sehr weiten Bereich des täglichen Konsums ab und der Gesetzgeber hat deutlich gemacht, dass er nicht das tägliche Leben der Schwangeren unter staatliche Kontrolle stellen möchte. Zum anderen bilden Lebensmittel und sonstige Bedarfsgegenstände in der Regel, im Gegensatz zu Arzneimitteln, keine erhebliche Gefahrenquelle. Wenn also der Gesetzgeber die Leibesfrucht vor schädlichen Einwirkungen durch Lebensmittel bzw. sonstige Bedarfsgegenstän-

---

434 Theilig, Die Strafbarkeit pränataler Einwirkungen, S. 75, mit Verweis auf: AMG-RegE, S. 212, 288; Zipfel, Lebensmittelrecht Kommentar, Band II, C 102 § 1 Rn. 8ff.

435 Wessels/Beulke, Strafrecht AT, § 2 Rn. 56.

de hätte schützen wollen, hätte er sie beim Schaffen des LFGB ausdrücklich erwähnen können, so wie er es im Fall des AMG getan hat. Die Tatsache, dass die Leibesfrucht in der Begründung des LFGB nicht aufgeführt worden ist, bedeutet, dass sie nicht durch dieses Gesetz geschützt wird.

f) Das Mutterschutzgesetz

Das „Gesetz zum Schutze der erwerbstätigen Mutter“ (MuSchG) enthält eine Reihe von Schutzvorschriften zugunsten der werdenden Mutter. Wie aber schon der Titel des Gesetzes angibt, betreffen diese Regelungen nur solche Schwangeren, die in einem Arbeitsverhältnis stehen oder in Heimarbeit beschäftigt sind, bzw. ihnen Gleichgestellte (§ 1 MuSchG). Schon deswegen ist der Schutz durch das MuSchG nicht vollständig.[436]

Ferner wird festgestellt, dass es für Arbeitgeber verboten ist, Schwangere mit solchen Beschäftigungen oder mit solchen Arbeitsbedingungen zu belasten, die das Leben oder die Gesundheit von Mutter oder Kind gefährden (§ 3 I, § 4 III MuSchG).[437] Wichtig ist, dass das Gesetz das Leben bzw. die Gesundheit der Leibesfrucht als Schutzgegenstand der Vorschriften explizit erwähnt. Allerdings stellen mögliche Verstöße gegen die oben genannten Schutzvorschriften des MuSchG gemäß § 21 I Nr. 1 MuSchG einfache Ordnungswidrigkeiten dar. Eine Strafbarkeit ist nur dann vorgesehen, wenn die Arbeitskraft bzw. die Gesundheit der Schwangeren – nicht jedoch die Gesundheit der Leibesfrucht – durch ein vorsätzliches Verhalten gefährdet sind (§ 21 III MuSchG).[438] Das Leben bzw. die Gesundheit der Leibesfrucht werden also nicht durch das MuSchG strafrechtlich geschützt.

g) Zwischenergebnis bezüglich des strafrechtlichen Schutzes der Leibesfrucht durch Tatbestände des Nebenstrafrechts

Die Erörterung einer möglichen Erfassung pränataler Beeinträchtigungen durch Tatbestände des Nebenstrafrechts hat keinen wichtigen Unterschied bezüglich des strafrechtlichen Status der Leibesfrucht zum Schutz durch das StGB erbracht. Die Vorschriften des ESchG und des StZG bieten zwar einen umfangreichen strafrechtlichen Schutz, der aber nur den extrakorporalen Embryo und nicht das pränatale Leben in utero umfasst. Die Leibesfrucht in vivo wird allerdings durch das AMG vor schädlichen Wirkungen geschützt, die aus Arzneimit-

436 Zmarzlik/Zipperer/Viethen/Vieß, Mutterschutzgesetz, § 1 Rn. 1, 2, 18.
437 Zmarzlik/Zipperer/Viethen/Vieß, Mutterschutzgesetz, § 3 Rn. 1, § 4 Rn. 9-14.
438 Zmarzlik/Zipperer/Viethen/Vieß, Mutterschutzgesetz, § 21 Rn. 16-20.

teln stammen. Dieser Schutz, der als Folge der „Contergan-Katastrophe“ zu sehen ist, betrifft jedoch nur einen sehr geringen Teil der Gefahrenquellen, denen das pränatale Leben während der Schwangerschaft ausgesetzt ist. Es kann daher festgestellt werden, dass ein überzeugender strafrechtlicher Schutz der Leibesfrucht auch im Bereich des Nebenstrafrechts nicht realisiert worden ist.

3. Die Strafbarkeit der an einer Abtötung oder Verletzung der Leibesfrucht Beteiligten

Nach der Präsentation der rechtlichen Lage hinsichtlich des strafrechtlichen Schutzes der Leibesfrucht ist eine zusammenfassende Prüfung der Strafbarkeit der an pränatalen Beeinträchtigungen beteiligten Personenkreise sinnvoll. Weiter oben (unter II, 2) sind pränatale Beeinträchtigungen der Leibesfrucht aufgeführt worden, die deren Tod oder eine körperliche Verletzung hervorrufen können. Verantwortlich dafür können sowohl der Arzt, der die Schwangerschaft betreut, als auch die Schwangere selbst oder ein Dritter sein. Eine mögliche strafrechtliche Verantwortlichkeit dieser Personen für Einwirkungen auf die Leibesfrucht, die deren Tod oder eine Gesundheitsverletzung verursachen, wird im Folgenden nach den Ergebnissen der vorangegangenen Untersuchung des strafrechtlichen Status der Leibesfrucht de lege lata hier noch einmal zusammenfassend geprüft.

a) Die Strafbarkeit des betreuenden Arztes

Wie schon erwähnt, ist der Arzt, der eine Schwangere betreut, eine zentrale Figur im Verlauf der Schwangerschaft. Zu seinen Pflichten gehören u.a. die Überwachung des Schwangerschaftsverlaufs, die Aufklärung der Eltern über mögliche Risiken und die kunstgerechte Untersuchungsdurchführung bzw. Diagnose und Behandlung von Komplikationen. Sein Verhalten kann eine Gefahrenquelle für das Leben bzw. die Gesundheit der Leibesfrucht darstellen, da sowohl seine Tätigkeit als auch die Schwangerschaft selbst mit vielen Risiken verbunden sind. Praktisch kann der Arzt durch aktives Verhalten oder durch Unterlassen den Tod der Leibesfrucht oder deren Gesundheitsschädigung intrauterin oder erst nach der Geburt verursachen. Die Möglichkeit einer Strafbarkeit des Arztes nach deutschem Strafrecht wird im Folgenden untersucht.

aa) Die Strafbarkeit des Arztes bei Tötung der Leibesfrucht

Zunächst werden Eingriffe des Arztes geprüft, die als aktives Verhalten den Tod der Leibesfrucht hervorrufen. Solche Eingriffe können z.B. im Rahmen der pränatalen Diagnostik und Therapie der Leibesfrucht oder bei einer Untersuchung bzw. Behandlung der schwangeren Frau selbst stattfinden. Sie wurden am Anfang der Erörterung (II, 2, a, aa) schon präsentiert. In solchen Fällen kann der Arzt durch kunstwidrige Durchführung der Behandlung die Leibesfrucht auf solche Weise beeinträchtigen, dass ihr Tod eintritt. Wenn die Handlung des Arztes auf die Leibesfrucht vor dem Einsatz der Eröffnungswehen oder der Eröffnung des Uterus (bei operativer Entbindung) trifft, also die Einwirkung der Handlung auf ein Wesen ohne Menschqualität stattfindet, kann er nur gemäß § 218 StGB bestraft werden, gleichgültig ob der Tod der Leibesfrucht schon im Mutterleib oder erst nach ihrem Abgang eingetreten ist. Freilich ist er nach § 218 StGB nur strafbar, wenn er mit Abtötungsvorsatz gehandelt hat. Wenn er fahrlässig die Abtötung der Leibesfrucht verursacht hat, erfüllt er den subjektiven Tatbestand des § 218 nicht; sein Verhalten hat keine strafrechtlichen Konsequenzen, denn die fahrlässige Abtötung der Leibesfrucht erfüllt keinen Straftatbestand.

Wenn aber die pränatale Handlung des Arztes erst nach dem Beginn der Geburt mit tödlicher Wirkung auf ein Wesen einwirkt, das nunmehr die Menschqualität besitzt[439], ist die Situation anders. In diesem Fall erfüllt der Arzt den objektiven Tatbestand des § 212 StGB, weil er einen anderen Menschen getötet hat. Für eine Strafbarkeit des Arztes wegen Totschlags ist es jedoch erforderlich, dass er den Tod des Kindes vorsätzlich herbeigeführt hat, wofür auch Eventualvorsatz reicht. Im schwer vorstellbaren Fall, in dem die Handlung nicht nur auf einen Menschen nach Geburtsbeginn einwirkt, sondern der Arzt auch ein Mordmerkmal des § 211 StGB aufweist (z.B. er verursacht den Tod aus dem niedrigen Beweggrund des Rassenhasses), ist die vorsätzliche Tötung als Mord zu bestrafen. Wenn er allerdings nur fahrlässig gehandelt und seine Handlung nach Beginn der Geburt einen Menschen betroffen hat, wodurch der Todeserfolg eingetreten ist, dann ist der Arzt wegen fahrlässiger Tötung nach § 222 StGB strafbar; dafür ist es freilich notwendig, dass er die erforderliche berufliche

439 Als Beispiel dafür wurde schon der Sachverhalt erwähnt, in dem der Arzt die Schwangere pränatal mit einer für Neugeborene lebensgefährlichen Krankheit infiziert, die aber erst während des Durchganges durch den Vaginalkanal (also nach dem Einsatz der Eröffnungswehen, und zwar in dem letzten Stadium des Geburtsvorgangs) auf das Kind übertragen wird. Oder: Der Arzt injiziert der Schwangeren ein Medikament mit Depot-Wirkung, das erst nach dem Beginn der Geburt mit schädlicher Wirkung auf das Kind einwirkt.

Sorgfalt außer Acht gelassen hat und dass ihm der Todeserfolg objektiv zurechenbar ist.

Der Arzt kann freilich den Tod der Leibesfrucht auch durch das gegen die berufsfachlich gebotene Sorgfalt verstoßende Unterlassen einer erforderlichen Maßnahme herbeiführen. Wenn der Arzt eine Maßnahme unterlässt, die erforderlich ist, um den Tod der Leibesfrucht abzuwenden (z.B. er unterlässt es, eine gebotene pränatale Therapie an der Leibesfrucht durchzuführen), und als Folge der schädliche Faktor auf die Leibesfrucht vor dem Geburtsbeginn einwirkt und deswegen ihr Tod intrauterin oder nach ihrem Ausgang aus dem Mutterleib eintritt, macht sich der Arzt gemäß § 218 i.V.m. § 13 StGB wegen Schwangerschaftsabbruchs durch Unterlassen strafbar. Der unterlassende Arzt ist als Garant (wegen Übernahme der Betreuung der Schwangerschaft) zur Abwendung des Todes der Leibesfrucht verpflichtet. Wenn also eine Gefahrensituation für das Leben der Leibesfrucht vorliegt und der Arzt die gebotene Rettungsbehandlung unterlässt, obwohl es ihm aus physisch-realer Sicht möglich ist, sie zu leisten, und dadurch der tatbestandliche Erfolg (Tod der Leibesfrucht) eintritt, erfüllt er den objektiven Tatbestand des unechten Unterlassungsdeliktes des Schwangerschaftsabbruchs durch Unterlassen (§ 218 i.V.m. § 13 StGB). Natürlich muss ihm der Todeseintritt objektiv zurechenbar sein, d.h., es muss bejaht werden, dass der Tod in der konkreten Gefahrenlage mit „an Sicherheit grenzender Wahrscheinlichkeit" nicht eingetreten wäre, wenn der Arzt die gebotene Behandlung nicht unterlassen hätte.[440] In dem Fall, in dem der Arzt vorsätzlich (Dolus eventualis genügt)[441] die Rettungshandlung unterlässt, d.h. mit Vorsatz zwischen Untätigbleiben und möglichem Tun entscheidet[442], macht er sich wegen Schwangerschaftsabbruchs durch Unterlassung (§ 218 i.V.m. § 13 StGB) strafbar. Wenn das Verhalten des Arztes nicht vorsätzlich ist, weil er z.B. die Gefahrenlage für die Leibesfrucht gar nicht bemerkt (unbewusste Fahrlässigkeit) oder er glaubt, dass sein Tätigwerden nicht notwendig sei, um die Leibesfrucht zu retten (bewusste Fahrlässigkeit), dann könnte er sich wegen fahrlässigen Unterlassens strafbar machen.[443] Das kann aber bei einem Schwangerschaftsabbruch durch Unterlassen nicht der Fall sein, denn der Schwangerschaftsabbruch des § 218 StGB wird nur bei Vorsatz des Täters bestraft, also muss auch der fahrlässige Schwangerschaftsabbruch durch Unterlassen straflos bleiben.

Anders ist die Situation zu beurteilen, wenn die Unterlassung des Arztes dazu führt, dass die schädigende Einwirkung auf einen Menschen nach dem Be-

---

440 Wessels/Beulke, Strafrecht AT, § 16 Rn. 713.

441 Wessels/Beulke, Strafrecht AT, § 16 Rn. 732.

442 BGHSt 19, 295, 299; 46, 373, 379.

443 Roxin, Strafrecht AT II, § 31 Rn. 196f.

ginn der Geburt trifft und den Eintritt seines Todes verursacht. In diesem Fall kommen die Tötungsdelikte des StGB in Betracht, wenn alle oben genannten Voraussetzungen der objektiven Tatbestandsmäßigkeit eines Unterlassungsdeliktes vorliegen. Wenn also der Arzt die Rettungshandlung mindestens mit Eventualvorsatz unterlässt, ist er nach §§ 211 (beim Vorliegen eines Mordmerkmales) oder 212 StGB wegen Mordes oder Totschlags durch Unterlassung zu bestrafen. Wenn sein Unterlassen aber auf Fahrlässigkeit beruht, wird die Strafe des § 222 StGB (fahrlässige Tötung durch Unterlassen) verhängt.

bb) Die Strafbarkeit des Arztes bei Verletzung der Leibesfrucht

Andere Ergebnisse folgen aus der Untersuchung der Strafbarkeit des Arztes, der eine Schwangerschaft betreut, im Fall einer Beeinträchtigung der Leibesfrucht, die zu ihrer Gesundheitsschädigung oder körperlichen Behinderung intrauterin oder nach ihrer Geburt führt. Auch hier ist zunächst die Beschädigung einer Leibesfrucht durch aktives Tun zu untersuchen.

Der Arzt kann – meistens im Rahmen einer pränatalen Untersuchung oder Therapie – die Leibesfrucht auf solche Weise beeinträchtigen, dass sie körperlich bzw. gesundheitlich beschädigt zur Welt kommt oder nach ihrer Geburt Gesundheitsschäden aufweist. Maßgeblich für die Strafbarkeit des Arztes ist auch hier der Zeitpunkt der Einwirkung seiner schädigenden Handlung auf die Leibesfrucht. Wenn seine Handlung die Leibesfrucht vor dem Beginn der Geburt trifft, ist sie noch kein menschliches Wesen, daher müssen die Körperverletzungsdelikte außer Betracht bleiben. Körperverletzungen einer Leibesfrucht erfüllen keinen Straftatbestand, gleichgültig ob sie vorsätzlich oder fahrlässig verursacht worden sind. Der Arzt, der dem künftigen Kind auf diese Weise einen Gesundheitsschaden zufügt, bleibt straflos.

Die Rechtslage verändert sich grundlegend, wenn die Einwirkung der schädigenden Handlung des Arztes erst einige Minuten später, nämlich nach dem Beginn der Eröffnungswehen oder der Eröffnung des Uterus, auf ein Wesen mit Menschqualität stattfindet und es mit einer Gesundheitsschädigung geboren wird oder diese Schädigung nach dem Ende der Geburt aufweist (Körperverletzungserfolg). In diesem Fall erfüllt der Arzt den objektiven Tatbestand der Körperverletzung gemäß § 223 StGB bzw. der schweren Körperverletzung nach § 226 StGB (in Abhängigkeit von der Schwere des Taterfolgs), wenn er mit Vorsatz gehandelt hat. Falls er fahrlässig die Gesundheitsschädigung verursacht hat, weil er die gebotene berufliche Sorgfalt außer Acht gelassen hat, ist er wegen fahrlässiger Körperverletzung gemäß § 229 StGB strafbar, solange ihm auch der Körperverletzungserfolg objektiv zurechenbar ist.

Für den Fall einer Schädigung der Leibesfrucht durch Unterlassen des Arztes, der Garant ist, gilt grundsätzlich, was weiter oben im Bereich der Tötung dargestellt worden ist. Wenn der Arzt eine Behandlung unterlässt, die notwendig ist, um eine Schädigung der Leibesfrucht abzuwenden, und die schädigende Einwirkung die Leibesfrucht vor der Erlangung der Menschqualität mit dem Geburtsbeginn trifft und dadurch der Schädigungserfolg eintritt, erfüllt der Arzt keinen Tatbestand eines Unterlassungsdeliktes, selbst wenn der tatbestandliche Erfolg ihm objektiv zurechenbar ist bzw. er mit Verletzungsvorsatz die Behandlung unterlässt. Wie schon erwähnt, erfüllt die Körperverletzung einer Leibesfrucht keinen Straftatbestand, daher kann sie auch dann nicht bestraft werden, wenn sie durch Unterlassung begangen worden ist. Der Arzt, der vorsätzlich eine Körperverletzung der Leibesfrucht durch Unterlassen einer gebotenen Behandlung verursacht, bleibt also straflos. Gleiches gilt natürlich auch im Fall eines fahrlässigen Unterlassens der erforderlichen Handlung, denn auch die fahrlässige Körperverletzung einer Leibesfrucht ist straflos.

Im Gegensatz dazu ist die Unterlassung des Arztes anders zu beurteilen, wenn die schädliche Einwirkung das bereits als Mensch geltende Wesen nach dem Beginn der Geburt trifft. Wenn er vorsätzlich die gebotene Maßnahme unterlässt und deswegen der Schädigungserfolg eintritt, der ihm objektiv zurechenbar ist, muss er wegen (schwerer) Körperverletzung durch Unterlassen gemäß § 223 (bzw. § 226 StGB) i.V.m. § 13 StGB bestraft werden. Ähnlich macht er sich strafbar wegen fahrlässiger Körperverletzung durch Unterlassung nach § 229 i.V.m. § 13 StGB, falls er die erforderliche Maßnahme aus Fahrlässigkeit unterlassen hat, etwa weil er sein Tätigwerden als nicht notwendig für die Abwendung der Schädigung gehalten oder er die Gefahr für das Kind gar nicht erkannt hat.

b) Die Strafbarkeit der Schwangeren

Die körperliche Abhängigkeit der Leibesfrucht von der Schwangeren schafft eine besondere Gefahrenlage für die normale Entwicklung der Ersten, die durch gefährliche Verhaltensweisen der Frau während der Schwangerschaft bedingt ist. Die Lebensweise der schwangeren Frau kann auf die Leibesfrucht auf solche Weise einwirken, dass ihr Leben oder ihre Gesundheit schon im Uterus oder postnatal beeinträchtigt werden. Wie bereits oben (unter II, 2, b) gezeigt wurde, kann die Schwangere durch ihre Aktivitäten und Gewohnheiten (z.B. Extremsportarten, Motorradfahren, Drogenkonsum u.Ä.), ihre Ernährung oder ihre mangelnde ärztliche Betreuung die Leibesfrucht bereits in der Gebärmutter oder nach der Geburt töten bzw. körperlich schädigen.

Wenn die Schwangere durch ein aktives Tun (z.B. Medikamenteneinnahme) oder durch Unterlassung (z.B. Unterlassen der Herbeiziehung ärztlicher Hilfe bei einer Gefahrenlage) die Leibesfrucht mit Vorsatz (mindestens Dolus eventualis) tötet, kann sie sich entweder wegen Schwangerschaftsabbruchs oder wegen Totschlags strafbar machen. Sie wird wegen Schwangerschaftsabbruchs gemäß § 218 StGB oder wegen Schwangerschaftsabbruchs durch Unterlassen nach § 218 i.V.m. § 13 StGB (Garantin) bestraft, wenn die Einwirkung ihres Verhaltens vor dem Einsatz der Eröffnungswehen oder der Eröffnung des Uterus stattfindet. Sie bleibt allerdings straflos, wenn die Voraussetzungen des § 218a StGB vorliegen oder wenn der Todeserfolg nicht eintritt, da gemäß § 218 Abs. 4 StGB die Schwangere nicht wegen Versuchs bestraft wird. Wenn jedoch das schädliche Verhalten der Schwangeren nach dem Beginn der Geburt einwirkt, trifft es ein menschliches Wesen, das taugliches Objekt eines Tötungsdeliktes sein kann. In diesem Fall wird sie wegen Totschlags nach § 212 StGB oder Totschlags durch Unterlassen gemäß § 212 i.V.m. § 13 StGB bestraft, da der Tatbestand der Kindestötung ohne Ersatz aufgehoben worden ist. Die Möglichkeit des Vorliegens eines Mordmerkmals, obwohl schwer vorstellbar, ist nicht ausgeschlossen; die Schwangere könnte z.B. den Tod ihres Kindes bezwecken, um sich – wie eine moderne Medea – am untreuen Vater des Kindes zu rächen (niedriger Beweggrund). In diesem Fall muss sie wegen Mordes nach § 211 StGB bestraft werden, solange die Einwirkung der Handlung das Kind nach dem Beginn der Geburt trifft.

Auf diese Weise sind auch die vorsätzlich verursachten Schäden an der Leibesfrucht zu beurteilen. Falls die Schwangere eine körperliche Schädigung an der Leibesfrucht vorsätzlich herbeiführt, ist ihr Verhalten nach den Körperverletzungstatbeständen der §§ 223ff. StGB (ggf. i.V.m. § 13 StGB im Fall einer Unterlassung) nur dann zu bestrafen, wenn die schädliche Einwirkung nach dem Geburtsbeginn das Kind trifft. Im Gegensatz dazu ist die vorsätzliche Verletzung völlig straflos, wenn die Einwirkung schon vor dem Beginn der Geburt die Leibesfrucht betroffen hat, denn die Verletzung einer Leibesfrucht erfüllt selbst dann keinen strafrechtlichen Tatbestand, wenn die Folgen auch postnatal fortwirken oder sich erst dann zeigen.

Die vorangegangene Untersuchung hat außerdem gezeigt, dass der Gesetzgeber die Schwangere nicht unter staatliche Kontrolle stellen möchte. Er hat bewusst alle Verhaltensweisen der Schwangeren außerhalb des strafrechtlichen Bereichs gelassen, die den Tod oder eine Gesundheitsverletzung der Leibesfrucht aus Fahrlässigkeit zur Folge haben. Wenn die Schwangere durch ihre Lebensweise (z.B. Reiten, Rauchen, Motorradfahren u.Ä.) fahrlässig eine schädliche Einwirkung auf die Leibesfrucht vor dem Beginn der Geburt auslöst und dadurch ein totes oder gesundheitlich geschädigtes Kind zur Welt kommt bzw. nach der Geburt stirbt oder erkrankt, ist sie absolut straffrei, weil ihr Verhalten keinen Tatbestand erfüllt. Die Schwangere kann nur dann wegen fahrlässiger Tötung (§ 222 StGB) oder fahrlässiger Körperverletzung (§ 229 StGB) bestraft werden, wenn sie sich so verhält, dass die schädigende Einwirkung erst nach der Erlangung der Menschqualität, d.h. nach dem Beginn der Geburt, das Kind trifft und dessen Tod bzw. Gesundheitsverletzung hervorruft.

c) Die Strafbarkeit von Dritten

Die Entwicklung einer Schwangerschaft kann schließlich auch durch dritte Personen beeinträchtigt werden. Diese Personen können entweder aus der Umgebung der Schwangeren stammen oder völlig fremd sein. So kann z.B. der Vater des Kindes oder ein Unbekannter die Schwangere auf eine Weise verletzen, dass die Leibesfrucht bereits im Mutterleib oder postnatal stirbt bzw. geschädigt wird. Wenn der Täter vorsätzlich gehandelt hat, ist er wegen Schwangerschaftsabbruchs gemäß § 218 StGB strafbar, falls die Einwirkung auf die Leibesfrucht vor dem Beginn der Geburt stattgefunden hat und ihr Tod eingetreten ist; falls die Einwirkung nach dem Beginn der Geburt das Kind betroffen hat, ist der Todeseintritt nach den Tötungsdelikten der §§ 211ff. StGB zu beurteilen. Ähnlich werden die Körperverletzungstatbestände der §§ 223ff. StGB angewendet, wenn der Täter vorsätzlich die Verletzung des Kindes durch eine erst nach dem Geburtseinsatz einwirkende Handlung verursacht hat. Außerdem kann er sich wegen Körperverletzung der Schwangeren strafbar machen, falls er auch sie verletzt hat. Im Gegensatz dazu bleibt der Täter straflos, wenn die Einwirkung die Leibesfrucht vor dem Einsatz der Geburt trifft, selbst wenn er vorsätzlich gehandelt hat bzw. die Folgen sich postnatal fortsetzen, da der Gesetzgeber die Körperverletzung der Leibesfrucht straffrei gelassen hat.

Im nicht seltenen Fall, dass ein Dritter (z.B. ein Autofahrer) die Schwangere fahrlässig so verletzt, dass auf eine Leibesfrucht ohne Menschqualität eingewirkt wird und sie tot oder geschädigt zur Welt kommt, ist nur eine Strafbarkeit wegen Körperverletzung der Schwangeren möglich, da weder die fahrlässige Tötung noch die fahrlässige Körperverletzung der Leibesfrucht bestraft werden. Nur im Fall einer Schädigung der Leibesfrucht durch ein bedenkliches Arzneimittel i.S. der §§ 2 und 5 AMG ist eine Bestrafung des verantwortlichen, inverkehrbringenden Dritten nach den Tatbeständen des AMG (§ 5 i.V.m. § 95 AMG) möglich. Erst wenn die Einwirkung der Täterhandlung das Kind nach dem Geburtsbeginn trifft, kommen die Tatbestände der fahrlässigen Tötung (§ 222 StGB) bzw. fahrlässigen Körperverletzung (§ 229 StGB) in Betracht.

4. Schlussfolgerung zum strafrechtlichen Schutz der Leibesfrucht vor pränatalen Einwirkungen de lege lata

Aus der Erörterung der Straftatbestände, die möglicherweise die Leibesfrucht strafrechtlich vor schädlichen pränatalen Einwirkungen schützen könnten, lässt sich die Schlussfolgerung ziehen, dass der strafrechtliche Schutz der Leibesfrucht in Deutschland sehr gering ist. Ein sehr weiter Bereich von schädlichen Verhaltensweisen, die erhebliche Folgen für das Leben des zukünftigen Menschen haben können, wurde vom Gesetzgeber bewusst straffrei gelassen. Die Strafbefreiung umfasst nicht nur den gesamten Bereich fahrlässig verursachter Todes- oder Körperverletzungsfolgen, sondern auch die vorsätzliche körperliche Schädigung der Leibesfrucht.

Diese Entscheidung des Gesetzgebers mag von Vielen als angemessen und gerechtfertigt beurteilt werden. Jedoch kann die Tatsache, dass diese fast absolute Straffreiheit in Fällen wie der „Contergan-Katastrophe" sowohl die Rechtsprechung als auch die Lehre irritiert und zu der Forderung nach einem Eingreifen des Gesetzgebers geführt hat[444], als Zeichen dafür dienen, dass die Rechtslage nicht absolut befriedigend ist. Der Beantwortung der Frage, ob eine gesetzgeberische Intervention de lege ferenda geboten wäre, kann möglicherweise die rechtsvergleichende Untersuchung der entsprechenden Regelungen einer verwandten Rechtsordnung dienen. Zu diesem Zweck wird im Folgenden der rechtliche Status der Leibesfrucht in der griechischen Rechtsordnung untersucht.

444 BGHSt 31, 348, 353; OLG Karlsruhe, NStZ 1985, 314f.; Gropp, GA 2000, 1, 7ff.; Günther, in: Keller/Günther, Fortpflanzungsmedizin, 137, 171f.; Hirsch, JR 1985, 336, 340; Kaufmann, JZ 1971, 569, 571f.; Lüttger, FS Heinitz, S. 369ff.; Tepperwien, Pränatale Einwirkungen als Tötung oder Körperverletzung, S. 97ff.

4. Teil: Die Stellung der Leibesfrucht in der griechischen Rechtsordnung

Eine rechtsvergleichende Untersuchung des rechtlichen Status der Leibesfrucht nach deutschem und griechischem Recht ist aus vielerlei Sicht möglich und sinnvoll. Denn die beiden Rechtsordnungen erfüllen die Kriterien, die in der Lehre der Rechtsvergleichung als maßgebend für die Beurteilung von verschiedenen Rechtsordnungen als vergleichbar angenommen werden. Früher wurden mehrere Kriterien der Vergleichbarkeit vorgeschlagen, z.B. dass die Rechtsordnungen in ähnlicher Weise konstruiert sind, oder dass sie Staaten mit ähnlichen gesellschaftlichen Grundlagen bzw. Völker mit ähnlichen Kulturen betreffen.[445] Heute wird die funktionelle Gleichheit der Rechtsordnungen als entscheidendes Kriterium vorgezogen, nämlich ob sie gleiche Probleme und gleiche Lebenssituationen regeln.[446]

Die griechische Rechtsordnung gehört zu den westlichen Rechten und wird zwischen dem romanischen und dem germanischen Rechtskreis positioniert; sie ist unter erheblichem Einfluss sowohl des französischen als auch des deutschen Rechtssystems entwickelt worden und ist nach h.M. zwischen den beiden Untergruppen einzuordnen.[447] Das deutsche Recht hat einen besonderen Einfluss auf das griechische Strafrecht gehabt, da die Grundlagen des heute geltenden grStGB in der Zeit der Regentschaft des minderjährigen Königs Otto (1833-1835) vom bayerischen Juristen Georg Ludwig von Maurer gelegt worden sind.[448] Die grundsätzliche Ähnlichkeit der griechischen und der deutschen Rechtsordnung bzw. die Regelung von gleichen Rechtsproblemen in verwandten, kontinentaleuropäischen Gesellschaften macht eine Vergleichung der Rechtslage betreffs des Status der Leibesfrucht möglich und sinnvoll.

445 Mehr in: Constantinesco, Die rechtsvergleichende Methode, S. 106ff.
446 Deligianni-Dimitrakou, Einführung in die Rechtsvergleichung, S. 31.
447 Deligianni-Dimitrakou, Einführung in die Rechtsvergleichung, S. 77f.
448 Pantazopoulos, von Maurer, S. 285.

I. Der rechtliche Status der Leibesfrucht nach der griechischen Verfassung

1. Das Recht auf Leben (Art. 5 Abs. 2 grVerf.)

Die griechische Verfassung von 1975 bestimmt in ihrer 1986 und 2001 revidierten Fassung in Art. 5 Abs. 2, dass „alle, die sich im griechischen Hoheitsgebiet befinden, den absoluten Schutz ihres Lebens, ihrer Ehre und ihrer Freiheit ohne Diskriminierung wegen ihrer Nationalität, Rasse, Sprache bzw. ihrer religiösen oder politischen Anschauungen genießen. Ausnahmen sind nur dann erlaubt, wenn es vom Völkerrecht vorgesehen ist.“ Das Recht auf Leben wurde außerdem auch in den früheren griechischen Verfassungen von 1925 (Art. 6), 1927 (Art. 7) und 1952 (Art. 13) gewährleistet.

Das Recht auf Leben ist nach h.M. in der Lehre vor allem ein subjektives Abwehrrecht gegen staatliche Einwirkungen, die das Leben bedrohen. Daher gehört es zum status negativus der Person.[449] Außerdem wird angenommen, dass Art. 5 Abs. 2 grVerf. auch ein objektives Recht umschließe; er enthält nämlich die staatliche Verpflichtung, das menschliche Leben durch alle zur Verfügung stehenden Mittel bzw. Organe, sogar durch Strafandrohung, und zwar auch vor Eingriffen Dritter, zu schützen.[450] Fraglich bleibt, ob das Recht aus Art. 5 Abs. 2 grVerf. auch einen sozialen Anspruch gegen den Staat beinhaltet, d.h. den Anspruch auf eine Mindestleistung an Ernährung und ärztliche Pflege bzw. das Recht auf finanzielles Überleben; die Antwort sollte eher negativ ausfallen, da solche Ansprüche und entsprechende staatliche Pflichten Gegenstand der Schutzvorschrift des Art. 21 grVerf.[451] sind.[452]

Trägerinnen des Rechts auf Leben sind alle natürlichen Personen; die juristischen Personen sind von diesem Recht nicht geschützt, da die Verfassung den Begriff „Leben“ in seinem natur-biologischen Sinn verwendet.[453] Alle natürlichen Personen genießen den Schutz aus Art. 5 Abs. 2 grVerf. ohne Rücksicht auf ihre Nationalität, Rasse, Sprache sowie politischen oder religiösen Anschau-

449 Dagtoglou, Grundrechte, S. 238; Dimitropoulos, Grundrechte BT, S. 385; Karakostas, Die Verfassung, S. 152.

450 Dimitropoulos, Grundrechte BT, S. 385f.; Karakostas, Die Verfassung, S. 152, 154.

451 Art. 21 Abs. 3 grVerf.: „Der Staat sorgt für die Gesundheit der Bürger und ergreift besondere Maßnahmen für den Schutz der Jugendlichen, der Älteren, der Behinderten bzw. für die Fürsorge der Bedürftigen.“

452 Dagtoglou, Grundrechte, S. 238.

453 Dagtoglou, Grundrechte, S. 233.

ungen. Der Schutz des Lebens ist ausdrücklich als absolut festgesetzt. Das bedeutet, dass die griechische Verfassung jede Ansicht missbilligt, nach der es Leben gebe, das wegen seines körperlichen oder geistigen Zustands „lebensunwert“ sei. Die griechische Verfassung gewährleistet das Recht auf Leben für jeden Menschen, und zwar unabhängig von seinem Alter, Aussehen oder Gesundheitszustand.[454]

Fraglich ist, ob das in Art. 5 Abs. 2 grVerf. festgesetzte Recht auf Leben auch die Leibesfrucht schützt. Die grammatische Auslegung der Vorschrift, nach der „alle, die sich im griechischen Hoheitsgebiet befinden, den absoluten Schutz ihres Lebens [...] genießen“, spricht eher dafür, dass der Gesetzgeber geborene, vollständige Personen als Träger des Grundrechts des Lebens betrachtet. Die Leibesfrucht ist dagegen keine geborene, vollständige Person; es wird daher vereinzelt angenommen, dass die Leibesfrucht keine Trägerin des Rechts auf Leben sein könne.[455]

Die h.M. in der Lehre[456] vertritt trotzdem eine andere Auffassung. Ihr zufolge schützt Art. 5 Abs. 2 grVerf. nach grammatischer Auslegung jedes menschliche Wesen („alle [...]“); aber auch das ungeborene Leben soll nach dieser Auffassung ein menschliches Wesen sein, und zwar jedenfalls nach der Nidation. Diese Meinung soll eine Stütze auch im grStGB finden, das die Vorschriften über den Schwangerschaftsabbruch (Art. 304 grStGB) im Kapitel „Delikte gegen das Leben“ enthält. Da das griechische Strafrecht die Leibesfrucht als „Leben“ betrachte bzw. schütze, wäre es widersprüchlich anzunehmen, dass die Verfassung ihr absolut keinen Lebensschutz gewähre und folglich das menschliche Leben in einem engeren Sinne als das grStGB auslege. Außerdem sei Art. 5 Abs. 2 grVerf. eine objektivrechtliche Vorschrift, die das menschliche Leben auch dann objektiv schütze, wenn es an Grundrechtsträgerschaft bzw. an einem konkreten Subjekt des Lebensrechts noch fehle.[457] Die Tatsache, dass das grBGB in Art. 35 festlegt, dass „die Existenz der Person beginnt, sobald sie lebend geboren wird“, könnte auf keinen Fall gegen den Schutz der Leibesfrucht durch Art. 5 Abs. 2 grVerf. sprechen, da diese Vorschrift keine objektive Schutznorm betreffs des menschlichen Lebens darstelle, sondern sich mit der Festlegung von Rechten und Pflichten der Person aus Gründen der technischen Organisierung der Rechtsordnung beschäftige. Die Rechtsfähigkeit dürfe kein Kriterium für die Annahme der verfassungsrechtlichen Fähigkeit eines mensch-

---

454 Dagtoglou, Grundrechte, S. 236f.; Dimitropoulos, Grundrechte BT, S. 387.

455 Chryssogonos, Grundrechte, S. 223f.

456 Dagtoglou, Grundrechte, S. 234; Dimitropoulos, Grundrechte BT, S. 397f.; Karakostas, Die Verfassung, S. 154; Raikos, Grundrechte, S. 487.

457 Karakostas, Die Verfassung, S. 154.

lichen Wesens, Träger von Grundrechten zu sein, darstellen.[458] Im Zweifelsfall sei eine weite Auslegung des Art. 5 Abs. 2 grVerf. notwendig, um die Leibesfrucht in den Schutzbereich des Artikels einzubeziehen, denn es gelte das Prinzip der weiten Auslegung der Grundrechte.[459] Jedoch nehmen auch die Vertreter dieser Meinung an, dass die Verfassung zum einen keine Abwägung zwischen dem Leben der Leibesfrucht und dem Leben bzw. der Gesundheit der Schwangeren und zum anderen keine gesetzliche Festlegung des Beginns der Persönlichkeit verbiete.[460]

Die herrschende Lehre geht zu Recht davon aus, dass auch die Leibesfrucht zu den Trägern des Grundrechts auf Leben gehört, da sie auch ein menschliches Wesen darstellt, das identisch mit dem sich aus ihm entwickelnden Neugeborenen ist. Es wäre absurd anzunehmen, dass das verfassungsrechtlich geschützte Lebensrecht des Menschen erst nach seiner Geburt beginnt, er im vorgeburtlichen Stadium also beliebig vernichtbar wäre. Die Annahme dieser These durch den Gesetzgeber wird auch dadurch bestätigt, dass er den Schwangerschaftsabbruch grundsätzlich verbietet; die Rechtfertigungsgründe des Art. 304 Abs. 4 grStGB, gemäß denen das Unrecht eines Schwangerschaftsabbruchs u.U. ausgeschlossen ist, bedeuten nicht, dass die Leibesfrucht keine Trägerin des Grundrechts auf Leben ist, sondern nur, dass sich ihr Recht vor den Rechten der Schwangeren zurückziehen muss. Der Gesetzgeber hat deutlich gemacht, dass die Leibesfrucht zu den Trägern des Lebensrechts gehört, indem er ihr Lebensrecht sogar durch Androhung von Strafe mittels nebenstrafrechtlicher Gesetze vor potentiellen Angreifern schützt. In diesem Sinne wird z.B. in Art. 28 Abs. 3 S. 3 des G. 1650/1986 (*Umweltschutzgesetz*) bestimmt, dass derjenige, der eine Umweltverschmutzung verursacht oder die Umwelt verschlechtert, mit Gefängnisstrafe von mindestens zwei Jahren und mit Geldstrafe bestraft wird, wenn die Folgen seines Verhaltens den Tod oder die Körperverletzung einer Leibesfrucht verursacht haben. Aus dem Vorgenannten lässt sich also schlussfolgern, dass der Gesetzgeber auch der Leibesfrucht den verfassungsrechtlichen Lebensschutz gewährt, auch wenn in bestimmten Konfliktlagen dieser Schutz mit den höher eingeschätzten Rechten der Schwangeren abgewogen werden darf.

---

458 Karakostas, Die Verfassung, S. 155; Raikos, Grundrechte, S. 487f.

459 Raikos, Grundrechte, S. 487.

460 Dagtoglou, Grundrechte, S. 236; Karakostas, Die Verfassung, S. 155.

2. Das Recht auf Gesundheitsschutz (Art. 5 Abs. 5, 7 Abs. 2 und 21 Abs. 3 grVerf.)

Die griechische Verfassung beinhaltet eine Reihe von die menschliche Gesundheit schützenden Vorschriften. Insbesondere dienen Art. 5 Abs. 5, 7 Abs. 2 und 21 Abs. 3 grVerf. dazu, da alle drei Vorschriften besondere Aspekte desselben Rechtsguts gewährleisten. Wie Art. 5 Abs. 5 grVerf. sagt, „hat jeder das Recht auf Schutz seiner Gesundheit und genetischen Identität. Der Schutz jeder Person vor biomedizinischen Eingriffen wird durch Gesetz geregelt.“ Ferner werden gemäß Art. 7 Abs. 2 grVerf. „die Folter, jede körperliche bzw. Gesundheitsverletzung oder Anwendung psychischer Gewalt, sowie jede andere Form von Verletzung der Menschenwürde verboten und bestraft, wie es vom Gesetz vorgesehen wird.“ Schließlich legt Art. 21 Abs. 3 grVerf. fest, dass „der Staat für die Gesundheit der Bürger sorgt und besondere Maßnahmen für den Schutz der Jugendlichen, der Älteren, der Behinderten bzw. für die Fürsorge der Bedürftigen ergreift.“ Die Tatsache, dass die griechische Verfassung das Rechtsgut der Gesundheit und körperlichen bzw. psychischen Unversehrtheit in drei verschiedenen Artikeln schützt, mag vielleicht zum Schluss führen, dass der Gesetzgeber Überflüssiges geregelt habe. Die drei Vorschriften ergänzen sich jedoch gegenseitig, indem sie in ihrem normativen Inhalt differieren. Die Gewährleistung des Rechts in Art. 7 Abs. 2 grVerf. ist grundsätzlich von abwehrrechtlicher Natur, während Art. 5 Abs. 5 grVerf. sowohl ein Abwehrrecht als auch und vor allem ein Schutzrecht gewährt; die Vorschrift des Art. 21 Abs. 3 stellt die Gewährleistung eines Leistungsrechts dar. In allen drei Vorschriften stellt der Gesetzgeber eine objektivrechtliche Schutzregel auf und gewährleistet damit die menschliche Gesundheit nicht nur subjektiv als Grundrecht, sondern auch objektiv als Rechtsgut der Verfassung.[461]

Als „Gesundheit“ soll in Art. 5 Abs. 5 grVerf. der körperliche Zustand zu verstehen sein, bei dem kein Umstand vorliegt, der als Krankheit in der Medizin beschrieben wird; der Begriff „Gesundheit“ wird also negativ ausgelegt, nämlich als die Abwesenheit von Krankheit, und nicht positiv i.S. eines Zustands von absolutem körperlichem, psychischem bzw. sozialem Wohlbefinden.[462] Unter dem Begriff „genetische Identität“ ist die genetische Wesensart eines Menschen, d.h. seine erbbiologischen Eigenschaften, gemeint. Dieses Recht ist zwar von abwehrrechtlicher Natur, indem es jeden vor allen gesundheitsschädlichen Eingriffen des Staates schützt. Trotzdem hat es vor allem eine zusätzliche Schutz-

461 Dimitropoulos, Grundrechte BT, S. 409.

462 Chryssogonos, Grundrechte, S. 226, 549.

funktion, indem es den Staat verpflichtet, die Gesundheit jedes Einzelnen auch vor Einwirkungen Dritter bzw. vor medizinischen Eingriffen ohne Einwilligung zu bewahren. Dagegen beinhaltet Art. 5 Abs. 5 grVerf. – genau wie Art. 5 Abs. 2 – keinen sozialen Anspruch auf ein Mindestmaß an medizinischer Pflege, da dieser Anspruch aus der Vorschrift des Art. 21 Abs. 3 grVerf. hervorgeht.[463] Art. 5 Abs. 5 grVerf. dient also dem Schutz des Menschen vor gesundheitsschädlichen bzw. ungewollten oder die genetische Identität gefährdenden staatlichen Eingriffen bzw. verpflichtet den Staat, die Gesundheit und genetische Identität des Menschen auch vor Beeinträchtigungen vonseiten Dritter zu schützen.

Der Schutz der Gesundheit in Art. 7 Abs. 2 grVerf. gilt erga omnes und verbietet alle Angriffe gegen die Gesundheit vonseiten des Staates oder Dritter. Zur abwehrrechtlichen Natur des Art. 7 Abs. 2 grVerf. gehört der Anspruch auf körperliche und psychische Unversehrtheit.[464] In diesem Sinne verbietet Art. 7 Abs. 2 alle Schädigungen der körperlichen bzw. psychischen Gesundheit, die unmittelbar oder mittelbar durch menschliches Verhalten verursacht werden, und zwar ohne Rücksicht auf ihren Zweck oder die besondere Weise, auf die sie durchgeführt worden sind. Insbesondere verboten sind Folter, körperliche Schädigungen, Gesundheitsverletzungen oder Anwendungen von psychischer Gewalt; diese Auflistung ist keinesfalls abschließend, vielmehr bedarf der Begriff „Schädigung“ einer weiten Auslegung.[465] Außerdem ist vom Gesetzgeber allgemein vorgesehen, dass alle Verhaltensweisen, die die Menschenwürde verletzen, ebenso durch Art. 7 Abs. 2 grVerf. verboten sind, was auch in Art. 2 Abs. 1 grVerf. (Menschenwertschutz), der gemäß Art. 110 Abs. 1 grVerf. einer Verfassungsänderung entzogen ist, sichergestellt wird.[466]

Die Gewährleistungen der Art. 5 Abs. 5 und 7 Abs. 2 grVerf., die ein Abwehr- bzw. Schutzrecht des Menschen auf Gesundheitsschutz festschreiben, werden durch Art. 21 Abs. 3 ergänzt, der ein Recht auf Gesundheit vorsieht, das zum Status positivus des Menschen gehört.[467] Der Gesetzgeber anerkennt, dass die Gesundheit des Menschen nicht nur durch Angriffe vonseiten des Staates oder Dritter, sondern auch durch zufällige Faktoren wie beispielsweise Krankheiten bzw. Unfälle oder durch das Alter gefährdet wird. Zum Schutz des Menschen vor solchen gesundheitsgefährdenden Faktoren ist das Leistungsrecht des Art. 21 Abs. 3 grVerf. eingerichtet, da die Gesundheit zum Minimum der Vor-

---

463 Chryssogonos, Grundrechte, S. 226f.

464 Dagtoglou, Grundrechte, S. 248; Dimitropoulos, Grundrechte BT, S. 413.

465 Dagtoglou, Grundrechte, S. 249.

466 Dagtoglou, Grundrechte, S. 249; Dimitropoulos, Grundrechte BT, S. 413; Kriari-Katrani, Gentechnologie und Grundrechte, S. 47.

467 Dimitropoulos, Grundrechte BT, S. 414; Kremalis, Das Recht auf Gesundheitsschutz, S. 48ff.

aussetzungen gehört, die notwendig für das Leben und den Genuss aller anderen Rechte sind und in einem Rechtsstaat von allen Bürgern angesprochen werden dürfen. In diesem Sinne legt Art. 21 Abs. 3 grVerf. die Pflicht des Staates fest, für die Gesundheit des Menschen dadurch zu sorgen, dass er die elementaren Mittel der medizinischen Versorgung zur Verfügung stellt. Es ist jedoch eine Sache von politischer Entscheidung, wie diese Pflicht erfüllt wird, da Art. 21 Abs. 3 grVerf. nach h.M. in der Literatur kein Recht auf unentgeltliche Versorgung gewährt, sondern eine allgemeine Pflicht des Staates begründet, für die Gesundheit der Bürger zu sorgen, die durch die Staatsorgane näher ausgefüllt werden müsse.[468]

Trägerinnen der Rechte aus Art. 5 Abs. 5, 7 Abs. 2 grVerf. sind alle natürlichen Personen ohne Rücksicht auf Nationalität oder andere Eigenschaften, während Träger des Rechts aus Art. 21 Abs. 3 grVerf. nur Bürger des griechischen Staates sind.[469] Es wird auch hier allerdings nicht ausdrücklich geklärt, ob auch die Leibesfrucht Trägerin des Rechts auf Gesundheitsschutz ist. Die grammatische Auslegung des ersten Satzes des Art. 5 Abs. 5 („Jeder hat das Recht […]") spricht dafür, dass jedes menschliche Wesen, daher auch das ungeborene menschliche Leben, Träger des Rechts auf Gesundheitsschutz sei. Die Verwendung des Terminus „Person" im zweiten Satz könnte jedoch zu dem Schluss führen, dass nur geborene Menschen, die über eine Persönlichkeit verfügen, durch Art. 5 Abs. 5 grVerf. geschützt werden. Eine solche Vermutung lässt sich aber durch die Tatsache anzweifeln, dass der strafrechtliche Gesetzgeber beschlossen hat, die Gesundheit bzw. körperliche Unversehrtheit der Leibesfrucht durch Art. 304A grStGB (Körperverletzung einer Leibesfrucht oder eines Neugeborenen) zu schützen.[470] Die Aussage des Art. 304A grStGB beweist, dass der Gesetzgeber der Leibesfrucht strafrechtlichen Gesundheitsschutz zukommen lassen will; es wäre daher widersprüchlich anzunehmen, dass sie verfassungsrechtlich absolut schutzlos bleibt. Im Gegensatz dazu ist das vorgeburtliche Leben vom Schutz des Art. 21 Abs. 3 grVerf. nicht gedeckt, denn diese Vorschrift schützt nur Wesen, die die Eigenschaft des „Bürgers" schon besitzen, eine Eigenschaft, die erst ab dem Zeitpunkt der Geburt erlangt wird.[471]

468 Dagtoglou, Verwaltungsrecht AT, S. 249f.; Dimitropoulos, Grundrechte BT, S. 414f.; Leventis, ToS 1976, 121, 146ff.

469 Chryssogonos, Grundrechte, S. 228; Dimitropoulos, Grundrechte BT, S. 410.

470 Art. 304A grStGB (Körperverletzung einer Leibesfrucht oder eines Neugeborenen): „Wer auf die Schwangere rechtswidrig einwirkt, wird gemäß den Vorschriften des Art. 310 StGB bestraft, wenn durch seine Einwirkung eine schwere Schädigung der Leibesfrucht verursacht wird bzw. das Neugeborene eine schwere Leibes- oder Geisteskrankheit aufweist."

471 Dimitropoulos, Grundrechte BT, S. 410.

3. Die Rechte aus Art. 21 Abs. 1 grVerf.

Art. 21 grVerf. legt eine Reihe von Rechten fest, die zum Status positivus der Person gehören und einen Anspruch der Bürger dem Staat gegenüber auf positive Leistungen beinhalten. In Bezug auf den Status der Leibesfrucht im Rahmen der griechischen Verfassung sind insbesondere die Rechte aus Art. 21 Abs. 1 grVerf. zu untersuchen.

Gemäß Art. 21 Abs. 1 grVerf. „stehen die Familie, als Grundlage der Erhaltung und Beförderung der Nation, die Ehe, die Mutterschaft und die Kindheit unter dem Schutz des Staates." Als Familie i.S. dieser Vorschrift ist die Gemeinschaft von Eltern und Kindern zu verstehen, und zwar auch dann, wenn die Letzteren ohne Ehe der Eltern geboren oder adoptiert worden sind, während als Ehe das grundsätzlich permanente Zusammenleben zweier Personen von verschiedenem Geschlecht gilt, das freiwillig begründet worden und von der Rechtsordnung anerkannt ist.[472] Unabhängig von der Existenz oder Nichtexistenz einer Ehe bzw. Familie i.S. des Art. 21 Abs. 1 grVerf. sind die Mutterschaft und die Kindheit selbständig vom Staat geschützt. Unter Kindheit werden die Jahre von der Geburt bis zum 18. Lebensjahr verstanden, nämlich der Zeitraum der Minderjährigkeit.[473]

Die Frage, ob die Leibesfrucht zum Schutzbereich des Art. 21 Abs. 1 grVerf. gehört, lässt sich nicht einfach beantworten. Es kann zwar nicht angenommen werden, dass die Kindheit auch das pränatale Leben umfasst, da als Kind ein bereits geborener Mensch gemeint ist und der Gesetzgeber genau auf den Schutz der Zeit zwischen der Geburt und der Volljährigkeit abgestellt hat.[474] Es ist aber nicht ganz klar, ob das pränatale Leben unter Anrufung des Schutzes der Familie bzw. der Mutterschaft zum Gegenstand des Art. 21 Abs. 1 grVerf. werden könnte. Die Pflicht des Staates zum Schutz der Familie und der Mutterschaft, die sich aus Gründen der demographischen Entwicklungsplanung ergebe, wie Chryssogonos meint[475], erfüllt sich in der Regel durch das Schaffen jener Bedingungen, die für die Erhaltung und Beförderung der Familie bzw. Mutterschaft notwendig und geeignet sind.[476] In diesem Sinne sind solche Regelungen getroffen worden, die die Familie und Mutterschaft schützen, wie etwa die gegenseitige Unterhaltspflicht zwischen Eltern und Kindern (Art. 1485-1504

472 Chryssogonos, Grundrechte, S. 535f.

473 Chryssogonos, Grundrechte, S. 547.

474 Chryssogonos, Grundrechte, S. 547f.

475 Aber auch im Text des Art. 21 Abs. 1 grVerf. wird ausdrücklich erklärt, dass die Familie als „Grundlage der Erhaltung und Beförderung der Nation" geschützt wird.

476 Chryssogonos, Grundrechte, S. 539.

grBGB) oder die vorteilhaften Regelungen des Sozialversicherungsrechts betreffs der Voraussetzungen für den Rentenanspruch von Müttern, die im öffentlichen Dienst arbeiten (Art. 3 des G. 2084/1992). Genau demselben Zweck würde aber auch die Annahme einer Pflicht des Staates dienen, die Familie und Mutterschaft dadurch zu fördern, dass er alle notwendigen (gesetzlichen) Voraussetzungen zum Schutz des pränatalen Lebens schafft, z.B. durch Strafdrohung gegen Einwirkungen, die eine gesunde körperliche Entwicklung der Leibesfrucht gefährden. Ob eine derartige Erfüllung der staatlichen Pflicht zum Schutz der Familie bzw. Mutterschaft auch angemessen wäre, wird weiter unten nach der Behandlung der Rolle des Strafrechts im gesellschaftlichen Leben bzw. des moralischen Status des pränatalen Lebens genauer untersucht.

4. Der Schutz des Menschenwertes bzw. der Menschenwürde (Art. 2 Abs. 1 grVerf. i.V.m. Art. 7 Abs. 2 und 106 Abs. 2 grVerf.)

Der Schutz des Menschenwertes wird schon in Art. 2 Abs. 1 der Verfassung von 1975 normiert, nach dem „die Achtung und der Schutz des Menschenwertes eine Grundverpflichtung des Staates darstellen." Diese Vorschrift ist nicht im zweiten Teil der griechischen Verfassung enthalten, der sich den Grundrechten widmet, sondern im ersten Teil („Grundbestimmungen") und gehört damit zu den die Regierungsform bestimmenden Vorschriften. Ihre Stellung am Beginn der Verfassung belegt ihr besonderes Gewicht bzw. ihre Bedeutung als Grundprinzip der griechischen Verfassungsordnung, was auch dadurch nachgewiesen wird, dass Art. 2 Abs. 1 grVerf. zu der Gruppe der Bestimmungen gehört, die nicht geändert (Art. 110 Abs. 1 grVerf.[477]) bzw. ausgesetzt (Art. 48 Abs. 1 S. 1 grVerf.[478]) werden dürfen.

---

477 Art. 110 Abs. 1 grVerf.: „Die Verfassungsvorschriften können geändert werden, außer denen, die die Regierungsform als Parlamentarische Demokratie bzw. ihre Grundlagen bestimmen, und den Vorschriften der Art. 2 Abs. 1, Art. 4 Abs. 1, 4 und 7, Art. 5 Abs. 1 und 3, Art. 13 Abs. 1 und Art. 26."

478 Art. 48 Abs. 1 S. 1 grVerf.: „Im Fall eines Krieges, einer Einberufung wegen externer Gefahr oder unmittelbarer Bedrohung der nationalen Sicherheit bzw. wenn ein bewaffneter Aufruhr zum Sturz des demokratischen Regimes ausbricht, entscheidet das Parlament nach Vorschlag der Regierung über den Einsatz des Gesetzes über den Belagerungszustand auf das ganze Hoheitsgebiet oder einen Teil davon, gründet Ausnahmegerichte und setzt insgesamt oder teilweise außer Kraft Art. 5 Abs. 4, 6, 8, 9, 11, 12 Abs. 1-4, 14, 19, 22 Abs. 3, 23, 96 Abs. 4 und 97."

Die Verfasser des Art. 2 Abs. 1 grVerf. haben Art. 1 Abs. 1 GG zum Vorbild genommen.[479] Sie haben sich jedoch – anders als das GG bzw. die Art. 7 Abs. 2 und 106 Abs. 2 grVerf. – für einen weiteren Ausdruck als die „Menschenwürde" entschieden, nämlich die Grundpflicht des Staates begründet, den „Wert des Menschen" zu achten und zu schützen. Ähnlich werden beide Ausdrücke in der UN-Charta von 1945 kumulativ verwendet, in der die Völker der Vereinten Nationen ihren Glauben an die Würde und den Wert des Menschen beteuern.[480] Die Begriffe „Wert" und „Würde" haben nicht die gleiche Bedeutung[481] und werden bewusst von der 5. Revisionsnationalversammlung 1975 verschieden verwendet.[482] Der Begriff der Menschenwürde betreffe hauptsächlich den sozialen Aspekt der menschlichen Natur, nämlich den Umgang des Menschen mit anderen Personen.[483] Der Terminus „Wert" sei hingegen umfangreicher, denn er umfasse alle Merkmale des Menschseins, die eine Person von anderen Lebewesen unterscheiden, wie etwa Vernunft oder Bewusstsein und auch die Menschenwürde.[484] Anders formuliert, sei als „Menschenwert" der unantastbare Kern der Persönlichkeit eines Menschen als natürliches Rechtssubjekt zu verstehen, und zwar alle Merkmale, die den Menschen von den anderen, nicht vernunftbegabten Wesen bzw. von den Rechtsobjekten distinguieren.[485] Demgemäß gehören zum Begriff des „Menschenwertes" der Respekt bzw. die Ehre, die jedem Menschen aufgrund seiner Angehörigkeit zu einer Spezies mit Vernunft, Selbstbewusstsein und Fähigkeit zur Selbstbestimmung zustehen.[486] Die herrschende Meinung in der Lehre unterstützt die Auffassung, dass der umfangreichere Begriff des „Wertes des Menschen" geeigneter als der der „Menschenwürde" sei, um dem Menschen einen stärkeren verfassungsrechtlichen Schutz zu gewähren.[487] Es wurde zwar schon bezweifelt, ob die Verfassung rein philosophische oder sogar theologische Begriffe – wie den „Wert" des Men-

479 Dagtoglou, Grundrechte, S. 1321f.

480 Charter of the United Nations, Preamble: „We the Peoples of the United Nations determined […] to reaffirm faith in fundamental human rights, in the dignity and worth of the human person". Deutsche Fassung in: Sartorius II, Internationale Verträge – Europarecht, Nr. 1 S. 1.

481 Anders: Konstantinidis, Strafrecht und Menschenwürde, S. 78; Raikos, Grundrechte, S. 250.

482 Mehr dazu in: Drucksachen der E΄ Revisionsnationalversammlung, Versammlung OE΄, S. 359.

483 Dimitropoulos, NE 22, 5, 7.

484 Pararas, Verfassung, Art. 2 Rn. 14, S. 17f.

485 Dagtoglou, Grundrechte, S. 1325.

486 Karakostas, Die Verfassung, S. 25.

487 Dagtoglou, Grundrechte, S. 1322; Dimitropoulos, NE 22, 5, 7; Karakostas, Die Verfassung, S. 22.

schen – schützen dürfe. Auch wurde behauptet, dass das soziale Element des Begriffs „Menschenwürde“ ein tauglicheres Objekt für den verfassungsrechtlichen Schutz im Vergleich zum philosophischen Inhalt des „Wertes“ darstelle. Diese Überlegungen haben aber im Hinblick auf die Tatsache, dass die griechische Verfassung beide Begriffe in Art. 2 Abs. 1, 7 Abs. 2 und 106 Abs. 2 ergänzend verwendet, keine praktisch relevante Bedeutung.[488]

Es wurde ferner von einem Teil der Lehre bezweifelt, ob Art. 2 Abs. 1 grVerf. eine verbindliche Rechtsnorm darstellt, die auch konkrete subjektive Rechte für den Menschen bzw. Verpflichtungen für den Staat festlegt, oder ob er nur als objektives, den Gesetzgeber leitendes Prinzip gilt.[489] Die h.M.[490] begünstigt aber die Ansicht, dass der Schutz des Menschenwertes sowohl einen objektivrechtlichen als auch einen subjektivrechtlichen Charakter besitze und somit ein verbindliches Recht bzw. die Grundverpflichtung des Staates zum Respekt und Schutz des höchsten Rechtsguts festschreibe. Das bedeutet außerdem, dass Art. 2 Abs. 1 grVerf. die wichtigste Interpretationsregel für die Auslegung der Verfassung bzw. der ganzen Rechtsordnung ist.[491] Wegen ihrer allgemeinen Natur ist allerdings die Vorschrift über den Schutz des Menschenwertes den Artikeln gegenüber, die spezielle Grundrechte bestimmen, nur subsidiär anwendbar.[492]

Art. 2 Abs. 1 grVerf. legt also nicht nur die staatliche Grundverpflichtung zur Achtung des Menschenwertes fest, d.h. die Pflicht des Staates, von jeglichen Verletzungen des Menschenwertes abzusehen, sondern er verpflichtet die staatlichen Organe, alle erforderlichen Maßnahmen zum Schutz des Menschenwertes vor Gefährdungen zu ergreifen, die vom Staat oder von Privaten (i.V.m. Art. 25 Abs. 1 grVerf.[493]) herrühren. Die wichtigste Maßnahme zur Achtung bzw. zum

488 Chouvardas, Der verfassungsrechtliche Schutz der Menschenwürde, S. 49; Dagtoglou, Grundrechte, S. 1322.

489 Manesis, Grundfreiheiten, S. 110f.; Manitakis, Das Subjekt der Grundrechte, S. 127ff., 131f.

490 Chatzisavvas, Recht und Politik 17-18, 235, 245; Dagtoglou, Grundrechte, S. 1323, 1325; Raikos, Grundrechte, S. 258 (de lege ferenda).

491 Dagtoglou, Grundrechte, S. 1323; Karakostas, Die Verfassung, S. 23.

492 Dagtoglou, Grundrechte, S. 1323; Karakostas, Die Verfassung, S. 23.

493 Art. 25 Abs. 1 grVerf.: „Die Grundrechte des Menschen als Person und als Mitglied der Gesellschaft bzw. das Rechtsstaatsprinzip werden durch den Staat garantiert. Alle Staatsorgane sind verpflichtet, ihre ungestörte und erfolgreiche Anwendung zu sichern. Diese Rechte gelten auch für die Beziehungen zwischen Privaten, für die sie passend sind. Schranken von jeder Art, die diesen Rechten der Verfassung auferlegt werden dürfen, müssen entweder unmittelbar von der Verfassung oder vom Gesetz, wenn ein Gesetzesvorbehalt vorliegt, vorgesehen sein und das Verhältnismäßigkeitsprinzip respektieren.“

Schutz des Menschenwertes ist natürlich die Gesetzgebung und insbesondere das Strafrecht, das als ultimum refugium interveniert, um schwere Verletzungen des höchsten Rechtsguts abzuwenden bzw. zu sanktionieren.

Die Gewährleistung des Menschenwertes bedeutet, dass alle Verhaltensweisen des Staates oder Privater verboten sind, die einen Menschen zum bloßen Objekt bzw. Mittel degradieren.[494] Als Verletzung des Menschenwertes gilt ein Verhalten grundsätzlich dann, wenn es zum Benutzen eines Menschen durch den Staat oder einen Dritten verwendet wird, d.h., wenn das Verhalten den Menschen nicht mehr als Persönlichkeit besitzendes Subjekt, sondern als res, als Mittel zur Erreichung eines Ziels bzw. als Tier behandelt, oder ihn demütigt.[495] Die Achtung und der Schutz des Menschenwertes verpflichten den Staat, den Menschen als Rechtssubjekt anzuerkennen, nämlich ihm rechtlich Trägerschaft von Rechten und Pflichten zu gewähren; erfüllt wird diese staatliche Verpflichtung z.B. durch die Regelung des Art. 34 grBGB, gemäß dem „jeder Mensch die Fähigkeit, Träger von Rechten und Pflichten zu sein, besitze“.[496] Es wird generell angenommen, dass das maßgebliche Kriterium die Verletzung eines absoluten Kernes des menschlichen Wertes sein sollte, der auf keinen Fall beeinträchtigt werden dürfe.[497] Die Anerkennung des Menschenwertes als des höchsten Rechtsguts der griechischen Rechtsordnung besage – zumindest betreffs seines unantastbaren Kernes – den Vorrang der Menschenwertgarantie bei der Abwägung mit anderen Grundrechten, wie etwa mit der Forschungsfreiheit (Art. 16 Abs. 1 grVerf.) oder sogar dem Lebensrecht.[498]

Der Gesetzgeber hat jedoch die Gewährleistung des Menschenwertes durch Art. 2 Abs. 1 grVerf. als ungenügend betrachtet und sich deswegen für den zusätzlichen Schutz der Menschenwürde durch die speziellen Vorschriften der Art. 7 Abs. 2 und 106 Abs. 2 grVerf. entschlossen. Wie bereits erwähnt wurde, sind bzw. werden gemäß Art. 7 Abs. 2 grVerf. „die Folter, jede körperliche bzw. Gesundheitsverletzung oder Anwendung psychischer Gewalt, sowie jede andere Form von Verletzung der Menschenwürde verboten und bestraft, wie es vom Gesetz vorgesehen ist.“ Außerdem besagt Art. 106 Abs. 2 grVerf., dass „die private wirtschaftliche Aktivität sich nicht zu Lasten der Freiheit und der Menschenwürde oder der nationalen Wirtschaft entfalten darf.“

In diesen Artikeln wird nunmehr die Menschenwürde anstatt des Menschenwertes erwähnt. Damit dienen diese Vorschriften dem Schutz von speziel-

---

494 Mallios, Das menschliche Genom, S. 90.
495 Karakostas, Die Verfassung, S. 25.
496 Dagtoglou, Grundrechte, S. 1325.
497 Mallios, Das menschliche Genom, S. 94.
498 Mallios, Das menschliche Genom, S. 93.

leren Aspekten des menschlichen Wertes, und zwar der Menschenwürde, wie sie etwa im Bereich des Strafvollzugs oder der Wirtschaft beeinträchtigt werden könnte. Beide Vorschriften verbieten ausdrücklich alle Verhaltensweisen vonseiten des Staates oder Privater, die als Verletzungen der Menschenwürde gelten. Die Auflistung von solchen Verhaltensweisen in Art. 7 Abs. 2 grVerf. bedarf keinesfalls einer restriktiven, sondern einer weiten Auslegung, da die genannten Verhaltensweisen nur beispielhaft aufgeführt sind.[499]

Träger der Rechte aus Art. 2 Abs. 1, 7 Abs. 2 und 106 Abs. 2 grVerf. sind alle Menschen, und zwar alle natürlichen Personen, da die juristischen Personen keinen Menschenwert bzw. keine Menschenwürde aufweisen können und daher keine tauglichen Subjekte für solche Rechte darstellen.[500] Selbstverständlich beschränkt sich der Schutz des Menschenwertes bzw. der Menschenwürde nicht nur auf griechische Bürger, sondern umfasst alle Menschen ohne Rücksicht auf Geschlecht, Nationalität, Rasse, Sprache oder persönliche Anschauungen.[501] Menschen sind alle Wesen, die von Menschen geboren sind, und zwar ist es gleichgültig, wie sie aussehen oder ob sie lebensfähig, ihrer Existenz bewusst oder dieses Schutzes wegen ihrer gesellschaftsschädlichen Lebensweise „wert" sind.[502]

Der Schutz des Menschenwertes bzw. der Menschenwürde endet mit dem Tode des Menschen, obwohl er auch die nach dem Willen des Verstorbenen durchgeführte Bestattung noch deckt.[503] Außerdem schützt der griechische Gesetzgeber ein postmortales Persönlichkeitsrecht sowohl zivil-[504] als auch strafrechtlich.[505] Strittig ist die Frage über den Beginn der Trägerschaft der Rechte auf Menschenwert- bzw. Menschenwürdeschutz, denn die Verfassung beinhaltet keine Bestimmung über den Anfang des menschlichen Lebens oder die Einbeziehung des pränatalen Lebens in den Kreis der Träger des Menschenwertschutzes. Es wird in der Lehre angenommen, dass das menschliche Leben *spätestens* ab dem Zeitpunkt der Vollendung der Geburt beginnt, da in Art. 35 grBGB (der

499 Karakostas, Die Verfassung, S. 25.

500 Dagtoglou, Grundrechte, S. 1327; Raikos, Grundrechte, S. 293.

501 Dagtoglou, Grundrechte, S. 1327; Raikos, Grundrechte, S. 293.

502 Raikos, Grundrechte, S. 294, 298f.

503 Dagtoglou, Grundrechte, S. 1327.

504 Art. 57 Abs. 1 S. 2 grBGB: „Wenn die Verletzung sich gegen die Persönlichkeit einer verstorbenen Person richtet, haben das Recht (auf Beseitigung bzw. Unterlassung der Verletzung) der Ehegatte, die Kinder, die Eltern, die Geschwister und die Vertragserben des Verstorbenen."

505 Art. 365 grStGB: „Wer das Andenken eines Verstorbenen durch üble oder böswillige Beschimpfung bzw. durch Verleumdung gem. Art. 363 StGB verunglimpft, wird mit Freiheitsstrafe bis zu sechs Monaten bestraft."

Beginn und das Ende der Person) festgelegt ist, dass „die Existenz einer Person beginnt, sobald sie lebend geboren wird, und mit ihrem Tod endet.“[506]

Die Frage, ob auch die Leibesfrucht Trägerin der Rechte auf Schutz des Menschenwertes bzw. der Menschenwürde ist, wird von einem Teil der Literatur verneint und zwar mit dem Hauptargument, dass die Leibesfrucht keine ontologische Einheit i.S. eines selbständigen, autonomen Organismus besitze und daher keine Trägerin von Menschenwert sein könne.[507] Erst ab der Geburt gelange die Leibesfrucht in den Zustand einer autonomen ontologischen Einheit, die sie als Trägerin von Menschenwert auszeichne.[508] Darüber hinaus spreche auch die grammatische Auslegung des Begriffs „Mensch“ gegen eine Einbeziehung der Leibesfrucht in den Kreis der Grundrechtsträger, da der alltägliche Gebrauch des Wortes eher geborene, selbständige Menschen meine.[509]

Dagegen beantwortet die h.M. in der Lehre die Frage nach der Einbeziehung der Leibesfrucht in den Kreis der Träger von Menschenwert positiv.[510] Dieser Ansicht nach stellt die Entwicklung des menschlichen Organismus schon ab dem Zeitpunkt der Befruchtung oder spätestens ab der Nidation ein „ununterbrochenes Kontinuum“ dar, so dass eine Unterscheidung zwischen der Leibesfrucht und dem Neugeborenen inkonsequent und daher auch unzulässig wäre; der Kern der menschlichen Persönlichkeit und damit auch die Grundlage des Menschenwertes entstünden schon vor der Geburt, was bedeute, dass auch die Leibesfrucht als Trägerin von Menschenwert anerkannt werden sollte.[511] Außerdem sei der Menschenwert in der griechischen Verfassungsordnung objektiv, ohne Bezug auf den einzelnen Träger als Subjekt geschützt, deswegen sei es letztendlich nicht relevant, ob die Leibesfrucht auch als Trägerin des Rechts auf Menschenwertschutz anerkannt werde.[512] Die h.M. in der Literatur erscheint als konsequenter, da sie keine Diskriminierung der Leibesfrucht kurz vor der Geburt gegenüber dem Neugeborenen erlaubt. Die Entwicklung der Leibesfrucht ab der Nidation bis zur Geburt des Kindes stellt tatsächlich ein „ununterbroche-

506 Raikos, Grundrechte, S. 294.

507 Vidalis, Leben ohne Gesicht, S. 72f.

508 Konstantinidis, Strafrecht und Menschenwürde, S. 55; Vidalis, Leben ohne Gesicht, S. 76f.

509 Vidalis, Leben ohne Gesicht, S. 76f.

510 Besila-Makridi, Die verfassungsrechtliche Problematik des Schwangerschaftsabbruchs, S. 70ff.; Dagtoglou, Grundrechte, S. 1327; Karakostas, Die Verfassung, S. 26; Karasis, Armen. 2004, 1233, 1244f.; Raikos, Grundrechte, S. 295.

511 Besila-Makridi, Die verfassungsrechtliche Problematik des Schwangerschaftsabbruchs, S. 74f.; Karakostas, Die Verfassung, S. 26; Karasis, Armen. 2004, 1233, 1244f.; Raikos, Grundrechte, S. 295.

512 Chryssogonos, Grundrechte, S. 110.

nes Kontinuum“ dar, das keine weiteren, sicheren Zäsuren zulässt; die Leibesfrucht vor der Geburt und das Neugeborene sind miteinander identisch, daher würde eine Differenzierung zwischen ihnen betreffs des Schutzes des Menschenwertes bzw. der Menschenwürde einen unzulässigen Wertungswiderspruch darstellen. Darüber hinaus hat die h.M. in der Lehre zu Recht angenommen, dass die Leibesfrucht in den Schutzbereich des Rechts auf Leben und Gesundheit einbezogen werden sollte, und zwar mit Rücksicht auf strafrechtliche Vorschriften, die dem Lebens- bzw. Gesundheitsschutz der Leibesfrucht dienen (etwa Art. 304 oder Art. 304A grStGB). Auch wäre eine Entscheidung des Gesetzgebers, das Leben bzw. die Gesundheit der Leibesfrucht verfassungs- und strafrechtlich zu schützen, ohne ihr dabei Menschenwert zuzuordnen, kurios. Der Gesetzgeber hat sich für einen mehrfachen rechtlichen Schutz des pränatalen Lebens entschlossen, weil er es als menschliches Wesen mit angeborenem Wert bzw. selbstverständlicher Würde gesehen hat.

5. Fazit zum Status der Leibesfrucht in der griechischen Verfassungsordnung

Die Untersuchung der verfassungsrechtlichen Bestimmungen über den Schutz von Leben, Gesundheit und Menschenwert bzw. -würde hat zur Schlussfolgerung geführt, dass die griechische Verfassung der Leibesfrucht nicht gleichgültig gegenübersteht. Obwohl die Einbeziehung des pränatalen Lebens in den Schutzbereich der oben genannten Grundrechte von einem Teil der Lehre bestritten wird, nimmt die herrschende Lehre zu Recht an, dass auch die Leibesfrucht Trägerin der Rechte auf Leben und Gesundheit ist. Diese Annahme lässt sich dadurch begründen, dass das vorgeburtliche Stadium nur einen Teil der sonst ununterbrochenen Entwicklung eines und desselben Wesens darstellt. Daher wäre die Aufnahme der Geburt als maßgebliche Zäsur für die Differenzierung zwischen Leibesfrucht und Neugeborenem hinsichtlich des verfassungsrechtlichen Schutzes willkürlich und unzulässig.

Aber auch die Existenz von strafrechtlichen und sonstigen Normen, die das pränatale menschliche Wesen vor lebens- bzw. gesundheitsbedrohlichen Beeinträchtigungen schützen, wie z.B. die Vorschriften der Art. 304 und 304A grStGB, verstärkt die Meinung, dass der Gesetzgeber die Leibesfrucht als Trägerin der Grundrechte auf Leben und Gesundheit sieht. Die Tatsache, dass ihre Rechte bei einem Konflikt mit den Rechten der Schwangeren diesen gegenüber u.U. zurücktreten können, kann auf keinen Fall beweisen, dass sie verfassungsrechtlich schutzlos bleibt; auch die Tötung eines geborenen Menschen kann gerechtfertigt werden, wenn sie z.B. in Notwehr geschehen ist, was aber keinesfalls bedeutet, dass dem getöteten Angreifer seine grundsätzliche Trägerschaft des Lebensrechts entzogen wird. Der herrschenden Lehre gemäß bedeutet die Einbeziehung der Leibesfrucht in den Schutzbereich der Grundrechte auf Leben und Gesundheit nicht, dass eine Abwägung zwischen ihren Rechten und den Rechten der Schwangeren unzulässig wäre.

Die h.M. nimmt also an, dass die Leibesfrucht den verfassungsrechtlichen Schutz ihres Lebens bzw. ihrer Gesundheit genießt, und zwar auch dann, wenn man ihr keine eigentliche Grundrechtsträgerschaft zuordnen möchte, denn der verfassungsrechtliche Lebens- und Gesundheitsschutz ist objektiv und entfaltet sich selbst beim Fehlen eines konkreten Subjekts. Im Zweifelsfall sollten diese Grundrechte dem Prinzip der weiten Auslegung der Grundrechte zufolge auch die Leibesfrucht in ihren Schutzbereich einbeziehen.

Ähnliches muss folgerichtig auch für die Menschenwürde bzw. den Menschenwert, die in der griechischen Verfassung ergänzend gewährleistet werden, gelten. Der Menschenwert bzw. die Menschenwürde stellen die Grundprinzipien der griechischen Verfassungsordnung dar, nach denen sich die gesamte Rechtsordnung entwickeln bzw. auslegen lässt, und auf denen die Gewährleistung aller anderen Grundrechte beruht. Die Anerkennung der Trägerschaft von verfassungsgeschütztem Lebens- und Gesundheitsrecht für die Leibesfrucht wäre eher merkwürdig, wenn sie über keinen Menschenwert bzw. keine Menschenwürde verfügte. Vielmehr lässt sich die Einbeziehung der Leibesfrucht in den Schutzbereich der Menschenwürde bzw. des Menschenwertes nach h.M. aus der Tatsache schlussfolgern, dass die Leibesfrucht und das Neugeborene ein und dasselbe Wesen darstellen, dessen ununterbrochene Entwicklung keine maßgeblichen Zäsuren für die Zuordnung von Menschenwert bzw. Menschenwürde erlaubt. Die Grundlagen der Persönlichkeit und daher des Menschenwertes entstehen nach h.M. schon vor der Geburt, was bedeutet, dass auch die Leibesfrucht Trägerin von Menschenwert bzw. Menschenwürde ist. Jedenfalls sollte die Leibesfrucht den objektiven Menschenwertschutz genießen, auch wenn sie nicht von allen Seiten als Menschenwert- bzw. Menschenwürdeträgerin anerkannt wird.

II. Der Schutz der Leibesfrucht im griechischen Zivilrecht

Dem Menschenwertprinzip zufolge hat das griechische Zivilrecht in Art. 34 grBGB die Fähigkeit „jedes Menschen" festgeschrieben, „Träger von Rechten und Pflichten zu sein." Ferner bestimmt Art. 35 grBGB, dass „die Existenz einer Person beginnt, sobald sie lebend geboren wird, und mit ihrem Tod endet." Anders als im Verfassungsrecht bestimmt das Zivilrecht explizit den Anfang und das Ende der menschlichen Rechtsfähigkeit. Insbesondere was ihren Anfang betrifft, fällt sie mit der Geburt zusammen und zwar mit deren Vollendung[513]. Ein Kind wird erst dann zum Träger von Rechten und Pflichten, wenn seine Geburt vollendet bzw. es lebend zur Welt gekommen ist, selbst wenn es einen Augenblick später gestorben ist. Die erste notwendige Voraussetzung für den Anfang des Lebens im Zivilrecht und damit für den Anfang der zivilrechtlichen Rechtsfähigkeit ist also die *Vollendung* der Geburt. Darunter ist die Trennung des Neugeborenen vom Mutterleib entweder durch den natürlichen Geburtsverlauf oder durch operative Entbindung zu verstehen; es ist nicht notwendig, dass die Nabelschnur bereits durchschnitten worden ist, sondern es genügt, dass das Neugeborene vom Mutterleib getrennt worden ist und als selbständiger Organismus existiert hat, wenn auch nur einen Moment lang.[514] Damit gelingt man zur zweiten notwendigen Voraussetzung für den Anfang der zivilrechtlichen Rechtsfähigkeit, und zwar dass das Neugeborene *lebend* geboren wurde. Das wird den Kriterien der Medizinwissenschaft gemäß beurteilt; jedenfalls ist es nicht notwendig, dass das Neugeborene lebensfähig ist. Vielmehr erlangt es Rechtsfähigkeit, selbst wenn es nur einen Augenblick lang gelebt hat.[515]

Demgemäß hat die Leibesfrucht im Mutterleib keine Rechtsfähigkeit und zwar auch nicht einige Augenblicke vor der Vollendung der Geburt. Das bedeutet aber nicht, dass die Leibesfrucht vom griechischen Zivilrecht völlig ungeschützt bleibt. Art. 36 grBGB bestimmt, dass „der Nasciturus als geboren gilt, was die Rechte betrifft, die ihm anfallen, wenn er lebend geboren wird." Das bedeutet, dass das Ungeborene vom Zeitpunkt der Empfängnis bis zur Vollen-

---

513 Filios, Bürgerliches Recht AT, § 65 A, B; Georgiadis, Bürgerliches Recht AT, § 9 Rn. 10; Papasteriou, Bürgerliches Recht AT, § 29 Rn. 2.

514 Filios, Bürgerliches Recht AT, § 63 A; Georgiadis, Bürgerliches Recht AT, § 9 Rn. 10; Papasteriou, Bürgerliches Recht AT, § 29 Rn. 2.

515 Filios, Bürgerliches Recht AT, § 63 A; Georgiadis, Bürgerliches Recht AT, § 9 Rn. 10; Papasteriou, Bürgerliches Recht AT, § 29 Rn. 2.

dung der Geburt über eine *beschränkte, unvollständige* Rechtsfähigkeit[516] verfügt. Gemäß dieser beschränkten Rechtsfähigkeit wird der Nasciturus betreffs der ihm während der Schwangerschaft anfallenden Rechte (und Pflichten) als geborene, existierende Person betrachtet, und zwar unter der Voraussetzung, dass er lebend geboren wird.[517] Art. 36 grBGB beinhaltet eine gesetzliche Fiktion, indem das bereits gezeugte Kind auch vor der Vollendung der Geburt als geboren gilt, was die ihm anfallenden Rechte betrifft.[518] Die Fiktion ist von folgenden Bedingungen abhängig, nämlich:

- Das Ungeborene muss bereits *erzeugt* sein; als „Nasciturus" i.S. des grBGB ist das Ungeborene vom Zeitpunkt der Empfängnis bis zur Vollendung der Geburt zu verstehen.[519]
- Der Nasciturus muss *lebend* geboren werden; wenn diese Bedingung – wenn auch nur für einen Augenblick – erfüllt wird, treten die Rechtsfolgen des Art. 36 grBGB ein, d.h., der Nasciturus gilt als geboren, und zwar bereits vom Zeitpunkt der Empfängnis an. Wenn die Bedingung der Lebendgeburt nicht erfüllt wird, etwa weil die Schwangerschaft abgebrochen wurde oder das Kind tot zur Welt gekommen ist, gilt die Fiktion des Art. 36 grBGB nicht bzw. der Nasciturus wird als nie existent angesehen.[520]
- Dem Nasciturus müssen *gesetzliche Rechte* (oder nach einer Meinung auch Pflichten[521]) anfallen; Art. 36 grBGB stellt eine Blankettnorm dar, indem die anfallenden Rechte (oder Pflichten) in anderen Vorschriften vorgesehen werden.[522] Solche Vorschriften befinden sich insbesondere im Bereich des Erbrechts (z.B. Art. 1711 grBGB, gemäß dem „derjenige zum Erbe werden kann, der zur Zeit des Erbfalls lebt oder zumindest erzeugt ist", oder Art. 1936 Abs.

516 Obwohl in Art. 36 grBGB nur von „Rechten" die Rede ist, wird angenommen, dass Art. 36 auch dann analog angewendet wird, wenn dem Nasciturus eine Pflicht zukommt; mehr dazu in: Filios, Bürgerliches Recht AT, § 65 B. Anders: Georgiadis, Bürgerliches Recht AT, § 9 Rn. 13.

517 Filios, Bürgerliches Recht AT, § 65 B; Georgiadis, Bürgerliches Recht AT, § 9 Rn. 11; Papasteriou, Bürgerliches Recht AT, § 29 Rn. 20.

518 Gazis, Bürgerliches Recht AT B1, S. 7; Papantoniou, Bürgerliches Recht AT, S. 98; Papasteriou, Bürgerliches Recht AT, § 29 Rn. 20f.

519 Georgiadis, Bürgerliches Recht AT, § 9 Rn. 11f.; Papasteriou, Bürgerliches Recht AT, § 29 Rn. 20; Simantiras, Bürgerliches Recht AT, S. 258.

520 Filios, Bürgerliches Recht AT, § 65 B; Gazis, Bürgerliches Recht AT B1, S. 7; Georgiadis, Bürgerliches Recht AT, § 9 Rn. 12; Papantoniou, Bürgerliches Recht AT, S. 98; Papasteriou, Bürgerliches Recht AT, § 29 Rn. 21.

521 Filios, Bürgerliches Recht AT, § 65 B. Anders: Georgiadis, Bürgerliches Recht AT, § 9 Rn. 13.

522 Filios, Bürgerliches Recht AT, § 65 B.

1 grBGB über den Einsatz eines Nacherbes). Aber auch in anderen Fällen hat Art. 36 grBGB Anwendung gefunden, wie z.B. im Fall des Art. 928 grBGB, der einen Schadensersatzanspruch wegen Tötung des kraft Gesetzes Unterhaltspflichtigen vorsieht, oder des Art. 932 S. 3 grBGB über den Anspruch auf Schmerzensgeld wegen Schockschadens aufgrund des Verlustes eines Angehörigen.[523]

Für den Gegenstand der vorliegenden Untersuchung, nämlich den Schutz der Leibesfrucht vor pränatalen lebens- bzw. gesundheitsbeeinträchtigenden Einwirkungen, ist die Fiktion des Art. 36 grBGB von hoher Relevanz, was den Schadensersatz wegen vorgeburtlicher Schäden betrifft. Aufgrund der beschränkten Rechtsfähigkeit des ungeborenen Lebens, die im griechischen Zivilrecht gemäß Art. 36 grBGB bestimmt worden ist, werden auch zivilrechtliche Ansprüche der Leibesfrucht wegen vorgeburtlicher Schäden von der Lehre und der Rechtsprechung anerkannt. So wurde ein Schadensersatzanspruch wegen vorgeburtlicher körperlicher oder gesundheitlicher Schädigung bei einem Autounfall bzw. einer Bluttransfusion der Schwangeren angenommen.[524]

Auch dem noch nicht gezeugten Kind steht das griechische Zivilrecht nicht gleichgültig gegenüber. Die Rechtsprechung und die Lehre nehmen einen Schadensersatzanspruch des Kindes für Gesundheitsschäden an, deren Ursache schon in der Zeit vor der Imprägnation liegt (z.B. wegen HIV-Infizierung der Mutter), solange es später gezeugt und geboren wird; das Recht dient der Gewährleistung des natürlichen Entwicklungsprozesses der Person, und zwar unabhängig vom Bestehen der Rechtsfähigkeit.[525]

Als Schlussfolgerung zum zivilrechtlichen Schutz des pränatalen Lebens kann resümiert werden, dass der Gesetzgeber ihm nicht gleichgültig gegenübersteht. Zwar soll die Rechtsfähigkeit erst vom Zeitpunkt der Vollendung der Geburt einsetzen, die gesetzliche Fiktion des Art. 36 grBGB schreibt der Leibesfrucht aber eine „beschränkte" Rechtsfähigkeit zu, die unter den Voraussetzungen steht, dass sie bereits gezeugt ist und lebend geboren wird. Darauf können auch Ansprüche der Leibesfrucht für vorgeburtliche Schäden gestützt werden.

---

523 Mehr in: Papasteriou, Bürgerliches Recht AT, § 29 Rn. 24.

524 Mehr dazu in: Filios, Bürgerliches Recht AT, § 65 B.

525 Filios, Bürgerliches Recht AT, § 65 Γ; ders., Schuldrecht BT II, § 186 Γ II.

III. Der De-lege-lata-Schutz des pränatalen Lebens im griechischen Strafrecht

Die wichtigste Quelle des modernen griechischen Strafrechts ist das griechische Strafgesetzbuch vom 01. Januar 1951, das das frühere Strafgesetz von 1833 ersetzt hat. Das Strafgesetz von 1833 war ein Werk des bayerischen Juristen G.L. von Maurer und war in erheblichem Maße von dem bayerischen StGB von 1813 und der Lehre des Juristen Anselm von Feuerbach inspiriert. Dieses Strafgesetz wurde wegen seiner kasuistischen Gestaltung und seiner schweren Strafen heftig kritisiert, eine Tatsache, die in Verbindung mit den neuen gesellschaftlichen und historischen Entwicklungen des 20. Jahrhunderts zu seinem Ersatz im Jahre 1951 durch das neue griechische Strafgesetzbuch geführt hat.[526]

Das grStGB ist in zwei Teile geteilt, nämlich den Allgemeinen und den Besonderen Teil. Der Allgemeine Teil (Art. 1-133) regelt die zeitlichen und örtlichen Grenzen des griechischen Strafrechts, den Begriff des Deliktes, den Versuch, die Teilnahme, die Strafen und die Maßregeln der Besserung und Sicherung, die Strafbemessung, die Strafaussetzung zur Bewährung und die Freilassung unter bestimmten Bedingungen, die Strafausschließungsgründe und die minderjährigen Täter. Der Besondere Teil regelt die einzelnen Delikte und ist ferner je nach geschütztem Rechtsgut in 27 Kapitel geteilt. Für die hier behandelte Thematik ist das 15. Kapitel über die Straftaten gegen das Leben bzw. das 16. Kapitel betreffs der Delikte gegen die Gesundheit und die körperliche bzw. geistige Unversehrtheit von Bedeutung und diese Delikte werden weiter unten im Detail analysiert.

1. Pränatale Einwirkungen auf die Leibesfrucht nach den allgemeinen Tatbeständen des grStGB

Das 15. Kapitel des griechischen Strafgesetzbuchs ist den Straftaten gegen das Leben gewidmet, während das 16. Kapitel des grStGB die Delikte gegen die Gesundheit bzw. die körperliche und geistige Unversehrtheit betrifft. Das Leben wird im grStGB sowohl vor Verletzungen als auch vor Gefährdungen geschützt; es lassen sich die Straftaten gegen das Leben in Verletzungs- und Gefährdungsdelikte unterscheiden. Die Verletzungsdelikte gegen das Leben beinhalten die Delikte gegen das Leben i.e.S., d.h. Art. 299 (vorsätzliche Tötung), Art. 300

526 Paraskevopoulos, Grundrisse des Strafrechts, S. 22.

(einverständliche Tötung), Art. 301 (Teilnahme an Selbsttötung), Art. 302 (fahrlässige Tötung) und Art. 303 (Kindestötung) sowie Art. 304 (Schwangerschaftsabbruch) und Art. 311 (Körperverletzung mit Todesfolge). Zu den Gefährdungsdelikten gegen das Leben gehören u.a. Art. 308A Abs. 2 (nicht provozierte lebensgefährliche Körperverletzung), Art. 309 (lebensgefährliche Körperverletzung), Art. 310 (schwere Körperverletzung)[527] und Art. 313 (Schlägerei). Von strittiger Natur ist Art. 305 (Werbung für Mittel zum Abbruch der Schwangerschaft), der nach einer Auffassung ein abstraktes Gefährdungsdelikt gegen das Leben darstellt[528], während er nach einer Gegenmeinung kein Gefährdungsdelikt, sondern eine Sanktionierung des „bösen Gedankens“ sei, die abgeschafft werden sollte.[529] Merkwürdig ist die Einbeziehung eines Körperverletzungsdeliktes in das Kapitel über die Delikte gegen das Leben, nämlich des Art. 304A (Körperverletzung einer Leibesfrucht oder eines Neugeborenen), der mit dem Gesetz 1609/1986 zum Teil des grStGB geworden ist.

Die meisten Vorschriften, die Verletzungen der Gesundheit und körperlichen bzw. geistigen Unversehrtheit sanktionieren, sind im 16. Kapitel des grStGB enthalten. Grundtatbestand ist der Art. 308 (einfache Körperverletzung), dem eine Reihe von Qualifikationstatbeständen folgt, nämlich Art. 308A (nicht provozierte Körperverletzung), Art. 309 (gefährliche Körperverletzung), Art. 310 (schwere Körperverletzung), Art. 311 (Körperverletzung mit Todesfolge) und Art. 312 (Körperverletzung von Minderjährigen usw.). Einen minder schweren Fall stellt Art. 314 dar, der die fahrlässige Körperverletzung bestraft. Schließlich ist Art. 313 (Schlägerei) zu nennen, der ein Gefährdungsdelikt gegen die Gesundheit und körperliche Unversehrtheit verkörpert.

Zweck der folgenden Erörterung ist festzustellen, in welcher Weise die entsprechenden Vorschriften des grStGB angewendet werden könnten, um vorgeburtliche schädigende Verhaltensweisen des Arztes, der Schwangeren oder eines Dritten zu sanktionieren, die eine Erkrankung, Behinderung oder den Tod des Neugeborenen bzw. die Geburt eines bereits kranken, behinderten oder toten Kindes verursacht haben.

---

527 Gemäß Art. 310 Abs. 2 ist eine Körperverletzung als schwer zu beurteilen, wenn sie dem Opfer u.a. eine Lebensgefahr verursacht hat.

528 Mpekas, Lebens- und Gesundheitsschutz, S. 61.

529 Simeonidou-Kastanidou, Straftaten gegen das Leben, S. 894.

a) Pränatale Einwirkungen als Tötungsdelikte i.e.S. (Art. 299-303 grStGB)

Von den Tötungstatbeständen i.e.S. des grStGB kommen nur Art. 299, 302 und 303 grStGB als sachbezogen in Betracht, was die den Tod verursachenden pränatalen Einwirkungen auf die Leibesfrucht betrifft.[530] Diese Vorschriften werden im Folgenden analysiert, um festzustellen, ob sie im Bereich der durch eine pränatale Einwirkung verursachten Abtötung der Leibesfrucht (unabhängig vom Zeitpunkt des Todeseintritts) angewendet werden könnten.

Die Tötungsdelikte i.e.S. schützen das Rechtsgut des Lebens, und zwar des menschlichen Lebens.[531] Im griechischen Strafrecht gilt der Grundsatz des absoluten Lebensschutzes, d.h., das menschliche Leben wird unter allen Umständen und in jeglicher Gestalt bzw. jeglichem Zustand vor schädlichen oder gefährdenden Einwirkungen geschützt. Das bedeutet, dass die Lebensfähigkeit, das Alter, der Gesundheitszustand, das Lebensinteresse oder die äußere Erscheinung keine Rolle beim Genuss des strafrechtlichen Lebensschutzes spielen; für die griechische Rechtsordnung gibt es kein „lebensunwertes Leben“ und daraus folgt das absolute Verbot der Vernichtung eines Lebens selbst bei schweren Missbildungen bzw. Leiden.[532] Aus dem absoluten Charakter des Lebensschutzes im griechischen Strafrecht ergibt sich, dass selbst der Träger des höchsten Rechtsguts über keine Befugnis zu seiner freien Aufopferung verfügt, das griechische Strafrecht betrachtet also das menschliche Leben als unantastbar.[533] Ausnahmsweise kann die Tötung eines Menschen gerechtfertigt werden, wenn sie z.B. im Krieg gemäß den Regeln des Völkerrechts zum Zwecke der Unterdrückung eines Hochverrats oder in Notwehr geschieht.[534]

Art. 299 Abs. 1 grStGB stellt den Grundtatbestand der Tötungsdelikte i.e.S. dar. Er wird von einer Reihe von minder schweren Fällen ergänzt, nämlich der vorsätzlichen Tötung in einem Anfall von Wut (Art. 299 Abs. 2), der einver-

530 Art. 300 (einverständliche Tötung) und Art. 301 grStGB (Beteiligung an einer Selbsttötung) sind in diesem Zusammenhang irrelevant und werden nicht weiter erörtert.

531 Das Leben von Tieren wird grundsätzlich durch Art. 381 grStGB (Sachbeschädigung) geschützt; wenn das getötete Tier zu einer besonders geschützten Kategorie gehört (Pferde, Esel, Rinder u.a.), wird die Vorschrift des Art. 1 Abs. 2 G. 1300/1982 (Tiertötung) angewendet.

532 Androulakis, BT, S. 18; Filippidis, Strafrecht BT Band A, S. 21; Mpekas, Lebens- und Gesundheitsschutz, S. 18f.; Simeonidou-Kastanidou, Straftaten gegen das Leben, S. 64ff.

533 Mpekas, Lebens- und Gesundheitsschutz, S. 20; Simeonidou-Kastanidou, Straftaten gegen das Leben, S. 175ff.

534 Mehr in: Mpekas, Lebens- und Gesundheitsschutz, S. 20f.

ständlichen Tötung (Art. 300), der Beteiligung an einer Selbsttötung (Art. 301), der fahrlässigen Tötung (Art. 302) und der Kindestötung (Art. 303). Im Folgenden werden Art. 299 Abs. 1, 302 und 303 grStGB in Bezug auf den strafrechtlichen Schutz der Leibesfrucht vor pränatalen Beeinträchtigungen genauer erörtert.

aa) Vorsätzliche Tötung (Art. 299 Abs. 1 grStGB)

Art. 299 grStGB setzt Folgendes fest:

„1. Wer einen anderen vorsätzlich getötet hat, wird mit der Todesstrafe oder mit lebenslanger Freiheitsstrafe bestraft.

2. Wenn die Tat in einem Anfall von Wut beschlossen und durchgeführt worden ist, wird eine zeitige Freiheitsstrafe auferlegt.“[535]

Die Natur des Grundtatbestandes des Art. 299 grStGB bzw. das Verhältnis zwischen seinen Absätzen ist umstritten. Nach einer Mindermeinung soll der erste Absatz den Grundtatbestand und der zweite Absatz ein delictum sui generis beinhalten[536], während es sich nach einer anderen Auffassung um ein einziges Delikt mit zwei Vorsatz- bzw. Strafvarianten handeln soll.[537] Dieser letzten Ansicht nach, die auch vom Areopag (dem griechischen Kassationsgericht) vertreten wird, gibt es im neuen grStGB nur ein einheitliches Delikt, und zwar das der vorsätzlichen Tötung, das in zwei verschiedenen psychischen Zuständen des Täters beschlossen und durchgeführt werden könne, wobei diese Zustände zu einer unterschiedlichen Strafzumessung führen.[538] Einer weiteren Meinung nach sind in den beiden Absätzen zwei verschiedene Tötungsdelikte bestimmt, nämlich die „vorsätzliche Tötung“ und die „Tötung in einem Anfall von Wut“. Diese Ansicht geht auf das alte griechische Strafgesetz von 1834 (Poinikos Nomos) zurück, das nach dem Vorsatzkriterium zwischen zwei verschiedenen Delikten unterschied, nämlich dem Delikt des Mordes (Art. 288) und dem Delikt des Totschlags (Art. 287). Ähnlich war es im Entwurf des grStGB geplant, zwei verschiedene Tatbestände (Art. 276 und 277 Entw.grStGB) zu schaffen, ein Plan,

535 Unter dem Begriff der zeitigen Freiheitsstrafe wird gemäß Art. 52 Abs. 3 grStGB eine Freiheitsstrafe von 5 bis 20 Jahren verstanden.

536 Papageorgiou-Gonatas, Der Anfall von Wut im Strafrecht, S. 160ff. Mehr zur Ablehnung dieser Ansicht in: Mpekas, Lebens- und Gesundheitsschutz, S. 89.

537 So Simeonidou-Kastanidou, Straftaten gegen das Leben, S. 261.

538 In der Rechtsprechung des Areopag wurden zwei Anträge auf Wiederaufnahme des Verfahrens zugunsten des Verurteilten (Art. 525 grStPO) wegen neuer Beweismittel zur Bestätigung eines Anfalls von Wut bei der Entscheidung und Durchführung der Tat mit dem Argument abgelehnt, dass es sich eigentlich um ein und dieselbe Straftat handele, die sich von der anderen Variante nur im Vorsatzbereich unterscheide; AP 1238/1992, PoinChr. MB΄, 853, 854 und AP 509/1993, Yper. 1993, 605f.

der jedoch gescheitert ist.[539] Stattdessen sind zwei Varianten in einem Artikel (vorsätzliche Tötung) festgeschrieben, die nach der herrschenden Meinung in der Literatur[540] als Grundtatbestand und minder schwerer Fall bzw. Qualifikationsvariante[541] gelten.

(1) Tatbestandsmäßigkeit

(a) Objektiver Tatbestand

Der objektive Tatbestand der vorsätzlichen Tötung wird durch die Tötung eines anderen Menschen verwirklicht. Es handelt sich um ein Allgemeindelikt, da jedermann zum Täter einer vorsätzlichen Tötung werden kann.[542]

Die Tathandlung wird im Gesetz nicht ausdrücklich beschrieben, sondern bestimmt sich durch den Eintritt des Todes. Sie besteht aus jedem Verhalten, das die Tötung verursacht, sofern es vom grammatischen Inhalt des Begriffs „Tötung“ nicht abweicht, bzw. sie kann sowohl in einem aktiven Tun als auch in einer Unterlassung liegen, da die vorsätzliche Tötung ein Erfolgsdelikt ist.[543] Eine Tötung durch aktives Tun kann durch körperliche Einwirkung auf das Opfer, beispielsweise durch Schuss, Schläge, Vergiftung oder sonstige physikalische bzw. chemische Mittel erfolgen. Aber auch eine psychische Einwirkung auf einen Menschen, z.B. durch die Erregung extremer Furcht, die seinen Tod verursacht, kann als vorsätzliche Tötung gelten, wenn der Täter gewusst hatte, dass das Opfer z.B. an einer schwerwiegenden Herzkrankheit litt.[544] Die Tötung durch Unterlassen liegt vor, wenn der Täter es unterlässt, den Tod des Opfers abzuwenden, obwohl er als Garant rechtlich für die Abwendung des Todes im

---

539 Mehr dazu in: Mpekas, Lebens- und Gesundheitsschutz, S. 88.

540 Domazos, PoinChr. NA΄, 298, 299; Filippidis, Strafrecht BT Band A, S. 38; Gafos, Strafrecht BT Band D, S. 13; Giannidis, PoinChr. ΛΑ΄, 242; Kaiafa-Gbanti, Yper. 1993, 175; Mpekas, Lebens- und Gesundheitsschutz, S. 92.

541 Es herrscht keine Einigkeit darüber, welcher Absatz den Grundtatbestand beinhaltet; daher hängt es von der Beurteilung eines Absatzes als Grundtatbestand ab, ob der andere ein minder schwerer Fall oder ein Qualifikationstatbestand ist. Nach der richtigeren Ansicht wird jedoch angenommen, dass der erste Absatz der Grundtatbestand ist, während der zweite Absatz einen minder schweren Fall darstellt. So auch: Mpekas, Lebens- und Gesundheitsschutz, S. 88, 92f.

542 Mpekas, Lebens- und Gesundheitsschutz, S. 93; Simeonidou-Kastanidou, Straftaten gegen das Leben, S. 294.

543 Mpekas, Lebens- und Gesundheitsschutz, S. 93f.

544 Mpekas, Lebens- und Gesundheitsschutz, S. 94; Simeonidou-Kastanidou, Straftaten gegen das Leben, S. 300.

Sinne des Art. 15 grStGB (Begehung eines Deliktes durch Unterlassen)[545] einzustehen hat; seine Garantenpflicht kann aus einem Gesetz bzw. aus gesetzlichen Pflichten, die von einer Rechtsbeziehung abhängig sind, aus einem Vertrag oder aus einem vorausgegangenen gefährdenden Tun hervorgehen.[546] Eine vorsätzliche Tötung durch Unterlassen liegt beispielsweise vor, wenn eine Mutter ihrem Kind Nahrung verweigert, weswegen das Kind stirbt.

Natürlich ist es notwendig, dass ein kausaler Zusammenhang zwischen dem Verhalten des Täters und dem Eintritt des Erfolgs, d.h. des Todes, besteht. Zunächst muss also die Kausalität des Verhaltens für den Eintritt des Todes bejaht werden, nämlich dass das Verhalten des Täters die Ursache für den Tod war. Die h.M. in der griechischen Lehre vertritt die Bedingungstheorie und betrachtet daher als kausal für den Eintritt des Todes jedes Verhalten, das nicht hinweggedacht werden kann, ohne dass der Tod in seiner konkreten Gestalt entfiele.[547] Die erhebliche Erweiterung der Kausalität durch die Anwendung der Conditio-sine-qua-non-Formel muss jedoch wieder eingeschränkt werden, um irrationale Schlussfolgerungen zu vermeiden. Deswegen muss das Verhalten außerdem für die Einbeziehung in die grammatische Bedeutung des Begriffs „Tötung" passend sein; darüber hinaus muss auch bejaht werden, dass der Eintritt des Todes dem Täter objektiv zuzurechnen ist, d.h., dass der Tod als sein Werk eingeordnet werden kann.[548]

Tatobjekt dieses Verbrechens ist ein anderer Mensch. Das Alter, der körperliche oder geistige Gesundheitszustand, das Geschlecht, die Nationalität, die Rasse oder die gesellschaftliche Stellung des Opfers sowie seine Lebensfähigkeit sind nicht relevant, denn der strafrechtliche Lebensschutz ist absolut.[549] Der Täter muss ferner nicht sich selbst, sondern einen *anderen* Menschen töten. Eine Person, die sich selbst tötet oder zu töten versucht, verwirklicht keinen Straftatbestand des grStGB.[550]

---

545 Art. 15 grStGB: „Wenn das Gesetz den Eintritt eines bestimmten Erfolges für die Verwirklichung eines Straftatbestandes fordert, wird das Unterlassen der Abwendung dieses Erfolges wie seine Verursachung durch aktives Tun bestraft, wenn der Unterlassende rechtlich dafür einzustehen hatte, den Eintritt des Erfolges abzuwenden."

546 Androulakis, AT 1, S. 230ff.

547 Androulakis, AT 1, S. 199ff., 211ff.; Giannidis, in: Androulakis (Hrsg.), grStGB Kommentar, Art. 14 Rn. 46ff.; Charalambakis, AT, S. 135; Kotsalis, AT I, S. 158ff.; Mpekas, Lebens- und Gesundheitsschutz, S. 106. Aber auch AP 898/1996, PoinChr. MZ΄, 399.

548 Androulakis, AT 1, S. 204f.; Mpekas, Lebens- und Gesundheitsschutz, S. 105f.

549 Simeonidou-Kastanidou, Straftaten gegen das Leben, S. 67.

550 Mehr in: Mpekas, Lebens- und Gesundheitsschutz, S. 260ff.

Tatobjekt der vorsätzlichen Tötung kann natürlich nur ein lebender Mensch sein, da es praktisch unmöglich ist, einen bereits gestorbenen Menschen zu töten. Den Zeitpunkt, zu dem der Mensch nicht mehr existiert und daher nicht mehr zum Opfer eines Tötungsdelikts werden kann, hat der griechische Gesetzgeber in Art. 12 Abs. 6 des Transplantationsgesetzes 2737/99 bestimmt; demgemäß tritt der Tod mit dem endgültigen und unbehebbaren Ausfall der Funktionen des Hirnstamms ein und daher dauert der Lebensschutz nach dem grStGB bis zu diesem Zeitpunkt.

Die Frage nach dem Anfang des Lebensschutzes, nämlich nach dem Zeitpunkt, zu dem das Menschsein beginnt und jemand zum Tatobjekt eines Tötungsdeliktes werden kann, wurde vom strafrechtlichen Gesetzgeber – anders als im Zivilrecht – nicht ausdrücklich beantwortet. Die im griechischen Zivilrecht geltende Zäsur, d.h. die Vollendung der Geburt, kann im Bereich des Strafrechts nicht gelten, da Art. 303 grStGB (Kindestötung) die Tötung eines *Menschen* auch dann annimmt, wenn die Mutter ihr Kind nicht erst nach der Vollendung der Geburt, sondern schon *in* der Geburt tötet. Es wird also festgestellt, dass das Menschsein und daher auch der Lebensschutz im griechischen Strafrecht schon vor der Vollendung der Geburt beginnen.

(aa) Der Streit über den Beginn des Menschseins

Welches der genaue Zeitpunkt des Beginns des Menschseins ist, war in der Literatur lange umstritten. Es wurden mehrere Zäsuren als maßgeblich vorgeschlagen. Eine Zäsur, die nur vereinzelt angenommen worden ist, stellt der vollständige Austritt aus dem Mutterleib dar.[551] Eine zweite Meinung, die früher auch von der Rechtsprechung[552] vertreten worden ist, favorisiert das Erscheinen eines Teils des Körpers des Neugeborenen als den maßgebenden Zeitpunkt, zu dem die Menschqualität erlangt wird.[553] Ein Teil der Lehre hat den Schwerpunkt auf den Einsatz der Presswehen gelegt[554], während ein anderer Teil den Beginn des Prozesses als maßgebend betrachtet hat, der mit Sicherheit zur Geburt des Kindes führt, d.h. den Zeitpunkt, zu dem die Schwangere im Krankenhaus bleiben muss.[555]

Die ersten drei Zäsuren müssen jedoch an Art. 303 grStGB scheitern (Kindestötung), der die Tötung eines Menschen bereits *in* der Geburt annimmt. Das

551 Papadakis, BT II, S. 18, 89.

552 AP 34/1981, PoinChr. ΛΑ΄, 433; OLG Larissa 60/1978, PoinChr. ΚΗ΄, 737; LG Patras 800/1961, PoinChr. ΙΑ΄, 549.

553 Iliopoulos, System II, S. 8; Chorafas, Strafrecht, S. 170; Simeonidou-Kastanidou, Straftaten gegen das Leben, S. 103.

554 Karanikas, BT, Band Β΄, S. 510; Kontaxis, StGB II, S. 1917.

555 Androulakis, BT, S. 22; Margaritis, Körperverletzungen, S. 72ff.

bedeutet, dass der Gesetzgeber mit Art. 303 grStGB eine positivrechtliche Zäsur für den Anfang des Menschseins bestimmt hat, und zwar den Zeitpunkt, zu dem sich das Kind schon „in“ der Geburt befindet, i.e. den Anfang der Geburt.[556] Der Verlauf der Geburt befindet sich aber im Zeitpunkt des Einsatzes der Presswehen in einem fortgeschrittenen Stadium[557], was noch mehr auch für die Zeitpunkte des teilweisen oder des völligen Austritts aus dem Mutterleib gilt. Die Geburt hat schon früher begonnen und es kann nicht bestritten werden, dass das Kind schon „in“ der Geburt ist, bevor es in den unteren Teil des Geburtskanals gelangt bzw. aus dem Mutterleib ausgestoßen worden ist. Ähnlich kann der Beginn des Prozesses, der „mit Sicherheit zur Geburt des Kindes führt“, i.e. der Zeitpunkt, zu dem die Mutter in der Klinik bleiben muss, nicht einfach präzisiert werden, denn er ist zu unbestimmt; ein Zeitpunkt, der nicht bestimmt werden kann bzw. je nach Schwangerschaft variieren mag, kann nicht als entscheidende Zäsur für den Anfang des Menschseins dienen.[558] Außerdem ist eine solche Zäsur nicht geeignet, weil nicht alle Geburten in einer Klinik (z.B. Hausgeburten) oder planmäßig (z.B. Frühgeburten) stattfinden.

(bb) Die heute herrschende Ansicht

Die herrschende Meinung in der Literatur nimmt an, dass die maßgebliche Zäsur für den Beginn des Menschseins und somit auch des Lebensschutzes der Anfang der Geburt ist.[559] Diese Zäsur wird in Art. 303 grStGB vom Gesetzgeber selbst positivrechtlich festgesetzt. Das Kind, das sich in der Geburt befindet, ist schon ein Mensch und genießt den strafrechtlichen Schutz der allgemeinen Tötungsdelikte. Da der Geburtsverlauf schon vor dem Einsatz der Presswehen, die das letzte Stadium vor dem Ausgang des Kindes aus dem Mutterleib darstellen, in Gang gesetzt worden ist, vertritt die h.M. die Auffassung, dass die Geburt mit dem Einsetzen der Eröffnungswehen beginnt.[560] Vor diesem Zeitpunkt handelt es sich um keinen Menschen, d.h. um kein taugliches Objekt einer vorsätzlichen Tötung, sondern um eine Leibesfrucht ohne Menschqualität. Nach diesem Zeitpunkt wird das Menschsein erlangt und dürfen die Tötungstatbestände des

556 Androulakis, BT, S. 20f.; Kontaxis, StGB II, S. 2511; Margaritis, Körperverletzungen, S. 67; Mpekas, Lebens- und Gesundheitsschutz, S. 54f.

557 Wie weiter oben (S. 99) aufgeführt worden ist, unterstützen die Presswehen den Durchgang der Leibesfrucht durch den unteren Teil des Geburtskanals bis zum völligen Austritt.

558 Simeonidou-Kastanidou, Straftaten gegen das Leben, S. 83f.

559 Androulakis, BT, S. 20f.; Kontaxis, StGB II, S. 2511; Margaritis, Körperverletzungen, S. 67; Mpekas, Lebens- und Gesundheitsschutz, S. 54f.

560 Filippidis, Strafrecht BT Band A, S. 22; Gafos, Strafrecht BT Band D, S. 5; Magakis, Grundriss AT, S. 126; Mpekas, Lebens- und Gesundheitsschutz, S. 55.

grStGB angewendet werden. Im Fall einer operativen Entbindung des Kindes ist nach h.M. im Schrifttum schon auf den Zeitpunkt des Beginns des operativen Prozesses abzustellen;[561] mit dem Beginn der Operation ist die Einleitung der Narkose gemeint.[562] Ein Beginn der Geburt und daher auch des Menschseins wird jedoch verneint, wenn der operative Prozess „vorzeitig“ eingeleitet worden ist.[563]

(b) Subjektiver Tatbestand

Der subjektive Tatbestand der vorsätzlichen Tötung wird dann verwirklicht, wenn der Täter *vorsätzlich* gehandelt hat, nämlich wenn er vorsätzlich den objektiven Tatbestand ausgeführt hat. Notwendig ist nicht Absicht oder direkter Vorsatz 2. Grades, es genügt auch Eventualvorsatz, denn der Gesetzgeber bestimmt in Art. 27 Abs. 1 grStGB, dass „vorsätzlich handelt, wer die Verursachung der Umstände wünscht, die dem Gesetz gemäß den Begriff einer Straftat bilden; außerdem [handelt vorsätzlich], wer weiß, dass die Verwirklichung dieser Umstände durch seine Tat möglich ist, und sich damit abfindet.“

Der Vorsatz des Täters muss alle Merkmale des objektiven Tatbestandes decken, nämlich dass das Verhalten des Täters eine Tötungshandlung ist bzw. dass der Tod des Opfers dadurch eintreten kann. Darüber hinaus muss der Vorsatz auch die wesentlichen Merkmale des kausalen Verlaufs bis zum Tod des Opfers decken, da es sich um ein Erfolgsdelikt handelt. Wenn die Tathandlung in einer Unterlassung besteht, ist es erforderlich, dass der Vorsatz auch die rechtliche Garantenpflicht des Täters, den Tod abzuwenden, erfasst.[564]

(2) Pränatale todverursachende Einwirkungen mit postnatalem Erfolg

Nicht selbstverständlich ist die Antwort auf die Frage, ob pränatale Einwirkungen auf die Leibesfrucht, die ihren Tod innerhalb oder außerhalb des Mutterleibes verursachen, nach den Vorschriften des Art. 299 grStGB bestraft werden könnten. Weiter oben wurde gezeigt, dass der Tod der Leibesfrucht nicht selten durch den betreuenden Arzt, die Schwangere selbst oder einen Dritten verursacht wird. Dieser Tod kann entweder innerhalb der Gebärmutter oder erst au-

561 Margaritis, Körperverletzungen, S. 72f.; Mpekas, Lebens- und Gesundheitsschutz, S. 55; Simeonidou-Kastanidou, Schwangerschaftsabbruch, S. 165.

562 Ausdrücklich Mpekas, Lebens- und Gesundheitsschutz, S. 55.

563 Wann eine Operation „vorzeitig“ eingeleitet wird, ist jedoch nicht geklärt. Margaritis, Körperverletzungen, S. 73; Simeonidou-Kastanidou, Schwangerschaftsabbruch, S. 165.

564 Mpekas, Lebens- und Gesundheitsschutz, S. 130, 133f.; Simeonidou-Kastanidou, Strafrecht BT, S. 102; Vathiotis, Vorsatz, S. 25ff.

ßerhalb des Mutterleibes eintreten bzw. auf einem aktiven Tun oder einer Unterlassung beruhen.

Es wurde schon erwähnt, dass das griechische Strafrecht nur geborene Menschen als taugliche Tatobjekte einer vorsätzlichen Tötung ansieht. Das Menschsein beginnt allerdings nach h.M. in der Literatur erst mit dem Einsatz der Eröffnungswehen, was sich auch durch die Bestimmung des Art. 303 grStGB ergibt; vor diesem Zeitpunkt handelt es sich um eine Leibesfrucht, die kein taugliches Tatobjekt einer vorsätzlichen Tötung darstellen kann. Fraglich ist, zu welchem Zeitpunkt das taugliche Tatobjekt „Mensch" bestehen muss, um eine vorsätzliche Tötung bejahen zu können. Denn ein schädigendes Verhalten des Arztes, der Schwangeren oder eines Dritten kann zwar pränatal stattfinden bzw. auf eine Leibesfrucht einwirken, der Todeserfolg kann aber erst nach Beginn der Geburt mit dem Einsatz der Eröffnungswehen einen Menschen treffen.

Drei Stadien werden in der Lehre als maßgeblich für die Entwicklung eines Erfolgsdeliktes, wie die vorsätzliche Tötung, diskutiert, und zwar das der Handlung (aktives Tun oder Unterlassung), das der Einwirkung der Handlung auf das Tatobjekt und das des Erfolgseintritts.[565] Problematisch sind die Fälle, in denen diese drei Stadien, wie es üblich ist, nicht zusammenfallen, und außerdem das erforderliche Tatobjekt nicht in allen drei Stadien vorliegt.

(a) Der Zeitpunkt der Tathandlung

Es wurde schon festgestellt, dass die Tathandlung im Sinne der Willensäußerung des Täters ein Ereignis ist, das vom Auftreffen auf das Tatobjekt bzw. vom Erfolgseintritt zeitlich sehr weit entfernt sein kann. Es ist nicht selten, dass der Täter seinen Willen durch die Tathandlung äußert, diese aber erst nach einigen Wochen oder sogar Jahren auf das Opfer trifft und den deliktischen Erfolg verursacht; ein auch in der griechischen Literatur beliebtes Beispiel wurde schon dargelegt, nämlich das des versteckten Gifts, das vom Kleinkind erst nach einigen Jahren gefunden und getrunken wird. Das Tatobjekt mag zum Zeitpunkt der Tathandlung noch gar nicht existieren. Die Annahme des Zeitpunkts der Tathandlung als entscheidendes Kriterium für die Existenz der erforderlichen Objektsqualität würde zur Straflosigkeit des Täters für die Tötung eines „noch nicht existenten" Menschen führen.[566]

Um dieses ungerechte Ergebnis zu vermeiden, wurde vorgeschlagen, dass der Täter nicht wegen Tötung durch aktives Tun (z.B. Verstecken des Giftes oder mangelhafte Konstruktion des Bauwerkes), sondern wegen Tötung durch Unterlassung der Abwendung des Todeserfolgs bestraft werden sollte (Unterlas-

565 Androulakis, BT, S. 113; Mpekas, Lebens- und Gesundheitsschutz, S. 63.
566 Mpekas, Lebens- und Gesundheitsschutz, S. 65.

sung, die bis zur Zeit dauert, zu der das Tatobjekt doch existiert).[567] Dieser Vorschlag wird aber zu Recht mit dem Argument abgelehnt, dass es nicht sicher sein kann, dass die übrigen Voraussetzungen des Art. 15 grStGB (durch Unterlassung begangenes Delikt) erfüllt werden. Insbesondere ist es nicht garantiert, dass der Täter die Möglichkeit zum Tätigwerden, i.e. zur Beseitigung der Gefahr, noch besitzt; wenn er z.B. die Giftflasche nicht mehr finden und zerstören kann, hat er keine Möglichkeit, zwischen Unterlassen und Tätigwerden frei zu wählen, was bedeutet, dass der Tatbestand des Art. 15 nicht erfüllt werden kann.[568]

Außerdem ist vereinzelt[569] behauptet worden, dass gemäß Art. 17 grStGB[570] das Tatobjekt auch zum Zeitpunkt der Handlung bestehen müsse. Diese Ansicht wurde allerdings mit dem Argument widerlegt, dass Art. 17 Fälle betreffe, in denen die Zeit der Tat maßgeblich für die Feststellung der Schuld, der Verjährung usw. sei, während er sich nicht auf das Thema des maßgeblichen Zeitpunkts für das Bestehen der erforderlichen Objektsqualität beziehe.[571] Die unangebrachten Ergebnisse, zu denen die Tathandlung als entscheidender Zeitpunkt führen kann, beweisen die Richtigkeit der Ablehnung dieses Zeitpunkts; die Strafbarkeit des Täters kann nicht davon abhängig sein, ob das Opfer zum Zeitpunkt der Tathandlung die erforderliche Objektsqualität besaß oder gar existierte.

(b) Der Zeitpunkt des Erfolgseintritts

Was den Zeitpunkt des Erfolgseintritts betrifft, so wird allgemein angenommen, dass die Objektsqualität auf jeden Fall zum Zeitpunkt des Eintritts des Erfolgs (nämlich des Todes) bestehen müsse, sonst könne der Straftatbestand nicht verwirklicht werden.[572] Fraglich ist, ob die notwendige Objektsqualität erst zu diesem Zeitpunkt bestehen darf. Die herrschende Lehre[573] vertritt die Ansicht, dass die Existenz der Objektsqualität erst zum Zeitpunkt des Erfolgseintritts nicht

567 Der Täter gilt als Garant wegen Ingerenz, gemäß Art. 15 grStGB. Kostaras, Begriffe und Institutionen, S. 331ff.; Simeonidou-Kastanidou, Straftaten gegen das Leben, S. 113f.

568 Mpekas, Lebens- und Gesundheitsschutz, S. 65f.

569 Simeonidou-Kastanidou, Straftaten gegen das Leben, S. 113f.

570 Art. 17 grStGB: „Zeit der Begehung der Tat ist die Zeit, zu der der Verantwortliche gehandelt hat oder hätte handeln müssen. Der Zeitpunkt des Erfolgseintritts ist irrelevant, sofern nichts anderes bestimmt wird.“

571 Mpekas, Lebens- und Gesundheitsschutz, S. 65ff.

572 Mpekas, Lebens- und Gesundheitsschutz, S. 63f.

573 Androulakis, BT, S. 113; Mpekas, Lebens- und Gesundheitsschutz, S. 63f.; Simeonidou-Kastanidou, Straftaten gegen das Leben, S. 110.

genügt. Wenn man den Zeitpunkt des Todeseintritts als maßgebend für das Vorliegen der Objektsqualität annehmen würde, hätte das zur Folge, dass alle schädigenden pränatalen Einwirkungen als Tötungsdelikte bestraft würden, solange der Tod des Kindes nach dem Beginn der Geburt eintreten würde, was sogar für fahrlässige Abtötungen gelten würde. Diese Lösung steht jedoch dem Willen des Gesetzgebers entgegen, der nur die vorsätzliche Tötung der Leibesfrucht unter Strafe gestellt hat, weil er das private bzw. soziale Leben der Schwangeren nicht unter staatliche Kontrolle stellen möchte. Eine Auslegung, nach der auch fahrlässige Abtötungen der Leibesfrucht mit postnatalem Erfolgseintritt gemäß den Tötungstatbeständen des grStGB bestraft werden könnten, würde eine Umgehung des Willens des Gesetzgebers und auch eine verfassungswidrige, strafbegründende Analogie darstellen.[574] Aus diesen Gründen ergibt sich, dass der Zeitpunkt des Erfolgseintritts nicht entscheidend für das Vorliegen der Menschqualität sein kann.

(c) Der Zeitpunkt der Einwirkung auf das Tatobjekt

Mit Verweis auf die Contergan-Katastrophe und die deutsche Rechtsprechung nimmt die h.M. in der Lehre an, dass die erforderliche Tatobjektsqualität auch und schon zum Zeitpunkt der Einwirkung vorliegen muss.[575] Unter diesem Begriff wird der Zeitpunkt verstanden, zu dem die Handlung auf das Tatobjekt trifft und auf es einwirkt. Dieser soll nach h.M. in der griechischen Literatur der entscheidende Zeitpunkt für das Vorliegen der erforderlichen Menschqualität und das maßgebliche Kriterium für die Anwendung der Tötungstatbestände sein, während eine Umwandlung der Tatobjektsqualität zwischen dem Zeitpunkt der Einwirkung und dem Zeitpunkt des Erfolgseintritts irrelevant ist.[576] Es wird also festgestellt, dass im griechischen Strafrecht die erforderliche Objektsqualität für die Verwirklichung des Tatbestandes der vorsätzlichen Tötung bereits zum Zeitpunkt der todverursachenden Einwirkung vorliegen muss.

---

574 Simeonidou-Kastanidou, Straftaten gegen das Leben, S. 110.

575 Androulakis, BT, S. 112; Mpekas, Lebens- und Gesundheitsschutz, S. 64. So auch: Simeonidou-Kastanidou, Straftaten gegen das Leben, S. 112, die aber das Vorliegen der Objektsqualität auch zum Zeitpunkt der Handlungsvornahme verlangt und letztendlich diesen Zeitpunkt als maßgebend betrachtet.

576 Androulakis, BT, S. 113; Mpekas, Lebens- und Gesundheitsschutz, S. 64f.; Simeonidou-Kastanidou, Straftaten gegen das Leben, S. 112.

(3) Zwischenergebnis bezüglich der pränatalen Beeinträchtigungen gemäß Art. 299 grStGB

Nach dem soeben Ausgeführten ist die Tatbestandsmäßigkeit nach Art. 299 grStGB von Verhaltensweisen des Arztes, der Schwangeren oder eines Dritten zu prüfen, die zum intrauterinen Tod der Leibesfrucht oder zum Tod des Neugeborenen führen. Da der maßgebliche Zeitpunkt für die Existenz des tauglichen Tatobjekts „Mensch" der Zeitpunkt der Einwirkung ist, sind pränatale schädliche Verhaltensweisen des Arztes, der Schwangeren oder eines Dritten, wie sie weiter oben ausführlich beschrieben wurden, die auf die Leibesfrucht vor dem Einsatz der Eröffnungswehen eingewirkt haben, nicht gemäß Art. 299 grStGB zu bestrafen, da das Tatobjekt noch kein Mensch, sondern eine Leibesfrucht, i.e. kein taugliches Objekt einer Tötung, ist. Das gilt, auch wenn der Todeserfolg erst außerhalb des Mutterleibes eingetreten ist und daher einen Menschen getroffen hat, denn das Tatobjekt muss schon zum Zeitpunkt der Einwirkung bestehen, sonst kann der objektive Tatbestand des Art. 299 grStGB nicht verwirklicht werden. Diese Fälle können nur als Schwangerschaftsabbrüche gemäß Art. 304 grStGB beurteilt werden und sind im entsprechenden Teil der Erörterung weiter analysiert.

Anders sind Fälle zu beurteilen, in denen der Arzt, die Schwangere oder ein Dritter zwar pränatal gehandelt haben (oder hätten handeln müssen), die schädliche Einwirkung aber erst nach Einsatz der Eröffnungswehen einen Menschen getroffen hat, dessen Tod eingetreten ist. Diese Konstellation ist möglich, wenn das schädliche Verhalten kurz vor dem Beginn der Geburt unternommen wird, die Einwirkung des Verhaltens aber erst nach dem Einsatz der Eröffnungswehen nicht mehr eine Leibesfrucht, sondern einen Menschen trifft. In diesen Fällen liegt das taugliche Objekt einer vorsätzlichen Tötung zum maßgeblichen Zeitpunkt vor, was bedeutet, dass bei Vorliegen der übrigen Tatbestandsvoraussetzungen eine Verwirklichung des Art. 299 grStGB bejaht werden kann. Da also das taugliche Tatobjekt bzw. die Tötungshandlung (oder -unterlassung bei Garanten wie dem Arzt) sowie der Todeserfolg vorhanden sind, ist eine vorsätzliche Tötung nach Art. 299 Abs. 1 grStGB (i.V.m. Art. 15 grStGB im Fall einer Unterlassung) zu bejahen, wenn der Täter mindestens mit Eventualvorsatz gehandelt hat. Art. 299 Abs. 2 grStGB kommt in Betracht, wenn der Täter sein Verhalten in einem Anfall von Wut entschieden und durchgeführt hat. Wie in diesen Fällen auch das Delikt des Art. 303 (Kindestötung) verwirklicht werden könnte, wird im entsprechenden Teil detailliert untersucht.

bb) Fahrlässige Tötung (Art. 302 grStGB)

Gemäß Art. 302 grStGB gilt Folgendes:

„1. Wer den Tod eines anderen fahrlässig verursacht, wird mit Freiheitsstrafe von mindestens drei Monaten bestraft.

2. Wenn das Opfer der Tat, die im vorigen Absatz beschrieben wird, ein Angehöriger des Täters ist, kann das Gericht dem Täter jegliche Strafe erlassen, wenn es überzeugt ist, dass er wegen der psychischen Belastung, die er in Bezug auf die Folgen seiner Tat erlitten hat, keine Strafe erhalten muss."

Die fahrlässige Tötung des Art. 302 grStGB ist ein minder schwerer Fall der Tötungsdelikte, der, anders als die vorsätzliche Tötung, kein Verbrechen, sondern ein Vergehen darstellt.[577] Die Tötung, die auf Fahrlässigkeit des Täters beruht, ist eine häufig im sozialen Zusammenleben geschehende Tat, die das höchste Rechtsgut, nämlich das menschliche Leben, verletzt und daher vom Gesetzgeber als strafwürdig beurteilt worden ist. Der griechische Strafgesetzgeber hat in Art. 26 Abs. 1 grStGB (*Die Schuld*) normiert, dass „die Verbrechen und Vergehen nur dann bestraft werden, wenn sie vorsätzlich begangen werden. Nur ausnahmsweise und zwar in Fällen, in denen der Gesetzgeber es ausdrücklich bestimmt, werden Vergehen bestraft, die auf Fahrlässigkeit beruhen." Ein solcher Ausnahmefall ist Art. 302 Abs. 1 grStGB, durch den der Gesetzgeber auch die fahrlässige Verletzung des Lebens bestraft.

Die fahrlässige Tötung ist ein Allgemeindelikt, da jeder den Tatbestand des Art. 302 grStGB verwirklichen kann. Tatobjekt ist ein anderer Mensch. Es ist auch hier selbstverständlich, dass der Täter einen Menschen tötet, ohne Rücksicht auf seine besonderen körperlichen, geistigen oder Persönlichkeitsmerkmale bzw. auf seine Lebenserwartung. Außerdem muss das Opfer ein anderer Mensch sein; wenn der Täter sich selbst fahrlässig tötet, verwirklicht er keinen Tatbestand des grStGB. Genau wie bei der vorsätzlichen Tötung sind nur *geborene* lebende Menschen taugliche Tatobjekte einer fahrlässigen Tötung; auch hier gilt, was bei der Erörterung der vorsätzlichen Tötung als Schlussfolgerung gezogen wurde, was die Leibesfrucht als mögliches Tatobjekt betrifft. Das bedeutet, dass die Leibesfrucht vor dem Einsatz der Eröffnungswehen kein taugliches

577 Gemäß Art. 18 i.V.m. Art. 52-55 grStGB ist als Verbrechen zu beurteilen jedes Delikt, das mit der Todesstrafe (die jedoch nicht mehr gültig ist), mit lebenslanger Freiheitsstrafe oder mit einer zeitigen Freiheitsstrafe von 5 bis zu 20 Jahren bestraft wird; als Vergehen gilt jedes Delikt, das mit einer Freiheitsstrafe von 10 Tagen bis zu 5 Jahren, mit einer Geldstrafe oder mit Haft in einer Justizvollzugsanstalt für Jugendliche bestraft wird; schließlich gilt als Ordnungswidrigkeit jede Tat, die mit Haft von einem Tag bis zu einem Monat oder mit Geldbuße bestraft wird.

Objekt einer fahrlässigen Tötung darstellen kann, da sie noch über keine Menschqualität verfügt.[578]

Die Tathandlung, die sowohl in einem aktiven Tun als auch in einer Unterlassung (wenn der Täter ein Garant gemäß Art. 15 grStGB ist) bestehen kann, wird in Art. 302 grStGB nicht ausdrücklich beschrieben. Ähnlich wie bei der vorsätzlichen Tötung ist als Tathandlung jedes Verhalten zu verstehen, das die inhaltlichen Grenzen des Begriffs der „Tötung" nicht überschreitet und den Tod des Opfers verursacht.[579] Die Besonderheit der fahrlässigen Tötung im Vergleich zur vorsätzlichen Tötung besteht in der Voraussetzung einer objektiven Pflichtwidrigkeit, die kausal für den Eintritt des Todes war.[580] Was den Todeserfolg betrifft, wird angenommen, dass der kausale Zusammenhang im Fall einer fahrlässigen Tötung nicht zwischen Tathandlung und Todeseintritt bestehen muss (wie es bei einer vorsätzlichen Tötung der Fall ist), sondern allein zwischen der objektiven Pflichtwidrigkeit und dem Todeseintritt.[581] Das bedeutet, dass, nur wenn sich die Pflichtwidrigkeit kausal mit dem Todeseintritt verbindet, die Verwirklichung des objektiven Tatbestandes einer fahrlässigen Tötung bejaht werden kann; im Gegensatz dazu ist der objektive Tatbestand des Art. 302 grStGB nicht verwirklicht, soweit entweder keine Pflichtwidrigkeit besteht oder es zwischen der bestehenden Pflichtwidrigkeit und dem Tod keinen kausalen Zusammenhang gibt.[582]

Genau wie bei der vorsätzlichen Tötung sind nur Menschen taugliche Tatobjekte einer fahrlässigen Tötung gemäß Art. 302 grStGB. Die Leibesfrucht kann daher kein Objekt einer fahrlässigen Tötung darstellen, da die Menschqualität erst mit dem Beginn der Geburt durch den Einsatz der Eröffnungswehen erlangt wird. Es besteht jedoch die Gefahr, dass ein fahrlässiges pränatales Verhalten des Arztes, der Schwangeren oder eines Dritten den Tod des Kindes erst nach dem Einsatz der Eröffnungswehen herbeiführt, d.h. nachdem dieses die Menschqualität erlangt hat.

Bei der Erörterung der vorsätzlichen Tötung wurde schon festgestellt, dass der maßgebliche Zeitpunkt, zu dem die erforderliche Objektsqualität für die Verwirklichung des objektiven Tatbestandes einer (vorsätzlichen sowie fahrlässigen) Tötung bestehen muss, der Zeitpunkt der Einwirkung des schädigenden

---

578 Mpekas, Lebens- und Gesundheitsschutz, S. 179.

579 Mpekas, Lebens- und Gesundheitsschutz, S. 183f.; Simeonidou-Kastanidou, Straftaten gegen das Leben, S. 529ff.

580 Mpekas, Lebens- und Gesundheitsschutz, S. 180, 188.

581 Androulakis, AT 1, S. 312ff.; Mpekas, Lebens- und Gesundheitsschutz, S. 188. So auch: AP 433/01, PoinL 2001, 551ff.; AP 1838/02, PoinL 2002, 2263ff.; AP 1964/02, PoinL 2002, 2099ff.

582 Mpekas, Lebens- und Gesundheitsschutz, S. 188.

Verhaltens auf das Opfer ist. Wenn also das fahrlässige Verhalten des Arztes, der Schwangeren oder des Dritten auf eine Leibesfrucht vor dem Einsatz der Eröffnungswehen einwirkt und dadurch der intrauterine oder extrauterine Tod verursacht wird, ist der objektive Tatbestand des Art. 302 grStGB nicht erfüllt, da das taugliche Tatobjekt „Mensch“ zum Zeitpunkt der Einwirkung fehlt. Diese Fälle können auch nicht als Schwangerschaftsabbrüche gemäß Art. 304 grStGB beurteilt werden, da der fahrlässige Schwangerschaftsabbruch keinen Tatbestand des grStGB darstellt, wie im entsprechenden Teil der Erörterung weiter analysiert wird. Nur wenn das fahrlässige pränatale Verhalten nach dem Einsatz der Eröffnungswehen auf einen Menschen einwirkt und dessen Tod verursacht, kann es nach den Vorschriften des Art. 302 grStGB bestraft werden, unter der Voraussetzung, dass auch die übrigen Tatbestandsmerkmale erfüllt sind. Kommt die Mutter als Täterin der fahrlässigen Tötung in Betracht, kann sie gemäß Art. 302 Abs. 2 grStGB als Angehörige straflos bleiben, solange das Gericht davon überzeugt ist, dass sie wegen der aus dem Tod ihres Kindes resultierenden psychischen Belastung keine Strafe erhalten muss.

cc) Kindestötung (Art. 303 grStGB)

Das grStGB beinhaltet einen Tatbestand, der vom deutschen Strafgesetzgeber mittlerweile abgeschafft worden ist, und zwar das Verbrechen der Kindestötung.[583] Art. 303 grStGB bestimmt, dass „eine Mutter, die in der Geburt oder zwar nach der Geburt, aber während die Beeinträchtigung ihres Organismus durch die Geburt fortdauerte, ihr Kind vorsätzlich getötet hat, mit Freiheitsstrafe bis zu zehn Jahren bestraft wird.“ Die Kindestötung ist zwar ein Verbrechen, sie stellt aber nach h.M. einen minder schweren Fall der Tötung dar, da sie mit einer milderen Strafe als der Grundtatbestand des Art. 299 grStGB bestraft wird.[584]

(1) Tatbestandsmäßigkeit

Die Kindestötung stellt nach der absolut herrschenden Meinung in Literatur und Rechtsprechung ein unechtes Sonderdelikt dar, denn die besondere Eigenschaft des Tatsubjekts (Mutter) begründet nicht, sondern differenziert (in diesem Fall

583 Allerdings mit dem Unterschied, dass § 217 StGB a.F. nur die Tötung eines nicht ehelichen Kindes privilegierte, während Art. 303 grStGB keinen Unterschied zwischen ehelichen und unehelichen Kindern macht.

584 Androulakis, BT, S. 55, 60ff.; Mpekas, Lebens- und Gesundheitsschutz, S. 165; Simeonidou-Kastanidou, Straftaten gegen das Leben, S. 609.

vermindert) die bereits vorhandene Strafbarkeit.[585] Täterin der Kindestötung kann also nur die Mutter des getöteten Kindes sein.

Zum objektiven Tatbestand der Kindestötung gehört die Beeinträchtigung des Organismus der Mutter durch die Geburt, die während oder gerade nach der Geburt besteht. Die Beeinträchtigung des mütterlichen Organismus wird für die Dauer der Geburt vom Gesetzgeber als selbstverständlich betrachtet, während sie für die Zeit gerade nach der Geburt festgestellt werden muss.[586] Die geburtsbedingte Beeinträchtigung des Organismus wird vom Gesetzgeber als Grund für die Milderung der Strafe betrachtet, denn sie vermindert die Schuldfähigkeit der Mutter, da die schockierende Geburtsprozedur selbst, aber auch das geburtsbedingte hormonelle Ungleichgewicht heftige Beeinträchtigungen des Organismus verursachen und den emotionellen bzw. geistigen Zustand der Gebärenden erschüttern.[587]

Das Gesetz bestimmt keinen zeitlichen Umfang für die Annahme einer geburtsbedingten Störung des mütterlichen Organismus. Die h.M. in der Literatur[588] nimmt an, dass die Störung existiere, solange sie ärztlich bestätigt werden könne, und zwar unter Berücksichtigung der Besonderheiten jedes Organismus, nicht jedoch für die Zeit nach der Entlassung aus der Geburtsklinik. In der Regel beschränkt die Rechtsprechung die Störung auf wenige Stunden nach der Geburt[589]; trotzdem wurde ausnahmsweise eine solche Störung auch 7 Tage nach der Geburt bejaht.[590] Die Störung muss nach h.M. jedenfalls bei der Durchführung der Tötung vorliegen, es sei aber nicht erforderlich, dass sie auch bei der Entscheidung bestehe, denn zum einen sei es praktisch unmöglich, den genauen Zeitpunkt der Entscheidung festzustellen, zum anderen stelle auch die Schwangerschaft eine Situation dar, die den Organismus in ähnlicher Weise störe und die Schuldfähigkeit vermindere.[591]

---

585 Androulakis, BT, S. 63; Margaritis, Yper. 1991, S. 490f.; Mpekas, Lebens- und Gesundheitsschutz, S. 168; Simeonidou-Kastanidou, Straftaten gegen das Leben, S. 610; LG Messolongi 134/1960, PoinChr. I΄, 425f.; LG Nafplio 357/1990, Yper. 1991, 484f.; LG Mytilini 63/1995, PoinChr. ΜΣΤ΄, 124, 126.

586 Mpekas, Lebens- und Gesundheitsschutz, S. 169.

587 Fidani-Chatzigeorgiou, Die Kindestötung, S. 42.

588 Mpekas, Lebens- und Gesundheitsschutz, S. 170; Simeonidou-Kastanidou, Straftaten gegen das Leben, S. 613f. Dagegen: Androulakis, BT, S. 63, der eine enge zeitliche Beziehung verlangt.

589 LG Messolongi 95/1988, PoinChr. ΛΘ΄, 137f.; LG Arta 3/1994, PoinChr. ΜΔ΄, 240f.; LG Mytilini 63/1995, PoinChr. ΜΣΤ΄, 124ff.

590 AP 47/1967, PoinChr. ΙΖ΄, 293f.; LG Heraklion, 160/1971, PoinChr. ΚΑ΄, 783ff.

591 Mpekas, Lebens- und Gesundheitsschutz, S. 170; Simeonidou-Kastanidou, Straftaten gegen das Leben, S. 608.

Tatobjekt der Kindestötung ist das Kind, das geboren wird bzw. gerade geboren wurde. Das Kind darf – im Gegensatz zum alten Strafgesetz von 1834, wo nur nichteheliche Kinder Objekte einer Kindestötung waren – sowohl ehelich als auch nichtehelich sein und außerdem ist seine Lebensfähigkeit irrelevant.[592] Es wird in Art. 303 grStGB ausdrücklich bestimmt, dass Tatobjekt der Kindestötung das Kind erst nach Beginn der Geburt ist, nachdem es also die Menschqualität erlangt hat[593]; die Kindestötung ist ein minder schwerer Fall der Tötungsdelikte und setzt einen Menschen als Tatobjekt voraus.

Die Tötungshandlung wird nicht ausdrücklich beschrieben, vielmehr genügt jede Handlung, die zum grammatischen Inhalt des Begriffs „Tötung" passt und den Tod des Kindes kausal herbeiführt, so wie es auch bei den anderen Tötungsdelikten analysiert worden ist. Die Tötung kann außerdem auch in einer Unterlassung i.S. des Art. 15 grStGB bestehen, denn die Mutter hat eine Garantenpflicht zur Abwendung des Todes ihres Kindes.[594]

Der Gesetzgeber bestimmt in Art. 303 grStGB ausdrücklich, dass die Kindestötung *vorsätzlich* begangen werden muss. Der subjektive Tatbestand des Deliktes des Art. 303 grStGB wird also dann erfüllt, wenn die Mutter mit Vorsatz gehandelt (oder unterlassen) hat, wobei auch Eventualvorsatz genügt. Außerdem muss der Vorsatz der Mutter die Tötungshandlung, das Tatobjekt, den Tod und den kausalen Zusammenhang zwischen Handlung und Todeseintritt sowie den Beginn der Geburt[595], jedoch nicht auch die Störung ihres Organismus erfassen.[596] Wenn die Mutter allerdings das Kind in der Geburt oder gerade danach in einem Störungszustand fahrlässig tötet, wird ihre Tat nach Art. 302 grStGB (fahrlässige Tötung) i.V.m. Art. 36 grStGB (verminderte Schuldfähigkeit) beurteilt.[597]

(2) Pränatale tödliche Handlungen der Mutter

Wie schon erwähnt wurde, können nur Menschen Tatobjekte einer Kindestötung sein, da Art. 303 grStGB ausdrücklich bestimmt, dass eine Kindestötung vor-

---

592 Mpekas, Lebens- und Gesundheitsschutz, S. 171; Simeonidou-Kastanidou, Straftaten gegen das Leben, S. 611.

593 LG Mytilini 63/1995, PoinChr. MΣT΄, 124f.

594 Androulakis, BT, S. 62; Simeonidou-Kastanidou, Straftaten gegen das Leben, S. 611f.

595 Wenn der Beginn der Geburt vom Vorsatz der Mutter nicht erfasst wird, weiß sie nicht, dass sie auf einen Menschen einwirkt, sondern glaubt, dass es sich um eine Leibesfrucht handelt; das bedeutet, dass sie einen Schwangerschaftsabbruchsversuch, möglicherweise in Idealkonkurrenz mit fahrlässiger Tötung, begeht. So Mpekas, Lebens- und Gesundheitsschutz, S. 175.

596 Mpekas, Lebens- und Gesundheitsschutz, S. 175.

597 Mpekas, Lebens- und Gesundheitsschutz, S. 176.

liegt, wenn die Mutter ihr Kind während der Geburt oder gerade danach, d.h. erst ab dem Geburtsbeginn, tötet. Maßgeblich ist auch hier der Zeitpunkt der Einwirkung der todverursachenden Handlung auf das Tatobjekt. Wenn daher eine pränatale Handlung der Mutter auf das Kind erst nach dem Einsatz der Eröffnungswehen einwirkt und seinen Tod kausal verursacht, ist eine Kindestötung zu bejahen, denn die Einwirkung hat erst nach Beginn der Geburt bzw. der Störung des Organismus einen Menschen getroffen.[598] Wenn dagegen die pränatale Handlung der Mutter vor dem Beginn der Geburt auf eine Leibesfrucht einwirkt und deren Tod (intrauterin oder außerhalb des Mutterleibes) verursacht, ist der objektive Tatbestand des Art. 303 grStGB nicht erfüllt, weil das taugliche Tatobjekt Mensch fehlt. Ob diese Tat nach den Vorschriften des Art. 304 grStGB über den Schwangerschaftsabbruch bestraft werden kann, wird im folgenden Abschnitt untersucht.

dd) Zwischenergebnis bezüglich der pränatalen Einwirkungen als Tötungsdelikte

Aus der vorangegangenen Analyse der Tötungsdelikte des grStGB lässt sich schlussfolgern, dass die Objektsqualität „Mensch" die Anwendung der entsprechenden Tatbestände des grStGB erlaubt. Nur ein Mensch kann taugliches Opfer eines Tötungsdeliktes sein. Das Menschsein setzt nach h.M. mit dem Beginn der Geburt ein. Diese Ansicht ist durch die Zäsur des Art. 303 grStGB über die Kindestötung vom Gesetzgeber positiviert worden.[599] Der Beginn der Geburt fällt nach herrschender Ansicht mit dem Einsatz der Eröffnungswehen zusammen.[600] Ferner nimmt die herrschende Lehre an, dass der maßgebliche Zeitpunkt für das Vorliegen der notwendigen Objektsqualität der Zeitpunkt der Einwirkung des schädlichen Verhaltens auf das Opfer ist.[601]

Eine pränatale Beeinträchtigung, die den Tod der Leibesfrucht im Uterus oder nach dem Ausgang aus dem Mutterleib zur Folge hat, kann daher nicht gemäß den Tötungstatbeständen des grStGB bestraft werden, solange sie auf die Leibesfrucht vor dem Einsatz der Eröffnungswehen eingewirkt hat. Eine vorsätzliche bzw. fahrlässige Tötung oder eine Kindestötung kann – natürlich beim Vorliegen auch der übrigen Tatbestandsvoraussetzungen – nur dann bejaht werden, wenn die todverursachende Einwirkung nach dem Beginn der Eröffnungs-

598 So auch: Mpekas, Lebens- und Gesundheitsschutz, S. 171 Fn. 434.

599 Androulakis, BT, S. 20f.; Kontaxis, StGB II, S. 2511; Margaritis, Körperverletzungen, S. 67; Mpekas, Lebens- und Gesundheitsschutz, S. 54f.

600 Filippidis, Strafrecht BT Band A, S. 22; Gafos, Strafrecht BT Band D, S. 5; Magakis, Grundriss AT, S. 126; Mpekas, Lebens- und Gesundheitsschutz, S. 55.

601 Androulakis, BT, S. 112; Mpekas, Lebens- und Gesundheitsschutz, S. 64.

wehen auf das Opfer getroffen ist, das nunmehr zum Mensch geworden ist. Dieses Ergebnis lässt sich auch dann nicht ändern, wenn der Todeserfolg erst postnatal eintritt, da der Erfolgseintritt nicht maßgebend für die Bejahung der Objektsqualität und die Anwendung der Tötungsdelikte ist.

b) Pränatale Einwirkungen als Schwangerschaftsabbruch (Art. 304 grStGB)

Art. 304 beinhaltet die Tatbestände des Schwangerschaftsabbruchs, wie das Gesetz 1609 vom 1./3. Juli 1986 das frühere „Abtreibungsdelikt" jetzt nennt. Der neue Tatbestand, der nunmehr „künstlicher Abbruch der Schwangerschaft" heißt, bestimmt Folgendes:

„1. Wer die Schwangerschaft einer Frau ohne ihre Einwilligung abbricht, wird mit zeitiger Freiheitsstrafe bestraft.[602]

2a. Wer mit der Einwilligung der Schwangeren ihre Schwangerschaft unzulässig abbricht oder sie mit den Mitteln für den Abbruch versorgt, wird mit Freiheitsstrafe von mindestens sechs Monaten bzw. mindestens zwei Jahren, wenn er diese Taten aus Gewohnheit betreibt, bestraft.[603]

b. Wenn die Tat der vorstehenden Vorschrift bei der Schwangeren eine schwere körperliche oder geistige Schädigung verursacht, wird eine Gefängnisstrafe von mindestens zwei Jahren verhängt und, wenn dadurch ihr Tod herbeigeführt wird, ist auf eine zeitige Freiheitsstrafe von bis zu zehn Jahren zu erkennen.

3. Eine Schwangere, die ihre Schwangerschaft unzulässig abbricht oder einem anderen erlaubt, sie abzubrechen, wird mit Freiheitsstrafe bis zu einem Jahr bestraft.

4. Ein Schwangerschaftsabbruch, der mit der Einwilligung der Schwangeren von einem Arzt des Faches Geburtshilfe – Gynäkologie unter Teilnahme eines Anästhesisten in einer organisierten medizinischen Einrichtung durchgeführt wird, stellt keine rechtswidrige Tat dar, wenn einer der folgenden Fälle vorliegt: a) Zwölf Schwangerschaftswochen sind noch nicht abgeschlossen. b) Durch die modernen Mittel der pränatalen Diagnostik wurden Zeichen von ernsthafter Anomalie der Leibesfrucht festgestellt, die die Geburt eines kranken Neugeborenen zur Folge haben, und die Schwangerschaft dauert nicht mehr als vierund-

602 Hier ist die zeitige Freiheitsstrafe von 5 bis zu 20 Jahren gemeint; es handelt sich um ein Verbrechen.

603 Androulakis meint, dass der Gesetzgeber in diesem Fall Leute zu bestrafen beabsichtige, die gewerbsmäßig Schwangerschaftsabbrüche vornehmen, wie Klinikleiter, Gynäkologen oder Hebammen, er habe jedoch versehentlich den Ausdruck „aus Gewohnheit" anstatt des Begriffs „gewerbsmäßig" verwendet. Androulakis, BT, S. 104.

zwanzig Wochen. c) Es besteht eine unabwendbare Gefahr für das Leben der Schwangeren oder die Gefahr einer ernsten und dauerhaften Schädigung ihrer körperlichen bzw. psychischen Gesundheit. In diesem Fall ist eine Bestätigung des den Umständen entsprechend zuständigen Arztes erforderlich. d) Die Schwangerschaft ist Folge einer Vergewaltigung, des sexuellen Missbrauchs einer Minderjährigen, eines Inzestes oder des Missbrauchs einer widerstandsunfähigen Frau und neunzehn Schwangerschaftswochen sind noch nicht abgeschlossen.

5. Wenn die Schwangere minderjährig ist, ist die Einwilligung eines der Eltern oder des Sorgeberechtigten erforderlich."

Streitgegenstand in der Lehre bildet die Bestimmung des durch Art. 304 grStGB geschützten Rechtsguts. Nach einer Meinung ist als Rechtsgut das menschliche Leben in Art. 304 grStGB geschützt, dessen Trägerin auch die Leibesfrucht sei.[604] Diese Ansicht wird mit dem Argument abgelehnt, dass das pränatale Leben mit dem geborenen Leben nicht gleichgestellt werden könne, da es ontologisch nicht selbständig sei; außerdem werde das pränatale Leben vom Gesetzgeber als minderwertig im Vergleich zum Leben oder sogar zur Gesundheit bzw. Selbstbestimmung der Schwangeren betrachtet, was wegen der Absolutheit des Lebensschutzes unannehmbar wäre, wenn das pränatale Leben in gleichem Maße wie das geborene Leben geschützt wäre.[605] Einer anderen Meinung nach ist die Gesundheit der Schwangeren das geschützte Rechtsgut.[606] Auch diese Auffassung wird aber abgelehnt, da es irrational wäre, die Gesundheit der Schwangeren durch Sanktionierung des Schwangerschaftsabbruchs schützen zu wollen, aber gleichzeitig in Art. 304 Abs. 4 Fall c grStGB den Abbruch bei Gefahr einer Gesundheitsschädigung der Schwangeren als gerechtfertigt zu betrachten; problematisch ist außerdem die Bestrafung der Schwangeren selbst gemäß Art. 304 Abs. 3 grStGB bei einer sog. „Selbstabtreibung", um ihre Gesundheit zu schützen.[607] So wird auch die Meinung zurückgewiesen, dass geschütztes Rechtsgut die Leibesfrucht als Teil des Körpers der Schwangeren sei, die das Interesse der Schwangeren an der Geburt eines (gesunden) Kindes verkörpere[608]; wenn die Interessen der Schwangeren durch Art. 304 grStGB geschützt wären, wäre es absurd, die Schwangere selbst im Fall der „Selbstabtrei-

---

604 Filippidis, Strafrecht BT Band A, S. 19; Gafos, Strafrecht BT Band D, S. 4.

605 Androulakis, BT, S. 86ff.; Mpekas, Lebens- und Gesundheitsschutz, S. 43f.; Simeonidou-Kastanidou, Schwangerschaftsabbruch, S. 186.

606 Tzortzopoulos, BT 1, S. 175ff.

607 Androulakis, BT, S. 88; Mpekas, Lebens- und Gesundheitsschutz, S. 44; Simeonidou-Kastanidou, Straftaten gegen das Leben, S. 770f.

608 So Simeonidou-Kastanidou, Schwangerschaftsabbruch, S. 227ff.; dies., Straftaten gegen das Leben, S. 777.

bung“ zu bestrafen, denn sie ist die Einzige, die ihre Interessen einschätzen kann bzw. darf.[609] In ähnlicher Weise werden Ansichten, die die Interessen der Gesellschaft oder die guten Sitten als Rechtsgut annehmen, als der modernen demokratischen Gesellschaft fremd abgelehnt.[610]

Als richtiger scheint die Meinung[611], gemäß der geschütztes Rechtsgut im Fall des Art. 304 grStGB das Leben der Leibesfrucht als Trägerin des „Anwartschaftsrechts“ auf menschliches Leben ist. Dieser Ansicht nach ist die Leibesfrucht ein potentielles menschliches Wesen und als solches werde sie von Art. 304 grStGB geschützt. Dieser Schutz sei natürlich nicht mit dem Lebensschutz der Art. 299ff. grStGB gleichzustellen, sondern sei auf jeden Fall qualitativ geringwertiger, da er sich zurückziehe, wenn höherwertige Rechtsgüter wie das Leben, die Gesundheit oder sogar das Selbstbestimmungsrecht der Schwangeren bedroht werden.[612] Neben der Leibesfrucht, als potentielles Wesen, werden durch Art. 304 grStGB auch das Leben und die Gesundheit der Schwangeren (jedoch nicht von den Vorschriften, die die Selbstabtreibung bzw. den Abbruch mit Einwilligung der Schwangeren bestrafen) bzw. ihr Selbstbestimmungsrecht geschützt.[613]

aa) Tatbestandsmäßigkeit

In den Vorschriften des Art. 304 grStGB werden drei Erscheinungsformen des Schwangerschaftsabbruchs bestimmt, nämlich die sog. Fremdabtreibung ohne (Art. 304 Abs. 1) oder mit (Art. 304 Abs. 2a, 1. Fall) der Einwilligung der Schwangeren bzw. ihre Qualifikationen (Art. 304 Abs. 2b), die sog. Selbstabtreibung (Art. 304 Abs. 3) und die Beteiligung an einer Selbstabtreibung (Art. 304 Abs. 2a, 2. Fall).

Zentraler Begriff des objektiven Tatbestandes aller dieser Vorschriften des Art. 304 grStGB ist die Tathandlung „des Abbruchs der Schwangerschaft“. Die Schwangerschaft beginnt nach h.M. im Zeitpunkt der Einnistung des befruchteten Eies in der Gebärmutter, d.h. ca. 13 Tage nach der Befruchtung, und endet mit dem Beginn der Geburt, nämlich mit dem Einsatz der Eröffnungswehen.[614] In diesem Zeitraum besteht das Tatobjekt eines Schwangerschaftsabbruchs, d.h. die Leibesfrucht[615]; vor der Einnistung in der Gebärmutter liegt keine Schwan-

609 Mpekas, Lebens- und Gesundheitsschutz, S. 46f.

610 Mehr dazu in: Mpekas, Lebens- und Gesundheitsschutz, S. 45f.

611 Androulakis, BT, S. 86; Mpekas, Lebens- und Gesundheitsschutz, S. 47f.

612 Mpekas, Lebens- und Gesundheitsschutz, S. 48.

613 Mpekas, Lebens- und Gesundheitsschutz, S. 48f.; Simeonidou-Kastanidou, Straftaten gegen das Leben, S. 781.

614 Androulakis, BT, S. 97; Mpekas, Lebens- und Gesundheitsschutz, S. 486f.

615 Mpekas, Lebens- und Gesundheitsschutz, S. 487.

gerschaft vor und daher wird das befruchtete Ei nicht von Art. 304 grStGB geschützt, während nach dem Beginn der Geburt keine Leibesfrucht mehr, sondern ein Mensch existiert, was den Einsatz der Tötungsvorschriften bedeutet. Die Tathandlung des Abbruchs besteht in der Tötung der Leibesfrucht, bevor sie die Menschqualität erlangt hat, also vor dem Beginn der Geburt. Das bedeutet, dass die tödliche Einwirkung die Leibesfrucht vor dem Beginn der Geburt treffen muss; der Todeseintritt darf auch nach Beginn der Geburt stattfinden, sofern kein anderes Verhalten den kausalen Zusammenhang zwischen dem schwangerschaftsabbrechenden Verhalten und dem Todeseintritt unterbricht.[616] Das schwangerschaftsabbrechende Verhalten wird im Gesetz nicht beschrieben, sondern kann in einem aktiven Tun oder einer Unterlassung (bei Garantenstellung des Täters) bestehen[617], bzw. unmittelbar auf die Leibesfrucht (z.B. Tötung durch mechanische oder chemische Mittel) oder mittelbar durch Körperverletzung, Tötung oder heftiges Erschrecken der Schwangeren vollzogen werden.[618] Außerdem kann der Abbruch der Schwangerschaft von jedermann ausgeführt werden, da es sich um ein Allgemeindelikt handelt.

Ein weiteres Merkmal des objektiven Tatbestandes ist die Einwilligung der Schwangeren bzw. ihre Abwesenheit; Art. 304 Abs. 1, der ein Verbrechen ist, setzt voraus, dass der Schwangerschaftsabbruch ohne Einwilligung der Schwangeren durchgeführt wird, während Art. 304 Abs. 2 den Tatbestand des Abbruchs mit Einwilligung bestimmt, der ein Vergehen ist (Art. 304 Abs. 2a) und durch eine verbrecherische Qualifikation (Art. 304 Abs. 2b) ergänzt wird. Die Einwilligung der Schwangeren muss entweder ausdrücklich erklärt, oder zwar konkludent, aber auch zweifellos aus einem bestimmten Verhalten abgeleitet werden.[619]

In Art. 304 Abs. 3 grStGB wird ein – nach einer Meinung[620] echtes, nach einer anderen Auffassung[621] unechtes – Sonderdelikt beschrieben, nämlich die sog. „Selbstabtreibung“, deren Subjekt die Schwangere selbst ist. Die Tathandlung besteht in einem schwangerschaftsabbrechenden Verhalten der Schwangeren. Das kann ein aktives Tun (z.B. Einnahme von Medikamenten, Schläge in den eigenen Bauch oder sogar Selbstmordversuch) bzw. eine Unterlassung wegen der Garantenstellung der Schwangeren (z.B. Unterlassung der Einnahme

616 Androulakis, BT, S. 100; Mpekas, Lebens- und Gesundheitsschutz, S. 490; Simeonidou-Kastanidou, Straftaten gegen das Leben, S. 818.

617 Androulakis, BT, S. 100; Gafos, Strafrecht BT Band D, S. 61f.; Mpekas, Lebens- und Gesundheitsschutz, S. 490f.; Simeonidou-Kastanidou, Straftaten gegen das Leben, S. 817f.

618 Mpekas, Lebens- und Gesundheitsschutz, S. 491.

619 Simeonidou-Kastanidou, Straftaten gegen das Leben, S. 819f.

620 Simeonidou-Kastanidou, Straftaten gegen das Leben, S. 873.

621 Mpekas, Lebens- und Gesundheitsschutz, S. 506.

eines für die Fortsetzung der Schwangerschaft erforderlichen Medikamentes) oder die Duldung des Abbruchs durch einen anderen sein.[622]

In Art. 304 Abs. 4 wird eine Reihe von Umständen bestimmt, die das Unrecht des Art. 304 Abs. 2a („Fremdabtreibung" mit Einwilligung der Schwangeren) ausschließen, selbst wenn alle Merkmale des objektiven bzw. subjektiven Tatbestandes erfüllt sind. Als gemeinsame Voraussetzungen für den Einsatz der Rechtfertigungsgründe des Abs. 4 gelten die Einwilligung der Schwangeren, die Durchführung des Abbruchs von einem Arzt des Faches „Geburtshilfe – Gynäkologie", die Beteiligung eines Anästhesisten und die Durchführung des Abbruchs in einer organisierten medizinischen Einrichtung (damit sind keine ärztlichen Praxen gemeint, sondern Einrichtungen, die über alle notwendigen Mittel verfügen, um solche Operationen vorzunehmen, z.B. einen organisierten Operationssaal, eine Bluttransfusionseinrichtung und ausgebildetes Personal).[623]

Außer den gemeinsamen Voraussetzungen müssen bei jedem Rechtfertigungsgrund auch verschiedene bestimmte Kriterien erfüllt werden. Nach diesen Kriterien werden die Rechtfertigungsgründe des Abs. 4 wie folgt unterschieden:

- die *unerwünschte Schwangerschaft* (Art. 304 Abs. 4 Fall a); in diesem Fall kommt eine zeitliche Voraussetzung hinzu: Hier ist der Abbruch nur gerechtfertigt, wenn er innerhalb der ersten 12 Wochen der Schwangerschaft stattfindet. Anders als in der Vorschrift des § 218a Abs. 1 des deutschen StGB fordert der griechische Gesetzgeber keine Beratung oder andere Voraussetzung außer der Einhaltung der zwölfwöchigen Frist.
- die *embryopathische*[624] *Indikation*; in diesem Fall ist für die Rechtfertigung des Abbruchs die Einhaltung einer Frist von 24 SSW erforderlich. Außerdem gibt es eine zweite Voraussetzung, und zwar die Feststellung durch Mittel der modernen pränatalen Diagnostik, dass die Leibesfrucht unter einer erheblichen Anomalie leidet, die zur Geburt eines kranken Kindes führen wird. Es wird die Ansicht vertreten, dass der Gesetzgeber in diesem Fall sowohl eine Sondernotstandssituation als auch eine Art von „mutmaßlicher Einwilligung" der Leibesfrucht angenommen habe.[625] Um den Abbruch zu rechtfertigen, verlangt der Gesetzgeber die Feststellung von Anomalienindizien, die eine Krankheit des künftigen Kindes bedeuten; es ist nicht erforderlich, dass das Kind unter unerträglichen Schmerzen leiden wird, sondern jegliche bedeu-

---

622 Mpekas, Lebens- und Gesundheitsschutz, S. 506ff.

623 Mpekas, Lebens- und Gesundheitsschutz, S. 501.

624 Mpekas nennt sie eugenische Indikation. Mpekas, Lebens- und Gesundheitsschutz, S. 502.

625 So Mpekas, Lebens- und Gesundheitsschutz, S. 502f.

tende Krankheit, wie z.B. das Down-Syndrom, genügt, um den Abbruch innerhalb der Frist von 24 SSW zu rechtfertigen.[626]

- die *medizinische Indikation*; in diesem Fall ist keine zeitliche Grenze, sondern eine schriftliche Bestätigung des zuständigen Arztes vorausgesetzt, die nachweist, dass die Fortsetzung der Schwangerschaft eine nicht anders abwendbare Gefahr für das Leben der Schwangeren darstellt oder eine erhebliche und dauerhafte Schädigung ihrer körperlichen bzw. psychischen Gesundheit verursachen kann. Die Lebens- bzw. Gesundheitsgefahr muss nicht gegenwärtig sein, sondern es genügt, dass die Gefahrmöglichkeit in Gang gesetzt worden ist.[627] Außerdem muss sie durch andere Mittel unabwendbar sein.
- die *moralische Indikation*; dieser Rechtfertigungsgrund greift ein, wenn die Schwangerschaft die Folge eines Deliktes gegen die sexuelle Selbstbestimmung der Schwangeren ist, nämlich einer Vergewaltigung, des sexuellen Missbrauchs einer Minderjährigen, eines Inzestes oder des Missbrauchs einer widerstandsunfähigen Frau. Darüber hinaus gibt es auch hier eine zeitliche Grenze, d.h., der Abbruch ist gerechtfertigt, wenn er innerhalb der ersten 19 SSW stattfindet.

Alle Erscheinungsformen des Schwangerschaftsabbruchs – sei es die „Fremd"- oder die „Selbstabtreibung" – benötigen den Vorsatz des Täters, da es sich um Verbrechen und Vergehen handelt, die gemäß Art. 26 Abs. 1 grStGB nur dann bestraft werden, wenn sie mit Vorsatz begangen werden. Der fahrlässige Schwangerschaftsabbruch ist völlig straflos, denn der Gesetzgeber hat keinen solchen Tatbestand geschaffen. Mit dem Begriff „Vorsatz" ist auch hier jede Art von Vorsatz gemeint, und zwar auch Eventualvorsatz. Der Vorsatz muss das Bestehen der Schwangerschaft, das Vorliegen bzw. die Abwesenheit der Einwilligung der Schwangeren, das schwangerschaftsabbrechende Verhalten, den Eintritt des Todes der Leibesfrucht sowie den kausalen Verlauf dazu erfassen.[628]

bb) Pränatale tödliche Einwirkungen

In der Erörterung des Schwangerschaftsabbruchs wurde festgestellt, dass eine pränatale Handlung oder Unterlassung, die auf eine Leibesfrucht vor dem Einsatz der Eröffnungswehen einwirkt und daher ihren Tod (entweder schon im Mutterleib oder erst nach ihrem Ausstoß) verursacht, als Schwangerschaftsabbruch gemäß Art. 304 grStGB zu beurteilen ist. Wenn die Schwangere oder der

626 Mpekas, Lebens- und Gesundheitsschutz, S. 502.
627 Mpekas, Lebens- und Gesundheitsschutz, S. 503; Simeonidou-Kastanidou, Straftaten gegen das Leben, S. 845.
628 Mpekas, Lebens- und Gesundheitsschutz, S. 503f.

betreuende Arzt oder ein Dritter also mit ihrem Verhalten in solcher Weise auf die Leibesfrucht einwirken, dass deren Tod herbeigeführt wird, ist dieses Verhalten als Schwangerschaftsabbruch gemäß Art. 304 zu bestrafen. Der Todeseintritt kann sowohl im Mutterleib als auch erst nach dem Ausgang des Kindes stattfinden. Das gilt natürlich unter der Voraussetzung, dass die Beteiligten vorsätzlich gehandelt haben und ihr Vorsatz alle Merkmale des objektiven Tatbestandes deckt, d.h. auch die Abtötung der Leibesfrucht sowie den kausalen Verlauf bis zum Todeseintritt. Im Gegensatz dazu kann dieses Verhalten nicht gemäß Art. 304 grStGB bestraft werden, wenn es durch Fahrlässigkeit die Abtötung der Leibesfrucht verursacht, denn der Schwangerschaftsabbruch wird auch im griechischen Strafrecht nur dann bestraft, wenn er vorsätzlich begangen worden ist.

c) Pränatale Einwirkungen als Körperverletzungsdelikte (Art. 308-312, 314 grStGB)

Das 16. Kapitel des grStGB ist den Körperverletzungsdelikten gewidmet. Wie schon erwähnt, ist der Art. 308 (einfache Körperverletzung) der Grundtatbestand. Art. 308A (nicht provozierte Körperverletzung), Art. 309 (gefährliche Körperverletzung), Art. 310 (schwere Körperverletzung), Art. 311 (Körperverletzung mit Todesfolge) und Art. 312 (Körperverletzung von Minderjährigen usw.) stellen Qualifikationstatbestände dar, während Art. 314 einen minder schweren Fall bestraft, und zwar die fahrlässige Körperverletzung. In Bezug auf pränatale Beeinträchtigungen der Leibesfrucht werden hier nur die einfache bzw. die fahrlässige Körperverletzung weiter analysiert, denn sie kommen als sachbezogen in Betracht. Hier wird aus systematischen Gründen auch der Tatbestand der Körperverletzung einer Leibesfrucht oder eines Neugeborenen des Art. 304A grStGB einbezogen, obwohl der Gesetzgeber ihn aus rätselhaften Gründen unter den Delikten gegen das Leben eingeordnet hat.

aa) Einfache Körperverletzung (Art. 308 grStGB)

Die Vorschrift des Art. 308 grStGB lautet:

„1. Wer einem anderen eine körperliche Verletzung oder Gesundheitsschädigung vorsätzlich zufügt, wird mit Freiheitsstrafe bis zu drei Jahren bestraft. Wenn die Verletzung oder Gesundheitsschädigung, die er verursacht hat, völlig geringfügig ist, wird er mit Freiheitsstrafe von höchstens sechs Monaten oder mit Geldstrafe bestraft. Wenn sie unbedeutend ist, wird er mit Haftstrafe oder mit Geldbuße bestraft.

2. Die Körperverletzung des Abs. 1 ist nicht rechtswidrig, wenn sie mit der Einwilligung des Opfers vorgenommen wird und nicht gegen die guten Sitten verstößt.

3. Der für die Tat des Abs. 1 Verantwortliche kann von jeder Strafe befreit werden, wenn er zur Tat durch gerechtfertigten Ärger wegen einer unmittelbar vorangegangenen Tat angereizt worden ist, die das Opfer gegen ihn oder vor ihm ausgeführt hat und die besonders hart oder grob war."

In der Lehre sind verschiedene Meinungen betreffs des im 16. Kapitel des grStGB geschützten Rechtsguts vertreten worden, die drei Hauptgruppen bilden, und zwar die Auffassung, die die körperliche Unversehrtheit als geschütztes Rechtsgut ansieht[629], die, die das Rechtsgut Gesundheit befürwortet[630], und die, dergemäß beide vorgenannten Rechtsgüter durch die Vorschriften des 16. Kapitels grStGB geschützt werden.[631] Die letzte Meinung, die sowohl die körperliche Unversehrtheit als auch die Gesundheit als im 16. Kapitel geschützte Rechtsgüter ansieht, hat die Rechtsprechung des Areopags übernommen.[632] Demgemäß schützt das 16. Kapitel die körperliche Unversehrtheit vor Beeinträchtigungen durch äußere Einwirkung auf den Körper und die Gesundheit vor Einwirkungen, die die ungestörte Funktion bzw. Kooperation der menschlichen Organe behindern.[633]

Der Schutz der Rechtsgüter der körperlichen Unversehrtheit und Gesundheit ist – anders als der des Lebens – relativ. Der Vergleich findet zwischen dem körperlichen und gesundheitlichen Zustand vor und dem nach der Beeinträchtigung statt; wenn der körperliche bzw. gesundheitliche Zustand nach der Beeinträchtigung schlechter als zuvor ist, dann liegt eine Verletzung der Rechtsgüter des 16. Kapitels grStGB vor, selbst wenn der Zustand dieses Menschen auch früher nicht gut war.[634] Außerdem wird die Relativität des Schutzes dieser Rechtsgüter auch dadurch bestätigt, dass sie von ihrem Träger frei verfügbar sind, zumindest was die einfache Körperverletzung betrifft und soweit die guten Sitten nicht verletzt werden (Art. 308 Abs. 2 grStGB).

---

629 Gafos, Strafrecht BT Band D, S. 92; Margaritis, Körperverletzungen, S. 57; Simeonidou-Kastanidou, Strafrecht BT, S. 156f.

630 Androulakis, BT, S. 111; Kaiafa-Gbanti, NoB 1989, 872, 880; Mpekas, Lebens- und Gesundheitsschutz, S. 33f.

631 Karanikas, BT, Band Γ′, Heft A′, S. 5.

632 AP 416/1952, PoinChr. B′, 514; AP 157/1977, PoinChr. KZ′, 574; AP 1655/1981, PoinChr. ΛB′, 740.

633 AP 87/1981, PoinChr. ΛA′, 466; AP 602/1982, PoinChr. ΛΓ′, 41; AP 1023/1982, PoinChr. ΛΓ′, 311.

634 Mehr dazu in: Mpekas, Lebens- und Gesundheitsschutz, S. 35.

Die folgende Erörterung wird die einfache Körperverletzung von Art. 308 Abs. 1 S. 1 grStGB betreffen. Anschließend wird die Anwendungsmöglichkeit dieser Vorschrift auf pränatale Einwirkungen, die eine Behinderung bzw. Krankheit der Leibesfrucht und des sich daraus entwickelnden Kindes verursachen, untersucht.

(1) Tatbestandsmäßigkeit

Die einfache Körperverletzung des Art. 308 Abs. 1 S. 1 grStGB ist der Grundtatbestand der Körperverletzungsdelikte. Es geht um ein Allgemeindelikt, da es von jedermann begangen werden kann, nicht jedoch vom Träger des Rechtsguts selbst, weil die Selbstverletzung keinen Straftatbestand erfüllt. Aus diesem Grund wird auch festgestellt, dass Tatobjekt der Körperverletzung nur ein anderer Mensch sein kann. Der andere Mensch muss jedenfalls lebend sein; tote Menschen verfügen natürlich über keine körperliche Unversehrtheit oder Gesundheit und können daher keine tauglichen Objekte einer Körperverletzung darstellen. Dies gilt ebenfalls für die Leibesfrucht, denn auch im Bereich der Körperverletzungsdelikte gelten die Kriterien für die Erlangung der Menschqualität, die bei den Tötungsdelikten schon erörtert worden sind; die Auslegung des Begriffs „Mensch" gilt für den ganzen Bereich des Strafrechts einheitlich. Eine Leibesfrucht kann daher kein taugliches Objekt einer Körperverletzung sein, da sie keine Menschqualität besitzt; die Menschqualität erlangt sie erst mit dem Beginn der Geburt, und zwar mit dem Einsatz der Eröffnungswehen.[635]

Die Tathandlung wird im Gesetz nicht bestimmt, sondern nur ihre Folge, d.h. die körperliche Verletzung bzw. Gesundheitsschädigung. Das bedeutet, dass die Tathandlung in einem Verhalten jeder Art bestehen kann, das geeignet ist, eine körperliche Verletzung bzw. Gesundheitsschädigung herbeizuführen.[636] Dieses Verhalten kann sowohl ein aktives Tun als auch eine Unterlassung sein, soweit der Täter als Garant i.S. des Art. 15 grStGB eine besondere rechtliche Pflicht zur Abwendung des Erfolgs, d.h. der körperlichen Verletzung bzw. Gesundheitsschädigung, hat.

Taterfolg ist der Eintritt der Körperverletzung bzw. Gesundheitsschädigung; die Erwähnung beider Begriffe ist in der Lehre als Pleonasmus kritisiert worden, denn es handele sich um eine Beziehung zwischen Ober- und Unterbegriff (welcher der Ober- und welcher der Unterbegriff ist, ist umstritten).[637] Es wird allerdings angenommen, dass als Körperverletzungen alle Beeinträchtigungen des

635 Margaritis, Körperverletzungen, S. 143.

636 Androulakis, BT, S. 128; Mpekas, Lebens- und Gesundheitsschutz, S. 297.

637 Margaritis, Körperverletzungen, S. 150; Mpekas, Lebens- und Gesundheitsschutz, S. 298.

äußeren oder inneren Körpers zu verstehen sind, die die normale Funktion des Organismus stören und die Aktivierung eines außerordentlichen Wiederherstellungsprozesses notwendig machen; daneben sind als Gesundheitsschädigungen Beeinträchtigungen der Gesundheit zu verstehen, die nicht unbedingt den Körper als Materie verändern, sondern die Funktion eines Organes oder das psychische Gleichgewicht stören.[638] In diesem Sinne sind körperliche Verletzungen Wunden, wie z.B. ein Knochenbruch, eine Verbrennung, eine Amputierung oder eine Erblindung, während eine Gesundheitsschädigung Fälle darstellen, wie die Übertragung einer Krankheit, eine neurologische Störung bzw. eine psychische Krankheit. Jedenfalls ist es erforderlich, dass sich die Kondition des Organismus verschlimmert (das ist nicht der Fall z.B. bei einer Schwangerschaft), während ein Schmerzempfinden nicht notwendig ist.[639]

Natürlich ist auch hier ein kausaler Zusammenhang zwischen dem Verhalten des Täters und dem Eintritt der körperlichen Verletzung bzw. Gesundheitsschädigung für die Erfüllung des objektiven Tatbestandes erforderlich. Allerdings ist nicht jede Conditio sine qua non relevant, vielmehr ist es notwendig, dass sowohl das Verhalten dem grammatischen Inhalt des Begriffs „Körperverletzung" entspricht als auch der Eintritt der körperlichen Verletzung bzw. Gesundheitsschädigung dem Täter objektiv zuzurechnen ist.[640]

Der Gesetzgeber bestimmt den subjektiven Tatbestand der einfachen Körperverletzung ausdrücklich in Art. 308 Abs. 1 S. 1 grStGB. Demgemäß ist Vorsatz des Täters erforderlich, und zwar jede Art von Vorsatz, der alle Merkmale des objektiven Tatbestandes erfassen muss (auch die Garantenstellung im Fall der Körperverletzung durch Unterlassung).[641]

(2) Pränatale schädliche Einwirkungen mit postnatalen Folgen als vorsätzliche Körperverletzung gemäß Art. 308 grStGB

Die Erörterung der Strafbarkeitsvoraussetzungen der vorsätzlichen Körperverletzung des Art. 308 grStGB hat zur Feststellung geführt, dass taugliche Tatobjekte des Deliktes nur lebende geborene Menschen sind. Es wurde schon erklärt, dass die Menschqualität erst ab dem Zeitpunkt des Beginns der Geburt mit dem Einsatz der Eröffnungswehen erlangt wird. Daher ist die Leibesfrucht vor dem Einsatz der Eröffnungswehen kein taugliches Objekt einer Körperverletzung des Art. 308 grStGB.

---

638 Mpekas, Lebens- und Gesundheitsschutz, S. 301f.

639 Androulakis, BT, S. 132; Margaritis, Körperverletzungen, S. 151; Simeonidou-Kastanidou, Strafrecht BT, S. 158f.

640 Androulakis, AT 1, S. 204f.; Mpekas, Lebens- und Gesundheitsschutz, S. 105f.

641 Mpekas, Lebens- und Gesundheitsschutz, S. 423.

Die Darstellung der möglichen Gefahren, denen eine Leibesfrucht während der Schwangerschaft begegnet, hat jedoch gezeigt, dass sie einer Reihe von pränatalen Beeinträchtigungen vonseiten des Arztes, der Schwangeren oder dritter Personen ausgesetzt ist, die zur Manifestierung einer erheblichen Behinderung oder Krankheit erst außerhalb des Mutterleibes, zu einer späteren Zeit führen können. Wie im Bereich der Tötungsdelikte aufgeführt wurde, ist in solchen Fällen auf den maßgeblichen Zeitpunkt für die Existenz der erforderlichen Objektsqualität abzustellen. Wie bei allen Erfolgsdelikten ist nach herrschender Lehre auch im Fall der Delikte gegen die körperliche Unversehrtheit bzw. Gesundheit nicht der Zeitpunkt der Tathandlung oder des Erfolgseintritts, sondern der der Einwirkung des schädlichen Verhaltens auf das Tatobjekt für die strafrechtliche Beurteilung der Tat maßgeblich.[642] Wenn demgemäß ein vorsätzliches schädigendes Verhalten des Arztes bei der Durchführung seiner Pflichten, oder der Schwangeren im Verlauf der Schwangerschaft bzw. einer dritten Person durch Einwirkung auf die Schwangere auf eine Leibesfrucht vor Beginn der Eröffnungswehen eingewirkt hat, ist die Anwendung der Körperverletzungsvorschrift des Art. 308 grStGB ausgeschlossen, und zwar auch dann, wenn der Körperverletzungserfolg nach dem Ausgang des Kindes aus dem Mutterleib eingetreten ist. Wenn im Gegensatz dazu die Einwirkung des pränatalen schädigenden Verhaltens auf das Tatobjekt erst nach dem Einsatz der Eröffnungswehen erfolgt ist und daher einen Menschen getroffen hat, kommen die Körperverletzungsvorschriften des grStGB in Betracht.

bb) Fahrlässige Körperverletzung (Art. 314 grStGB)

Gemäß Art. 314 grStGB wird die fahrlässige Körperverletzung wie folgt bestimmt:

„1. Wer die körperliche Verletzung oder Gesundheitsschädigung eines anderen fahrlässig verursacht, wird mit Freiheitsstrafe bis zu drei Jahren bestraft. Wenn die verursachte Körperverletzung völlig geringfügig ist, wird eine Gefängnisstrafe von bis zu drei Monaten oder eine Geldstrafe verhängt.

2. Die Vorschrift des Abs. 2 des Art. 302 wird auch auf die Tat des vorigen Absatzes entsprechend angewendet. In diesem Fall ist immer ein Strafantrag für die Strafverfolgung erforderlich und der zweite Satz des ersten Absatzes des folgenden Artikels wird nicht angewendet.“

(1) Tatbestandsmäßigkeit

In Art. 314 Abs. 1 S. 1 grStGB bestraft der Gesetzgeber die Körperverletzung, wenn sie fahrlässig verursacht worden ist. Er beschreibt in Abs. 1 S. 2 einen

642 Androulakis, BT, S. 113; Mpekas, Lebens- und Gesundheitsschutz, S. 297.

minder schweren Fall der fahrlässigen Körperverletzung, und zwar die völlig geringfügige Körperverletzung. Genau wie im Fall der fahrlässigen Tötung ist auch hier die objektive Pflichtwidrigkeit wesentliche Bedingung des objektiven Tatbestandes. Als Tathandlung des Art. 314 ist nicht jede Handlung zu verstehen, sondern eine Handlung, die eine objektive Pflichtwidrigkeit darstellt, wie sie im Abschnitt über die fahrlässige Tötung schon erörtert worden ist. Wenn der Täter eine Garantenstellung für die Abwendung des Körperverletzungserfolgs hat, kann der objektive Tatbestand auch durch eine Unterlassung erfüllt werden, die eine objektive Pflichtwidrigkeit darstellt.[643]

Tatobjekt der fahrlässigen Körperverletzung ist der andere, lebende Mensch. Auch hier gilt, was über das taugliche Tatobjekt der vorsätzlichen Körperverletzungsdelikte erörtert worden ist. Es wurde schon erklärt, dass eine Leibesfrucht kein taugliches Objekt einer Körperverletzung sein kann, da sie über keine Menschqualität verfügt; die Menschqualität erlangt sie erst mit dem Beginn der Geburt, und zwar mit dem Einsatz der Eröffnungswehen, und ab diesem Zeitpunkt kann sie als Mensch zum tauglichen Tatobjekt einer fahrlässigen Körperverletzung werden.

Außerdem ist es erforderlich, dass der Täter die Körperverletzung fahrlässig herbeigeführt hat. Seine Fahrlässigkeit kann sowohl bewusst als auch unbewusst i.S. des Art. 28 grStGB sein. In diesem Sinne liegt eine fahrlässige Körperverletzung vor, wenn der Täter gewusst hat oder hätte wissen müssen bzw. können, dass er eine Pflichtwidrigkeit begeht, aber gleichzeitig gewusst hat (ohne es jedoch in Kauf zu nehmen) oder hätte wissen müssen bzw. können, dass sein Verhalten die körperliche Verletzung oder Gesundheitsschädigung eines Menschen verursachen könnte.[644] Die Fahrlässigkeit des Täters kann sich nicht nur bei der Durchführung einer Tätigkeit manifestieren, sondern auch wenn der Täter die sog. Übernahmefahrlässigkeit aufweist, d.h. seine Pflichtverletzung in der Übernahme der Tätigkeit selbst besteht.[645] Ähnliches gilt, wenn das pflichtwidrige Verhalten des Täters in einer Unterlassung besteht. In diesem Fall muss die Fahrlässigkeit des Garanten nicht nur die Unterlassung, sondern auch seine besondere rechtliche Pflicht, den Tod abzuwenden, umfassen.

643 Androulakis, BT, S. 157; Gafos, Strafrecht BT Band D, S. 126; Margaritis, Körperverletzungen, S. 636ff.; Mpekas, Lebens- und Gesundheitsschutz, S. 427f.

644 Mpekas, Lebens- und Gesundheitsschutz, S. 436.

645 Mpekas, Lebens- und Gesundheitsschutz, S. 437.

(2) Pränatale schädliche Einwirkungen mit postnatalen Folgen als fahrlässige Körperverletzungen

Es wurde schon konstatiert, dass die Leibesfrucht kein taugliches Tatobjekt einer fahrlässigen Körperverletzung i.S. des Art. 314 grStGB darstellen kann, denn sie verfügt über keine Menschqualität. Maßgeblicher Zeitpunkt für die Erlangung der Menschqualität ist auch hier der Einsatz der Eröffnungswehen. Genau wie in den Fällen der vorsätzlichen Körperverletzung können der Leibesfrucht auch fahrlässig Schäden zugefügt werden, die sich erst postnatal zeigen, nämlich nachdem die Leibesfrucht die Menschqualität erlangt hat. Es wurde schon ausführlich dargelegt, dass als entscheidender Zeitpunkt für das Vorliegen der Menschqualität derjenige der Einwirkung des schädlichen Verhaltens auf das Tatobjekt angenommen wird. Wenn also ein Arzt, eine Schwangere oder ein Dritter im Umgang mit der Leibesfrucht bei dieser fahrlässig eine Körperverletzung verursachen, die auf die Leibesfrucht vor dem Einsatz der Eröffnungswehen einwirkt, kann keine Körperverletzung des Art. 314 grStGB bejaht werden, selbst wenn der Körperverletzungserfolg nach der Geburt des Kindes eintritt. Denn in diesem Fall wurde auf eine Leibesfrucht eingewirkt, die kein taugliches Objekt einer fahrlässigen Körperverletzung darstellt. Nur wenn die Beeinträchtigung auf das Kind nach dem Beginn der Geburt einwirkt, d.h. nachdem es ein Mensch geworden ist, kann eine Körperverletzung des Art. 314 grStGB vorliegen.

cc) Körperverletzung einer Leibesfrucht oder eines Neugeborenen (Art. 304A grStGB)

Gemäß Art. 304A grStGB gilt Folgendes:

„Wer auf die Schwangere rechtswidrig einwirkt und dadurch der Leibesfrucht eine schwere Schädigung oder dem Neugeborenen eine schwere körperliche oder geistige Krankheit zufügt, wird nach den Vorschriften des Art. 310 bestraft.“

Die Regelung des Art. 304A grStGB ist von der Lehre[646] als missglückt und unzusammenhängend heftig kritisiert worden. Schon die Stellung einer Vorschrift, die den Schutz der körperlichen Unversehrtheit bzw. Gesundheit beabsichtige, im 15. Kapitel des grStGB, das das menschliche Leben schütze, sei verfehlt. Aber auch die Bestimmung des durch Art. 304A grStGB geschützten Rechtsguts weise Widersprüche auf. Zum einen werde die Gesundheit der Leibesfrucht und zum anderen die Gesundheit des Neugeborenen geschützt, das aber schon ein Mensch sei, dessen Gesundheit bereits durch die Vorschriften des

646 Mpekas, Lebens- und Gesundheitsschutz, S. 518ff.; Simeonidou-Kastanidou, Straftaten gegen das Leben, S. 875f.

16. Kapitels des StGB geschützt werde. Diese Argumente erscheinen als angemessen und gerechtfertigt; der Gesetzgeber hat beabsichtigt, das pränatale bzw. neue Leben durch eine besondere Vorschrift zu schützen, die Terminologie ist aber nicht sehr gelungen.

(1) Tatbestandsmäßigkeit

Es geht um ein Allgemeindelikt, das von jedermann begangen werden kann; zu den Tätern kann jedoch nicht die Schwangere selbst gehören, denn die Vorschrift verlangt, dass eine andere Person auf die Schwangere einwirkt.[647] Tatobjekt ist nach einer Meinung[648] der Körper der Schwangeren und durch ihn mittelbar die Leibesfrucht, während nach anderer Ansicht[649] nur die Leibesfrucht das Tatobjekt darstellt. Als Leibesfrucht gilt das pränatale Leben erst ab dem Zeitpunkt der Einnistung in der Gebärmutter, wie bereits bei den Tatbeständen des Schwangerschaftsabbruchs erörtert worden ist. Das Neugeborene stellt kein Tatobjekt des Art. 304A grStGB dar, denn maßgeblicher Zeitpunkt ist auch hier der Zeitpunkt der Einwirkung, und im Fall des Art. 304A grStGB trifft die Einwirkung das Tatobjekt immer vor Beginn der Geburt, also trifft sie eine Leibesfrucht.[650]

Die Tathandlung besteht in einer rechtswidrigen Einwirkung auf die Schwangere. Sie wird nicht ausdrücklich beschrieben, jedoch wird angenommen, dass dazu jede Form von Gewalt zähle, d.h. sowohl körperliche Gewalt als auch jedes Verhalten, das auf den Organismus der Schwangeren in ähnlicher Weise einwirken könne, wie z.B. heftiges Erschrecken durch Drohung. Diese Einwirkung könne auch in einer Unterlassung bestehen, wenn der Täter ein Garant für die Abwendung des Taterfolgs sei, z.B. wenn die zur Pflege der Schwangeren verpflichteten Eltern bzw. ihr Ehegatte ihr die Ernährung verweigern.[651]

Als Taterfolg wird die „schwere Schädigung" der Leibesfrucht bzw. „die schwere körperliche oder geistige Krankheit" des Neugeborenen genannt. Obwohl der Gesetzgeber unterschiedliche Ausdrücke für die Bestimmung des Taterfolgs bei der Leibesfrucht und bei dem Neugeborenen verwendet hat, ist es richtiger anzunehmen, dass der Begriff der schweren Schädigung i.S. einer

647 Mpekas, Lebens- und Gesundheitsschutz, S. 519; Simeonidou-Kastanidou, Straftaten gegen das Leben, S. 879.

648 Mpekas, Lebens- und Gesundheitsschutz, S. 519.

649 Simeonidou-Kastanidou, Straftaten gegen das Leben, S. 879.

650 Mpekas, Lebens- und Gesundheitsschutz, S. 519. So auch: Simeonidou-Kastanidou, Straftaten gegen das Leben, S. 879, obwohl sie als maßgeblich den Zeitpunkt der Handlung annimmt.

651 Mpekas, Lebens- und Gesundheitsschutz, S. 520.

schweren physiologischen Schädigung verstanden werden sollte. Aber auch der Gebrauch des Begriffs „Neugeborenes“ ist wenig glücklich, denn seine zeitlichen Grenzen können nicht einfach bestimmt werden, insbesondere wenn man bedenkt, dass sich eine geistige Krankheit erst viel später manifestieren kann, wenn das Kind nicht mehr ein Neugeborenes ist; wie Mpekas meint, bestünde die einzige Lösung darin, den Begriff „Neugeborenes“ als „Kind“ zu interpretieren, dessen Schädigung in einer Einwirkung liege, die es als Leibesfrucht während der Schwangerschaft getroffen und die sich erst nach der Geburt manifestiert habe.[652] Darüber hinaus muss ein kausaler Zusammenhang zwischen der Einwirkung auf die Schwangere und der Schädigung bzw. Krankheit bestehen.

Für die Erfüllung des subjektiven Tatbestandes des Art. 304A grStGB ist Vorsatz erforderlich, was das Verhalten des Täters betrifft; d.h., der Täter muss wissen, dass er auf eine Schwangere einwirkt. Es reicht Vorsatz jeden Grades. In Bezug auf den Taterfolg der Körperverletzung der Leibesfrucht bzw. des Neugeborenen und den Kausalverlauf bis hin zum Erfolgseintritt erstreckt sich allerdings der subjektive Tatbestand von der Fahrlässigkeit bis hin zur Absicht. Wenn der Erfolg bzw. der Kausalverlauf mindestens auf Fahrlässigkeit i.S. des Art. 28 grStGB (also auch auf Eventualvorsatz oder direktem Vorsatz 2. Grades) beruht, wird nach der ausdrücklichen Bestimmung des Gesetzgebers die Vorschrift des Art. 310 Abs. 1 grStGB (schwere Körperverletzung) angewendet. Wenn aber der Taterfolg bzw. der Kausalverlauf von der Absicht des Täters erfasst worden ist, wird die Vorschrift des Art. 310 Abs. 3 grStGB (beabsichtigte Körperverletzung) angewendet, die ein Verbrechen normiert.[653]

(2) Pränatale schädliche Verhaltensweisen als Körperverletzung einer Leibesfrucht oder eines Neugeborenen

Das Delikt des Art. 304A grStGB beweist, dass der griechische Gesetzgeber die Gesundheit der Leibesfrucht als schutzbedürftiges Rechtsgut betrachtet, und es könnte sogar vermutet werden, dass er sie als Rechtsgut von höherem Wert im Vergleich zum Leben der Leibesfrucht ansieht. Diese Vermutung beruht auf der Tatsache, dass die fahrlässige Abtötung einer Leibesfrucht straflos ist (der Schwangerschaftsabbruch fordert den Vorsatz des Täters), während die Fahrlässigkeit betreffs des Erfolgs der Körperverletzung den Tatbestand des Art. 304A grStGB erfüllt. Diese Tatsache i.V.m. der Regelung des speziellen Rechtfertigungsgrundes der embryopathischen (sog. eugenischen) Indikation in Art. 304 Abs. 4 grStGB verstärkt die Hypothese, dass die Gesundheit der Leibesfrucht

652 Mpekas, Lebens- und Gesundheitsschutz, S. 521.

653 Mpekas, Lebens- und Gesundheitsschutz, S. 523f.

vom Gesetzgeber als im Vergleich zu ihrem Leben wertvolleres Gut beurteilt wird.

Die immer stärker als missglückt und problematisch erscheinende Vorschrift des Art. 304A grStGB wird in vielen Fällen von pränatalen Einwirkungen angewendet, die eine schwere Körperverletzung der Leibesfrucht oder des aus ihr entstandenen Kindes verursachen. Wenn also der Arzt oder ein Dritter die Schwangere vorsätzlich rechtswidrig beeinträchtigt und seine Tat auf die Leibesfrucht einwirkt und intrauterin oder außerhalb des Mutterleibes ihre schwere körperliche Schädigung herbeiführt, ist er gemäß Art. 304A grStGB strafbar. Wenn der Eintritt der Schädigung auf Fahrlässigkeit (oder Eventualvorsatz oder direktem Vorsatz) beruht, wird gemäß Art. 304A die Strafe des Art. 310 Abs. 1 grStGB verhängt. Hat der Täter die schwere körperliche Schädigung der Leibesfrucht oder die schwere körperliche bzw. geistige Krankheit des aus ihr entstandenen Neugeborenen beabsichtigt, ist gemäß Art. 304A grStGB die Strafe des Art. 310 Abs. 3 grStGB zu verhängen.

In dem Fall, in dem der Arzt oder der Dritte die Schwangere fahrlässig beeinträchtigt und dadurch auf die Leibesfrucht eingewirkt hat, was zur schweren körperlichen Schädigung der Letzteren oder zur schweren körperlichen bzw. geistigen Krankheit des sich daraus entwickelnden Neugeborenen geführt hat, kommt Art. 304A grStGB gar nicht in Betracht, denn sein subjektiver Tatbestand fordert Vorsatz des Täters betreffs der Einwirkung auf die Schwangere. Diese Verletzung bleibt straflos, da sie auf eine Leibesfrucht eingewirkt und daher den Körperverletzungstatbestand des Art. 314 grStGB nicht erfüllt hat. Nur wenn die Einwirkung das Kind nach dem Einsatz der Eröffnungswehen trifft, kann Art. 314 grStGB in Betracht kommen. Ähnlich wird Art. 304A grStGB nicht angewendet, falls die Einwirkung auf die Schwangere, die die Leibesfrucht verletzt hat, nicht rechtswidrig war, z.B. im Fall einer Schädigung bei einer ärztlichen Untersuchung im Verlauf der Schwangerschaft.

Hier sollte auch erwähnt werden, dass keine Konkurrenz zwischen Art. 304A grStGB und einem anderen Körperverletzungsdelikt der Art. 308-314 grStGB vorliegen kann, wenn die Körperverletzung erst nach der Geburt eintritt; denn keiner der Tatbestände der Art. 308-314 grStGB wird erfüllt, da die Einwirkung keinen Menschen, sondern eine Leibesfrucht getroffen hat.[654]

Wenn der Arzt oder ein Dritter auf eine Leibesfrucht mit Schwangerschaftsabbruchsvorsatz einwirkt, aber anstatt des Todes eine schwere körperliche Schädigung der Leibesfrucht eintritt, liegt ein Schwangerschaftsabbruchsversuch (Art. 42 i.V.m. Art. 304 grStGB) in Idealkonkurrenz mit Körperverletzung einer

654 Mpekas, Lebens- und Gesundheitsschutz, S. 533.

Leibesfrucht (Art. 304A grStGB) vor. Die Meinung[655], dass es sich um eine scheinbare Konkurrenz handele, wobei der Schwangerschaftsabbruchsversuch die Körperverletzung der Leibesfrucht absorbieren soll, weil die Verletzung des Lebens eine schwerere Tat als die Verletzung der Gesundheit sei, ist abzulehnen. Was das pränatale Leben betrifft, so ist die Gesundheit vom Gesetzgeber als ein höherwertiges Rechtsgut im Vergleich zum Leben beurteilt worden und deren Verletzungen werden schärfer als die Verletzungen des pränatalen Lebens bestraft. Der Schwangerschaftsabbruchsversuch könnte die Körperverletzung einer Leibesfrucht nicht absorbieren, denn seine Strafe kann gemäß Art. 83 grStGB bis zu einer Gefängnisstrafe von 10 Tagen (oder von einem Jahr im Fall des Fehlens der Einwilligung der Schwangeren) vermindert werden, während die Körperverletzung der Leibesfrucht mit einer Gefängnisstrafe von 2 Jahren bedroht ist.[656]

Es wurde schließlich schon erwähnt, dass die Schwangere selbst kein Tatsubjekt des Art. 304A grStGB darstellt. Das bedeutet, dass sie straflos bleibt, wenn sie durch selbstschädigendes Verhalten auf die Leibesfrucht einwirkt und bei ihr eine Verletzung verursacht, weil sie auf keinen Menschen einwirkt und daher keinen Tatbestand der Art. 308-314 grStGB erfüllt. Die Vorschriften der Art. 308-314 grStGB kommen nur dann in Betracht, wenn das Verhalten der Schwangeren erst nach Beginn der Geburt auf einen Menschen einwirkt und bei ihm eine Körperverletzung verursacht.

dd) Zwischenergebnis bezüglich der pränatalen Einwirkungen als Körperverletzungsdelikte des grStGB

Die einheitliche Geltung des Begriffs „Mensch“ für den gesamten Bereich des Strafrechts führt zum Ergebnis, dass das Menschsein erst mit dem Beginn der Geburt und zwar mit dem Einsatz der Eröffnungswehen bejaht werden darf, was die Körperverletzungstatbestände des grStGB betrifft. Auch hier ist nach h.M. der Zeitpunkt der Einwirkung des schädigenden Verhaltens auf das Opfer für die Bejahung der erforderlichen Menschqualität entscheidend.

Im Fall einer pränatalen Beeinträchtigung, die auf die Leibesfrucht vor dem Einsatz der Eröffnungswehen trifft, kann keine vorsätzliche oder fahrlässige Körperverletzung gemäß Art. 308ff. bzw. 314 grStGB vorliegen, da das taugliche Objekt „Mensch“ fehlt. In diesem Fall kann nur der Tatbestand der Körperverletzung einer Leibesfrucht oder eines Neugeborenen nach Art. 304A grStGB erfüllt werden, wenn der Täter mindestens mit Eventualvorsatz gehandelt hat. Wenn aber das Verhalten des Täters auf Fahrlässigkeit beruht hat, bleibt die

655 Simeonidou-Kastanidou, Straftaten gegen das Leben, S. 884f.
656 Mpekas, Lebens- und Gesundheitsschutz, S. 531f.

Verletzung der Leibesfrucht straflos, weil der Gesetzgeber die fahrlässige Körperverletzung einer Leibesfrucht nicht sanktionieren will.

Die Tatbestände der vorsätzlichen bzw. fahrlässigen Körperverletzung kommen nur dann in Betracht, wenn die schädliche Verhaltensweise auf einen Menschen nach dem Beginn der Eröffnungswehen getroffen ist. Die Leibesfrucht wird also von den Tatobjekten einer fahrlässigen Körperverletzung ausgeschlossen, selbst wenn die Folgen ihrer Verletzung erst postnatal eintreten oder in der nachgeburtlichen Zeit fortdauern.

d) Schlussfolgerungen aus der Untersuchung der pränatalen Beeinträchtigungen der Leibesfrucht nach den allgemeinen Tatbeständen des grStGB

Die Untersuchung des strafrechtlichen Schutzes der Leibesfrucht vor pränatalen Beeinträchtigungen, die ihr Leben oder ihre körperliche bzw. gesundheitliche Integrität verletzen, hat gezeigt, dass der griechische Gesetzgeber dem pränatalen Leben keinen seiner erhöhten Gefahrenlage entsprechenden Schutz gewährleistet hat. Zwar hat er sich entschlossen, die Leibesfrucht vor vorsätzlichen Verletzungen ihrer Gesundheit durch den umstrittenen Tatbestand des Art. 304A grStGB zu schützen. Eine Betrachtung der alltäglichen Praxis zeigt aber, dass die Leibesfrucht eher durch fahrlässige Beeinträchtigungen gefährdet wird. Solchen Beeinträchtigungen gegenüber bleibt die Leibesfrucht schutzlos, gleichgültig ob sie dadurch getötet oder körperlich beschädigt wurde.

Der einzige Bereich, in dem die Leibesfrucht einen höheren Schutz genießt, ist der der vorsätzlichen Beeinträchtigungen. Wie gesagt, werden vorsätzliche Körperverletzungen der Leibesfrucht durch Art. 304A grStGB bestraft. Wenn sie jedoch von der Mutter herbeigeführt worden sind, bleiben sie straflos, denn die Mutter gehört nicht zu den Tätern des Deliktes des Art. 304A grStGB; der Gesetzgeber hat sich gegen eine Pönalisierung des privaten Lebensbereichs der Schwangeren entschlossen. Darüber hinaus werden pränatale Einwirkungen, die den Tod der Leibesfrucht vorsätzlich verursachen, durch die Tatbestände über den Schwangerschaftsabbruch bestraft.

2. Die Strafbarkeit der an einer Abtötung oder Verletzung der Leibesfrucht Beteiligten nach dem griechischen Strafrecht

Nach der Behandlung der Tatbestände des griechischen Strafrechts, die zum Schutz der Leibesfrucht vor pränatalen Beeinträchtigungen angewendet werden können, ist eine getrennte Analyse der Strafbarkeit der an solchen Beeinträchtigungen beteiligten Personen erforderlich. Der Tod oder die körperliche Verletzung der Leibesfrucht können durch den Arzt, die Schwangere selbst oder eine dritte Person auf jede weiter oben schon dargelegte Art und Weise verursacht werden. Ihre Strafbarkeit gemäß den gerade erörterten Tatbeständen wird im Folgenden untersucht.

a) Die Strafbarkeit des betreuenden Arztes

Der Arzt stellt eine Hauptfigur im Geschehen der Schwangerschaft dar; wie er auf das Leben bzw. die Gesundheit der Leibesfrucht einwirken kann, wurde schon detailliert erörtert. Im Folgenden wird sein Verhalten, das den Tod oder eine Gesundheitsverletzung der Leibesfrucht hervorruft, nach den Tatbeständen des griechischen Strafrechts beurteilt.

Zunächst werden Verhaltensweisen des Arztes, die den Tod der Leibesfrucht zur Folge haben, geprüft. Wenn der Arzt im Rahmen einer pränatalen Untersuchung bzw. Therapie auf die Leibesfrucht so einwirkt, dass deren Tod intrauterin oder nach der Geburt eintritt, wird er wegen Schwangerschaftsabbruchs gemäß Art. 304 grStGB (ggf. wegen Schwangerschaftsabbruchs durch Unterlassen nach Art. 304 i.V.m. Art. 15 grStGB, weil er ein Garant ist) bestraft, solange die schädliche Einwirkung auf die Leibesfrucht vor dem Einsatz der Eröffnungswehen stattgefunden und er mindestens mit Eventualvorsatz gehandelt hat. Wenn aber die Abtötung auf Fahrlässigkeit beruht, bleibt der Arzt straflos, denn der fahrlässige Abbruch der Schwangerschaft stellt keinen Tatbestand des griechischen StGB dar.

Im Gegensatz dazu kommen die Tatbestände der vorsätzlichen bzw. fahrlässigen Tötung der Art. 299 und 302 grStGB (ggf. i.V.m. Art. 15 grStGB bei einer Unterlassung) in Betracht, wenn die schädliche Einwirkung des Arztes auf das Kind nach dem Einsatz der Eröffnungswehen getroffen ist; in diesem Fall ist das Opfer schon ein Mensch und seine Tötung wird je nach Schuld des Arztes entweder als vorsätzliche oder als fahrlässige Tötung bestraft.

Das Verhalten des Arztes kann außerdem eine körperliche Verletzung der Leibesfrucht hervorrufen, die sich entweder intrauterin oder nach der Geburt zeigt. Wenn das schädliche Verhalten des Arztes vor dem Beginn der Geburt auf die Leibesfrucht einwirkt und dadurch die Leibesfrucht schwer beschädigt wird oder das Neugeborene eine schwere körperliche bzw. geistige Krankheit aufweist, macht er sich wegen Körperverletzung einer Leibesfrucht oder eines Neugeborenen gemäß Art. 304A grStGB (im Fall einer Unterlassung i.V.m. Art. 15 grStGB) strafbar unter der Voraussetzung, dass er vorsätzlich und rechtswidrig gehandelt oder unterlassen hat, was das Einwirken auf die Schwangere betrifft. Bei fahrlässigem oder rechtmäßigem Einwirken auf die Schwangere, durch das die Verletzung der Leibesfrucht hervorgerufen worden ist, bleibt der Arzt allerdings straflos.

Dagegen kommen die Tatbestände der Art. 308ff. bzw. 314 grStGB über die vorsätzliche und fahrlässige Körperverletzung in Betracht, wenn die Einwirkung des ärztlichen Verhaltens auf das Kind nach dem Erlangen der Menschqualität, i.e. nach dem Beginn der Geburt, trifft. In diesem Fall wird der Arzt wegen vorsätzlicher Körperverletzung gemäß Art. 308ff. grStGB (oder i.V.m. Art. 15 grStGB im Fall eines Unterlassens) bestraft, wenn er mit Vorsatz das Kind beschädigt hat, oder wegen fahrlässiger Körperverletzung nach Art. 314 grStGB (i.V.m. Art. 15 grStGB bei Unterlassung), falls sein Verhalten auf Fahrlässigkeit beruht.

b) Die Strafbarkeit der Schwangeren

Die Schwangere kann die Leibesfrucht wegen ihrer engen körperlichen Verbundenheit sehr heftig beeinträchtigen. Ihr Verhalten kann sowohl den Tod der Leibesfrucht als auch deren schwere körperliche Schädigung zur Folge haben. Maßgeblich ist auch hier der Zeitpunkt der Einwirkung auf die Leibesfrucht bzw. die Schuldform der Schwangeren für die strafrechtliche Beurteilung ihres Verhaltens.

Wenn die Schwangere durch ein aktives Tun (etwa durch die Einnahme von Medikamenten) oder durch Unterlassen (z.B. keine pränatale Vorsorge) den Tod der Leibesfrucht vorsätzlich herbeiführt, ist ihr Verhalten nach der Vorschrift des Art. 304 Abs. 3 grStGB (sog. „Selbstabtreibung“) – ggf. i.V.m. Art. 15 grStGB bei einem Unterlassen (die Schwangere ist auch Garantin) – zu bestrafen, wenn die Einwirkung auf die Leibesfrucht vor dem Einsatz der Eröffnungswehen stattgefunden hat. Dagegen ist ihr Verhalten völlig straflos, wenn sie fahrlässig die Abtötung der Leibesfrucht herbeigeführt hat (etwa beim Sporttreiben), da der Gesetzgeber den fahrlässigen Schwangerschaftsabbruch nicht sanktioniert hat.

Der Fall, in dem die Einwirkung des Verhaltens der Schwangeren nach dem Beginn der Geburt stattgefunden hat und dadurch der Tod eines Menschen eingetreten ist, wird nach den Tötungstatbeständen des grStGB beurteilt. Wenn die Schwangere vorsätzlich den Tod des Kindes herbeigeführt hat, wird sie wegen Kindestötung nach Art. 303 grStGB bestraft, solange sie in oder nach der Geburt in einem Störungszustand gehandelt hat. Hat sie fahrlässig das Kind in einem solchen Zustand getötet, wird sie nicht wegen Kindestötung, sondern wegen fahrlässiger Tötung gemäß Art. 302 grStGB i.V.m. Art. 36 grStGB (verminderte Schuldfähigkeit) bestraft.

Im Fall, in dem die Schwangere eine Körperverletzung der Leibesfrucht verursacht, bleibt sie straflos, wenn die Einwirkung vor dem Beginn der Eröffnungswehen stattgefunden hat, gleichgültig ob sie vorsätzlich oder fahrlässig gehandelt hat oder ob die Schädigung postnatal eintritt bzw. fortdauert. Ihre Straflosigkeit beruht auf der Tatsache, dass die Schwangere keine Täterin einer Körperverletzung einer Leibesfrucht oder eines Neugeborenen gemäß Art. 304A grStGB sein kann. Außerdem ist die fahrlässige Körperverletzung einer Leibesfrucht ohnehin tatbestandslos.

Trifft die Einwirkung des Verhaltens der Schwangeren das Kind nach dem Einsatz der Eröffnungswehen, werden je nach Schuldform der Schwangeren die Tatbestände der Art. 308ff. und 314 grStGB über die vorsätzliche bzw. fahrlässige Körperverletzung angewendet; wenn ihr Verhalten aus einer Unterlassung besteht, wird sie gemäß Art. 308ff. oder 314 i.V.m. Art. 15 grStGB bestraft.

c) Die Strafbarkeit von Dritten

Der Tod oder die Gesundheitsschädigung der Leibesfrucht kann schließlich auch durch eine dritte Person herbeigeführt werden, sei es der Vater des künftigen Kindes oder ein Unbekannter. Wenn eine dritte Person vorsätzlich auf die Schwangere in solcher Weise einwirkt, dass die Leibesfrucht bereits im Uterus oder postnatal stirbt, wird diese Person wegen Schwangerschaftsabbruchs gemäß Art. 304 grStGB bestraft, falls die Einwirkung auf die Leibesfrucht vor dem Beginn der Geburt stattgefunden hat. Im Gegensatz dazu macht sich die dritte Person bei einem solchen Verhalten wegen vorsätzlicher Tötung nach Art. 299 grStGB strafbar, wenn die Einwirkung auf das Kind nach dem Geburtsbeginn erfolgt ist.

Beruht das todverursachende Verhalten des Dritten dagegen auf Fahrlässigkeit, macht er sich nur dann strafbar, und zwar wegen fahrlässiger Tötung gemäß Art. 302 grStGB, wenn sein Verhalten auf das Kind nach dem Einsatz des Geburtsvorgangs eingewirkt hat. Wenn die Einwirkung auf eine Leibesfrucht ohne Menschqualität getroffen ist, erfüllt die fahrlässige Abtötung der Leibesfrucht keinen Tatbestand des griechischen Strafrechts.

Ähnliches gilt für den Fall, in dem der Dritte eine Gesundheitsschädigung der Leibesfrucht durch vorsätzliches, rechtswidriges Verhalten hervorruft. Hat er mindestens mit Eventualvorsatz gehandelt (Vorsatz ist nicht erforderlich für den Körperverletzungseintritt), macht er sich wegen Körperverletzung einer Leibesfrucht oder eines Neugeborenen nach Art. 304A grStGB strafbar, wenn die Einwirkung auf die Leibesfrucht vor dem Einsatz der Eröffnungswehen stattgefunden hat. Wenn allerdings die Einwirkung nach dem Beginn der Geburt erfolgt ist, werden die Tatbestände über die vorsätzlichen Körperverletzungsdelikte gemäß Art. 308ff. grStGB angewendet.

Ist die Schuld des Dritten jedoch auf Fahrlässigkeit beschränkt, bleibt sein Verhalten absolut straflos, wenn die Einwirkung vor dem Beginn der Geburt stattgefunden hat, und zwar gleichgültig, ob die Körperverletzung postnatal weiter besteht, denn der Gesetzgeber hat sich gegen eine Pönalisierung der fahrlässigen Körperverletzung einer Leibesfrucht entschieden. Der Täter kann sich nur dann strafbar machen, wenn sein Verhalten nach dem Beginn der Eröffnungswehen auf das Kind einwirkt; in diesem Fall wird der Tatbestand der fahrlässigen Körperverletzung des Art. 314 grStGB angewendet.

3. Schlussfolgerung zum strafrechtlichen Schutz der Leibesfrucht vor pränatalen Einwirkungen nach dem griechischen Strafrecht

Die Erörterung des rechtlichen Status des pränatalen Lebens im griechischen Strafrecht hat gezeigt, dass die Leibesfrucht gegenüber der Mehrheit der pränatalen Gefahren, die ihr Leben oder ihre Gesundheit in fataler Weise verletzen können, absolut schutzlos ist. Der Gesetzgeber hat nur vorsätzliche Beeinträchtigungen der Leibesfrucht mit Strafe bedroht, nämlich die vorsätzliche Abtötung (Art. 304 grStGB) und die vorsätzliche Körperverletzung (Art. 304A grStGB). Es ist allerdings eine Tatsache, dass die Gefahrenlage für die Leibesfrucht meistens aus fahrlässigen Verhaltensweisen, insbesondere im Bereich der pränatalen Diagnostik und Therapie, stammt. Diese Verhaltensweisen hat auch der griechische Gesetzgeber als nicht strafwürdig beurteilt. Ob seine Entscheidung angemessen ist, wird nach einer rechtsvergleichenden Gegenüberstellung der beiden Rechtsordnungen (von Deutschland und Griechenland) in Verbindung mit einer Prüfung des moralischen Status der Leibesfrucht beurteilt.

5. Teil: Eine rechtsvergleichende Untersuchung des rechtlichen Status der Leibesfrucht in Deutschland und in Griechenland

Wie schon festgestellt wurde, lassen die gemeinsame Rechtstradition von Deutschland und Griechenland sowie ihre gemeinsame dogmatische Grundlage eine rechtsvergleichende Untersuchung der Rechtslage betreffs des Schutzes der Leibesfrucht vor schädlichen Einwirkungen besonders fruchtbar erscheinen. Interessante Schlussfolgerungen können aus der Gegenüberstellung der verschiedenen rechtlichen Bestimmungen gezogen werden, die in Ländern mit einem ähnlichen sozialen wie kulturellen Hintergrund für die Regelung von gleichen Problemen aufgestellt worden sind. Die Rechtsvergleichung und die eventuelle Nachahmung fremder Modelle können zur Verbesserung des nationalen Rechts führen, und zwar durch die selektive Einführung in das innere Rechtssystem einzelner Lösungsmodelle, die ein gemeinsames Problem erfolgreicher regeln.[657] Die Pflicht des Gesetzgebers zur Nachbesserung des Rechts durch Beseitigung der bestehenden Mängel und durch „Sicherstellung eines dem Untermaßverbot genügenden Schutzes“ nach „hinreichender Beobachtungszeit“ (Beobachtungspflicht), die zur Feststellung eines unwirksamen Schutzes geführt hat, ist außerdem durch das BVerfG ausdrücklich bestimmt worden[658]; neben der Durchführung bzw. der Berücksichtigung von Statistiken und Forschungen ist die Beobachtungspflicht des Gesetzgebers auch durch Verfolgung und Bewertung der vergleichbaren Erfahrungen und Regelungen aus dem Ausland zu erfüllen.[659]

Im folgenden Kapitel werden die einzelnen Regelungen der beiden Rechtsordnungen einander gegenübergestellt, um in einer zusammen- fassenden Übersicht ihre Gemeinsamkeiten bzw. Unterschiede festzustellen und sie kritisch zu begründen. Es wird sich um eine Mikrovergleichung handeln, denn gegenübergestellt werden nicht zwei Rechtsordnungen als Ganzes (Makrovergleichung), sondern ein spezifisches Rechtsproblem, nämlich der strafrechtliche Status der Leibesfrucht, und spezifische Regelungen, und zwar die Normen, die den strafrechtlichen Schutz der Leibesfrucht vor pränatalen Beeinträchtigungen betreffen.[660]

657 Sacco, Rechtsvergleichung, § 1 Rn. 21; Zweigert/Kötz, Rechtsvergleichung, S. 14.

658 BVerfGE 88, 203, 309.

659 Mehr in: Hillenkamp, in: FS Eisenberg, 301, 306f., 312f.

660 Deligianni-Dimitrakou, Einführung in die Rechtsvergleichung, S. 13ff.; Moustaira, Rechtsvergleichung, S. 28f.

I. Der Status der Leibesfrucht aus verfassungsrechtlicher Sicht

Die Untersuchung des verfassungsrechtlichen Status der menschlichen Leibesfrucht sowohl in Deutschland als auch in Griechenland hat gezeigt, dass beide Verfassungsordnungen dem pränatalen Leben nicht gleichgültig gegenüberstehen. Sowohl das deutsche Grundgesetz als auch die griechische Verfassung beinhalten ausdrückliche Bestimmungen zum Schutz des menschlichen Lebens, nämlich Art. 2 Abs. 2 S. 1 GG und Art. 5 Abs. 2 grVerf. Aber auch die Gesundheit bzw. die körperliche Unversehrtheit werden in beiden Texten ausdrücklich geschützt (Art. 2 Abs. 2 S. 1 GG bzw. Art. 5 Abs. 5, 7 Abs. 2 und 21 Abs. 3 grVerf.). Zu den Grundsteinen der beiden Verfassungsordnungen zählen außerdem die Bestimmungen über den Schutz der Menschenwürde. Art. 1 Abs. 1 GG schützt die Würde des Menschen als wichtigstes aller Grundrechte und ähnlich bedeutend ist die Stellung des Schutzes des Menschenwertes unter den Grundbestimmungen der griechischen Verfassung (Art. 2 Abs. 1 grVerf.), die daneben auch den – eher sozialgebundenen[661] – Begriff der Menschenwürde in Art. 7 Abs. 2 und 106 Abs. 2 grVerf. kennt.

Der umfassende Schutz des Lebensrechts bzw. der Gesundheit und körperlichen Integrität sowie die absolute Bewahrung der Menschenwürde bzw. des Menschenwertes in den Verfassungsordnungen von Deutschland und Griechenland liegen an den besonderen historischen Bedingungen, die der Bearbeitung der beiden Texte vorangegangen sind. Das deutsche Grundgesetz von 1949 ist von den Verbrechen des nationalsozialistischen Regimes gegen das Leben und die Menschenwürde stark beeinflusst und hat daher den Grundrechten in allen Rechtsgebieten eine viel extensivere Bedeutung als die liberale Weimarer Reichsverfassung von 1919 zugewiesen.[662] Ähnlich ist die griechische Verfassung von 1975 gerade nach dem Ende der siebenjährigen Militärjunta, die das menschliche Leben bzw. den Menschenwert in vielfältiger Weise verletzt hat, geprägt; vor dem Hintergrund dieser Erfahrung und unter dem Einfluss des deutschen Grundgesetzes hat der griechische Gesetzgeber versucht, die Grundrechte in der Verfassung extensiv zu regulieren, um das Lebensrecht und den Menschenwert unter allen Aspekten zu bewahren.[663]

Insbesondere was den Schutz des pränatalen Lebens betrifft, haben sowohl die herrschende Lehre als auch die Rechtsprechung in Deutschland angenom-

661 Dimitropoulos, NE 22, 5, 7.

662 Pieroth/Schlink, Grundrechte Staatsrecht II, § 2 Rn. 40.

663 Dagtoglou, Grundrechte, S. 1321f.

men, dass Art. 2 Abs. 2 S. 1 GG auch das Leben und die körperliche Unversehrtheit der Leibesfrucht jedenfalls ab der Nidation schützt; dieser Schutz ist nach h.M. nicht nur objektiv, sondern erfasst die Leibesfrucht sogar als eigenständige Grundrechtsträgerin.[664] Diesem Standpunkt stimmt auch die herrschende Lehre in Griechenland zu; demgemäß ist auch die Leibesfrucht jedenfalls ab dem Zeitpunkt der Nidation in den Kreis der Träger des Lebensrechts (Art. 5 Abs. 2 grVerf.) bzw. des Rechts auf Gesundheitsschutz (Art. 5 Abs. 5, 7 Abs. 2 bzw. 21 Abs. 3 grVerf.) einbegriffen.[665] Beide Verfassungsordnungen betrachten die Leibesfrucht als ein mit dem Neugeborenen identisches Wesen, dessen kontinuierliche Entwicklung als Mensch keine Zäsuren aufweist; daher ist sie als eigenständiger Grundrechtsträger anerkannt.[666]

Den Lebens- und Gesundheitsschutz der Leibesfrucht haben die Verfassungsordnungen der beiden Länder als eine unabdingbare Folge der ihr innewohnenden Menschenwürde betrachtet. Die deutsche Rechtsprechung bzw. die h.M in der deutschen Literatur haben die Leibesfrucht vom Zeitpunkt der Nidation an als eigenständige Trägerin der Menschenwürde des Art. 1 Abs. 1 GG akzeptiert.[667] Genau diese These vertritt auch die h.M. im griechischen Schrifttum, die die Leibesfrucht spätestens ab dem Zeitpunkt der Nidation (wenn nicht schon mit der Befruchtung) als Trägerin von Menschenwert bzw. Menschenwürde gemäß Art. 2 Abs. 1 bzw. Art. 7 Abs. 2 und 106 Abs. 2 grVerf. ansieht.[668] Beide Verfassungsordnungen haben dem Kontinuitäts- und dem Identitätsargument gemäß das Leibesfruchtstadium als den Anfang des menschlichen Lebens anerkannt und demgemäß konsequenterweise der Leibesfrucht die Würde bzw. den Wert zugeschrieben, die jedem menschlichen Wesen vom Anfang seiner Existenz an innewohnt.

Die Tatsache, dass sowohl die deutsche als auch die griechische Verfassungsordnung die Leibesfrucht als Grundrechtsträgerin gegen Verletzungen ihres Lebens, ihrer Gesundheit und ihrer Würde schützt, hat beide Gesetzgeber

---

664 BVerfGE 88, 203, 251f.; Jarass, in: Jarass/Pieroth, GG Kommentar, Art. 2 Rn. 85; Kunig, in: von Münch/Kunig, GG Kommentar I, Art. 2 Rn. 47, 61; Murswiek, in: Sachs, GG Kommentar, Art. 2 Rn. 146; Stern, Staatsrecht IV/1, S. 150.

665 Dagtoglou, Grundrechte, S. 234; Dimitropoulos, Grundrechte BT, S. 397f.; Karakostas, Die Verfassung, S. 154; Raikos, Grundrechte, S. 487.

666 BVerfGE 88, 203, 251f.; Dagtoglou, Grundrechte, S. 234; Karakostas, Die Verfassung, S. 154.

667 BVerfGE 39, 1ff.; 88, 203ff.; Epping, Grundrechte, Rn. 577; Sachs, Verfassungsrecht II – Grundrechte, B1 Rn. 24f.

668 Besila-Makridi, Die verfassungsrechtliche Problematik des Schwangerschafts- abbruchs, S. 70ff.; Dagtoglou, Grundrechte, S. 1327; Karakostas, Die Verfassung, S. 26; Karasis, Armen. 2004, 1233, 1244f.; Raikos, Grundrechte, S. 295.

dazu verpflichtet, sie auch durch einfaches Recht vor konkreten Gefahren zu schützen; dabei kommt auch das Strafrecht als ultima ratio in Betracht.[669] Die strafrechtlichen Regelungen der beiden Länder, die das pränatale Leben vor schädlichen Beeinträchtigungen schützen, werden im Folgenden einander gegenübergestellt.

II. Der strafrechtliche Status der Leibesfrucht

Schon weiter oben wurde konstatiert, dass das griechische Strafgesetzbuch vom deutschen Strafrecht in erheblichem Maße beeinflusst worden ist; das ist sowohl an seiner Gliederung und Form als auch an seinem materiellen Inhalt zu sehen. Aus diesem Grund weisen die Strafrechtsordnungen von Deutschland und Griechenland starke strukturelle und gegenständliche Ähnlichkeiten auf, jedoch auch Unterschiede, die sich auch im Bereich des pränatalen strafrechtlichen Schutzes manifestieren. Gegenstand der nachfolgenden rechtsvergleichenden Untersuchung sind die Tatbestände der beiden Strafrechtsordnungen, die dem Lebens- und Gesundheitsschutz der Leibesfrucht vor pränatalen schädlichen Beeinträchtigungen gewidmet sind.

1. Der Beginn des Menschseins aus strafrechtlicher Sicht

Sowohl das deutsche als auch das griechische Strafgesetzbuch beinhalten eine Reihe von Tatbeständen, die das Leben und die körperliche Integrität bzw. Gesundheit des Menschen vor vorsätzlichen sowie fahrlässigen Verletzungen schützen; dazu gehören als Haupttatbestände der Totschlag (§ 212 StGB) / die vorsätzliche Tötung (Art. 299 grStGB), die fahrlässige Tötung (§ 222 StGB bzw. Art. 302 grStGB), die vorsätzliche Körperverletzung (§ 223 StGB und Art. 308 grStGB) und die fahrlässige Körperverletzung (§ 229 StGB bzw. Art. 314 grStGB). Taugliches Tatobjekt der Delikte gegen das Leben und die körperliche Unversehrtheit ist in beiden Strafrechten der lebende andere Mensch.[670] Der

669 Roxin, Strafrecht AT I, § 2 Rn. 97ff.

670 Jähnke, in: Leipziger Kommentar StGB, Vor § 211 Rn. 2; Lackner/Kühl, StGB Kommentar, Vor § 211 Rn. 1; Neumann, in: Nomos Kommentar StGB, Bd. 2, Vor § 211 Rn. 1; Schneider, in: Münchener Kommentar StGB, Vor §§ 211ff. Rn. 1. So auch: Mpekas, Lebens- und Gesundheitsschutz, S. 93; Simeonidou-Kastanidou, Straftaten gegen das Leben, S. 294.

Begriff „Leben" stellt allerdings einen Rechtsbegriff dar, der der Auslegung bedarf, da in der Medizin keine Einigkeit über seinen Inhalt bzw. seine Grenzen herrscht.[671]

Die h.M. in Deutschland und in Griechenland nimmt an, dass das menschliche Leben mit dem Beginn der Geburt anfängt.[672] Diese Zäsur ist früher in Deutschland in § 217 StGB gesetzlich bestimmt worden, wo der Beginn der Geburt als Anfang des Menschseins und des Anwendungsbereichs der Tötungs- und Körperverletzungsdelikte jedenfalls mittelbar festgelegt worden ist. Trotz der Abschaffung des Tatbestandes der Kindestötung im Jahr 1998 nehmen Rechtsprechung und die h.M. in der Lehre an, dass die Zäsur des Beginns der Geburt als Trennlinie zwischen Leibesfruchtcharakter und Menschqualität dem Willen des Gesetzgebers gemäß bzw. als Gewohnheitsrecht auch heute unverändert gilt[673]; jedenfalls wird die Zäsur des Beginns der Geburt auch durch die Auslegung des Begriffs „Schwangerschaft" in § 218 Abs. 1 StGB bestätigt.[674] Das Konzept des Beginns der Geburt als entscheidender Zeitpunkt für das Ende des Leibesfruchtstadiums und den Anfang des Menschseins herrscht auch in Griechenland. Die Zäsur ist in Art. 303 grStGB über die Kindestötung positivrechtlich bestimmt; anders als in Deutschland hat der griechische Gesetzgeber den minder schweren Fall der Kindestötung nicht als unannehmbar betrachtet, was auch dadurch gerechtfertigt werden kann, dass der Privilegierungsgrund des griechischen Tatbestandes die Tötung nicht nur von unehelichen, sondern auch

671 Schneider, in: Münchener Kommentar StGB, Vor §§ 211ff. Rn. 5; Schreiber, JZ 1983, 593f.

672 BGHSt 31, 348, 351; BGHSt 32, 194f.; Arzt/Weber, Strafrecht BT, § 2 Rn. 85; Eser, in: Schönke/Schröder, StGB Kommentar, Vorbem. §§ 211ff. Rn. 13; Heinemann, Frau und Fötus, S. 62f.; Jähnke, in: Leipziger Kommentar StGB, Vor § 211 Rn. 3; Koch, in: Eser/Koch, Schwangerschaftsabbruch 1, S. 104ff.; Küper, GA 2001, 515, 517f.; Lackner/Kühl, StGB Kommentar, Vor § 211 Rn. 3; Lüttger, JR 1971, 133; ders., NStZ 1983, 481; Neumann, in: Nomos Kommentar StGB, Bd. 2, Vor § 211 Rn. 5; Saerbeck, Beginn und Ende des Lebens, S. 84ff.; Schneider, in: Münchener Kommentar StGB, Vor §§ 211ff. Rn. 6-10; Sternberg-Lieben, JuS 1986, 673, 675; Tag, Der Körperverletzungstatbestand, S. 131ff.; Tröndle/Fischer, StGB, Vor § 211 Rn. 2. Ähnlich in Griechenland: Androulakis, BT, S. 20f.; Kontaxis, StGB II, S. 2511; Margaritis, Körperverletzungen, S. 67; Mpekas, Lebens- und Gesundheitsschutz, S. 54f.

673 Eser, in: Schönke/Schröder, StGB Kommentar, Vorbem. §§ 211ff. Rn. 13; Hirsch, H.J., in: FS Eser, S. 314ff.; Ingelfinger, Grundlagen und Grenzbereiche des Tötungsverbots, S. 127ff.; Jäger, JuS 2000, 31f.; Jähnke, in: Leipziger Kommentar StGB, Vor § 211 Rn. 3; Krey/Heinrich, Strafrecht BT 1, Rn. 3; Lackner/Kühl, StGB Kommentar, Vor § 211 Rn. 3; Ulsenheimer, Arztstrafrecht in der Praxis, S. 385f.; Wessels/Hettinger, Strafrecht BT 1, Rn. 9.

674 BGH NStZ 2008, 393, 394; Küper, GA 2001, 515, 537.

ehelichen Kindern betrifft.[675] Das Bestehen der positivrechtlichen Zäsur in Art. 303 grStGB hat also zur Einigkeit in der griechischen Strafrechtslehre beigetragen, was den maßgebenden Zeitpunkt für den Beginn des Menschseins aus strafrechtlicher Sicht betrifft.

Darüber hinaus ist auch der Begriff „Beginn der Geburt" in den beiden Ländern einheitlich ausgelegt worden, zumindest was die normale Geburt betrifft. Die Geburt und damit auch das Menschsein beginnt nach h.M. in der deutschen bzw. griechischen Strafrechtslehre mit dem Einsatz der Eröffnungswehen, der den Zeitpunkt darstellt, zu dem der Mutterleib das Kind auszustoßen versucht.[676] Bei operativer Entbindung des Kindes werden die Eröffnungswehen nach h.M. in Deutschland durch die operative Eröffnung des Uterus ersetzt.[677] Hingegen vertritt die herrschende Lehre in Griechenland die Ansicht, dass die künstliche Geburt schon mit dem Anfang der Operation, und zwar mit der Einleitung der Narkose beginnt.[678] In diesem Fall erweitert die h.M. in Griechenland den Anwendungsbereich der Tötungs- und Körperverletzungsdelikte, indem die Leibesfrucht schon lange vor der Eröffnung des Uterus als Mensch betrachtet wird.

Die Frage nach dem maßgeblichen Zeitpunkt, zu dem die Menschqualität schon angenommen werden sollte, haben die h.M. in beiden Rechtsordnungen gleich beantwortet. Die erforderliche Objektsqualität „Mensch" richtet sich danach nicht nach dem Zeitpunkt des Erfolgseintritts oder der Handlungsvornahme, sondern nach dem Zeitpunkt der Einwirkung der schädlichen Handlung auf das Tatobjekt, also dem Zeitpunkt, zu dem die Handlung das Tatobjekt betrifft.[679] Demgemäß ist eine Beeinträchtigung, die den Tod oder eine Gesund-

---

675 Androulakis, BT, S. 20f.; Kontaxis, StGB II, S. 2511; Margaritis, Körperverletzungen, S. 67; Mpekas, Lebens- und Gesundheitsschutz, S. 54f.

676 Eser, in: Schönke/Schröder, StGB Kommentar, Vorbem. §§ 211ff. Rn. 13; Heinemann, Frau und Fötus, S. 63; Hirsch, JR 1985, 336ff.; Jähnke, in: Leipziger Kommentar StGB, Vor § 211 Rn. 3; Jung, NStZ 1985, 316; Koch, MedR 1985, 83f.; Lackner/Kühl, StGB Kommentar, Vor § 211 Rn. 3; Lüttger, JR 1971, 133, 135; Merkel, Früheuthanasie, S. 104f.; Tag, Der Körperverletzungstatbestand, S. 132. Zustimmend in Griechenland: Filippidis, Strafrecht BT Band A, S. 22; Gafos, Strafrecht BT Band D, S. 5; Magakis, Grundriss AT, S. 126; Mpekas, Lebens- und Gesundheitsschutz, S. 55.

677 Eser, in: Schönke/Schröder, StGB Kommentar, Vorbem. §§ 211ff. Rn. 13; Ingelfinger, Grundlagen und Grenzbereiche des Tötungsverbots, S. 132ff.; Jähnke, in: Leipziger Kommentar StGB, Vor § 211 Rn. 3; Lackner/Kühl, StGB Kommentar, Vor § 211 Rn. 3; Neumann, in: Nomos Kommentar StGB, Bd. 2, Vor § 211 Rn. 10; Tröndle/Fischer, StGB, Vor § 211 Rn. 2.

678 Margaritis, Körperverletzungen, S. 72f.; Mpekas, Lebens- und Gesundheitsschutz, S. 55; Simeonidou-Kastanidou, Schwangerschaftsabbruch, S. 165.

679 Eser, in: Schönke/Schröder, StGB Kommentar, Vorbem. §§ 211ff. Rn. 15; Jähnke, in: Leipziger Kommentar StGB, Vor § 211 Rn. 4; Schneider, in: Münchener Kommentar

heitsverletzung zur Folge hat, nur dann als Tötungs- bzw. Körperverletzungsdelikt zu beurteilen, wenn sie auf einen Menschen, d.h. nach dem Beginn der Geburt mit dem Einsetzen der Eröffnungswehen, eingewirkt hat. Die Antwort auf diese Frage ergibt den Maßstab für die Anwendung der Tötungs- und Körperverletzungsdelikte insbesondere in Fällen, in denen sich die schädlichen Folgen der Tathandlung erst nach der Geburt manifestieren oder postnatal weiter bestehen.

2. Pränatale Beeinträchtigungen als Tötungsdelikte

Aus dem gerade über den Beginn des Menschseins Dargestellten lässt sich die Schlussfolgerung ziehen, dass ein Wesen vor dem Beginn der Geburt mit dem Einsatz der Eröffnungswehen keine Menschqualität besitzt und daher kein taugliches Objekt der Tötungstatbestände sein kann. Die Vorschriften der §§ 211, 212 und 222 StGB bzw. der Art. 299, 302 und 303 grStGB können nur dann angewendet werden, wenn das Tatobjekt zum Zeitpunkt der Einwirkung der Tathandlung[680] die erforderliche Menschqualität erlangt hat.[681]

Wenn daher eine schädliche Beeinträchtigung auf das Kind nach dem Einsetzen der Eröffnungswehen einwirkt und seinen Tod in der Geburt oder nach ihrem Ende verursacht, greifen in beiden Rechtsordnungen die Tötungstatbestände ein. Wenn der Täter (der Arzt, die Schwangere oder ein Dritter) mindestens mit Eventualvorsatz gehandelt hat, werden in Deutschland die Vorschriften der §§ 211, 212 StGB angewendet. In Griechenland kommt in diesem Fall Art. 299 grStGB über die vorsätzliche Tötung in Betracht, soweit der Täter der Arzt oder ein Dritter ist; wenn jedoch die Schwangere ihr Kind in der Geburt oder unmittelbar danach unter Einfluss der geburtsbedingten Störung ihres Organis-

---

StGB, Vor §§ 211ff. Rn. 13. So auch: Androulakis, BT, S. 112; Mpekas, Lebens- und Gesundheitsschutz, S. 64.

680 Eser, in: Schönke/Schröder, StGB Kommentar, Vorbem. §§ 211ff. Rn. 15; Jähnke, in: Leipziger Kommentar StGB, Vor § 211 Rn. 4; Schneider, in: Münchener Kommentar StGB, Vor §§ 211ff. Rn. 13. So auch: Androulakis, BT, S. 112; Mpekas, Lebens- und Gesundheitsschutz, S. 64.

681 Arzt/Weber, Strafrecht BT, § 2 Rn. 85; Eser, in: Schönke/Schröder, StGB Kommentar, Vorbem. §§ 211ff. Rn. 13; Jähnke, in: Leipziger Kommentar StGB, Vor § 211 Rn. 3; Lackner/Kühl, StGB Kommentar, Vor § 211 Rn. 3; Neumann, in: Nomos Kommentar StGB, Bd. 2, Vor § 211 Rn. 5; Schneider, in: Münchener Kommentar StGB, Vor §§ 211ff. Rn. 6-10; Tröndle/Fischer, StGB, Vor § 211 Rn. 2. Ähnlich in Griechenland: Androulakis, BT, S. 20f.; Kontaxis, StGB II, S. 2511; Margaritis, Körperverletzungen, S. 67; Mpekas, Lebens- und Gesundheitsschutz, S. 54f.

mus vorsätzlich getötet hat, handelt es sich um eine Kindestötung gemäß Art. 303 grStGB. Wenn allerdings das Verhalten des Täters auf Fahrlässigkeit beruht, werden in beiden Ländern die Vorschriften über die fahrlässige Tötung, nämlich § 222 StGB und Art. 302 grStGB, angewendet.

Ein weiterer Unterschied außer der Anwendung der in Griechenland noch bestehenden Kindestötungsvorschrift liegt bei operativer Durchführung der Geburt vor. In Deutschland kommen die Tötungstatbestände nach h.M. erst dann in Betracht, wenn die Einwirkung der schädlichen Tathandlung auf das Kind nach der Eröffnung des Uterus stattfindet. Dagegen vertritt die h.M. in Griechenland die Auffassung, dass die Tötungstatbestände schon am Anfang des operativen Prozesses (und zwar mit der Einleitung der Narkose) einsetzen. Die griechische Lehre mag den Beginn des Menschseins so früh bestimmt haben, um dem Kind den umfassenderen Schutz der Tötungstatbestände in einer höchstgefährlichen Phase zu gewähren. Sie übersieht aber die Tatsache, dass die Narkose bzw. die übrigen Maßnahmen, die den Anfang einer Operation markieren, nicht immer auf die Entbindung des Kindes abzielen. Vielmehr können sie anderen Zwecken dienen, wie etwa einer pränatalen Behandlung der Leibesfrucht oder einem ärztlichen Eingriff auf die Schwangere selbst. Das Argument, dass die Menschqualität nicht erlangt werde, soweit die operativen Maßnahmen „vorzeitig" eingesetzt werden, kann nicht überzeugen, denn es wird nicht näher präzisiert, was unter dem Begriff „vorzeitig" gemeint ist, der also eher unbestimmt bleibt.

3. Pränatale Beeinträchtigungen als Körperverletzungsdelikte

Auf derselben Grundlage beruht die Anwendung der Tatbestände über die Körperverletzung sowohl in Deutschland als auch in Griechenland wegen der einheitlichen Geltung des Begriffs des „Menschen" im gesamten strafrechtlichen Bereich.[682] Der Beginn der Geburt stellt den Maßstab für die Erlangung der Menschqualität dar, daher können die Körperverletzungsdelikte der beiden Strafrechtssysteme nur dann eingreifen, wenn das schädliche Verhalten eines Arztes, der Schwangeren oder einer dritten Person erst nach dem Beginn der Eröffnungswehen (bzw. nach der künstlichen Eröffnung des Uterus in Deutschland oder dem Beginn der Operation in Griechenland) auf das Kind eingewirkt hat; eine Anwendung der Körperverletzungsdelikte bei Einwirkung der schädigen-

682 Blei, MMedW 1970, 741ff.; Lüttger, JR 1971, 133f. Zustimmend: Margaritis, Körperverletzungen, S. 143.

den Handlung vor dem Beginn der Geburt ist ausgeschlossen, selbst wenn die Verletzungsfolge erst nach dem Beginn der Geburt eintritt bzw. sie postnatal aufrechterhalten wird.[683]

Demgemäß sind die Vorschriften der §§ 223ff. StGB bzw. der Art. 308ff. grStGB anwendbar, wenn der Arzt, die Schwangere oder eine dritte Person mindestens mit Eventualvorsatz bei dem Kind eine körperliche Schädigung verursachen und die Einwirkung ihres Verhaltens auf das Kind nach dem Einsetzen der Geburt stattgefunden hat. Bei fahrlässigem Verhalten des Täters handelt es sich um eine fahrlässige Körperverletzung gemäß § 229 StGB oder Art. 314 grStGB.

4. Der strafrechtliche Schutz der Leibesfrucht nach deutschem und nach griechischem Recht

Aus der vorangegangenen Gegenüberstellung der deutschen und der griechischen Strafrechtsordnung ergibt sich, dass in beiden Rechtssystemen der Schutz der Leibesfrucht vor schädlichen pränatalen Einwirkungen durch die Tötungs- und Körperverletzungstatbestände ausgeschlossen ist, solange die schädliche Einwirkung auf die Leibesfrucht vor der Erlangung der Menschqualität mit dem Einsatz der Geburt trifft. In beiden Strafrechtssystemen sind die Tötungs- bzw. Körperverletzungsdelikte nur gegen „Menschen" aus strafrechtlicher Sicht gerichtet.

Einen gewissen strafrechtlichen Schutz haben jedoch beide Strafgesetzgeber auch der Leibesfrucht gewährt, was schädigende, pränatale Beeinträchtigungen betrifft. Die Gegenüberstellung der jeweiligen Regelungen in den beiden Ländern ist Gegenstand der folgenden Erörterung.

a) Der strafrechtliche Schutz der Leibesfrucht vor den Tod verursachenden, pränatalen Beeinträchtigungen

Die Tatsache, dass sowohl in der deutschen als auch in der griechischen Rechtsordnung die Leibesfrucht als verfassungsgeschütztes menschliches Wesen betrachtet wird, das nach h.M. nicht nur objektivrechtlich, sondern auch als sub-

683 Kaufmann, JZ 1971, 569, 571; Krey/Heinrich, Strafrecht BT 1, Rn. 187; Lilie, in: Leipziger Kommentar StGB, Vor § 223 Rn. 7; Lüttger, JR 1971, 133, 140; ders., NStZ 1983, 481, 485; Roxin, JA 1981, 542, 548; ders., Strafrecht AT I, § 10 Rn. 106. Ebenso: Androulakis, BT, S. 113; Mpekas, Lebens- und Gesundheitsschutz, S. 297.

jektiver Grundrechtsträger verfassungsrechtlich geschützt wird[684], lässt sich auch daran erkennen, dass beide Strafgesetzbücher Vorschriften gegen die Abtötung der Leibesfrucht enthalten.

Die Abtötung einer Leibesfrucht ist in beiden Rechtsordnungen grundsätzlich verboten. Dieses Verbot ist in den Tatbeständen über den Schwangerschaftsabbruch (§ 218 StGB und Art. 304 grStGB) zu finden. Demgemäß ist eine Beeinträchtigung als Schwangerschaftsabbruch strafbar, wenn sie auf die Leibesfrucht vor dem Beginn der Geburt[685] einwirkt und ihren Tod schon in der Gebärmutter oder nach dem Ausgang aus dem Mutterleib als unmittelbare Folge verursacht.[686] Die Abtötung einer Leibesfrucht ist jedoch sowohl in § 218 StGB als auch in Art. 304 grStGB nur dann tatbestandsmäßig, wenn sie vorsätzlich (Dolus eventualis reicht) herbeigeführt worden ist. Die fahrlässige Abtötung der Leibesfrucht ist in den beiden Strafrechten völlig tatbestandlos.[687] Diese Gemeinsamkeit liegt daran, dass beide Gesetzgeber die Selbstbestimmung der Schwangeren und ihr privates Leben während der Schwangerschaft bewahren wollen; die Angst vor einer Strafe wegen fahrlässiger Abtötung der Leibesfrucht würde den Alltag der Frau und ihres sozialen Umfeldes unerträglich machen.[688]

Dass das ungeborene Leben in Deutschland wie auch in Griechenland nicht gleichermaßen wie das geborene geschützt wird, obwohl die Leibesfrucht verfassungsrechtlich nach h.M. als Grundrechtsträger angesehen wird, wird darüber hinaus dadurch offenkundig, dass beide Strafgesetzbücher eine Reihe von Fällen beinhalten, in denen die Abtötung der Leibesfrucht tatbestandslos, rechtmäßig oder straffrei ist. So wird in § 218a Abs. 1 StGB der Schwangerschaftsabbruch in den ersten 12 SSW nach entsprechender Beratung als tatbestandslos beschrieben. Darüber hinaus bestimmt § 218a StGB in Abs. 2 und 3 die Rechtmäßigkeit des Schwangerschaftsabbruchs bei medizinischer und kriminologischer Indikation. Die Schwangere selbst ist nach § 218a Abs. 4 StGB straflos bei einem

---

684 Jarass, in: Jarass/Pieroth, GG Kommentar, Art. 2 Rn. 85; Kunig, in: von Münch/Kunig, GG Kommentar I, Art. 2 Rn. 47, 61; Murswiek, in: Sachs, GG Kommentar, Art. 2 Rn. 146; Stern, Staatsrecht IV/1, S. 150. Zustimmend: Dagtoglou, Grundrechte, S. 234; Dimitropoulos, Grundrechte BT, S. 397f.; Karakostas, Die Verfassung, S. 154; Raikos, Grundrechte, S. 487.

685 Wie schon erörtert wurde, ist nach dem Beginn der Geburt die Menschqualität schon erlangt worden und daher sind die Tötungstatbestände anwendbar.

686 Küper, Strafrecht BT, S. 252. So Androulakis, BT, S. 100; Mpekas, Lebens- und Gesundheitsschutz, S. 490; Simeonidou-Kastanidou, Straftaten gegen das Leben, S. 818.

687 Eser, in: Schönke/Schröder, StGB Kommentar, § 218 Rn. 19; Wessels/Hettinger, Strafrecht BT 1, § 4 Rn. 226. Ebenso: Mpekas, Lebens- und Gesundheitsschutz, S. 503f.

688 Jähnke, in: Leipziger Kommentar StGB, Vor § 211 Rn. 4; Schneider, in: Münchener Kommentar StGB, Vor §§ 211ff. Rn. 10. So auch: Mpekas, Lebens- und Gesundheitsschutz, S. 503f.

Schwangerschaftsabbruch nach Beratung in den ersten 22 SSW. In Art. 304 Abs. 4 Fall a grStGB ist gleichfalls die Straflosigkeit des Abbruchs einer unerwünschten Schwangerschaft in den ersten 12 SSW vorgesehen; im Unterschied zum deutschen Recht ist allerdings ein Abbruch in dieser Frist nicht tatbestandslos, sondern rechtmäßig. Anders als bei § 218a Abs. 1 StGB setzt die griechische Vorschrift auch keine Beratung voraus. Einen weiteren Unterschied stellt das Bestehen des Rechtfertigungsgrundes der embryopathischen (auch sog. eugenischen) Indikation im grStGB dar[689]; der griechische Gesetzgeber hat den gesetzlichen Zwang für die Eltern, ein krankes Kind zu bekommen, als unangemessen betrachtet[690] und daher den Abbruch bei festgestellter erheblicher Anomalie der Leibesfrucht in den ersten 24 SSW (ohne Beratung) als rechtmäßig beurteilt. Im Übrigen gilt auch im grStGB die Rechtmäßigkeit der Abtötung der Leibesfrucht aufgrund medizinischer (ohne jegliche Frist) oder moralischer Indikation[691] (in den ersten 19 SSW).

Es mag zwar angemessen und überzeugend sein, dass das pränatale Leben nicht gleichermaßen wie das bereits geborene Leben geschützt wird; bei einem Konflikt mit dem Leben oder der (körperlichen und psychischen) Gesundheit der Frau ist es angemessen, zugunsten der Güter der Frau zu entscheiden. Allerdings wird durch die Tatsache, dass außerhalb des Bereichs der Rechtfertigungsgründe nur die vorsätzliche Abtötung der Leibesfrucht strafbar ist, deutlich, dass die Leibesfrucht vor den unzähligen Gefahren, denen ihr Leben während der Schwangerschaft ausgesetzt ist und die zumeist auf fahrlässigen Verhaltensweisen beruhen, in beiden Strafrechtsordnungen schutzlos bleibt.

b) Der strafrechtliche Schutz der Leibesfrucht vor Gesundheits- bzw. Körperverletzungen

Wie schon dargelegt worden ist, werden die allgemeinen Körperverletzungsvorschriften des deutschen sowie des griechischen Strafgesetzbuchs nicht gegen Beeinträchtigungen eingesetzt, die auf die Leibesfrucht vor dem Beginn der Geburt einwirken und ihr körperliche bzw. gesundheitliche Verletzungen verursachen, selbst wenn sich diese Verletzungen erst postnatal auswirken oder nach der Geburt fortsetzen, da zum maßgeblichen Zeitpunkt der Einwirkung die erforderliche Menschqualität fehlt.

---

689 Zur Streichung der embryopathischen Indikation aus dem deutschen Strafrecht vgl. Hillenkamp, FS Amelung, S. 425ff.

690 Simeonidou-Kastanidou, Schwangerschaftsabbruch, S. 176.

691 So wird die kriminologische Indikation in der griechischen Literatur benannt.

Demgegenüber besteht allerdings ein wichtiger Unterschied zwischen dem deutschen und dem griechischen Strafrechtssystem, was die gesundheitsschädigenden Beeinträchtigungen gegen die Leibesfrucht betrifft. Der deutsche Gesetzgeber hat sich – mit der Ausnahme des Schutzes durch Vorschriften des AMG – gegen eine Pönalisierung jeglicher Verletzung der körperlichen bzw. gesundheitlichen Integrität der Leibesfrucht entschieden, selbst wenn es sich um eine vorsätzliche Verletzung der Leibesfrucht handelt.[692] Dagegen hat der griechische Gesetzgeber in Art. 304A grStGB einen Tatbestand geschaffen, der dem Schutz der Leibesfrucht vor körperlichen bzw. gesundheitlichen Verletzungen dienen soll. Allerdings werden durch diese Vorschrift nur rechtswidrige, vorsätzliche Einwirkungen auf die Schwangere bestraft, die eine Schädigung der Leibesfrucht oder des aus ihr sich entwickelnden Neugeborenen herbeiführen.[693] Beeinträchtigungen, die im Rahmen einer rechtmäßigen Behandlung der Schwangeren stattfinden, bzw. Verhaltensweisen der Schwangeren selbst sowie fahrlässige Einwirkungen auf die Schwangere, die eine Schädigung der Leibesfrucht zur Folge haben, werden durch die Vorschrift des Art. 304A grStGB nicht erfasst.

Die Regelung des Art. 304A grStGB mag an den Tatbestand des § 1 des Diskussionsentwurfs eines Embryonenschutzgesetzes des Bundesministeriums der Justiz vom 29. April 1986 erinnern[694], der als Antwort auf die Contergan-Katastrophe konzipiert worden ist.[695] Diesem Tatbestand der „Embryonenschädigung" gemäß soll derjenige strafbar sein, der „durch Einwirkung auf einen Embryo oder Foetus eine Gesundheitsschädigung des [aus ihm hervorgegangenen] Menschen herbeiführt" (§ 1 Abs. 1). Der Täter soll nach § 1 Abs. 3 auch dann strafbar sein, wenn er die Schädigung leichtfertig herbeiführt; er ist aber nicht strafbar, solange seine Handlung auf einen Schwangerschaftsabbruch gerichtet ist (§ 1 Abs. 4).

Bereits durch eine grammatische Auslegung des § 1 Abs. 1 Entw.-ESchG ergibt sich, dass geschütztes Rechtsgut der bereits geborene Mensch ist („Gesundheitsschädigung des [aus ihm hervorgegangenen] Menschen")[696], während das geschützte Rechtsgut des Art. 304A grStGB die Leibesfrucht als solche

---

692 BGHSt 31, 348; Eser, in: Schönke/Schröder, StGB Kommentar, § 223 Rn. 1a; Kaufmann, JZ 1971, 569, 570; Lüttger, JR 1971, 133, 136ff.; ders., NStZ 1983, 481, 482ff.; Roxin, JA 1981, 542, 548.

693 Mpekas, Lebens- und Gesundheitsschutz, S. 520.

694 Abgedruckt mit Begründung in: Keller/Günther, Fortpflanzungsmedizin, Anhang I, S. 349ff.

695 Gropp, GA 2000, 1, 5.

696 Lenckner/Winkelbauer, in: Keller/Günther, Fortpflanzungsmedizin, S. 211f.

ist.[697] So wie der griechische Gesetzgeber haben auch die Verfasser des Entw.-ESchG die Absicht gehabt, solche Beeinträchtigungen zu bestrafen, die eine Gesundheitsschädigung mit postnatalen Folgen verursachen und die sonst nicht vom Anwendungsbereich der allgemeinen Körperverletzungsdelikte der beiden Strafgesetzbücher erfasst sind, weil sie auf die Leibesfrucht vor dem Beginn der Geburt eingewirkt haben. Die Verfasser des Entw.-ESchG haben jedoch nicht beabsichtigt, die Leibesfrucht um ihrer selbst willen als Rechtsgut durch § 1 zu schützen, denn das würde einen Wertungswiderspruch zu § 218 StGB darstellen; tatsächlich wird in § 218 StGB die Leibesfrucht als Rechtsgut nur gegen vorsätzliche Abtötung geschützt, daher würde ein gesundheitlicher Schutz vor vorsätzlichen sowie fahrlässigen Einwirkungen durch § 1 Entw.-ESchG der Sperrwirkung des § 218 StGB widersprechen; dieser ist ja einer der Gründe, warum diese Vorschrift nicht zum Gesetz geworden ist.[698] Der griechische Gesetzgeber hat jedoch die Sperrwirkung des Art. 304 StGB, gemäß dem nur der vorsätzliche Schwangerschaftsabbruch strafbar ist, und die sich daraus ergebenden Wertungswidersprüche völlig übersehen und dazu den Tatbestand der Körperverletzung einer Leibesfrucht in die Delikte gegen das Leben (!) eingeordnet; die fahrlässige Tötung einer Leibesfrucht ist nach griechischem Strafrecht tatbestandslos, während die (wenn auch nur fahrlässige) Herbeiführung des Verletzungserfolgs durch (vorsätzliche) Einwirkung auf die Schwangere bestraft wird. Unter anderem aus diesem Grund ist die Vorschrift in der Lehre als missglückt und gesetzestechnisch fehlerhaft kritisiert worden.[699]

Einen weiteren Grund, weshalb die Vorschrift des § 1 Entw.-ESchG vom Gesetzgeber nicht angenommen worden ist, stellt die Einbeziehung der Schwangeren in den Täterkreis des Deliktes dar.[700] Eine Strafbarkeit der Schwangeren selbst ist erheblich kritisiert worden, da es nicht nur praktisch unmöglich wäre, eine leichtfertige Schädigung auf das Verhalten der Schwangeren zurückzuführen, sondern sie würde auch zu einer unangemessenen und daher unannehmbaren staatlichen Kontrolle des Verlaufs der Schwangerschaft und des privaten Lebens der Schwangeren führen.[701] Der griechische Gesetzgeber hat dieses Problem durch Ausschluss der Schwangeren aus dem Täterkreis des Deliktes

697 Mpekas, Lebens- und Gesundheitsschutz, S. 519; Simeonidou-Kastanidou, Straftaten gegen das Leben, S. 879.

698 Lenckner/Winkelbauer, in: Keller/Günther, Fortpflanzungsmedizin, S. 212ff.

699 Mpekas, Lebens- und Gesundheitsschutz, S. 518ff.; Simeonidou-Kastanidou, Straftaten gegen das Leben, S. 875f.

700 Gropp, GA 2000, 1, 5.

701 Lenckner/Winkelbauer, in: Keller/Günther, Fortpflanzungsmedizin, S. 219; Tepperwien, Pränatale Einwirkungen als Tötung oder Körperverletzung, S. 116ff.

des Art. 304A grStGB überwunden, da er auch grundsätzlich die Bestrafung von Gewalttätigkeiten gegen die Schwangere beabsichtigt hat.[702]

Der problematische und kritisierte Tatbestand des § 1 Entw.-ESchG ist allerdings nicht zum Gesetz geworden; der deutsche Strafgesetzgeber schützt die Leibesfrucht nur dann vor Gesundheitsverletzungen, wenn diese auf Verstößen gegen die Vorschriften des AMG beruhen. Aber auch die Vorschrift des Art. 304A grStGB schützt die Leibesfrucht nur vor vorsätzlichen, rechtswidrigen Eingriffen auf die Schwangere; schädigende Einwirkungen, die im Rahmen einer rechtmäßigen Behandlung stattfinden, oder fahrlässige Einwirkungen bzw. (vorsätzliche sowie fahrlässige) Beeinträchtigungen durch die Schwangere selbst werden von diesem Tatbestand nicht erfasst. Ob sie auch in beiden Strafrechtssystemen pönalisiert werden sollten, ist Gegenstand des folgenden Kapitels.

702 Mpekas, Lebens- und Gesundheitsschutz, S. 519; Simeonidou-Kastanidou, Straftaten gegen das Leben, S. 879.

6. Teil: Der strafrechtliche Schutz der Leibesfrucht de lege ferenda in Deutschland und in Griechenland

Es wurde bereits festgestellt, dass die Mehrheit der Verhaltensweisen, die den Tod oder die körperliche bzw. gesundheitliche Schädigung einer Leibesfrucht oder des sich aus ihr entwickelnden Menschen verursachen, nicht strafrechtlich sanktioniert wird. In Deutschland ist lediglich die vorsätzliche Abtötung der Leibesfrucht als Schwangerschaftsabbruch gemäß § 218 StGB unter Strafe gestellt worden, während in Griechenland neben der vorsätzlichen Abtötung als Schwangerschaftsabbruch (Art. 304 grStGB) auch die Körperverletzung einer Leibesfrucht durch pränatales, vorsätzliches und rechtswidriges Verhalten (Art. 304A grStGB) sanktioniert wird. Die Abtötung bzw. die Schädigung der Leibesfrucht oder des aus ihr hervorgehenden Kindes durch fahrlässiges Verhalten bleibt allerdings in beiden Ländern straflos, obwohl solche Beeinträchtigungen wohl die überwiegende Mehrheit der Gefahrensituationen im pränatalen Entwicklungsstadium darstellen dürften. Es ist schon detailliert dargelegt worden, dass die Verfassungsordnungen beider Länder das pränatale Leben jedenfalls ab dem Zeitpunkt der Nidation als verfassungsrechtlich geschütztes Rechtsgut anerkannt haben, dessen Leben, Gesundheit und Menschenwürde nicht nur objektiv geschützt werden, sondern nach h.M. als Grundrechte eines eigenständigen Grundrechtsträgers gewährleistet sind; dieser subjektive Schutz soll jedoch eine Abwägung der Rechte der Leibesfrucht mit dem höheren Schutz der Rechte eines geborenen Menschen nicht ausschließen.

Die Frage, ob schädigende Verhaltensweisen gegen das vorgeburtliche Leben, die zurzeit tatbestandslos sind, doch strafrechtlich sanktioniert werden sollten, kann ohne eine vorherige Untersuchung der Funktion der strafrechtlichen Sanktion nicht beantwortet werden. Bevor ein Vorschlag de lege ferenda gemacht werden kann, ist es notwendig daran zu erinnern, was die Aufgabe des Strafrechts ist und welche Verhaltensweisen mit Strafe bedroht werden dürfen.

I. Welche Verhaltensweisen dürfen strafrechtlich sanktioniert werden?

Der strafrechtliche Zwang wird als eines der größten Übel betrachtet, da er die menschliche Freiheit unmittelbar beschränkt und dadurch in die elementarsten Rechte der Bürger interveniert. Der Strafgesetzgeber schafft Verhaltensnormen, auf deren Verletzung Strafe angedroht und wodurch in die Lebensweise und die Handlungsfreiheit des Menschen eingegriffen wird. Die staatliche Befugnis, in die menschliche Handlungsfreiheit durch strafrechtliche Androhung zu intervenieren, bedarf also einer Legitimation, nämlich der Bekundung von Gründen, die den strafrechtlichen Zwang per se legitimieren bzw. die Sanktionierung von bestimmten Verhaltensweisen als notwendig gebieten. Zahlreiche Theorien sind mittlerweile entwickelt worden, um die Notwendigkeit (oder auch ihr Fehlen) der Strafe zu begründen und darüber hinaus die Gründe für die Kriminalisierung bestimmter Verhaltensweisen zu präzisieren. Eine Übersicht über die einzelnen Theorien würde die Grenzen der hier behandelten Thematik bei weitem überschreiten; aus diesem Grund wird im Folgenden der Schwerpunkt auf den strafrechtlichen Liberalismus gelegt, der in der strafrechtlichen Gesetzgebung, Rechtsprechung und Lehre der meisten westlichen Demokratien heutzutage herrscht.

1. Strafrechtlicher Liberalismus und „Rechtsgüterschutz"

Nach dem strafrechtlichen Liberalismus, der auch in Deutschland bzw. Griechenland als Grundlage des strafrechtlichen Zwangs mittlerweile anerkannt worden ist, wird als Aufgabe des Strafrechts die Gewährleistung eines freien und friedlichen Zusammenlebens der Bürger insbesondere durch den Schutz der verfassungsrechtlich garantierten Grundrechte verstanden; diese Aufgabe wird als *Rechtsgüterschutz* bezeichnet und legt nicht nur die Zielsetzung, sondern auch die Grenzen des strafrechtlichen Eingriffs fest.[703] Demgemäß muss sich das Strafrecht auf den Schutz von Rechtsgütern beschränken, d.h. von Gegebenheiten oder Zwecksetzungen, die „für die freie Entfaltung des Einzelnen, die Verwirklichung seiner Grundrechte und das Funktionieren eines auf dieser Zielvor-

703 Roxin, JuS 1966, 377, 381f.; ders., Strafrecht AT I, § 2 Rn. 7ff. So auch: Rudolphi, FS Honig, 151ff.; Schöch, FS Schüler-Springorum, 245, 253.

stellung aufbauenden staatlichen Systems notwendig sind.“[704] Dagegen darf der Staat folgende Verhaltensweisen nicht durch Strafandrohung verbieten, nämlich bloße Moralwidrigkeiten, Ordnungswidrigkeiten, Tabus, „ideologische Zielsetzungen“, bewusste Selbstschädigungen[705] oder Fälle der sog. „symbolischen Gesetzgebung“[706].

Der liberalen Strafrechtstheorie zufolge ist der strafrechtliche Rechtsgüterschutz subsidiär; das soll bedeuten, dass die Strafe nur als letzte Maßnahme in Betracht kommen darf („Ultima Ratio der Sozialpolitik“), nämlich nachdem sich alle alternativen Mittel des Rechtsgüterschutzes als erfolglos erwiesen haben. Eine Pflicht des Gesetzgebers, den Rechtsgüterschutz immer mittels des Strafrechts zu gewährleisten, gibt es nicht. Das Prinzip der Subsidiarität des strafrechtlichen Rechtsgüterschutzes stützt sich auf die Tatsache, dass das Strafrecht die Freiheit des Einzelnen in erheblichem Maße beschränkt. Genau deswegen haben alle außerstrafrechtlichen Schutzmaßnahmen (z.B. Zivilrecht, Polizeirecht, verwaltungsrechtliche Sanktionen usw.) den Vorrang; erst wenn sich alle milderen Maßnahmen als untauglich erwiesen haben, darf und muss der Gesetzgeber den strafrechtlichen Rechtsgüterschutz einsetzen.[707]

Dieser Grundsatz ergibt sich aus dem Verhältnismäßigkeitsprinzip, das von dem BVerfG – im Gegensatz zum Rechtsgüterschutzprinzip – als einziges Kriterium für den Einsatz des Strafrechts anerkannt worden ist. Dem Verhältnismäßigkeitsprinzip zufolge darf das Strafrecht nur dann eingreifen, wenn sein Einsatz für die Erreichung des Ziels *geeignet* ist (eindeutige Zwecktauglichkeit des Strafgesetzes), wenn der Einsatz *erforderlich* ist (Fehlen einer milderen, tauglichen Maßnahme) und wenn er *angemessen* ist (sog. Übermaßverbot).[708] Das BVerfG hat im „ersten Abtreibungsurteil“ eine Pflicht des Gesetzgebers nur anerkannt, den strafrechtlichen Schutz einzusetzen, wenn sich kein anderes Mittel als geeignet für die Gewährleistung eines Grundrechts erwiesen hat.[709] Bei der Erfüllung seiner Schutzpflicht hat der Gesetzgeber einen weiten Einschätzungsspielraum und ist allein dafür verantwortlich darüber zu entscheiden, durch welches Mittel er seine Schutzpflicht erfüllen wird.[710]

Die Subsidiarität des strafrechtlichen Rechtsgüterschutzes der liberalen Strafrechtstheorie darf allerdings nicht dazu führen, dass der Staat seine Aufgabe der Gewährleistung eines freien und friedlichen Zusammenlebens in der Ge-

---

704 Roxin, Strafrecht AT I, § 2 Rn. 7.

705 Roxin, Strafrecht AT I, § 2 Rn. 13ff.

706 Ausführlich dazu: Voß, Symbolische Gesetzgebung.

707 Kaufmann Arth., FS Henkel, 89ff.; Roxin, JuS 1966, 377, 382.

708 BVerfGE 23, 127, 133; 39, 210, 230; 61, 126, 134; 80, 109, 120; 90, 145, 172ff.

709 BVerfGE 39, 1, 45.

710 BVerfGE 39, 1, 44; 46, 160, 164; 56, 54, 81; 77, 170, 214; 77, 381, 402.

sellschaft völlig vernachlässigt. Das BVerfG hat eine Verletzung der staatlichen Schutzpflicht darin gesehen, dass der Staat entweder überhaupt keine Schutzvorkehrungen getroffen habe, oder die getroffenen Maßnahmen offensichtlich gänzlich ungeeignet bzw. völlig unzulänglich seien, die Schutzpflicht zu erfüllen.[711] In seinem „ersten Abtreibungsurteil" aus dem Jahr 1975 ist das BVerfG einen Schritt weiter gegangen, um einen absoluten Verzicht des Gesetzgebers auf den strafrechtlichen Zwang zum Schutz des ungeborenen Lebens (im Rahmen der sog. Fristenlösung) als unannehmbar zu kritisieren; vielmehr sollte der Staat aufgrund der Wichtigkeit des aufs Spiel gesetzten Lebensrechts auch das Mittel der Strafandrohung zum Schutz der Leibesfrucht einsetzen.[712] Im „zweiten Abtreibungsurteil" des BVerfG von 1993[713] wurde das sog. „Untermaßverbot" bestimmt, zu dessen Beachtung der Gesetzgeber bei der Erfüllung seiner Schutzpflicht bzw. bei der Wahl des geeigneten Mittels verpflichtet sei. Demgemäß müssen die Vorkehrungen des Gesetzgebers – unter Berücksichtigung entgegenstehender Rechtsgüter – für einen angemessenen und wirksamen Schutz ausreichend und wirksam sein; dabei bedürfe es eines Schutzkonzeptes, das den präventiven sowie den repressiven Schutz miteinander verbinde und dessen Ausgestaltung durch die Rechtsordnung Mindestanforderungen entspreche.[714] Zwar hat das BVerfG in diesem Urteil eingeräumt, dass der Staat nicht unbedingt durch das Strafrecht das Lebensrecht der Leibesfrucht schützen müsse; vielmehr könne die Gewährleistung der rechtlichen Voraussetzungen für die Entfaltung des eigenen Lebensrechts des Ungeborenen durch ausreichend angemessene und wirksame Maßnahmen ausreichen, um die Schutzpflicht der Leibesfrucht gegenüber zu erfüllen.[715] Das Gericht hat aber betont, dass der Schutzpflicht nicht genüge, dass Schutzvorkehrungen von irgendwelcher Art getroffen werden; die Reichweite der Schutzpflicht sei nämlich „im Blick auf die Bedeutung und Schutzbedürftigkeit des zu schützenden Rechtsguts – hier des ungeborenen menschlichen Lebens – einerseits und mit ihm kollidierender Rechtsgüter andererseits zu bestimmen".[716] Die Strafandrohung möge dabei nicht die einzig denkbare Sanktion sein, sie könne aber den Rechtsunterworfenen *in besonders nachhaltiger Weise* zur Achtung und Befolgung der rechtlichen Gebote veranlassen. Außerdem lasse es das Untermaßverbot nicht zu, auf den Einsatz auch des Strafrechts und die davon ausgehende Schutzwirkung gänzlich zu verzichten, soweit es um die elementare staatliche Schutzaufgabe gehe, das menschli-

711 BVerfGE 56, 54, 81; 77, 170, 215.
712 BVerfGE 39, 1, 47, 51ff.
713 BVerfGE 88, 203ff.
714 BVerfGE 88, 203, 253f.
715 BVerfGE 88, 203, 258.
716 BVerfGE 88, 203, 254.

che Leben vor Tötung zu schützen.[717] Diese Annahme des BVerfG kann dafür sprechen, dass der Spielraum des Gesetzgebers bei der Erfüllung seiner Schutzpflicht im Fall eines besonders bedeutenden bzw. schutzbedürftigen Rechtsguts, wie des Lebens, erheblich eingeengt wird, oder sogar, dass die strafrechtliche Sanktion in solchen Fällen vielleicht der am besten geeignete Weg zur Achtung und Befolgung des rechtlichen Gebots wäre.[718]

Das liberale Prinzip des Rechtsgüterschutzes wird in den meisten westlichen Staaten, darunter auch Deutschland und Griechenland, als der Grundstein für die Legitimation des strafrechtlichen Eingriffs in die Freiheit der Bürger gesehen, sei es als Legitimation der staatlichen Strafe insgesamt oder als Rechtfertigung der Strafandrohung gegen bestimmte Verhaltensweisen. Die Schwere der strafrechtlichen Intervention in die menschliche Freiheit macht jedoch die Anforderung an Legitimationsgründe (grundsätzlich im Kreis der liberalen Strafrechtslehre) besonders anspruchsvoll. Insbesondere in der angloamerikanischen (jedoch zunehmend auch in der kontinental-europäischen) Lehre wird von einem noch liberaleren Strafrecht gesprochen, das nur so wenig eingreifen darf, als es absolut erforderlich ist, um das friedliche Zusammenleben in der Gesellschaft zu garantieren. Die liberale deutsche Tradition hat zwar das Ziel erreicht, die Rolle des Strafrechts auf den Rechtsgüterschutz zu beschränken; es wird jedoch angezweifelt, ob die Idee des Rechtsguts die Voraussetzungen für eine robuste Legitimation der strafrechtlichen Sanktion bietet. Im folgenden Abschnitt wird zunächst versucht, die Schwächen des Rechtsgüterschutzkonzeptes darzustellen, um danach zu einem alternativen Weg zur Legitimation der strafrechtlichen Intervention überzugehen, der auch zu den liberalen Strafrechtslehren gehört und mit dem Rechtsgüterschutz als verwandt bezeichnet wird[719], nämlich das Konzept des „Schadensprinzips“ (auch „Schädigungsprinzip“ genannt).

717 BVerfGE 88, 203, 253, 257.

718 Störring, Das Untermaßverbot in der Diskussion, S. 80. So auch Hoerster, JuS 1995, 192f.

719 So Roxin, Strafrecht AT I, § 2 Rn. 123f., der betont, dass das „Schädigungsprinzip“ der aufklärerischen Sozialschadenslehre entspricht und damit dem Rechtsgüterschutz- konzept „ähnelt“.

2. Die Legitimation der strafrechtlichen Intervention in einem liberalen Staat

Dem Konstrukt des Rechtsgüterschutzes wird vorgeworfen, dass sich die Rechtsgüter „nicht in einem normativen Vakuum" konstituieren, d.h., dass sie „weder vorrechtlich vorfindbar" „noch mit dem, was der Gesetzgeber tatsächlich schützt, identisch" sind.[720] Wie schon angemerkt worden ist, hat das Dogma des Rechtsgüterschutzes dazu gedient, den strafrechtlichen Schutz durch den Ausschluss von Moral- bzw. Gesinnungssanktionen in einer von der Aufklärungszeit inspirierten Weise zu liberalisieren; das Strafrecht sollte sich nur mit Verhaltensweisen beschäftigen, die die elementaren Rechtsgüter verletzen, die für ein friedliches gesellschaftliches Zusammenleben unentbehrlich sind.[721] Als strafbar sind also solche Verhaltensweisen zu beurteilen, die eine Verletzung oder Gefährdung eines geschützten Rechtsguts hervorrufen können; das Objekt des strafrechtlichen Schutzes ist also ein vom Staat als schützenswürdig beurteilter Wert.[722]

Was allerdings als Schwäche dieses Konzeptes erscheint, ist, dass es eher eine Behauptung als eine Begründung enthält. Das heißt, es nimmt an, dass der Staat schützenswürdige Werte durch Strafandrohung bewahren darf (ggf. soll), es begründet jedoch nicht, warum solche Werte eigentlich in dem Ausmaß schützenswert sind, dass die strafrechtliche Intervention legitimiert wird; auf diese Weise gerät es in die Gefahr eines „Rutschens" in den Bereich des „Gesinnungsstrafrechts".[723] Um das Rechtsgut von einem Gesinnungswert zu unterscheiden, wird eine normative Begründung des Unterschieds zwingend nötig[724], wie auch das treffende Beispiel des „Geizes als schützenswürdiges Rechtsgut" von Papageorgiou zeigt.[725] Diese Schwäche des Dogmas des Rechtsgüterschutzes kann als Zeichen dafür dienen, dass der Schutz eines gewissen „Guts" im-

720 Papageorgiou, Schaden und Strafe, S. 16.

721 Kaufmann Arth., Das Unrechtsbewusstsein in der Schuldlehre des Strafrechts, S. 119ff.

722 Papageorgiou, Schaden und Strafe, S. 91, unter Berufung auf: Kaufmann Arth., Das Unrechtsbewusstsein in der Schuldlehre des Strafrechts, S. 120f.; von Liszt, in: Strafrechtliche Aufsätze und Vorträge I, 225.

723 Papageorgiou, Schaden und Strafe, S. 93ff. Die Notwendigkeit einer tieferen, auch auf rechtsphilosophisch-ethische Überlegungen gestützte Analyse wird auch von Hoerster festgestellt; Hoerster, JuS 2003, 529.

724 Amelung, in: Jung/Müller-Dietz/Neumann (Hrsg.), Recht und Moral, 269, 276ff.; Papageorgiou, Schaden und Strafe, S. 97.

725 Papageorgiou, Schaden und Strafe, S. 97.

mer einer vom Staat angenommenen Moralität entspricht[726]; wenn auch liberal und von den Aufklärungstheorien geprägt, hat der Rechtsgüterschutz diese Tatsache nicht überwinden können. Vielmehr wird dem Zweck der liberalen Legitimation der Strafe besser gedient, wenn der strafrechtliche Eingriff in der Person und dem Schutz ihrer Interessen seinen Anhaltspunkt, aber auch seine Schranken findet. Den Zweck des Strafrechts sollte daher weder die „Erfüllung resp. Nichtverletzung gewisser Pflichten gegenüber ‚fixen' Rechten anderer oder der Allgemeinheit (hier ließe sich eine Korrespondenz zum sog. Gesinnungsstrafrecht herstellen)" noch die „Verwirklichung irgendwelcher nicht personal beschriebener gesamtgesellschaftlicher Zwecke", sondern die „Aufrechterhaltung personaler Belange" darstellen; in einem liberalen und säkularen Staat darf die Strafandrohung nur dann die Freiheit der Bürger einschränken, wenn „personenbezogene Interessen" beeinträchtigt werden, und ein Verhalten darf nur dann als strafwürdig beurteilt werden, wenn es die „Eigenschaft, einen spezifischen, personenträchtigen Erfolg herbeizuführen", aufweist.[727]

In die gleiche liberale Richtung wie der Rechtsgüterschutz, aber doch in effektiverer Weise hat das Konstrukt des „Harm Principle" (Schädigungs- oder Schadensprinzip in der deutschen Literatur) von John Stuart Mill und Wilhelm von Humboldt die Legitimationsbasis der strafrechtlichen Intervention in die bürgerliche Freiheit begründet[728]; es hat nämlich nicht einfach Werte auf feststellende Weise beschrieben, auf deren Schutz sich die strafrechtliche Sanktion beschränken sollte, sondern ist darüber hinaus zu den Gründen übergegangen, die die Grundlage solcher schützenswürdigen Werte darstellen. Anders formuliert hat die liberale Strafrechtslehre des Schädigungsprinzips versucht, die strafrechtliche Sanktion dadurch zu legitimieren, dass sie die Frage beantwortet hat, warum der Schutz einiger Güter den Einsatz des Strafrechts rechtfertigen kann. Die Legitimationsgründe des Strafrechts nach dem liberalen Harm Principle

---

726 Papageorgiou, Schaden und Strafe, S. 98. Diese Feststellung spiegelt sich auch darin wider, dass der Rechtsgutsbegriff wandelbar ist, indem er von den jeweiligen, zeitbedingten Vorstellungen in der Gesellschaft betroffen ist; siehe auch das passende Beispiel der Bestrafung exhibitionistischer Handlungen von Roxin, Strafrecht AT I, § 2 Rn. 63.

727 Papageorgiou, Schaden und Strafe, S. 99f.

728 Spuren des Konstrukts des Schadensprinzips sind auch in der Antike zu finden (etwa bei den Stoikern); es ist jedoch erst in der Aufklärungszeit (z.B. Beccaria) gegründet (mit späteren Nachfolgern wie Bentham). Die Meilensteine des Schadensprinzips sind jedoch die Werke von J.S. Mill „On Liberty" von 1859 und W. v. Humboldt „Ideen zu einem Versuch, die Gränzen der Wirksamkeit des Staats zu bestimmen" von 1792. Mehr dazu u.a. in: Feinberg, Social Philosophy, S. 20ff.; Hart, Law, Liberty and Morality, S. 4ff.; Hoerster, ZStW 1970, 538, 544ff.; Papageorgiou, ARSP 1990, 324, 327ff.

werden im Folgenden weiter erörtert. Diese Legitimationsgründe werden dann im Bereich des pränatalen Schutzes angewendet, um festzustellen, ob demgemäß ein strafrechtlicher Schutz der Leibesfrucht vor pränatalen Beeinträchtigungen de lege ferenda möglich bzw. zulässig wäre.

II. Die strafrechtliche Sanktion nach dem „Harm Principle" von J.S. Mill

Diese Untersuchung wird sich insbesondere auf das „Harm Principle" (Schadensprinzip) gründen, das von J.S. Mill in seinem Werk „On Liberty" („Über die Freiheit")[729] begründet worden ist und das Ähnlichkeiten mit dem liberalen Rechtsgüterschutzprinzip aufweist. Dem Harm Principle zufolge ist eine Gewaltausübung (also auch die strafrechtliche Sanktion) gegenüber einem Mitglied einer zivilisierten Gesellschaft gegen dessen Willen nur dann legitim, wenn sie der Abwendung von Schaden bei einem anderen dient.[730] Das soll heißen, dass das Strafrecht nur deswegen eingesetzt werden darf, um den Schaden eines anderen abzuwenden.

Das Harm Principle wurde von Joel Feinberg in seinem Werk „The Moral Limits of the Criminal Law"[731] insbesondere in Bezug auf die Grenzen des strafrechtlichen Zwangs weiterentwickelt. Nach seiner Definition des Harm Principle ist es immer ein guter Grund für strafgesetzlichen Zwang, dass er möglicherweise für die Abwendung (bzw. Beseitigung oder Verminderung) von Schäden von Personen – außer dem Täter selbst – effektiv sei bzw. es möglicherweise kein anderes Mittel gebe, das genauso effektiv ohne größere Kosten für andere Werte wäre.[732] Selbstschädigungen oder einfache Moralverstöße können dagegen die

729 John Stuart Mill, On Liberty, erste Veröffentlichung 1859. Dem Werk von Mill ist dieses von v. Humboldt (Fn. 726) vorausgegangen; Mill war von v. Humboldts Ideen beeindruckt und hat sie mehrfach zitiert; mehr dazu: Stratenwerth, in: Hefendehl/von Hirsch/Wohlers (Hrsg.), Die Rechtsgutstheorie, S. 255.

730 John Stuart Mill, On Liberty, S. 14: „the only purpose for which power can be rightfully exercised over any member of a civilized community, against his will, is to prevent harm to others."

731 Joel Feinberg, The Moral Limits of the Criminal Law, 4 Bände, erste Veröffentlichung 1984, 1985, 1986, 1988 entsprechend.

732 Feinberg, Harm to Others, S. 26: „The Harm Principle: It is always a good reason in support of penal legislation that it would probably be effective in preventing (eliminating, reducing) harm to persons other than the actor (the one prohibited from acting) and

strafrechtliche Sanktion nicht legitimieren. Dem Harm Principle zufolge ist also ein (drohender) „Schaden" bei einem „anderen" das unverzichtbare Kriterium für den erlaubten Einsatz des Strafrechts in einem liberalen, demokratischen Rechtsstaat. Diese Annahme folgt aus der Tatsache, dass die Strafe selbst ein schwerwiegender Schaden ist, der dem Bürger durch den Staat zugefügt wird. Die Schadenszufügung des strafrechtlichen Zwangs kann allerdings nur dann in einem liberalen, säkularen Rechtsstaat legitim sein, wenn sie gegen einen massiveren Schaden an einem anderen eingesetzt wird.[733]

Im folgenden Teil der Untersuchung werden sowohl die Bedeutung des Begriffs „Schaden" als auch die des „anderen" untersucht; die Erläuterung der beiden Begriffe ist für die Erkenntnis der Legitimation des strafrechtlichen Eingriffs unentbehrlich. Dabei wird die Legitimität der strafrechtlichen Intervention auch im Bereich der pränatalen Beeinträchtigungen geprüft, und zwar unter dem Blickwinkel, ob eine pränatale Beeinträchtigung der Leibesfrucht, die deren Tod oder eine Schädigung verursacht, als „Schaden" im Sinne des Harm Principle beurteilt werden könnte bzw. ob die Leibesfrucht als „anderer" i.S. des Schädigungsprinzips gelten kann, d.h. eine Beurteilung des moralischen Status der Leibesfrucht nötig ist, bevor es schließlich eventuell zu einem Vorschlag de lege ferenda kommen kann.

1. Die Bedeutung des „Schadens" nach dem Harm Principle

a) Die allgemeinen Voraussetzungen für das Bestehen eines „Schadens"

In der folgenden Untersuchung wird versucht, die pränatalen Beeinträchtigungen der Leibesfrucht nach dem Schädigungsprinzip zu bewerten. Dafür ist allerdings eine Erläuterung des Begriffs „Schaden" vorausgesetzt, der den zentralen Gedanken des Harm Principle darstellt. Denn der „Schaden" als Zustand muss erklärt werden, um die Verhaltensweisen zu definieren, die einen solchen Zustand verursachen und die daher für ein strafrechtliches Verbot „kandidieren". Gegenstand der strafrechtlichen Intervention nach dem Schadensprinzip sind

there is probably no other means that is equally effective at no greater cost to other values."

733 Seher, Liberalismus und Strafe, S. 31, mit Hinweis auf John Stuart Mill, On Liberty, S. 85.

also nicht Schädigungen als Zustände, sondern solche Verhaltensweisen, die bei einem anderen einen Schadenszustand verursachen.[734]

Den Begriff „Schaden“ beschreibt Feinberg als die Vereitelung, die Behinderung oder die Durchkreuzung eines Interesses.[735] Ein Verhalten soll daher als einen Schaden verursachend beurteilt werden, wenn es ein Interesse verletzt. Damit ergibt sich die Notwendigkeit, auch den Begriff „Interesse“ näher zu präzisieren. Nach Feinberg hat ein Mensch ein Interesse an einer Sache, wenn sie ihm so wichtig sei, dass davon sein Wohlbefinden abhänge: Solange sie gedeihe, gedeihe auch sein Wohlbefinden, während sein Wohlsein missglücke, wenn sie zum Scheitern gebracht sei. Anders formuliert, was diese Sache begünstige, sei zu seinem Vorteil (in seinem Interesse), während was sie vereitle, zu seinem Nachteil (gegen sein Interesse) sei.[736] Ein verletztes Interesse, also ein Schaden, liegt vor, wenn sich dieses Interesse in einem schlimmeren Zustand befindet als der Zustand, in dem es sich befinden würde, hätte das verletzende Verhalten nicht stattgefunden.[737] Zu den strafrechtlich geschützten Interessen zählen allerdings nicht alle Interessen. Das Strafrecht darf nur gegen die Verletzung solcher Interessen schützen, die die Grundwohlfahrt des Menschen betreffen, nämlich die Grundinteressen[738] (*welfare interests*), wie z.B. das Leben, die Gesundheit oder die Abwesenheit von schwerem Leiden bzw. die minimale finanzielle Sicherheit oder bürgerliche Freiheit; denn genau bei Verletzung dieser minimalen Interessen ist eine Person tatsächlich am ernstesten geschädigt, da in ihrer Folge alle übrigen Interessen durch sie in Mitleidenschaft gezogen werden.[739] Die sog. höheren Interessen (*ulterior interests*), nämlich die äußersten Ziele und Erwartungen, wie z.B. ein Traumhaus zu kaufen, ein Kunstwerk zu schaffen, ein hohes politisches Amt zu übernehmen, eine Familie zu gründen oder das menschliche Leiden zu mildern, können nicht direkt rechtlich geschützt werden, denn ihre Verletzung verursacht nicht eine vergleichbar große Behinderung des gesamten Wohlseins des Menschen; der Staat wird diese Interessen indirekt gewährleisten, indem er die Grundinteressen schützt, die wesentlich zur Erreichung auch der höheren Ziele sind.[740] Aber auch die instrumentellen Bedürfnisse

734 Feinberg, Harm to Others, S. 31.

735 Feinberg, Harm to Others, S. 33: „harm conceived as the thwarting, setting back, or defeating of an interest.“ Papageorgiou, Schaden und Strafe, S. 104f.; Seher, Liberalismus und Strafe, S. 55.

736 Feinberg, Harm to Others, S. 34.

737 Feinberg, Harm to Others, S. 34.

738 Übersetzung in: Seher, Liberalismus und Strafe, S. 57.

739 Feinberg, Harm to Others, S. 37. So auch: Kleinig, in: American Philosophical Quarterly 15 (1978), 27, 30ff.; Papageorgiou, Schaden und Strafe, S. 131f.

740 Feinberg, Harm to Others, S. 37, 62.

(*instrumental wants)*, wie z.B. Sport zu treiben, ein Sparkonto zu eröffnen oder früh ins Bett zu gehen, werden nicht als solche durch das Strafrecht geschützt, denn sie sind einfach Bedürfnisse, die die Grundwohlfahrtsinteressen nur befördern.[741] Schließlich sind die vorübergehenden Bedürfnisse (*passing wants*), wie ein Eis zu essen oder ins Kino zu gehen, bzw. die höchsten und allumfassenden Ziele (*most ulterior and comprehensive goals*), wie die Glücklichkeit im Allgemeinen, auch keine Interessen i.S. des Schadensprinzips.[742]

Nicht aber jedes ein Interesse verletzende Verhalten ist als Schaden i.S. des Harm Principle zu beurteilen. Vielmehr ist es erforderlich, dass dieses Verhalten ein Schaden i.e.S., d.h. ein „Unrecht", darstellt; jemandem ist ein Unrecht getan, wenn ein nicht zu rechtfertigendes (unentschuldbares und unverzeihliches) Verhalten ein Recht von ihm und abschließend auch sein Interesse verletzt. Der Unterschied zwischen einem Schaden, der nicht auch Unrecht ist, und einem Schaden, der auch Unrecht darstellt, kann effektiver geklärt werden, wenn man an konsentierte Schädigungen denkt; diese sind zwar Schäden, die ein Interesse verletzen (z.B. ein finanzielles Interesse), aber sie stellen kein Unrecht dar, da der Interesseninhaber eingewilligt hat. Das Harm Principle betrifft nur Schäden als Interessenverletzungen, die auch ein Unrecht darstellen; und umgekehrt, nur Unrechtszufügungen, die ein Interesse verletzen.[743]

b) Die Tötung oder körperliche Schädigung als „Schaden"

Nach dem oben Dargestellten ist eine strafrechtliche Intervention nach dem Harm Principle legitim, wenn sie zur Abwendung eines Schadens an einem anderen erfolgt, der nicht durch ein anderes Mittel effektiv abgewendet werden kann. Als Schaden ist die Verletzung von Grundinteressen zu verstehen, die auf solche Weise stattfindet, dass dabei auch Unrecht zugefügt wird. Nachdem der Begriff des Schadens nach dem Harm Principle erläutert worden ist, ist zu klären, ob die Tötung bzw. die körperliche Schädigung als „Schaden" beurteilt werden können. Freilich ist die Antwort auf diese Frage noch keine Antwort auf die ursprüngliche Frage, ob eine schädliche Beeinträchtigung der Leibesfrucht auch strafrechtlich relevant i.S. des Harm Principle sein kann. Die Antwort auf diese ursprüngliche Frage setzt nämlich zusätzlich voraus, dass die Leibesfrucht auch einen „anderen" i.S. des Harm Principle darstellt; ob diese zusätzliche Voraussetzung erfüllt wird, ist Gegenstand des folgenden Abschnitts. Zunächst

741 Feinberg, Harm to Others, S. 56f.

742 Feinberg, Harm to Others, S. 55ff.

743 Feinberg, Harm to Others, S. 35f.; Seher, Liberalismus und Strafe, S. 56.

wird hier aber geprüft, ob die Tötung oder die körperliche Schädigung die Voraussetzungen eines „Schadens“ grundsätzlich erfüllen.

Es gibt zwar einige Philosophen, die bestritten haben, dass der Verlust des Lebens einen Schaden i.S. eines schweren Übels darstellt, das die Wohlfahrt des Menschen erheblich beeinträchtigt; sie haben vielmehr behauptet, dass der Tod das Ende jeder Wahrnehmung bedeute, also dass nach seinem Eintritt nichts mehr als Übel erlebt werden könne.[744] Solchen Thesen wird allerdings entgegengehalten, dass, obwohl der Tod als Zustand nichts Übles ist, da der Tote ihn nicht erleben kann, die Fortsetzung des Lebens ein Grundinteresse, und zwar das elementarste, darstellt; solange der Mensch lebt, hat er ein Grundinteresse, am Leben zu bleiben, denn nur so kann er sich entwickeln bzw. seine übrigen Interessen und damit auch sein gesamtes Wohlbefinden erfüllen.[745] Aber auch die Vorstellung des Todeseintritts „in einer Gesellschaft ohne Tötungsverbot“ würde dem Menschen schon in der Gegenwart unerträgliche Leiden verursachen.[746]

Ähnlich ist auch die Gesundheit als eines der Grundinteressen des Menschen zu beurteilen. Falls sie beeinträchtigt wird, gerät das gesamte Wohlbefinden des Menschen in Gefahr, indem er daran gehindert wird, die elementaren Bedingungen für sein Überleben zu schaffen (z.B. weil er arbeitsunfähig geworden ist) oder höhere Interessen zu verfolgen (z.B. eine Familie zu gründen oder ein Kunstwerk zu schaffen).[747]

Fraglich ist nun, ob auch die pränatalen Beeinträchtigungen, die den Tod oder eine körperliche Schädigung hervorrufen, die Verletzung eines Grundinteresses und damit auch einen Schaden i.S. des Harm Principle bedeuten. Diese Frage kann jedoch nicht beantwortet werden, bevor festgestellt wurde, ob die Leibesfrucht überhaupt Interessen haben kann. Denn wenn sie keine Interessen haben kann, kann sie auch nicht darin verletzt werden. Ein Versuch, pränatale Beeinträchtigungen als Schäden i.S. des Harm Principle anzusehen, setzt darüber hinaus eine Antwort auf die Frage voraus, ob die Leibesfrucht als ein „anderer“ verstanden werden darf. Die Beantwortung dieser beiden Fragen wird allerdings nur durch die Untersuchung des moralischen Status der Leibesfrucht möglich.

---

744 Papageorgiou, Schaden und Strafe, S. 172ff., mit Verweis auf Sokrates, Epikur und Lukrez.

745 Papageorgiou, Schaden und Strafe, S. 174ff.

746 Hoerster, JuS 1989, 172, 175.

747 Papageorgiou, Schaden und Strafe, S. 138f.; Seher, Liberalismus und Strafe, S. 61f.

2. Der moralische Status der menschlichen Leibesfrucht

Unter dem Begriff „moralischer Status“ wird die Fähigkeit verstanden, ein Objekt von moralischer Relevanz oder – anders formuliert – von moralischer Bedeutsamkeit zu sein; das soll bedeuten, dass ein Wesen über einen moralischen Status verfügt, wenn es ein Wesen ist, dessen Interessen aus moralischer Sicht berücksichtigt werden müssen.[748] Wie es M.A. Warren in ihrem Werk „Moral Status“ definiert, bedeutet der moralische Status eines Wesens, dass es moralisch relevant sei, dass es eine moralische Stellung habe. Ein Wesen mit moralischem Status sei ein Wesen, demgegenüber ein moralisch Handelnder moralische Pflichten habe oder haben könne. Wenn ein Wesen moralischen Status habe, dann dürften wir es nicht behandeln, so wie es uns gefalle; bei unseren Handlungen müssten wir Wert auf seine Bedürfnisse, seine Interessen und sein Wohlbefinden legen. Darüber hinaus seien wir moralisch verpflichtet, das zu tun, nicht nur weil sein Schutz uns oder andere Personen begünstigen könne, sondern weil seine Bedürfnisse eine moralische Bedeutung für sich selbst eingenommen haben.[749] Ähnlich wird in der deutschen Literatur der Begriff der „subjektiv moralischen Rechte“ herangezogen, um die moralisch zwingende Pflicht zur Respektierung eines Wesens nicht wegen der Interessen von Dritten, sondern allein *um seiner selbst willen* zu beschreiben.[750]

Die Idee des moralischen Status wird dazu verwendet, um Minimumstandards von zulässigem Verhalten gegenüber Wesenheiten zu bestimmen.[751] Unser Verhalten darf nicht unter diese Minimumstandards sinken; tut es das, sind Proteste, Beschwerden oder sogar präventive bzw. abhaltende Gewaltausübung gerechtfertigt.[752] In diesem Sinn haben alle Menschen (vielleicht auch einige Tiere) einen moralischen Status; ihr Schaden ist ein Grund für die Beschränkung unseres Verhaltens ihnen gegenüber. Das ist nicht der Fall, was Objekte betrifft, die keinen moralischen Status haben; die Beschädigung des Autos eines anderen ist nicht verboten, weil das Auto als solches einen moralischen Status hat, sondern wegen der Bedeutung des Autos für den Inhaber, dem die Zerstörung des Autos einen Schaden zufügen würde.[753] Ob etwas einen moralischen Status hat oder nicht, wird also durch seine ihm innewohnenden Eigenschaften (*intrinsic*

748 Steinbock, Life Before Birth, S. 5, 9.

749 Warren, Moral Status, S. 3.

750 Merkel, in: Damschen/Schönecker, Der moralische Status menschlicher Embryonen, S. 35f.

751 Brown, JMP (2007) 32, 585, 586f.; Warren, Moral Status, S. 13.

752 Warren, Moral Status, S. 13.

753 Harman, Phil.Stud. (2007) 133, 55f.

properties) bestimmt, nämlich Eigenschaften, die es aus sich selbst heraus, unabhängig von anderen Faktoren besitzt[754]; wenn etwas über moralischen Status verfügt, ist es so, weil seine Bedürfnisse eine moralische Wichtigkeit aus eigener Kraft haben.[755] Obwohl für einige Fälle das Vorliegen oder die Abwesenheit des moralischen Status einstimmig beantwortet wird (z.B. alle geborenen Menschen haben moralischen Status, während die materiellen Objekte ihn nicht haben), gibt es auch Grenzfälle, in denen die Beurteilung nicht einfach ist. Ein solcher Fall ist der Status der Leibesfrucht, und zwar die Frage, ob die Leibesfrucht überhaupt moralischen Status besitzt. Um diese Frage zu beantworten, ist es notwendig, zuerst die Eigenschaften zu bestimmen, die einem Wesen den moralischen Status zuschreiben.

a) Welche Faktoren schreiben einem Wesen moralischen Status zu?

Die Frage über die Elemente, die einem Wesen moralischen Status zuschreiben, lässt sich effektiver beantworten, wenn man sich die Bedeutung des Begriffs „moralischer Status" überlegt. Es wurde schon betont, dass ein Wesen moralischen Status besitzt, wenn seine Interessen aus eigener Kraft moralisch geachtet werden müssen. Dem liberalen *Interessenprinzip*[756] gemäß ist die Verfügung über Interessen notwendig und hinreichend für die Erlangung von moralischem Status. Diese Interessentheorie lässt sich durch die Tatsache bestätigen, dass nur die Interessen der Wesen geachtet werden können, die über Interessen verfügen; dabei sind nur die eigenen Interessen des Wesens, nicht die Bedeutung des Wesens für andere entscheidend. Die Interessen sind die Bestandteile der Rechte, aber auch des moralischen Status. Wenn ein Wesen keine Interessen besitzt, kann es keinen moralischen Anspruch auf Beachtung seiner „Interessen" gegen andere haben, daher verfügt es über keinen moralischen Status; denn genau dieser moralische Anspruch auf Beachtung der Interessen eines Wesens ist der Inhalt seiner moralischen Stellung.[757] Dass geborene Menschen über moralischen Status verfügen, ist zweifellos. Fraglich ist, warum die Interessen der Menschen ihnen moralischen Status verleihen; das kann nicht wegen ihrer Zugehörigkeit zur menschlichen Spezies allein sein, denn eine solche Begründung stellt eine Petitio Principii dar. Die Frage lautet vielmehr, welches die besonderen Eigen-

754Harman, Phil.Stud. (2007) 133, 55f.; Merkel, in: Damschen/Schönecker, Der moralische Status menschlicher Embryonen, S. 35, 37f.

755 Harman, Phil.Stud. (2007) 133, 55f.

756 Feinberg, in: Blackstone, Philosophy, S. 43ff. Ausführlich dazu: Leist, Eine Frage des Lebens, S. 135ff.

757 Steinbock, Life Before Birth, S. 9f.

schaften sind, wegen der die Beachtung der Interessen des Menschen als geboten gehalten und ihm moralischer Status zugeschrieben wird.[758]

Wie weiter oben schon erwähnt worden ist, hat man nach dem Interessenprinzip von Feinberg ein Interesse an einer Sache, wenn sie einem so wichtig ist, dass das Wohlbefinden von ihr abhängt: Das Gedeihen dieser Sache begünstigt das Wohlbefinden, während beim Scheitern dieser Sache das Wohlbefinden entfallen kann.[759] Die Interessen eines Wesens sind also mit seinen Bedürfnissen, Wünschen, Zielen bzw. Sorgen eng verbunden. Das offenbart eine Beziehung zwischen Interessen und der Fähigkeit zur bewussten Wahrnehmung, denn die bewusste Wahrnehmungs- bzw. Erlebensfähigkeit stellt eine Voraussetzung für das Besitzen von Wünschen, Zielen und Vorlieben dar.[760] Ein Wesen, das keine bewusste Wahrnehmung hat, z.B. eine Pflanze, kann für nichts sorgen; ohne Bewusstsein und Empfindungsvermögen ist *ihm* nichts von Bedeutung, und zwar auch nicht seine Bewahrung oder Zerstörung, seine Pflege oder Vernachlässigung. Wenn man sich um dieses Wesen, etwa die Pflanze, kümmert und es pflegt, tut man das nicht um *dieses Wesens willen.*[761] Dass ein Wesen keine eigenen Interessen hat, bedeutet jedoch nicht, dass es auch keine Bedeutung hat; es kann für andere Wesen bedeutend sein, oder sogar einen symbolischen, moralischen Wert haben.[762] Die Achtung für und die Pflichten gegenüber diesem Wesen bestehen aber nicht *um seinetwillen*, denn es ist ihm gleichgültig, was mit ihm geschieht, sondern um anderer Wesen willen, die die Fähigkeit besitzen, sich um den Zustand und das Schicksal dieses Wesens zu kümmern.[763]

In diesem Sinne haben alle Menschen (aber auch höher entwickelte Tiere, wie z.B. Hunde) eigene Interessen, während andere Wesenheiten, wie die Pflanzen oder die materiellen Objekte, keine bewusste Wahrnehmung bzw. Erlebensfähigkeit besitzen. Es ist ihnen gleichgültig, was ihnen passiert, und daher haben sie keine eigenen Interessen. Auf dieser Grundlage wird auch das „Personsein“ beurteilt. Nach dem empirischen Gebrauch des Begriffs „Person“ (*descriptive Personhood*)[764] gibt es eine Reihe von Eigenschaften, die eine Person ausma-

758 Merkel, in: Damschen/Schönecker, Der moralische Status menschlicher Embryonen, S. 35, 37f.

759 Feinberg, Harm to Others, S. 34.

760 Leist, Eine Frage des Lebens, S. 133ff.; Merkel, in: Damschen/Schönecker, Der moralische Status menschlicher Embryonen, S. 35, 41ff.; Tooley, in: Leist, Um Leben und Tod, S. 157, 164ff.

761 Steinbock, Life Before Birth, S. 14.

762 Glannon, Bioethics (1998) V. 12 Nr. 3, 187, 209; Steinbock, Life Before Birth, S. 15.

763 Hart, Phil.Rev. (1955), V. 64 Nr. 2, 175, 180; Steinbock, Life Before Birth, S. 15.

764 Der normative Begriff des Personseins (normative Personhood) betrifft die Zuschreibung von Rechten und Pflichten aus juristischer Sicht, ohne jegliche Attribution von er-

chen; diese sind genau die bewusste Wahrnehmung bzw. die Erlebensfähigkeit, das Selbstbewusstsein, die Empfindungsfähigkeit, die Fähigkeit, Emotionen zu erweisen, die Vernunft und der Intellekt, die Zukunftspläne bzw. die Empfindung von Lust und Schmerz; diese Eigenschaften besitzen weder die materiellen Objekte, die Blumen und die Pflanzen, noch die niedriger eingeordneten Tiere, wie z.B. die Schnecken oder die Würmer.[765] Das Besitzen von Personsein im empirischen Sinn, d.h. das Besitzen der vorgenannten Eigenschaften, bedeutet, dass der Besitzer auch über ein Personsein in normativem Sinn bzw. moralischen Status verfügt; genau wegen dieser Eigenschaften kann ein Wesen Interessen aus sich selbst heraus haben und die Berücksichtigung seiner Interessen von anderen verlangen, daher eine Person in normativem Sinn sein, die moralischen Status besitzt.[766] Dass der Mensch alle diese Eigenschaften, die ihm Personsein und moralischen Status zuweisen, ohne Voraussetzungen besitzt, ist zweifellos. Was bestritten wird, ist, ob auch Grenzfälle, wie der der Leibesfrucht, als Personen mit moralischem Status anerkannt werden können.

b) Erfüllt die Leibesfrucht die Voraussetzungen für die Zuschreibung des moralischen Status?

In einer liberalen und säkularen Gesellschaft kann die Frage, ob die Leibesfrucht die Voraussetzungen für die Zuschreibung des moralischen Status erfüllt, nicht intuitiv und ohne weiteres bejaht werden. Vielmehr ist sie unter den oben genannten Voraussetzungen, fern von etwaigen Tabus, genauer zu untersuchen. Dem Interessenprinzip gemäß hat der Mensch Interessen, wenn er über bewusste Wahrnehmung verfügt; dann werden seine Interessen um seinetwillen berücksichtigt. Da ein nicht bewusstes, nichts wahrnehmendes bzw. nicht erlebensfähiges Wesen nach diesem Prinzip keine Interessen haben kann bzw. keine Person mit moralischem Status ist, muss geprüft werden, ob und ab welchem Zeitpunkt ein Ungeborenes Bewusstsein und Wahrnehmungs- bzw. Erlebensfähigkeit erlangt. Damit wird geprüft, ob und, wenn ja, ab wann die Leibesfrucht am vollen moralischen Status eines geborenen Menschen teilnehmen kann.

Es kann angenommen werden, dass die Leibesfrucht gemäß dem Interessenprinzip keinen moralischen Status besitzt, da sie über keine Interessen verfügt. Sie hat kein Bewusstsein und keine Empfindungsfähigkeit und sie kann daher

---

kennbaren, deskriptiven Merkmalen; in diesem Sinn sind auch Gesellschaften Personen. Feinberg, Freedom and Fulfillment, S. 40.

765 Feinberg, Freedom and Fulfillment, S. 41ff.; Leist, Eine Frage des Lebens, S. 141f.

766 Feinberg, Freedom and Fulfillment, S. 51ff.

keine Interessen um ihrer selbst willen haben, die verletzbar sind;[767] eigentlich hat sie kein eigenes Interesse an ihrer Fortentwicklung bzw. ihrer Geburt.[768] Das kann auf jeden Fall für den Embryo in der Präimplantationsphase, aber auch für die Leibesfrucht in den ersten 6 Wochen p.c. so gesehen werden, da in diesem zeitlichen Bereich die Fähigkeit sogar zu einem Minimum von Erlebensfähigkeit fehlt[769]; erst ab der 6. Woche p.c. manifestieren sich die ersten Gehirnströme, die eine – wenn auch minimale – Wahrnehmung erlauben.[770] Ist aber diese Voraussetzung einer Wahrnehmungs- bzw. Erlebensfähigkeit, wenn auch notwendig, auch ausreichend, um der Leibesfrucht Interessenfähigkeit zuzuordnen? Für Steinbock[771] ist zwar die erste Gehirntätigkeit eine notwendige Voraussetzung für das Bejahen von irgendeiner Wahrnehmungsfähigkeit, sie ist aber nicht ausreichend. Erst die Entwicklung der Fähigkeit zur Schmerzempfindung mit der entsprechenden Entwicklung des Nervensystems, die aber nicht vor dem Ende des zweiten Schwangerschaftstrimenons erfolgt,[772] könne eine primitive Form von bewusster Wahrnehmung darstellen; das bedeute, dass der Embryo in der Präimplantationsphase, aber auch das pränatale Leben in der frühen Entwicklungsphase (bis ungefähr zum Endstadium des zweiten Schwangerschaftstrimenons) keine bewussten Wahrnehmungen haben könne. Folglich könne die Leibesfrucht in diesen Stadien keine Interessen und also auch keinen moralischen Status haben. Dass sie in einigen Fällen einen beschränkten Schutz genießen könne (z.B. gegen ihre kommerzielle Ausbeutung oder gegen Abtreibung ohne jegliche Voraussetzung), beruhe nicht auf einem eigenen moralischen Status, sondern auf anderen Gründen, etwa der Anerkennung eines gewissen moralischen Wertes als Urform des menschlichen Lebens oder der Speziessolidari-

767 Dworkin, Die Grenzen des Lebens, S. 27ff.; Leist, Eine Frage des Lebens, S. 143ff.; Merkel, in: Damschen/Schönecker, Der moralische Status menschlicher Embryonen, S. 35, 43ff.

768 Hoerster, JuS 1989, 172, 175f.; ders., NJW 1991, 2540, 2542.

769 Dass diese Wesen keinen moralischen Status haben, bedeutet allerdings nicht, dass sie überhaupt keinen moralischen Wert haben; vielmehr können sie wegen ihres symbolischen Wertes als Urformen des menschlichen Lebens oder wegen der Interessen von anderen Wesen an ihnen rechtlich geschützt werden. Glannon, Bioethics (1998) V. 12 Nr. 3, 187, 209; Steinbock, in: dies. (Hrsg.), The Oxford Handbook of Bioethics, 416, 433ff.; Strong, JMP (1997) 22, 457, 472ff. Nach Merkel in: Damschen/ Schönecker, Der moralische Status menschlicher Embryonen, S. 35, 45f. ist ein gewisser Schutz wegen einer sog. „Speziessolidarität" geboten.

770 Brody, Abortion and the Sanctity of Life, S. 83.

771 Steinbock, Life Before Birth, S. 49.

772 Anand/Hickey, The New England Journal of Medicine (1987) V. 317 Nr. 21, 1321f.

tät.[773] Wenn die bewusste Wahrnehmung, selbst in einer primitiven Form, die Voraussetzung für den Eintritt des moralischen Status ist, dann dürfte die Leibesfrucht ihn erst gegen das Ende des zweiten Schwangerschaftstrimenons erlangen.[774] Erst eine Leibesfrucht im späteren Stadium der Schwangerschaft ist bis zu einem gewissen Grad fähig, bewusste Wahrnehmungen und vergnügliche oder unangenehme Empfindungen zu erleben; das hat zur Folge, dass sie ein Interesse haben könnte, unbehindert weiter zu leben und weiter zu erleben.

Dieses Bekenntnis soll jedoch nicht ohne weiteres der beschränkt erlebensfähigen Leibesfrucht den gleichen moralischen Status wie einem geborenen Menschen zuschreiben. Denn die Leibesfrucht entwickelt sich immer noch im Mutterleib, weswegen ihr Lebensinteresse mit den Interessen der Schwangeren, wie z.B. ihrem Leben oder ihrer Gesundheit, kollidieren kann, und sie kann nicht absolut geschützt werden, ohne die Interessen der Schwangeren zu verletzen. Das ist bei Neugeborenen nicht mehr der Fall, daher können sie nicht den gleichen Status wie die wahrnehmungsfähige Leibesfrucht haben. Wenn es eine Skala von moralischem Status gibt, dann sind die geborenen Menschen auf der höchsten Stufe platziert, während die erlebensfähige Leibesfrucht in der Spätschwangerschaft eine niedrigere Stellung hat. Anders gesagt, kann sie den vollständigen moralischen Status eines geborenen Menschen nicht genießen, obwohl sie zu einem gewissen Schutz berechtigt ist.[775] Aus diesem Grund kann ihr Leben gegen einen voraussetzungslosen Abbruch der Schwangerschaft geschützt werden, wie es z.B. durch die Fristen des § 218a StGB oder des Art. 304 Abs. 4 grStGB geschieht. Dass sie jedoch den vollständigen moralischen Status eines Menschen nicht innehat, wird dadurch deutlich gemacht, dass ihr beschränkter Lebensschutz ohne weiteres zurücktreten muss, wenn er mit den Interessen der Schwangeren, die über einen vollständigen moralischen Status verfügt, kollidiert.

Ein Argument gegen das Interessenprinzip wäre, dass es Neugeborene gibt, deren Gehirn so schwer beschädigt ist oder sogar in geringerem oder größerem Maße fehlt (die sog. Anenzephalie), dass sie keine Fähigkeit zur subjektiven Wahrnehmung haben. Sollten sie auch über keinen moralischen Status verfügen? Diese Frage muss folgerichtig positiv beantwortet werden. Denn diese Kinder haben keine Wahrnehmungs- bzw. Erlebensfähigkeit, die die notwendige Voraussetzung für die Zuschreibung von moralischem Status ist. Wegen ihrer Erlebensunfähigkeit haben sie keine Interessen zur Erhaltung ihres Lebens und

773 Merkel, in: Damschen/Schönecker, Der moralische Status menschlicher Embryonen, S. 35, 45f.

774 Steinbock, Life Before Birth, S. 49f.

775 Brown, JMP (2007) 32, 585, 588ff.; Steinbock, Life Before Birth, S. 70.

ihrer Gesundheit *um ihrer selbst willen*; das soll bedeuten, dass sie betreffs solcher Interessen „unverletzbar“ sind.[776] Dieser Feststellung entspricht jedoch keine absolute Schutzlosigkeit des Anenzephalus. Es mag vielleicht andere Gründe geben, warum ein menschliches Wesen ohne moralischen Status doch einen rechtlichen Schutz genießen kann. Für R. Merkel z.B. ist das „Prinzip des Normenschutzes“ die Grundlage für die Zuschreibung eines gewissen Schutzes für den Anenzephalus. Die „Fundamentalnormen“ unserer Rechtsordnung, wie die Menschenwürde, das Lebensrecht und der Gleichheitssatz, würden allen geborenen Menschen aus Gründen der mitmenschlichen Solidarität, der Humanität bzw. der gesellschaftlichen Konsistenz garantiert; die entsprechenden subjektiven Grundrechte würden „jedem geborenen Menschen ohne weiteres zugeschrieben, auch wenn er – etwa als Anenzephalus – wegen seiner vollständigen Erlebensunfähigkeit nicht subjektiv verletzbar ist und sein Grundrechtsschutz daher als genuines Verletzungsverbot nicht plausibel zu machen wäre“.[777] Der begrenzte, auf der Solidaritätspflicht beruhende Schutz des Anenzephalus wird in der Routine der Kliniken weltweit deutlich sichtbar; die lebendgeborenen Anenzephali darf man aktiv auf keinen Fall töten, sie werden jedoch behandlungslos sterben gelassen.[778]

Dem Interessenprinzip könnte man darüber hinaus den Vorwurf machen, dass auch Menschen, die sich zu einer späteren Lebenszeit in einem permanenten vegetativen Zustand befinden, wie z.B. irreversibel bewusstlose Patienten mit apallischem Syndrom („Wachkoma“), nach dem Interessenprinzip keinen moralischen Status haben würden, weil sie auch keine bewussten Wahrnehmungen haben können. Diese Menschen sind jedoch nicht wie der Anenzephalus zu behandeln. Anders als der Anenzephalus, der eine Erlebensfähigkeit nie gehabt hat bzw. nie erlangen wird, waren die apallischen Patienten vor dem Eintritt ihres irreversiblen vegetativen Zustandes wahrnehmungs- bzw. erlebensfähige Personen mit eigenen Interessen, die *um ihrer selbst willen* verletzbar waren und denen ein vollständiger moralischer Status zugeschrieben wurde.[779] Die Interessen eines solchen Menschen fallen nicht weg, sondern sie überleben seinen Zustand in der Form eines „gewissermaßen nachwirkend garantierten Schutzrefle-

776 Merkel, in: Damschen/Schönecker, Der moralische Status menschlicher Embryonen, S. 35, 49f.

777 Merkel, in: Damschen/Schönecker, Der moralische Status menschlicher Embryonen, S. 35, 46f., 49f. So auch ausführlich: Merkel, Früheuthanasie, S. 66ff., 621ff.; Rütsche, Rechte von Ungeborenen auf Leben und Integrität, S. 388f.

778 Mehr in: Merkel, Früheuthanasie, S. 66ff., 621ff.

779 Sie haben zu irgendeinem Zeitpunkt eigene Interessen gehabt; Leist, Eine Frage des Lebens, S. 140.

xes aus dem Verletzungsverbot"[780]; das „Sterbenlassen" eines solchen Patienten ist – anders als des Anenzephalus – grundsätzlich untersagt.[781]

Die Feststellung, dass die Leibesfrucht keine Interessen und also auch keinen moralischen Status hat, oder dass sie erst in der Spätschwangerschaft einen minimalen moralischen Status erlangt, führt unvermeidlich zu der Frage, ob sie nach dem Harm Principle geschädigt werden kann bzw. ob das Strafrecht sie vor einem solchen „Schaden" schützen darf. Diese Fragen werden im folgenden Abschnitt untersucht.

3. Pränatale Beeinträchtigungen nach dem Harm Principle

Zunächst sei klargestellt, dass sich die hier präsentierte Erörterung nicht mit der Problematik des Schwangerschaftsabbruchs befasst. Gegenstand dieser Erörterung ist auch nicht das Problem des sog. „wrongful life", d.h. die Frage, ob bereits die Geburt des Kindes seine Interessen verletzt. Diese letzte Frage ist mit dem sog. „Non-Identity Problem" von Derek Parfit verwandt.[782] Dieses Problem hat Parfit durch ein geniales Beispiel dargelegt: Einer Frau wird vom Arzt geraten, im nächsten Monat nicht schwanger zu werden, weil das Kind wegen ihres Gesundheitszustandes schwer geschädigt geboren werde; sie will aber nicht einen Monat lang warten und daher bringt sie ein schwerkrankes Kind auf die Welt – hätte sie gewartet, wäre ihr Kind gesund geboren, jedoch würde es sich nicht um dasselbe Kind handeln, d.h., dieses *bestimmte* Kind wäre nie geboren worden. Es handelt sich um die Problematik der „wrongful conception" (die Konzeption als Interessenverletzung), die aber auch nicht Gegenstand der hier vorgenommenen Analyse ist. Im hier erörterten Zusammenhang handelt es sich vielmehr allein um die Beurteilung von pränatalen Beeinträchtigungen nach dem Harm Principle, die während der Schwangerschaft stattfinden.

Es ist schon dargelegt worden, dass als Schaden i.S. des Harm Principle die Verletzung der Grundinteressen einer anderen Person verstanden wird, die auf solche Weise stattfindet, dass dieser Person auch Unrecht zugefügt wird. In diesem Sinne liegt ein Schaden vor, der in den Anwendungsbereich des Strafrechts eingeordnet werden darf, wenn jemand eine Person tötet oder gesundheitlich beschädigt (Verletzung der Grundinteressen des Lebens bzw. der Gesundheit) und sein Verhalten auf Vorsatz oder auf Fahrlässigkeit beruht, d.h. die Rechte

780 Merkel, in: Damschen/Schönecker, Der moralische Status menschlicher Embryonen, S. 35, 50f. So auch: Steinbock, Life Before Birth, S. 29.

781 Dazu BGHSt 40, 257ff. (Kemptener Fall); Merkel, ZStW 1995, 545ff.

782 Parfit, in: Bayles (Ed.), Ethics and Population, S. 100ff.

auf Leben bzw. Gesundheit dieser Person in einer nicht zu rechtfertigenden Weise verletzt.

Die vorangegangene Erörterung hat jedoch gezeigt, dass die Leibesfrucht über keine Interessen verfügt, die ihr den vollständigen moralischen Status einer Person zuschreiben könnten. Da sie keine „hinreichenden" Interessen hat, können diese „Interessen" auch nicht i.S. des Harm Principle verletzt werden. Das bedeutet, dass der Leibesfrucht kein aktueller Schaden zugefügt werden kann, solange sie sich in dieser Lage befindet. Zwar mag sie in den späteren Stadien der Schwangerschaft einen minimalen moralischen Status erreicht haben, er ist jedoch (aus Gründen, die weiter oben schon dargelegt worden sind) dem vollständigen moralischen Status eines geborenen Menschen in erheblichem Maße untergeordnet. Gerade deswegen kann die Leibesfrucht als solche nur einen minimalen Schutz genießen, der auf keinen Fall dem des geborenen Menschen gleichgestellt werden kann. Eine Verletzung also, die pränatal verursacht worden ist und in irgendeiner Weise bis zur Geburt wieder geheilt worden ist, kann keinen Schaden i.S. des Harm Principle darstellen; gegen sie darf das Strafrecht nicht intervenieren.[783]

a) Pränatale Beeinträchtigungen mit postnatalen Folgen

Wie sind aber pränatale Beeinträchtigungen zu beurteilen, deren Folgen sich erst manifestieren (oder fortbestehen), nachdem die Leibesfrucht geboren worden ist und den vollständigen moralischen Status eines Kindes erlangt hat? Feinberg hat diese Frage unter Verwendung des Begriffs „future interests" (oder „contingent interests") beantwortet: Unter der Voraussetzung, dass die Leibesfrucht geboren werde, habe sie *künftige, eventuelle Interessen*, die durch Handlungen verletzt werden können, die stattfinden, bevor sie eine aktuelle Person werde. Er verwendet das Beispiel des fahrlässigen Motorradfahrers, der eine Schwangere mit der Folge verletzt, dass deswegen das Kind missgebildet oder chronisch krank geboren wird. Dieses Kind wird mit einer Schädigung geboren, die durch das unrechte Verhalten des Motorradfahrers zu einem Zeitpunkt verursacht worden ist, zu dem es noch keine Person aus moralischer Sicht war. Das Verhalten des Motorradfahrers hat dem später geborenen Kind (aktuelle Person) Schaden i.S. des Harm Principle zugefügt, indem es in einem Zustand auf die Welt gekommen ist, der schlechter ist, als er beim Fehlen des Verhaltens gewesen wäre. Der Täter hat die Interessen des Kindes ungerecht verletzt, weil es ungeschädigt geboren worden wäre, hätte er nicht fahrlässig gehandelt; daher hat er es i.S. des Harm Principle geschädigt. Notwendige Voraussetzung für die Bejahung des

783 Feinberg, Harm to Others, S. 96.

Schadens und daher für die Rechtfertigung einer strafrechtlichen Intervention ist das tatsächliche Erfolgen der Geburt; wird die Leibesfrucht abgetrieben, wird ihre Verletzung nicht als Schaden beurteilt, denn sie erwirbt nie Interessen.[784]

Diese Meinung wird von Elizabeth Harman mit dem Aufbau des sog. „Actual Future Principle" (Prinzip der aktuellen Zukunft) weiter entwickelt.[785] Diesem Prinzip gemäß soll eine frühe[786] Leibesfrucht, die eventuell eine Person werde, einen gewissen moralischen Status haben, während eine frühe Leibesfrucht, die als Leibesfrucht sterben werde, keinen moralischen Status habe; d.h., die aktuelle Zukunft einer Leibesfrucht bestimme, ob sie moralischen Status besitze. Wenn sie als Leibesfrucht in der frühen Schwangerschaft sterbe, habe sie keinen moralischen Status, daher sind Schwangerschaftsabbrüche moralisch unproblematisch. Demgegenüber dürfe man eine Leibesfrucht, die bis zur Geburt ausgetragen wird, nicht verletzen; das gilt nicht wegen eines bestehenden Interesses der Leibesfrucht, sondern weil sie sich in der Zukunft in ein Kind mit vollständigem moralischem Status verwandeln werde, das die Folgen dieser Verletzung zu tragen habe. Die Leibesfrucht bekomme also einen gewissen moralischen Status *unter der Voraussetzung*, dass sie nach einiger Zeit mit ihrer Geburt den vollen moralischen Status erlangen werde. Finde die Geburt nicht statt, habe die Leibesfrucht nie diesen gewissen moralischen Status bekommen; sie zu achten, sei man nur unter der Voraussetzung verpflichtet, dass sie eventuell geboren werde.[787]

Diese These wird durch das folgende Beispiel verdeutlicht. Wenn man weiß, dass eine Schwangerschaft in den folgenden Tagen abgebrochen wird, hat man keine Pflicht darauf zu achten, die Leibesfrucht nicht zu verletzen, denn sie ist moralisch unbedeutend. Im Gegensatz dazu muss man die Leibesfrucht achten, wenn ihre Austragung bis zur Geburt entschieden ist, denn dann hat sie einen gewissen moralischen Status, der aus ihren künftigen Interessen an einem ungehinderten, gesunden Leben abzuleiten ist. So müsse auch in Zweifelsfällen entschieden werden.

Das Gegenargument, dass der moralische Status und daher auch die entsprechende Beurteilung einer Verletzung nicht auf den Absichten der schwangeren Frau beruhen dürften, muss zurückgewiesen werden. Es handelt sich nicht um

---

784 Dworkin, Die Grenzen des Lebens, S. 31; Feinberg, Harm to Others, S. 96.

785 Harman, Philosophy and Public Affairs (1999) Vol. 28 Nr. 4, 310, 311f.

786 Eine frühe Leibesfrucht befindet sich in der frühen Schwangerschaft, d.h. bevor sie die ihr innewohnenden Eigenschaften aufweist, die ihr moralischen Status (wenn auch nur minimalen) zuschreiben. Harman, Philosophy and Public Affairs (1999) Vol. 28 Nr. 4, 310.

787 Harman, Philosophy and Public Affairs (1999) Vol. 28 Nr. 4, 310, 315ff.; 151f.; Steinbock, in: Kuhse/Singer (Ed.), 149, 151f.

ein „Mother's Intention Principle“ (Prinzip der mütterlichen Intention), denn die Pläne der Frau betreffs ihrer Schwangerschaft und deren möglichen Änderungen haben keine Bedeutung. Der moralische Status der Leibesfrucht kann sich nicht jedes Mal umwandeln, wenn die Schwangere ihre Meinung ändert. Was bedeutend ist, ist die tatsächliche Entwicklung der Schwangerschaft, nämlich ob die Geburt tatsächlich eingetreten ist; der moralische Status wird also *retrospektiv* beurteilt.[788] Die Beachtungspflicht gegenüber der Leibesfrucht kann freilich nicht retrospektiv beurteilt werden, denn man muss im Zeitpunkt des (möglich schädigenden) Verhaltens schon wissen, ob man eine Beachtungspflicht hat. Es gibt also nur einen einzigen Fall, in dem man keine Beachtungspflicht hat, nämlich wenn man mit absoluter Sicherheit weiß, dass die Leibesfrucht nicht geboren wird, etwa weil man der Arzt ist, der gerade im Begriff ist, den Schwangerschaftsabbruch vorzunehmen. In allen übrigen Fällen, d.h. auch in Zweifelsfällen (die nämlich der Regelfall sind), muss man immer die künftigen Interessen der Leibesfrucht beachten, da sie den Interessen des sich aus der Leibesfrucht entwickelnden Kindes entsprechen. Erst die tatsächliche Geburt dieses Kindes wird allerdings die Verantwortung dieser Person für eine Beeinträchtigung der Leibesfrucht mit postnatalen Folgen bestimmen. Fällt die Geburt aus irgendwelchen Gründen aus, so entfällt auch die Verantwortung für die pränatale Schädigung.[789]

Daraus folgt, dass nach dem Prinzip der künftigen Interessen oder dem Actual Future Prinzip eine vorsätzliche oder fahrlässige pränatale Beeinträchtigung der Leibesfrucht, die zur Geburt eines kranken oder behinderten Kindes führt oder die Behinderung oder Krankheit erst nach der Geburt auslöst, die Interessen dieses Kindes verletzt, und zwar sein Grundinteresse, gesund auf die Welt zu kommen bzw. ohne Behinderung zu leben. Hätte die Beeinträchtigung nicht stattgefunden, würde sich das Kind in einem besseren Zustand befinden. Die Beeinträchtigung wird als Verletzung seiner Interessen, also als Schaden i.S. des Harm Principle, beurteilt und demzufolge ist eine strafrechtliche Intervention legitim. Diese Folgerung soll sowohl für vorsätzliche als auch für fahrlässige schädliche Beeinträchtigungen der Leibesfrucht durch den Arzt oder eine dritte Person gelten.

---

788 Feinberg, Harm to Others, S. 96; Harman, Philosophy and Public Affairs (1999) Vol. 28 Nr. 4, 310, 317f.

789 Dieses Konzept ähnelt der zivilrechtlichen Fiktion, die das Erbrecht oder einen Schadensersatzanspruch wegen pränataler Schädigung des Nasciturus unter der Voraussetzung anerkennt, dass er lebend geboren wird; mehr dazu im 3. Teil, unter II.

Fraglich ist jedoch, ob auch pränatale Beeinträchtigungen, die den Tod der Leibesfrucht fahrlässig[790] herbeiführen, Schäden i.S. des Schädigungsprinzips darstellen. Dem Prinzip der künftigen Interessen zufolge ist das unmöglich, denn die Leibesfrucht, die nie geboren wird, hat keinen moralischen Status, d.h. keine Interessen, die verletzt werden können. Sollte aber die fahrlässige Abtötung einer erwünschten Leibesfrucht durch den Arzt oder eine dritte Person völlig unbedeutend sein? Die Frage sollte negativ beantwortet werden, denn in diesem Fall werden zwar keine Interessen der Leibesfrucht verletzt, es bestehen aber Interessen der künftigen Eltern, ein erwünschtes Kind zu bekommen; diese Interessen der Eltern werden durch die Abtötung der Leibesfrucht verletzt.[791] Allerdings gehören die Interessen, ein Kind zu bekommen bzw. eine Familie zu gründen, nach dem Harm Principle zu den sog. höheren Interessen (*ulterior interests*), da sie äußerste Ziele und Erwartungen des Menschen darstellen; solche Interessen dürfen dem Harm Principle gemäß nicht durch das Strafrecht gewährleistet werden, das nur gegen Verletzungen von Grundinteressen eingesetzt werden darf.[792] Der Verlust der künftigen Eltern, deren Leibesfrucht fahrlässig getötet worden ist, könnte dann z.B. durch die Festlegung eines zivilrechtlichen Schadensersatzanspruchs ausgeglichen werden.

b) Kann auch die Schwangere die Leibesfrucht i.S. des Harm Principle schädigen?

Die Anwendung des Harm Principle auf Fälle, in denen die Schwangere selbst den Tod oder die Verletzung der Leibesfrucht verursacht, ist noch komplizierter. Es gibt (nicht so seltene) Fälle, in denen z.B. das Kind wegen eines Drogenmissbrauchs der Mutter während der Schwangerschaft mit schweren Gehirnschädigungen geboren wird oder es stirbt, weil die Mutter keinen notfallmäßigen Kaiserschnitt oder keine Bluttransfusion erdulden möchte.[793] Ist ein Eingriff des strafrechtlichen Zwangs zur Rettung der Leibesfrucht in solchen Fällen erlaubt bzw. notwendig?

J. S. Mill würde antworten, dass der strafrechtliche Zwang nur dann erlaubt ist, wenn eine Schädigung oder das Risiko einer Schädigung einer anderen Person vorliegt. Wenn er über die elterlichen Pflichten schreibt, macht er allerdings klar, dass er den Beschluss, Kinder in die Welt zu setzen, als ein andere betref-

---

790 Bei einer vorsätzlichen Abtötung der Leibesfrucht handelt es sich um einen strafbaren Schwangerschaftsabbruch.

791 Steinbock, Life Before Birth, S. 101f., 113.

792 Feinberg, Harm to Others, S. 37, 62.

793 Mehrere Fälle aus der US-amerikanischen Rechtsprechung in: Steinbock, Life Before Birth.

fendes Verhalten betrachtet. Das soll bedeuten, dass die Schwangere freiwillig die Pflicht übernommen habe, ihre Leibesfrucht vor Schäden zu bewahren.[794] Es ist deutlich, dass eine solche These der Schwangeren eine Pflicht ohne Grenzen auferlegt, die nicht nur die Abstinenz von Betäubungsmitteln, sondern auch eine wohlausgewogene Ernährung, die Vermeidung von körperlicher Anstrengung oder den regelmäßigen Besuch beim Arzt erfassen würde. Außerdem würde eine solche Pflicht nicht nur den Lebensstil der Schwangeren, sondern auch das Verhalten anderer ihr gegenüber beeinträchtigen.[795]

Zur Lösung könnte vielleicht eine Anmerkung von Mill herangezogen werden: Er stellt zwar fest, dass keine Person aus dem Grund verfolgt werden dürfe, dass sie betrunken sei; trotzdem sollte aber ein Soldat oder ein Polizist strafbar sein, wenn er *im Dienst* betrunken sei.[796] Sollte aber das unverantwortliche Verhalten der Schwangeren einem Verhalten „im Dienst“ gleichgestellt werden? Diese Frage positiv zu beantworten, würde bedeuten, dass die Leibesfrucht eine „andere Person“ ist, gegenüber der die Schwangere Pflichten übernommen hat.[797] Es ist aber festgestellt worden, dass die Leibesfrucht keine „andere Person“ ist und keine eigenen Interessen hat, die verletzt werden könnten. Und wenn sie doch einen minimalen moralischen Status im späteren Stadium der Schwangerschaft besitzt, der als Folge der Erlangung einer primitiven bewussten Erlebensfähigkeit zugeordnet worden ist, müssen sich ihre minimalen Interessen den höher geschätzten Interessen der Schwangeren unterordnen.[798]

Die Situation ist allerdings komplizierter, wenn sich eine Schwangerschaft ganz normal entwickelt und kein Abbruch erfolgen wird, also die Schwangere diese „dienstähnliche“ Aufgabe übernommen hat und mit relativer Sicherheit gesagt werden kann, dass – abgesehen von außerordentlichen Ereignissen – das Kind in einigen Monaten geboren wird. Wie schon erörtert worden ist, wird das Kind nach seiner Geburt einen vollständigen moralischen Status erlangen und Interessen haben, die auch durch Beeinträchtigungen verletzt werden können, die pränatal stattgefunden haben. Die Frage ist, in welchem Maße von der Schwangeren aus moralischer Sicht verlangt werden könnte, Aufopferungen einzugehen, und auch, ob dieses Verlangen mit dem Mittel des Strafrechts bekräftigt werden dürfte.

Dem Interessenprinzip gemäß haben Kinder nach ihrer Geburt ein Interesse an Gesundheit und unbehinderter Existenz; dieses künftige Interesse kann auch

794 Mill, On Liberty, S. 90.

795 Dundas, Manitoba Law Journal (2002-2003), Vol. 29 Nr. 3, 375, 383f.

796 Mill, On Liberty, S. 90f.

797 Dundas, Manitoba Law Journal (2002-2003), Vol. 29 Nr. 3, 375, 384.

798 Dundas, Manitoba Law Journal (2002-2003), Vol. 29 Nr. 3, 375, 384f.

während der Schwangerschaft verletzt werden. In diesem Sinne ist eine Mutter ihrem Kind aus moralischer Sicht verantwortlich für die schwere Hirnschädigung, die sie bei ihm durch Drogenmissbrauch während der Schwangerschaft verursacht hat und deren Folgen es nach der Geburt tragen muss. Aus moralischer Sicht kann also die Mutter ihrem *geborenen* Kind gegenüber verantwortlich gemacht werden für Schäden, deren kausale Kette vorgeburtlich eingesetzt hat.[799] Die schwangere Frau hat also eine moralische Pflicht ihrem Kind gegenüber, die möglichen Folgen ihres Verhaltens während der Schwangerschaft zu berücksichtigen und unzumutbare Risiken zu vermeiden.[800]

Was die Zulässigkeit eines strafrechtlichen Zwangs auf die Schwangere betrifft, ist jedoch die Frage anders zu beantworten. Da das Schädigungsprinzip auch auf utilitaristischen Gründen beruht,[801] muss auch geprüft werden, ob eine strafrechtliche Drohung die durch die Schwangere herbeigeführten Schäden effektiv abwenden könnte. Schon dass die strafrechtliche Intervention in trivialen Fällen des alltäglichen Lebens, die möglicherweise eine geringe Gefahr für das künftige Kind in sich bergen, wie z.B. die Ernährung der Schwangeren von sog. Junkfood, das Motorradfahren, der seltene, sozial übliche Alkoholkonsum oder die Gartenpflege, geeignet wäre, den Schutz der Leibesfrucht zu verbessern, kann bezweifelt werden; jedenfalls würde sie die Selbstbestimmung bzw. das private Leben der Frau in unannehmbarer bzw. unvertretbarer Weise einengen. In so trivialen Fällen ist eine strafrechtliche Intervention abzulehnen, denn der staatliche Zwang darf die individuelle Freiheit nur so gering wie möglich beeinträchtigen („minimal impairment test"). Außerdem muss auch die Verhältnismäßigkeit zwischen der Freiheitsbeschränkung und dem angestrebten Vorteil gewahrt werden („proportionality test"); und in solchen Fällen ist die Beschränkung im Verhältnis zum Nutzeffekt allzu rigide.[802]

Gilt das aber auch in sehr krassen Fällen von Missachtung der mütterlichen moralischen Pflicht dem Kinde gegenüber, wie z.B. bei Drogenmissbrauch oder bei Verweigerung jeglicher ärztlicher Betreuung der Schwangerschaft? Die Frage muss bejaht werden, und zwar mit dem utilitaristischen Argument, dass die

---

799 Harman, Philosophy and Public Affairs (1999) Vol. 28, Nr. 4, 310, 317; McMahan, The Ethics of Killing, S. 280ff.; Wasserman, Philosophical Books (2005), Volume 46 Issue 1, 23, 31.

800 Steinbock, Life Before Birth, S. 133.

801 Nach Mill ist es irrational bzw. unannehmbar, ein freiheitsbeschränkendes Mittel anzuwenden, wenn es unwahrscheinlich sei, dass dieses Mittel das gewünschte Ergebnis bringe, und zwar ohne Rücksicht auf den Wert des angestrebten Zieles („rational connection test"). Mehr dazu in: Dundas, Manitoba Law Journal (2002-2003), Vol. 29 Nr. 3, 375, 389.

802 Zum Ganzen in: Dundas, Manitoba Law Journal (2002-2003), Vol. 29 Nr. 3, 375, 391.

Effektivität des strafrechtlichen Zwangs in der Schwangerschaft, wenn sie überhaupt besteht, sehr gering ist. Dagegen ist es höchstwahrscheinlich, dass die strafrechtliche Intervention Misstrauen in die Beziehung zwischen dem Arzt, dem Pflegepersonal, den staatlichen Behörden und der Schwangeren bringen würde. Die Schwangere würde eine misstrauische und feindliche Haltung gegenüber jeder Person oder Institution entwickeln, die als „kontrollierend" beurteilt würde; genau diese Haltung bzw. die Verbergung von Gesundheits- oder Lebensumständen aus Furcht vor einer strafrechtlichen Verfolgung würden die Gesundheit bzw. das Leben der Leibesfrucht vielmehr gefährden.[803] Anstatt einer strafrechtlichen Verfolgung könnten andere Mittel, wie z.B. Beratung, das Angebot von Detoxikationsprogrammen und andere Sozialhilfeprojekte in weiterem Umfang dienlich sein.[804]

4. Schlussfolgerungen aus der Beurteilung von pränatalen Beeinträchtigungen nach dem Schädigungsprinzip

Aus der vorangegangenen Analyse lässt sich schlussfolgern, dass die Leibesfrucht als solche nicht unter Berufung auf das Schädigungsprinzip geschützt werden könnte. Sie verfügt über keine eigenen Interessen, also hat sie keinen vollständigen moralischen Status. Das bedeutet, dass sie keine „Interessen" besitzt, die i.S. des Harm Principle verletzt werden könnten, daher kann ihr kein aktueller Schaden zugefügt werden, zumindest solange sie eine Leibesfrucht ist. Das hat zur Folge, dass pränatale Verletzungen der Leibesfrucht, die bis zur Geburt wieder ausheilen, keine Schäden i.S. des Harm Principle darstellen. Sie können folglich kein Anknüpfungspunkt für eine strafrechtliche Intervention sein.

Anders sind jedoch die Fälle zu bewerten, in denen die Folgen der pränatalen Beeinträchtigung postnatal fortdauern oder sich erst dann manifestieren. Die Beeinträchtigung wird als Verletzung der Interessen des geborenen Kindes, also als Schaden i.S. des Harm Principle, verstanden. Eine strafrechtliche Intervention in solchen Fällen ist legitim, und zwar sowohl für vorsätzliche als auch für fahrlässige schädliche Verletzungen der Leibesfrucht durch den Arzt oder eine dritte Person. Allerdings gilt diese Folgerung nur, wenn die Leibesfrucht auch

---

803 Dundas, Manitoba Law Journal (2002-2003), Vol. 29 Nr. 3, 375, 389; Foley, JOGNN (2002), Vol. 31 Nr. 2, 133, 135f.; Morgan, British Journal of Obstetrics and Gynaecology (1988), Vol. 95 Nr. 7, 641f.; Steinbock, Life Before Birth, S. 141, 162f.

804 Dundas, Manitoba Law Journal (2002-2003), Vol. 29 Nr. 3, 375, 390; Foley, JOGNN (2002), Vol. 31 Nr. 2, 133, 136; Steinbock, in: Kuhse/Singer (Ed.), 149, 153ff.

geboren wird; andernfalls ist ihre Verletzung nach dem Schädigungsprinzip moralisch unbedeutend. Wenn die pränatale Beeinträchtigung auf Fahrlässigkeit beruht und anstatt einer Verletzung den Tod der Leibesfrucht herbeigeführt hat, handelt es sich nicht um einen Schaden des Kindes, das nie geboren worden ist; dieses Ereignis kann daher nur als Verletzung der Interessen der künftigen Eltern, ein erwünschtes Kind zu bekommen, beurteilt werden, die aber nicht zum Kreis der Grundinteressen des Menschen gehören und daher nach dem Schädigungsprinzip nicht strafrechtlich geschützt werden können.

Schließlich sollte die schwangere Frau von der strafrechtlichen Verfolgung wegen pränataler Beeinträchtigungen ihrer Leibesfrucht mit postnatalen Folgen ausgeschlossen werden. Diese Ausnahme wird deswegen gerechtfertigt, weil die Strafandrohung eine unannehmbare Restriktion des privaten Lebens der Schwangeren darstellen würde. Aber auch in gravierenderen Fällen ist von einer Strafbarkeit der Schwangeren abzusehen, da die Mittel des strafrechtlichen Zwangs in solchen Fällen nicht nur ineffektiv, sondern auch kontraproduktiv wären.

III. Ergebnis de lege ferenda

Nach der Erörterung des strafrechtlichen Schutzes der Leibesfrucht vor pränatalen Einwirkungen, die ihren Tod oder ihre gesundheitliche bzw. körperliche Schädigung im Uterus oder postnatal zur Folge haben, wurde die Schlussfolgerung gezogen, dass sowohl in Deutschland als auch in Griechenland der Gesetzgeber keinen effektiven Schutz gewährleistet hat. Es wurde zwar festgestellt, dass beide Verfassungsordnungen die Leibesfrucht als Grundrechtsträgerin anerkannt und ihr die Grundrechte des Lebens, der Gesundheit und der Menschenwürde bzw. des Menschenwertes zugeschrieben haben, da sie die Leibesfrucht als ein mit dem sich daraus entwickelnden Menschen identisches Wesen betrachten. Das sollte eigentlich bedeuten, dass der Gesetzgeber die Pflicht übernommen hat, die Leibesfrucht auch durch einfaches Gesetz vor Lebens- und Gesundheitsgefahren zu schützen, letztendlich auch durch den Einsatz des strafrechtlichen Zwangs.[805] Das aber ist nicht geschehen. Die Vernachlässigung dieser Pflicht könnte vielleicht auch als Verstoß gegen das „Untermaßverbot" beurteilt werden, da der Gesetzgeber keine Maßnahmen zur Sicherung eines genügenden Schutzes des Menschen vor Schädigungen ergriffen hat, deren Ursache pränatal gesetzt wurde, deren Folgen sich jedoch nach der Geburt zeigen bzw.

805 Roxin, Strafrecht AT I, § 2 Rn. 97ff.

fortdauern.[806] Zwar hat er die entgegenstehenden Rechtsgüter der Mutter berücksichtigt, diese Tatsache kann aber seine Untätigkeit dem Arzt oder Dritten gegenüber, die eine pränatale Schädigung mit postnatalen Folgen verursacht haben, nicht rechtfertigen; die zu berücksichtigenden entgegenstehenden Rechtsgüter betreffen nur die schwangere Frau, also würde eine Ungleichbehandlung von Dritten keinen Verstoß gegen den Gleichheitssatz mit sich bringen. Ob der zivilrechtliche Schutz vor so gravierenden Beeinträchtigungen, die den betroffenen Menschen lebenslang belasten werden, einem angemessenen und wirksamen Schutz im Blick auf die Bedeutung und Schutzbedürftigkeit des zu schützenden Rechtsguts entspricht, bleibt zweifelhaft.[807]

In diesem Zusammenhang sollte auch darauf hingewiesen werden, dass der Gesetzgeber neben einer eventuellen Verletzung des Untermaßverbotes möglicherweise auch seine Beobachtungs- bzw. Nachbesserungspflicht vernachlässigt hat. Seiner Pflicht gemäß muss er die Auswirkungen, die möglichen Folgen oder auch Mängel seiner gesetzlichen Tätigkeit (bzw. Untätigkeit) berücksichtigen, insbesondere wenn vermutet werden darf, dass eine verfassungsrechtliche Schutzpflicht vernachlässigt wird, und zwar unter Berücksichtigung des hohen Rangs des zu schützenden Rechtsguts.[808] Die Pflicht zur Nachbesserung durch Beseitigung der bestehenden Mängel und durch „Sicherstellung eines dem Untermaßverbot genügenden Schutzes" nach „hinreichender Beobachtungszeit" (Beobachtungspflicht), die zur Feststellung eines unwirksamen, ungenügenden Schutzes geführt hat, ist auch durch das BVerfG ausdrücklich bestimmt worden.[809] Dass der Gesetzgeber im Fall des Schutzes vor pränatalen Schädigungen mit postnatalen Folgen den verfügbaren Erkenntnisquellen, wie etwa entsprechenden Statistiken bzw. Forschungen[810], oder den vergleichbaren Erfahrungen bzw. Regelungen aus dem Ausland, wie z.B. denen von Griechenland[811], Rechnung getragen hat, ist zweifelhaft.

---

806 Das Untermaßverbot wird dann verletzt, wenn der Gesetzgeber keine geeigneten Maßnahmen zu einem wirksamen und angemessenen Schutz des zu schützenden Rechtsguts im Blick auf seine Bedeutung und Schutzbedürftigkeit ergriffen hat. BVerfGE 88, 203ff.

807 Ebenso äußert sich Hoerster kritisch zur Lösung der Beratungsregelung im Bereich des Schwangerschaftsabbruchs; Hoerster, JuS 1995, 192f.

808 Hillenkamp, FS Eisenberg, 301, 312, mit Hinweis auf BVerfGE 88, 203, 269.

809 BVerfGE 88, 203, 309; mehr in: Hillenkamp, FS Eisenberg, 301, 306f., 312f.

810 Siehe dazu 1. Teil, unter II. 2. a).

811 Eine Regelung des niederländischen Strafgesetzbuches aus dem Bereich des Schwangerschaftsabbruchs, die die Tötung der sonst außerhalb des Mutterleibes lebensfähigen Leibesfrucht ab dem 24. SSW als Totschlag bestraft, wird von den Richtern Mahrenholz und Sommer in ihren abweichenden Meinungen zum zweiten Abtreibungsurteil zitiert. BVerfGE 88, 203, 338, 345.

Dennoch haben sich die Gesetzgeber von Deutschland und Griechenland – trotz entsprechender Kritik – entschlossen, der Leibesfrucht nur einen minimalen Schutz vor Beeinträchtigungen zu gewährleisten, und zwar meist nicht von strafrechtlicher Natur. Beide Rechtsordnungen haben der Leibesfrucht einen Schutz vor schädlichen pränatalen Einwirkungen durch die Tötungs- und Körperverletzungs- tatbestände versagt, wenn die schädliche Einwirkung die Leibesfrucht vor dem Geburtsbeginn und also auch vor der Erlangung der Menschqualität betrifft. Es wurde festgestellt, dass in Deutschland nur die vorsätzliche Abtötung einer Leibesfrucht durch die Tatbestände über den Schwangerschaftsabbruch bestraft wird, während eine fahrlässige Tötung sowie eine vorsätzliche oder fahrlässige Gesundheitsverletzung tatbestandslos sind, und zwar auch dann, wenn die schädlichen Folgen der Verletzung postnatal vom Kind getragen werden müssen. Der griechische Gesetzgeber hat außer der Bestrafung der vorsätzlichen Abtötung der Leibesfrucht durch den Schwangerschaftsabbruchstatbestand auch eine Vorschrift über die Körperverletzung einer Leibesfrucht oder eines Neugeborenen geschaffen; diese Vorschrift schützt jedoch die Leibesfrucht nur vor vorsätzlichen, rechtswidrigen Eingriffen gegenüber der Schwangeren, während Schädigungen, die im Rahmen einer rechtmäßigen Behandlung stattfinden oder auf Fahrlässigkeit beruhen, von diesem Tatbestand nicht erfasst werden.

1. Eigene Position zur Notwendigkeit einer strafrechtlichen Intervention

Die Untersuchung der pränatalen Beeinträchtigungen im Lichte des Schädigungsprinzips hat zur Folgerung geführt, dass eine Intervention des Strafgesetzgebers zum Schutz der Leibesfrucht vor Beeinträchtigungen, die bei ihr eine gesundheitliche oder körperliche Verletzung mit postnatalen Folgen herbeiführen, nicht nur zulässig, sondern auch geboten ist. Das Recht bzw. die Pflicht des Gesetzgebers beruhen darauf, dass durch solche Beeinträchtigungen das Grundinteresse des bereits geborenen Kindes an einem gesunden, unbehinderten Leben verletzt wird. Zu seinem Schutz sollte der Gesetzgeber gegen schädliche pränatale Verhaltensweisen des Arztes oder einer dritten Person mit postnatalen Folgen eingreifen, und zwar sowohl wenn die Schädigung auf Vorsatz als auch wenn sie auf Fahrlässigkeit beruht. Dieser Eingriff wäre auch mit dem Verhältnismäßigkeitsprinzip, dessen Beachtung vom BVerfG eingefordert wird, vereinbar. Er ist geeignet, solche Verletzungen abzuwenden, weil er mögliche Vorsatztäter in effektiver Weise abschrecken kann, bzw. weil der Arzt oder eine dritte Person angesichts einer möglichen strafrechtlichen Verfolgung die erforderliche Sorgfalt in Bezug auf die Schwangere bzw. die Leibesfrucht walten lassen würden. Erforderlich ist er auch, da er den einzigen effektiven Weg zur Abwendung solcher Schädigungen darstellt; der zivilrechtliche Schadensersatz ist nicht ausreichend, um fahrlässige oder vorsätzliche Verletzungen abzuwenden, deren Folgen sich auf einen Menschen für sein ganzes Leben auswirken. Die Gesundheit bzw. die körperliche Unversehrtheit eines Menschen sind zu wichtige Güter, um ihre Schädigung nur durch eine Geldsumme ausgleichen zu lassen. Natürlich ist eine fahrlässige Verletzung deutlich geringer zu bestrafen als eine vorsätzliche Verletzung, wie das der Fall auch bei den allgemeinen Körperverletzungsdelikten ist. Schließlich wird auch die Voraussetzung der Angemessenheit erfüllt, da der Zweck, nämlich der Schutz der Gesundheit und der körperlichen Integrität eines Menschen vor Verletzungen, deren Ursache in der pränatalen Periode liegt, so wichtig ist, dass eine strafrechtliche Bedrohung gegen Beeinträchtigungen nicht als schlechthin unangemessen beurteilt werden kann; das wird auch dadurch bestätigt, dass die Gesundheit des Menschen in den Verfassungsordnungen sowohl von Deutschland als auch von Griechenland gewährleistet wird.

Diese Kriterien werden allerdings nicht erfüllt, solange sich die Verletzung nicht postnatal manifestiert, entweder weil sie geheilt worden ist oder weil die Leibesfrucht abgetrieben wurde. In diesem Fall werden keine Interessen eines Menschen (d.h. eines Wesens mit moralischem Status) verletzt, daher wäre eine strafrechtliche Intervention unannehmbar.

In vergleichbarer Weise werden die Voraussetzungen des Verhältnismäßigkeitsprinzips bei einer Strafdrohung gegen die Schwangere selbst nicht erfüllt. Es wurde schon konstatiert, dass eine Bestrafung der Schwangeren nicht geeignet wäre, fahrlässige Beeinträchtigungen der Leibesfrucht abzuwenden; vielmehr könnte sie zu einer Haltung der Schwangeren den Ärzten oder den staatlichen Behörden gegenüber führen, die eine effektive Zusammenarbeit und erfolgreiche Abwendung der Probleme während der Schwangerschaft unterbinden würde. Was vorsätzliche Beeinträchtigungen anbelangt, so sind sie nicht nur kaum denkbar; vielmehr wäre es auch schwer, einen Vorsatz der Schwangeren zu beweisen. Solche Fälle würden wohl so gut wie immer als Fahrlässigkeitsbeeinträchtigungen behandelt werden, für die gilt, was gerade angemerkt wurde. Darüber hinaus wäre eine Strafdrohung gegenüber der Schwangeren auch unangemessen, da sie wegen der engen körperlichen Beziehung zu der Leibesfrucht das private Leben der Schwangeren in einer unangemessenen Weise einschränken würde. Dieser Nachteil steht völlig außer Verhältnis zum ohnehin zweifelhaften Gewinn. Auch ist die Strafbedrohung der Schwangeren nicht erforderlich, da ihr Verhalten betreffs der Schwangerschaft durch andere, weniger einschneidende Mittel verbessert werden könnte, wie z.B. durch entsprechende Information und Beratung, durch Unterstützung von den sozialen Behörden u.Ä. Eine Herausnahme nur der Schwangeren aus dem möglichen Täterkreis würde nicht gegen den allgemeinen Gleichheitssatz verstoßen, der in den Verfassungstexten sowohl von Deutschland als auch von Griechenland verankert ist, denn es handelt sich nicht um eine willkürliche Ungleichbehandlung von gleichen Fällen. Vielmehr ist die besondere Stellung der Frau in Bezug auf die Schwangerschaft, die in den oben genannten Gründen für den Verzicht auf ihre Strafbarkeit sichtbar geworden ist, ein sachlicher Grund von solcher Art und von solchem Gewicht, dass eine Ungleichbehandlung sogar geboten ist. Es geht um eine Ungleichbehandlung von ungleichen Fällen.

Schließlich wurde untersucht, ob eine fahrlässige Abtötung der Leibesfrucht durch den Arzt oder eine dritte Person im Fall einer von den Eltern erwünschten Schwangerschaft strafbar sein sollte. Es ist festgestellt worden, dass die fahrlässige Abtötung der Leibesfrucht keine Interessen von ihr selbst verletzt, denn sie hat keine Interessen. Der fahrlässige Abbruch einer erwünschten Schwangerschaft könnte nur das Interesse der Eltern, ein Kind zu haben oder eine Familie zu gründen, verletzen. Dieses Interesse aber gehört nicht zu den Grundinteressen einer Person, wie sie bei ihrer Erörterung beschrieben worden sind. Es kann daher nicht durch Anwendung des strafrechtlichen Zwangs geschützt werden; dagegen könnte es durch einen zivilrechtlichen Schadensersatz wegen „wrongful death" ausgeglichen werden. Die Tatsache, dass nach dem hier gemachten Vorschlag eine Verletzung der Leibesfrucht strafbar wäre, während ihre fahrlässige Abtötung straflos bliebe, ist nicht so widersprüchlich, wie es auf den ersten Blick erscheinen mag. Denn nicht jede pränatale Verletzung wird bestraft, sondern nur die, die sich beim *geborenen Menschen* manifestiert; es werden nicht die „Interessen" der Leibesfrucht gewährleistet, sondern die Interessen des geborenen Menschen, gesund und ohne Behinderung zu leben. Jedenfalls ist es notwendig, dass das Kind geboren worden ist, denn nur dann erlangt es die Fähigkeit, Interessen zu haben. Zwar kann, wenn eine Leibesfrucht in der späten Schwangerschaft fahrlässig abgetötet wird, angenommen werden, dass auch sie schon einen minimalen moralischen Status besitzt. Es ist aber noch nicht möglich, den *genauen* Zeitpunkt zu bestimmen, zu dem die Leibesfrucht eine genügende Wahrnehmungsfähigkeit – und also auch diesen minimalen moralischen Status – erlangt. Aus diesem Grund kann (unter den zurzeit geltenden Umständen) keine Differenzierung aufgrund der intrauterinen Entwicklung der Leibesfrucht gemacht werden.

2. Regelungsvorschlag de lege ferenda

Nach den gerade gezogenen Schlussfolgerungen wird eine neue Vorschrift des deutschen Strafrechts vorgeschlagen, die die vorsätzliche bzw. die fahrlässige Körperverletzung eines Menschen durch pränatale Beeinträchtigung unter Strafe stellt. Sie soll die Fälle erfassen, in denen die schädliche Einwirkung auf die Leibesfrucht vor dem Beginn der Geburt stattgefunden hat, denn sonst werden die allgemeinen Körperverletzungstatbestände angewendet.

Zugleich wird eine Streichung des Art. 304A grStGB angeregt, der sich im Kapitel über die Delikte gegen das Leben befindet. Stattdessen wird ein neuer Artikel vorgeschlagen, der zum Kapitel über die Körperverletzungsdelikte gehört und eine Bestrafung sowohl der vorsätzlichen als auch der fahrlässigen Beeinträchtigung der Leibesfrucht mit postnatalen Folgen erlaubt, und zwar auch dann, wenn das schädliche Verhalten im Rahmen einer nicht rechtswidrigen Tätigkeit, etwa einer ärztlichen Untersuchung, stattfindet.[812]

Die Strafrahmen sind an die entsprechenden Strafen der allgemeinen Körperverletzungsdelikte der beiden Strafgesetzbücher anzupassen.

a) Regelungsvorschlag für Deutschland

§ 230a StGB: Körperverletzung durch pränatale Einwirkung

(1) Wer durch Einwirkung auf eine menschliche Leibesfrucht eine körperliche Schädigung des aus ihr entstandenen Menschen verursacht, wird mit Freiheitsstrafe bis zu drei Jahren oder mit Geldstrafe bestraft.
(2) Hat die Einwirkung die Folgen des § 226 Absatz 1 StGB herbeigeführt, so ist die Strafe Freiheitsstrafe bis zu fünf Jahren. Verursacht der Täter eine der in § 226 Absatz 1 StGB bezeichneten Folgen absichtlich oder wissentlich, so ist die Strafe Freiheitsstrafe nicht unter zwei Jahren.
(3) Hat der Täter die Schädigung fahrlässig verursacht, so ist die Strafe Freiheitsstrafe bis zu einem Jahr oder Geldstrafe.
(4) Die Schwangere ist nicht nach den Absätzen 1 bis 3 strafbar.
(5) Die Delikte der Absätze 1 und 3 werden nur auf Antrag verfolgt.

---

812 Wie im entsprechenden Teil der Erörterung (4. Teil, III. 1. c) cc)) vermerkt worden ist, setzt Art. 304A grStGB in seiner heutigen Fassung voraus, dass der Täter rechtswidrig auf die Schwangere einwirkt.

b) Regelungsvorschlag für Griechenland

Art. 315B grStGB: Körperverletzung durch pränatale Beeinträchtigung

(1) Wer durch Einwirkung auf eine menschliche Leibesfrucht eine körperliche Schädigung des aus ihr entstandenen Menschen verursacht, wird mit Freiheitsstrafe bis zu zwei Jahren oder mit Geldstrafe bestraft.
(2) Hat die Einwirkung die Folgen des Art. 310 grStGB herbeigeführt, so ist die Strafe Freiheitsstrafe von einem Jahr bis zu drei Jahren. Verursacht der Täter eine der in Art. 310 grStGB bezeichneten Folgen absichtlich, so ist die Strafe Freiheitsstrafe nicht unter zwei Jahren.
(3) Hat der Täter die Schädigung fahrlässig verursacht, so ist die Strafe Freiheitsstrafe bis zu einem Jahr oder Geldstrafe.
(4) Die Schwangere ist nicht nach den Absätzen 1 bis 3 strafbar.
(5) Die Delikte der Absätze 1 und 3 werden nur auf Antrag verfolgt.

Literaturverzeichnis

Deutschsprachige Literatur

Amelung, Knut, Rechtsgutsverletzung und Sozialschädlichkeit, in: *Jung*, Heike/*Müller-Dietz*, Heinz/*Neumann*, Ulfrid (Hrsg.), Recht und Moral, Baden-Baden 1991, S. 269ff. Zitiert: *Amelung*, in: *Jung/Müller-Dietz/Neumann (Hrsg.)*, Recht und Moral.

Arzt, Gunther, Anmerkung zum Urteil des BGH v. 22.4.1983 – 3 StR 25/83 (FamRZ 1983, S. 695ff.), in: FamRZ 1983, S. 1019f.

Arzt, Gunther/*Weber,* Ulrich (Hrsg.), Strafrecht Besonderer Teil, 2. Auflage, Bielefeld 2009, Zitiert: *Arzt/Weber*, Strafrecht BT.

Beck, Susanne, Stammzellforschung und Strafrecht, Berlin 2006.

Beckmann, Rainer, Rechtsfragen der Präimplantationsdiagnostik, in: MedR 2001, S. 169 ff.

Beckmann, Rainer, Der Embryo und die Würde des Menschen, in: *Beckmann,* Rainer/*Löhr,* Mechthild (Hrsg.), Der Status des Embryos, Würzburg 2003, S. 170-207, Zitiert: *Beckmann,* Der Embryo und die Würde des Menschen.

Binding, Karl, Lehrbuch des gemeinen deutschen Strafrechts – Besonderer Teil, Band 1, 2. Auflage, Leipzig 1902, Zitiert: *Binding*, BT 1.

Blei, Hermann, Körperverletzung durch Schädigung der Leibesfrucht?, in: MMW 1970, S. 741ff.

Brewe, Manuela, Embryonenschutz und Stammzellgesetz, Berlin; Heidelberg [u.a.] 2006.

Brox, Hans/*Walker,* Wolf-Dietrich, Allgemeiner Teil des BGB, 33. Auflage, Köln 2009, Zitiert: BGB AT.

Carpzov, Benedikt, Practica nova imperialis Saxonica rerum criminalium, Pars 1, Wittebergae, Wittenberg 1670, Zitiert: *Carpzov*, Practica Nova I.

Catenhusen, Wolf-Michael, Ist das Tor auf? Das Stammzellgesetz und die Zukunft des Embryonenschutzgesetzes, in: *Maio,* Giovanni/*Just,* Hanjörg (Hrsg.), Die Forschung an embryonalen Stammzellen in ethischer und rechtlicher Perspektive, Baden-Baden 2003, Zitiert: *Catenhusen* in: *Maio/Just*, Die Forschung an embryonalen Stammzellen.

Coester-Waltjen, Dagmar, Befruchtungs- und Gentechnologie bei Menschen – rechtliche Probleme von morgen?, in: FamRZ 1984, S. 230ff.

Constantinesco, Leontin-Jean, Rechtsvergleichung – Die rechtsvergleichende Methode, Band II, Köln 1972, Zitiert: *Constantinesco*, Die rechtsvergleichende Methode.

Cremer, Ulrich, Strafrechtlich relevantes Abgrenzungskriterium zwischen „Leibesfrucht" und Mensch bei der abdominalen Schnnittentbindung, in: MedR 1993, S. 421ff.

Damrau, Jürgen (Hrsg.), Praxis Kommentar Erbrecht, Angelbachtal 2004, Zitiert: *Damrau*, NK – Erbrecht.

Damschen, Gregor/*Schönecker*, Dieter (Hrsg.), Der moralische Status menschlicher Embryonen, Berlin [u.a.] 2003.

Dencker, Friedrich/*Struensee,* Eberhard/*Nelles,* Ursula/*Stein,* Ulrich, Einführung in das 6. Strafrechtsreformgesetz 1998, München 1998, Zitiert: *Dencker/Struensee/Nelles/Stein*, 6. StrRG.

Deutsch, Erwin/*Lippert,* Hans-Dieter (Hrsg.), Kommentar zum Arzneimittelgesetz (AMG), 2. Auflage, Berlin; Heidelberg [u.a.] 2007, Zitiert: *Deutsch/Lippert*, AMG Kommentar.

Deutsch, Erwin/*Spickhoff,* Andreas, Medizinrecht, 6. Auflage, Berlin; Heidelberg 2008.

Dudenhausen, Joachim-Wolfram/*Pschyrembel,* Willibald (Hrsg.), Praktische Geburtshilfe mit geburtshilflichen Operationen, 20. Auflage, Berlin; New York 2008, Zitiert: *Dudenhausen/Pschyrembel*, Praktische Geburtshilfe.

Duncker, Martin Andreas, Strafrechtlicher Lebensschutz in vivo, Hamburg 2006.

Dworkin, Ronald, Die Grenzen des Lebens, Reinbek bei Hamburg 1994.

Enquete-Kommission Recht und Ethik der modernen Medizin, Deutscher Bundestag, Stammzellforschung und die Debatte des Deutschen Bundestages zum Import von menschlichen embryonalen Stammzellen, Berlin 2002, Zitiert: *Enquete-Kommission Recht und Ethik der modernen Medizin*, Stammzellforschung.

Epping, Volker, Grundrechte, 2. Auflage, Berlin; Heidelberg [u.a.] 2004.

Eser, Albin/*Koch,* Hans-Georg (Hrsg.), Schwangerschaftsabbruch im internationalen Vergleich, Teil 1: Europa, Baden-Baden 1988, Zitiert: Schwangerschaftsabbruch 1.

Fuchs, Maximilian, Deliktsrecht, 6. Auflage, Berlin; Heidelberg [u.a.] 2006.

Gehrlein, Markus, Das Stammzellgesetz im Überblick, in: NJW 2002, S. 3680ff.

Gössel, Karl Heinz/*Dölling,* Dieter, Strafrecht Besonderer Teil, Band 1, 2. Auflage, Heidelberg 2004, Zitiert: *Gössel/Dölling*, Strafrecht BT 1.

Grabenwarter, Christoph, Europäische Menschenrechtskonvention, 4. Auflage, München 2009.

Gropp, Walter, Der Embryo als Mensch: Überlegungen zum pränatalen Schutz des Lebens und der körperlichen Unversehrtheit, in: GA 2000, S. 1ff.

Günther, Hans-Ludwig, Strafrechtlicher Schutz des menschlichen Embryos über §§ 218ff. StGB hinaus? – Eine Exemplifizierung kriminalpolitischer Grundsätze der Verhaltenskriminalisierung in neuen Grenzbereichen von Recht und Medizin, in: *Keller,* Rolf/*Günther,* Hans-Ludwig (Hrsg.), Fortpflanzungsmedizin und Humangenetik – Strafrechtliche Schranken?, 2. Auflage, Tübingen 1991, S. 137ff., Zitiert: *Keller,* in: *Keller/Günther*, Fortpflanzungsmedizin.

Hassmann, Holger, Embryonenschutz im Spannungsfeld internationaler Menschenrechte, staatlicher Grundrechte und nationaler Regelungsmodelle zur Embryonenforschung, Berlin; Heidelberg [u.a.] 2003, Zitiert: Embryonenschutz.

Heinemann, Nicola, Frau und Fötus in der Prä- und Perinatalmedizin aus strafrechtlicher Sicht, Baden-Baden 2000, Zitiert: *Heinemann,* Frau und Fötus.

Herdegen, Matthias, Europarecht, 11. Auflage, München 2009.

Herdegen, Matthias, Völkerrecht, 8. Auflage, München 2009.

Herzberg, Rolf/*Herzberg,* Annika I., Der Beginn des Menschseins im Strafrecht: Die Vollendung der Geburt, in: JZ 2001, S. 1106ff.

Hillenkamp, Thomas, Zum Schwangerschaftsabbruch nach Pränataldiagnostik, in: *Böse,* Martin/*Sterberg-Lieben,* Detlev, Grundlagen des Straf- und Strafverfahrensrechts, Festschrift für Knut Amelung zum 70. Geburtstag, Berlin 2009, Zitiert: *Hillenkamp*, FS Amelung.

Hillenkamp, Thomas, Zur Beobachtungs- und Nachbesserungspflicht des Gesetzgebers im Strafrecht, in: *Müller*, Henning Ernst/*Sander*, Günther M./*Válková*, Helena (Hrsg.), Festschrift für Ulrich Eisenberg zum 70. Geburtstag, München 2009, S. 301ff. Zitiert: *Hillenkamp*, FS Eisenberg.

Hirsch, Hans Joachim, Anmerkung zu den Urteilen des BGH v. 22.4.1983 – 3 StR 25/83 (BGHSt. 31, 348) und v. 7.12.1983 – 1 StR 665/83 (BGHSt. 32, 194), in: JR 1985, S. 336ff.

Hirsch, Hans Joachim, Die Grenze zwischen Schwangerschaftsabbruch und allgemeinen Tötungsdelikten nach der Streichung des Privilegierungstatbestands der Kindestötung (§ 217 StGB a. F.), in: *Jörg,* Arnold (Hrsg.), Menschengerechtes Strafrecht - Festschrift für Albin Eser zum 70. Geburtstag, München 2005, S. 309ff., Zitiert: *Hirsch H.J.*, in: FS Eser.

Hoerster, Norbert, Strafwürdigkeit und Moral in der Angelsächsischen Rechtsphilosophie, in: ZStW 1970, S. 538ff.

Hoerster, Norbert, Forum: Ein Lebensrecht für die menschliche Leibesfrucht?, in: JuS 1989, S. 172ff.

Hoerster, Norbert, Föten, Menschen und „Speziesismus" – rechtsethisch betrachtet, in: NJW 1991, S. 2540ff.

Hoerster, Norbert, Forum: Das „Recht auf Leben" der menschlichen Leibesfrucht – Rechtswirklichkeit oder Verfassungslyrik?, in: JuS 1995, S. 192ff.

Hoerster, Norbert, Ethik des Embryonenschutzes, Ein rechtsphilosophischer Essay, Stuttgart 2002.

Hoerster, Norbert, Forum: Kompromisslösungen zum Menschenrecht des Embryos auf Leben?, in: JuS 2003, S. 529ff.

Hoffmann-La-Roche-Aktiengesellschaft (Hrsg.), Roche - Lexikon Medizin, 3. Auflage, München; Wien; Baltimore 1993, Zitiert: *Roche*, Lexikon Medizin.

Horch, Hermann, Das Verbrechen der Abtreibung, Mainz 1878.

Humboldt, Wilhelm von, Ideen zu einem Versuch, die Gränzen der Wirksamkeit des Staats zu bestimmen, Breslau 1851.

Ingelfinger, Ralph, Grundlagen und Grenzbereiche des Tötungsverbots, Köln [u.a.] 2004.

Isensee, Josef/*Kirchhof,* Paul (Hrsg.), Handbuch des Staatsrechts der Bundesrepublik Deutschland, Band VI – Freiheitsrechte, 2. Auflage, Heidelberg 2001, Zitiert: *Isensee/Kirchhof,* HStR VI.

Jäger, Christian, Die Delikte gegen Leben und körperliche Unversehrtheit nach dem 6. Strafrechtsreformgesetz, in: JuS 2000, S. 31ff.

Jähnke, Burkhard (Hrsg.), Leipziger Kommentar Strafgesetzbuch, 11. Auflage, Berlin 2005, Zitiert: Leipziger Kommentar StGB.

Jarass, Hans/*Pieroth,* Bodo, Grundgesetz für die Bundesrepublik Deutschland Kommentar, 9. Auflage, München 2007, Zitiert: *Jarass/Pieroth,* GG Kommentar.

Jerouschek, Günter, Die juristische Konstruktion des Abtreibungsverbots, in: *Gerhard,* Ute (Hrsg.), Frauen in der Geschichte des Rechts, München 1997, S. 248 ff.

Joecks, Wolfgang/*Miebach,* Klaus (Hrsg.), Münchener Kommentar Strafgesetzbuch, Band 3, München 2003, Zitiert: Münchener Kommentar StGB.

Joerden, Jan, Menschenleben, Ethische Grund- und Grenzfragen des Medizinrechts, Stuttgart 2003, Zitiert: *Joerden,* Menschenleben.

Jung, Heike, Anmerkung zum Urteil des OLG Karlsruhe v. 25.4.1984 – 1 Ws 261/83, in: NStZ 1985, 316f.

Jung, Heike, Gesetz zum Schutz von Embryonen, in: JuS 1991, S. 431ff.

Kaufmann, Armin, Tatbestandsmäßigkeit und Verursachung im Contergan-Verfahren, in: JZ 1971, S. 569ff.

Kaufmann, Arthur, Das Unrechtsbewusstsein in der Schuldlehre des Strafrechts, Aalen 1985.

Kaufmann, Arthur, Subsidiaritätsprinzip und Strafrecht, in: *Roxin*, Claus (Hrsg.), Grundfragen der gesamten Strafrechtswissenschaft - Festschrift für Heinrich Henkel zum 70. Geburtstag, Berlin [u.a.] 1974, S. 89ff. Zitiert: *Kaufmann Arth.*, FS Henkel.

Keller, Rolf, Beginn und Stufungen des strafrechtlichen Lebensschutzes, in: *Keller,* Rolf/*Günther,* Hans-Ludwig (Hrsg.), Fortpflanzungsmedizin und Humangenetik - Strafrechtliche Schranken?, 2. Auflage, Tübingen 1991, S. 111ff., Zitiert: *Keller,* in: *Keller/Günther*, Fortpflanzungsmedizin.

Keller, Rolf/*Günther,* Hans-Ludwig (Hrsg.), Fortpflanzungsmedizin und Humangenetik – Strafrechtliche Schranken?, 2. Auflage, Tübingen 1991, Zitiert: *Keller/Günther*, Fortpflanzungsmedizin.

Keller, Rolf/*Günther,* Hans-Ludwig / *Kaiser,* Peter, Embryonenschutzgesetz, Stuttgart [u.a.] 1992, Zitiert: *Keller/Günther/Kaiser*, ESchG.

Kiesecker, Regine, Die Schwangerschaft einer Toten, Strafrecht an der Grenze von Leben und Tod - der Erlanger und der Stuttgarter Baby-Fall, Frankfurt a.M. [u.a.] 1996, Zitiert: *Kiesecker*, Die Schwangerschaft einer Toten.

Kindhäuser, Urs/*Neumann,* Ulfrid/*Paeffgen,* Hans-Ullrich (Hrsg.), Nomos Kommentar Strafgesetzbuch, Band 2, 2. Auflage, Baden-Baden 2005, Zitiert: Nomos Kommentar StGB, Bd 2.

Klotz, Reinhold (Hrsg.), Handwörterbuch der lateinischen Sprache, Band 2, 3. Auflage, Graz 1879, 7. Abdruck, 1963, Zitiert: *Klotz*, Handwörterbuch Lateinisch-Deutsch.

Koch, Hans-Georg, Anmerkung zum Urteil des BGH vom 7.12.1983 (1 StR 665/83) zur Abgrenzung der Abtreibungsregeln von den Tötungstatbeständen, in: MedR 1985, S. 83ff.

Koppernock, Martin, Das Grundrecht auf bioethische Selbstbestimmung, Baden-Baden 1997.

Kötz, Hein/*Wagner,* Gerhard, Deliktsrecht, 10. Auflage, München 2006.

Krey, Volker/*Heinrich,* Manfred, Strafrecht Besonderer Teil, Band 1, 14. Auflage, Stuttgart 2008, Zitiert: *Krey/Heinrich,* Strafrecht BT 1.

Küper, Wilfried, Mensch oder Embryo? Der Anfang des „Menschseins“ nach neuem Strafrecht, in: GA 2001, S. 515ff.

Küper, Wilfried, Strafrecht Besonderer Teil – Definitionen mit Erläuterungen, 5. Auflage, Heidelberg 2002, Zitiert: *Küper*, Strafrecht BT.

Lackner, Karl/*Kühl,* Kristian/*Dreher,* Eduard, Strafgesetzbuch Kommentar, 25. Auflage, München 2004, Zitiert: *Lackner/Kühl*, StGB Kommentar.

Lagodny, Otto (Hrsg.), Münchener Kommentar Strafgesetzbuch - Nebenstrafrecht, Band 5, München 2007, Zitiert: Münchener Kommentar 5 GenTG.

Laufs, Adolf, Die künstliche Befruchtung beim Menschen – Zulässigkeit und zivilrechtliche Folgen, in: JZ 1986, S. 769ff.
Laufs, Adolf, Auf dem Wege zu einem Fortpflanzungsmedizingesetz?, Baden-Baden 2003.
Laufs, Adolf/*Uhlenbruck,* Wilhelm (Hrsg.), Handbuch des Arztrechts, 3. Auflage, München 2002, Zitiert: *Laufs/Uhlenbruck*, Handbuch des Arztrechts.
Leibholz, Gerhard/*Rinck,* Hans-Justus, Grundgesetz für die Bundesrepublik Deutschland Kommentar, Köln-Marienburg, Stand: 10/09, Zitiert: *Leibholz/Rinck*, GG Kommentar.
Leist, Anton, Eine Frage des Lebens – Ethik der Abtreibung und künstlichen Befruchtung, Frankfurt am Main; New York 1990.
Lenckner, Theodor/*Winkelbauer,* Wolfgang, Die pränatale Embryonenschädigung mit postnatalen Folgen – Würdigung des § 1 des Diskussionsentwurfs eines Embryonenschutzgesetzes, in: *Keller,* Rolf/*Günther,* Hans-Ludwig (Hrsg.), Fortpflanzungsmedizin und Humangenetik – Strafrechtliche Schranken?, 2. Auflage, Tübingen 1991, S. 211ff., Zitiert: *Lenckner/Winkelbauer,* in: *Keller/Günther*, Fortpflanzungsmedizin.
Liszt, Franz von, Die kriminelle Fruchtabtreibung, Band 2, Zürich 1911, Zitiert: *von Liszt*, Die kriminelle Fruchtabtreibung, Bd. 2.
Liszt, Franz von, Lehrbuch des deutschen Strafrechts, 23. Auflage, Berlin 1921, Zitiert: *von Liszt*, Strafrecht.
Liszt, Franz von, Rechtsgut und Handlungsbegriff im Bindingsschen Handbuche, in: *ders.*, Strafrechtliche Aufsätze und Vorträge Band 1, Berlin 1970, S. 212ff. Zitiert: *von Liszt*, in: Strafrechtliche Aufsätze und Vorträge I.
Lüttger, Hans, Der Beginn des Lebens und das Strafrecht, in: JR 1969, S. 445ff.
Lüttger, Hans, Der Beginn der Geburt und das Strafrecht – Probleme an der Grenze zwischen Leibesfruchtcharakter und Menschenqualität, in: JR 1971, S. 133ff.
Lüttger, Hans, Geburtshilfe und Menschwerdung in strafrechtlicher Sicht, in: *Lüttger,* Hans (Hrsg.), Festschrift für Ernst Heinitz zum 70. Geburtstag am 1. Januar 1972, Berlin 1972, S. 359ff., Zitiert: *Lüttger,* FS Heinitz.
Lüttger, Hans, Geburtsbeginn und pränatale Einwirkungen mit postnatalen Folgen, in: NStZ 1983, S. 481ff.
Marquardt, Ernst, Die Contergankatastrophe 1961 - Schock und erste Reaktionen, in: *Niethard,* Fritz Uwe/*Marquardt,* Ernst/*Eltze,* Jürgen (Hrsg.), Contergan – 30 Jahre danach, Stuttgart 1994, Zitiert: *Marquardt*, in: *Niethard/Marquardt/Eltze* (Hrsg.), Contergan – 30 Jahre danach.
Maunz, Theodor/*Dürig,* Günter, Grundgesetz Kommentar, München Stand: 05/09, Zitiert: *Maunz/Dürig*, GG Kommentar.

Medicus, Dieter, Allgemeiner Teil des BGB, 9. Auflage, Heidelberg 2006, Zitiert: BGB AT.

Menzel, Jörg/*Ackermann,* Thomas, Verfassungsrechtsprechung: hundert Entscheidungen des Bundesverfassungsgerichts in Retrospektive, Tübingen 2000, Zitiert: *Menzel/Ackermann,* Verfassungsrechtsprechung.

Merkel, Reinhard, Tödlicher Behandlungsabbruch und mutmaßliche Einwilligung bei Patienten im apallischen Syndrom, in: ZStW 1995, S. 545ff. Zitiert: *Merkel,* ZStW 1995, 545ff.

Merkel, Reinhard, Früheuthanasie - Rechtsethische und strafrechtliche Grundlagen ärztlicher Entscheidungen über Leben und Tod in der Neonatalmedizin, Baden-Baden 2001. Zitiert: *Merkel,* Früheuthanasie.

Merkel, Reinhard, Grundrechte für frühe Embryonen?, in: *Britz,* Guido/*Jung,* Heike/*Koriath,* Heinz/*Müller,* Egon (Hrsg.), Grundfragen staatlichen Strafens, Festschrift für Heinz Müller-Dietz zum 70. Geburtstag, München 2001, S. 493ff., Zitiert: *Merkel,* FS Müller-Dietz.

Merkel, Reinhard, Contra Speziesargument: Zum normativen Status des Embryos und zum Schutz der Ethik gegen ihre biologistische Degradierung, in: *Damschen,* Gregor/*Schönecker,* Dieter (Hrsg.), Der moralische Status menschlicher Embryonen, Berlin [u.a.] 2003, S. 35ff. Zitiert: *Merkel*, in: *Damschen/Schönecker*, Der moralische Status menschlicher Embryonen.

Merten, Detlef/*Papier,* Hans-Jürgen (Hrsg.), Handbuch der Grundrechte in Deutschland und Europa, Band II – Grundrechte in Deutschland: Allgemeine Lehren I, Heidelberg 2006, Zitiert: *Merten/Papier*, Handbuch der Grundrechte.

Müller, Gerda, Unterhalt für ein Kind als Schaden, in: NJW 2003, S. 697ff.

Müller-Terpitz, Ralf, Der Schutz des pränatalen Lebens, Tübingen 2007.

Münch, Ingo von/*Kunig,* Philip (Hrsg.), Grundgesetz Kommentar, Band I, 5. Auflage, München 2000, Zitiert: *von Münch/Kunig*, GG Kommentar I.

Nowak, Manfred, CCPR-Kommentar, Kehl am Rhein [u.a.] 1989.

Olshausen, Justus von, Kommentar zum Strafgesetzbuch für das Deutsche Reich, 12. Auflage, Berlin 1942, Zitiert: *Olshausen,* StGB Kommentar.

Ostendorf, Heribert, Experimente mit dem „Retortenbaby“ auf dem rechtlichen Prüfstand, in: JZ 1984, S. 595ff.

Otto, Harro, Grundkurs Strafrecht, Die einzelnen Delikte, 7. Auflage, Berlin 2005.

Papageorgiou, Konstantinos, Sicherheit und Autonomie – Zur Strafrechtsphilosophie Wilhelm von Humboldts und John Stuart Mills, in: ARSP 1990, S. 324ff.

Papageorgiou, Konstantinos, Schaden und Strafe: Auf dem Weg zu einer Theorie der strafrechtlichen Moralität, Baden-Baden 1994.

Pieroth, Bodo/*Schlink,* Bernhard, Grundrechte Staatsrecht II, 23. Auflage, Heidelberg 2007.

Preisendanz, Holger, Strafgesetzbuch Lehrkommentar, 30. Auflage, Berlin 1978, Zitiert: *Preisendanz*, StGB.

Pschyrembel, Willibald (Hrsg.), Klinisches Wörterbuch, 261. Auflage, Berlin [u.a.] 2007, Zitiert: *Pschyrembel*, Klinisches Wörterbuch.

Ratzel, Rudolf/*Hiersche,* Hans-Dieter/*Opderbecke,* Hans Wolfgang, Das strafrechtlich relevante Abgrenzungskriterium zwischen Leibesfrucht und Mensch bei der abdominalen Schnittentbindung, in: MedR 1994, S. 472ff.

Rehmann, Wolfgang A., Arzneimittelgesetz Kommentar, 3. Auflage, München 2008.

Rixen, Stephan, Lebensschutz am Lebensende, Das Grundrecht auf Leben und die Hirntodkonzeption, Berlin 1999.

Roxin, Claus, Sinn und Grenzen staatlicher Strafe, in: JuS 1966, S. 377ff.

Roxin, Claus, Probleme beim strafrechtlichen Schutz des werdenden Lebens, in: JA 1981, S. 542ff.

Roxin, Claus, Strafrecht Allgemeiner Teil, Band I, 4. Auflage, München 2006, Zitiert: *Roxin*, Strafrecht AT I.

Roxin, Claus, Strafrecht Allgemeiner Teil, Band II, München 2003, Zitiert: *Roxin*, Strafrecht AT II.

Rudolphi, Hans-Joachim, Die verschiedenen Aspekte des Rechtsgutsbegriffs, in: *Barth*, Eberhard (Hrsg.), Festschrift für Richard M. Honig zum 80. Geburtstag, Göttingen 1970, S. 151ff. Zitiert: *Rudophi*, FS Honig.

Rüpke, Giselher, Persönlichkeitsrecht und Schwangerschaftsunterbrechung, in: ZRP 1974, S. 73ff.

Rüthers, Bernd/*Stadler,* Astrid, Allgemeiner Teil des BGB, 15. Auflage, München 2007, Zitiert: *Rüthers/Stadler*, BGB AT.

Rütsche, Bernhard, Rechte von Ungeborenen auf Leben und Integrität, Zürich; St. Gallen 2009.

Sachs, Michael (Hrsg.), Grundgesetz Kommentar, 5. Auflage, München 2009, Zitiert: *Sachs*, GG Kommentar.

Sachs, Michael, Verfassungsrecht II – Grundrechte, 2. Auflage, Berlin; Heidelberg 2003, Zitiert: *Sachs*, Verfassungsrecht II – Grundrechte.

Sacco, Rodolfo, Einführung in die Rechtsvergleichung, Baden-Baden 2001, Zitiert: *Sacco,* Rechtsvergleichung.

Saerbeck, Klaus, Beginn und Ende des Lebens als Rechtsbegriffe, Berlin [u.a.] 1974, Zitiert: *Saerbeck*, Beginn und Ende des Lebens.

Sartorius, Carl/*Khan,* Daniel-Erasmus, Internationale Verträge – Europarecht, Band 2, München Stand: 11/2008 Zitiert: *Sartorius II*, Internationale Verträge – Europarecht.

Sass, Hans-Martin, Hirntod und Hirnleben, in: *Sass,* Hans-Martin (Hrsg.), Medizin und Ethik, Stuttgart 1989.

Schirmer, Günter, Status und Schutz des frühen Embryos bei der „In-Vitro-Fertilisation“, Frankfurt am Main [u.a.] 1987.

Schmalz, Dieter, Grundrechte, 4. Auflage, Baden-Baden 2001.

Schmidt, Rudolf, Der Schutz der Leibesfrucht gegen unerlaubte Handlung, in: JZ 1952, S. 167ff.

Schmidt-Aßmann, Eberhard, Anwendungsprobleme des Art. 2 Abs. 2 im Immissionsschutzrecht, in: AöR 106 (1981), S. 205ff.

Schmidt-Matthiesen, Heinrich/*Wallwiener,* Diethelm (Hrsg.), Gynäkologie und Geburtshilfe, 10. Auflage, Stuttgart; New York 2005, Zitiert: *Schmidt-Matthiesen/Wallwiener*, Gynäkologie und Geburtshilfe.

Schneider, Susanne, Rechtliche Aspekte der Präimplantations- und Präfertilisationsdiagnostik, Frankfurt am Main [u.a.] 2002.

Schockenhoff, Eberhard, Der moralische Status des Embryos, in: *Beckmann,* Rainer/*Löhr,* Mechthild (Hrsg.), Der Status des Embryos, Würzburg 2003, S. 71ff., Zitiert: *Schockenhoff*, Der moralische Status.

Schöch, Heinz, Entkriminalisierung, Entpönalisierung, Reduktionismus - Quantitative Prinzipien in der Kriminalpolitik, in: *Albrecht*, Peter-Alexis (Hrsg.), Festschrift für Horst Schüler-Springorum zum 65. Geburtstag, Köln; Berlin; Bonn; München 1993, S. 245ff.

Schönke, Adolf/*Schröder,* Horst, Strafgesetzbuch Kommentar, 27. Auflage, München 2006, Zitiert: *Schönke/Schröder*, StGB Kommentar.

Schreiber, Hans-Ludwig, Kriterien des Hirntodes, in: JZ 1983, 593ff.

Schreiber, Hans-Ludwig, Die Würde des Menschen – eine rechtliche Fiktion?, in: MedR 2003, S. 367ff.

Schroth, Ulrich, Forschung mit embryonalen Stammzellen und Präimplantationsdiagnostik im Lichte des Rechts, in: JZ 2002, S. 170ff.

Seher, Gerhard, Liberalismus und Strafe – Zur Strafrechtsphilosophie von Joel Feinberg, Berlin 2000.

Sigel, Peter, Die Strafbarkeit pränataler Einwirkungen auf die Leibesfrucht über §§ 218 ff. StGB hinaus, Tübingen 1987, Zitiert: *Sigel*, Die Strafbarkeit pränataler Einwirkungen.

Spickhoff, Andreas, Die Entwicklung des Arztrechts 2002/2003, in: NJW 2003, S. 1701ff.

Stern, Klaus, Das Staatsrecht der Bundesrepublik Deutschland, Band 3, 1: Allgemeine Lehren der Grundrechte, München 1988, Zitiert: *Stern*, Staatsrecht III/1.

Stern, Klaus, Das Staatsrecht der Bundesrepublik Deutschland, Band 4, 1: Die einzelnen Grundrechte, München 2006, Zitiert: *Stern*, Staatsrecht IV/1.

Sternberg-Lieben, Detlev, Gentherapie und Strafrecht, in: JuS 1986, S. 673ff.
Störring, Lars-Peter, Das Untermaßverbot in der Diskussion, Berlin 2009.
Stratenwerth, Günther, Kriminalisierung bei Delikten gegen Kollektivrechtsgüter, in: *Hefendehl*, Roland/*von Hirsch*, Andrew/*Wohlers*, Wolfgang, Die Rechtsgutstheorie, Baden-Baden 2003, S. 255ff. Zitiert: *Stratenwerth*, in: *Hefendehl/von Hirsch/Wohlers (Hrsg.)*, Die Rechtsgutstheorie.
Streinz, Rudolf, Europarecht, 8. Auflage, Heidelberg 2008.
Streinz, Rudolf/*Ohler*, Christoph/*Herrmann*, Christoff, Der Vertrag von Lissabon zur Reform der EU, 2. Auflage, München 2008.
Stürner, Rolf, Anmerkung zum Urteil des BGH v. 18.6.2002 (Ersatz des Unterhaltsaufwands bei durch ärztlichen Behandlungsfehler unterbliebenem rechtmäßigem Schwangerschaftsabbruch), in: JZ 2003, 155ff.
Tag, Brigitte, Der Körperverletzungstatbestand im Spannungsfeld zwischen Patientenautonomie und Lex artis, Berlin [u.a.] 2000, Zitiert: *Tag*, Der Körperverletzungstatbestand.
Taupitz, Jochen, Die Menschenrechtskonvention zur Biomedizin - akzeptabel, notwendig oder unannehmbar für die Bundesrepublik Deutschland?, in: VersR 1998, S. 542ff.
Taupitz, Jochen, Der rechtliche Rahmen des Klonens zu therapeutischen Zwecken, NJW 2001, S. 3433ff.
Tepperwien, Ingeborg, Pränatale Einwirkungen als Tötung oder Körperverletzung, Tübingen 1973.
Theilig, Susanne, Die Strafbarkeit pränataler Einwirkungen auf die menschliche Leibesfrucht unter besonderer Berücksichtigung der Möglichkeiten der pränatalen medizinischen Diagnostik, Bonn 1995, Zitiert: *Theilig*, Die Strafbarkeit pränataler Einwirkungen.
Tooley, Michael, Abtreibung und Kindstötung, in: *Leist*, Anton (Hrsg.), Um Leben und Tod, Frankfurt am Main 1990, S. 157ff. Zitiert: *Tooley*, in: *Leist*, Um Leben und Tod.
Tröndle, Herbert/*Fischer,* Thomas (Hrsg.), Strafgesetzbuch und Nebengesetze, 56. Auflage, München 2009, Zitiert: *Tröndle/Fischer*, StGB.
Ulsenheimer, Klaus, Arztstrafrecht in der Praxis, 4. Auflage, Heidelberg; München; Landsberg; Berlin 2008.
Vitzthum, Wolfgang Graf (Hrsg.), Völkerrecht, 4. Auflage, Berlin 2007, Zitiert: *Vitzthum*, Völkerrecht.
Voß, Monika, Symbolische Gesetzgebung - Fragen zur Rationalität von Strafgesetzgebungsakten, Ebelsbach 1989.
Weidinger, Patrick, Aus der Praxis eines Heiwesenversicherers: Aktuelle Entwicklungen in der Arzt- und Krankenhaushaftpflicht, in: MedR 2004, S. 289ff.

Weinschenk, Miriam, § 217 StGB - Folgen des Wegfalls einer Norm, Konstanz 2003, Zitiert: *Weinschenk*, § 217 StGB.

Weiß, Axel, Zur Strafbarkeit der Körperverletzung und Tötung Ungeborener, vor und nach der Nidation, in: GA 1995, S. 373ff.

Welzel, Hans, Das deutsche Strafrecht, 7. Auflage, Berlin 1960.

Wessels, Johannes/*Beulke,* Werner, Strafrecht Allgemeiner Teil, 34. Auflage, Heidelberg 2004, Zitiert: *Wessels/Beulke*, Strafrecht AT.

Wessels, Johannes/*Hettinger,* Michael, Strafrecht Besonderer Teil, Band 1, 28. Auflage, Heidelberg 2004, Zitiert: *Wessels/Hettinger*, Strafrecht BT 1.

Wolbert, Werner, Zum Vorwurf der Doppelmoral in der Diskussion um die embryonale Stammzellenforschung, in: DMW 2003, S. 453ff.

Zipfel, Walter (Hrsg.), Lebensmittelrecht Kommentar, Band II, C 102 § 1, München Stand: Juli 2005.

Zmarzlik, Johannes/*Zipperer,* Manfred/*Viethen,* Hans Peter/*Vieß,* Gerhard (Hrsg.), Mutterschutzgesetz – Mutterschaftsleistungen Kommentar, 9. Auflage, Köln; Berlin; München 2006, Zitiert: *Zmarzlik/Zipperer/ Viethen/Vieß*, Mutterschutzgesetz.

Zweigert, Konrad/*Kötz,* Hein, Einführung in die Rechtsvergleichung, 3. Auflage, Tübingen 1996, Zitiert: *Zweigert/Kötz*, Rechtsvergleichung.

Griechischsprachige Literatur

Androulakis, Nikolaos, Strafrecht Besonderer Teil, Athen 1974 (*Ανδρουλάκης,* Νικόλαος, Ποινικόν Δίκαιον Ειδικόν Μέρος, Αθήνα 1974), Zitiert: *Androulakis*, BT.

Androulakis, Nikolaos, Strafrecht Allgemeiner Teil, Band 1: Die Verbrechenslehre, 2. Auflage, Athen 2006 (*Ανδρουλάκης*, Νικόλαος, Ποινικό Δίκαιο Γενικό Μέρος, Τόμος 1: Θεωρία για το έγκλημα, Δεύτερη έκδοση, Αθήνα 2006), Zitiert: *Androulakis*, AT 1.

Androulakis, Nikolaos/*Magkakis,* Georgios-Alexandros/*Manoledakis,* Ioannis (Hrsg.), Systematisches Kommentar des Strafgesetzbuchs (Art. 1-133), Athen 2005 (*Ανδρουλάκης,* Νικόλαος/*Μαγκάκης,* Γεώργιος-Αλέξανδρος/ *Μανωλεδάκης,* Ιωάννης κ.α., Συστηματική Ερμηνεία του Ποινικού Κώδικα, Άρθρα 1-133, Αθήνα 2005) , Zitiert: *Androulakis (Hrsg.)*, grStGB Kommentar.

Besila-Makridi, Elisabeth, Die verfassungsrechtliche Problematik des Schwangerschaftsabbruchs, Athen; Komotini 1992 (*Μπεσίλα-Μακρίδη,* Ελισάβετ, Η συνταγματική προβληματική της άμβλωσης, Αθήνα-Κομοτηνή 1992).

Charalambakis, Aristoteles, Grundriss des Strafrechts: Allgemeiner Teil, 5. Auflage, Athen; Komotini 2003 (*Χαραλαμπάκης,* Αριστοτέλης, Διάγραμμα Ποινικού Δικαίου: Γενικό Μέρος, Πέμπτη έκδοση, Αθήνα-Κομοτηνή 2003), Zitiert: *Charalambakis*, AT.

Chatzisavvas, Georgios, Der Menschenwert: Das verfassungsrechtliche Gebot seines Respekts und Schutzes, in: Recht und Politik Heft 17-18, S. 235 (*Χατζησάββας,* Γεώργιος, Η ανθρώπινη αξία. Η συνταγματική επιταγή του σεβασμού και της προστασίας της, εις: Δίκαιο και Πολιτική Τεύχος 17-18, σελ. 235).

Chorafas, Nikolaos, Strafrecht, Band I, 9. Auflage, Athen 1978 (*Χωραφάς,* Νικόλαος, Ποινικόν Δίκαιον, Τόμος 1, Ένατη έκδοση, Αθήναι 1978).

Chouvardas, Georgios, Der verfassungsrechtliche Schutz der Menschenwürde, Athen 1990 (*Χουβαρδάς,* Γεώργιος, Η συνταγματική προστασία της αξιοπρέπειας του ανθρώπου, Αθήνα 1990).

Chryssogonos, Kostas, Grund- und Sozialrechte A, 3. Auflage, Athen 2006 (*Χρυσόγονος,* Κώστας, Ατομικά και Κοινωνικά Δικαιώματα Α, Τρίτη έκδοση, Αθήνα 2006), Zitiert: *Chryssogonos*, Grundrechte.

Dagtoglou, Prodromos, Verwaltungsrecht Allgemeiner Teil, 5. Auflage, Athen 2004 (*Δαγτόγλου,* Πρόδρομος, Γενικό Διοικητικό Δίκαιο, Πέμπτη έκδοση, Αθήνα 2004), Zitiert: *Dagtoglou*, Verwaltungsrecht AT.

Dagtoglou, Prodromos, Verfassungsrecht-Grundrechte B, 2. Auflage, Athen; Komotini 2005 (*Δαγτόγλου,* Πρόδρομος, Συνταγματικό Δίκαιο-Ατομικά Δικαιώματα Β, Δεύτερη έκδοση, Αθήνα-Κομοτηνή 2005), Zitiert: *Dagtoglou*, Grundrechte.

Deligianni-Dimitrakou, Christina, Einführung in die Rechtsvergleichung, Thessaloniki 1997 (*Δεληγιάννη-Δημητράκου,* Χριστίνα, Εισαγωγή στο συγκριτικό δίκαιο, Θεσσαλονίκη 1997).

Dimitropoulos, Andreas, Grundrechte – Besonderer Teil, Verfassungsrechtsystem, Band C, Hefte I-III, 2. Auflage, Athen; Thessaloniki 2008 (*Δημητρόπουλος,* Ανδρέας, Συνταγματικά Δικαιώματα-Ειδικό Μέρος, Σύστημα Συνταγματικού Δικαίου, Τόμος Γ, Τεύχη I-III, Δεύτερη Έκδοση, Αθήνα-Θεσσαλονίκη 2008), Zitiert: *Dimitropoulos*, Grundrechte BT.

Dimitropoulos, Andreas, Der Wert des Menschen, in: Juristische Revue IA Heft 22, S. 5 (*Δημητρόπουλος,* Ανδρέας, Η αξία του ανθρώπου, εις: Νομική Επιθεώρηση ΙΑ΄ Τεύχος 22, σελ. 5), Zitiert: *Dimitropoulos*, NE 22, 5.

Domazos, Ioannis, Problematische Aspekte der geltenden Vorschriften über die vorsätzliche Tötung, in: Strafrechtliche Chronik, Band NA΄, S. 298 (*Δομάζος,* Ιωάννης, Ορισμένες προβληματικές πλευρές των ισχυουσών διατάξεων περί ανθρωποκτονίας εκ προθέσεως, εις: Ποινικά Χρονικά Τεύχος ΝΑ΄, σελ. 298), Zitiert: *Domazos*, PoinChr. NA΄.

Fidani-Chatzigeorgiou, Sultana, Die Kindestötung: Art. 303 StGB, Thessaloniki 1965 (*Φιδάνη-Χατζηγεωργίου,* Σουλτάνα, Η παιδοκτονία: άρθρον 303 ΠΚ, Θεσσαλονίκη 1965), Zitiert: *Fidani-Chatzigeorgiou*, Die Kindestötung.

Filios, Pavlos, Allgemeiner Teil des bürgerlichen Rechts, 3. Auflage, Athen; Komotini 2009 (*Φίλιος,* Παύλος, Γενικές Αρχές Αστικού Δικαίου, Τρίτη Έκδοση, Αθήνα-Κομοτηνή 2009), Zitiert: *Filios*, Bürgerliches Recht AT.

Filios, Pavlos, Schuldrecht Besonderer Teil, Band II, 6. Auflage, Athen; Komotini 2009 (*Φίλιος,* Παύλος, Ενοχικό Δίκαιο Ειδικό Μέρος, Τόμος ΙΙ, Έκτη έκδοση, Αθήνα-Κομοτηνή 2009), Zitiert: *Filios*, Schuldrecht BT II.

Filippidis, Tilemachos, Strafrechtslehre: Besonderer Teil Band A - B, Thessaloniki 1979 - 1981 (*Φιλιππίδης*, Τηλέμαχος, Μαθήματα Ποινικού Δικαίου: Ειδικόν Μέρος, Τεύχος Α - Β, Θεσσαλονίκη 1979 - 1981), Zitiert: *Filippidis*, Strafrecht BT Band A / B.

Gafos, Elias, Anmerkungen zur AP 28/1958, in: Strafrechtliche Chronik, Band H΄, S. 254 (*Γάφος,* Ηλίας, Παρατηρήσεις στην ΑΠ 28/1958, εις: Ποινικά Χρονικά, Τεύχος Η΄, σελ. 254), Zitiert: *Gafos*, PoinChr. H΄, S. 254.

Gafos, Elias, Strafrecht Besonderer Teil, Band D, Athen 1963 (*Γάφος,* Ηλίας, Ποινικόν Δίκαιον: Ειδικόν Μέρος, Τεύχος Δ, Αθήνα 1963), Zitiert: *Gafos*, Strafrecht BT Band D.

Gazis, Andreas, Allgemeiner Teil des bürgerlichen Rechts, Band B1 - Die Natürliche Person, Athen 1973 (*Γαζής,* Ανδρέας, Γενικαί Αρχαί του Αστικού Δικαίου, Τεύχος Β1 - Το φυσικόν πρόσωπον, Αθήνα 1973), Zitiert: *Gazis*, Bürgerliches Recht AT B1.

Georgiadis, Apostolos, Allgemeiner Teil des bürgerlichen Rechts, 3. Auflage, Athen; Komotini 2002 (*Γεωργιάδης,* Απόστολος, Γενικές Αρχές Αστικού Δικαίου, Τρίτη Έκδοση, Αθήνα-Κομοτηνή 2002), Zitiert: *Georgiadis*, Bürgerliches Recht AT.

Giannidis, Ioannis, Anmerkung zur AP 1190/80, in: Strafrechtliche Chronik, Band ΛΑ΄, S. 242 (*Γιαννίδης,* Ιωάννης, Παρατηρήσεις στην ΑΠ 1190/80, εις: Ποινικά Χρονικά, Τεύχος ΛΑ΄, σελ. 242), Zitiert: *Giannidis*, PoinChr. ΛΑ΄.

Iliopoulos, Timoleon, System des griechischen Strafrechts, Band II, Athen 1927 (*Ηλιόπουλος*, Τιμολέων, Σύστημα του ελληνικού Ποινικού Δικαίου, Τόμος ΙΙ, Αθήναι 1927), Zitiert: *Iliopoulos*, System II.

Kaiafa-Gbanti, Maria, Die strafrechtliche Verantwortung des Anästhesisten bei medizinisch-chirurgischen Eingriffen, in: Juristische Tribüne 1989, S. 872 (*Καϊάφα-Γκμπάντι,* Μαρία, Η ποινική ευθύνη του αναισθησιολόγου στις ιατροχειρουργικές επεμβάσεις, εις: Νομικό Βήμα 1989, σελ. 872), Zitiert: *Kaiafa-Gbanti*, NoB 1989, 872.

Kaiafa-Gbanti, Maria, Die Eigenschaften des Anfalls von Wut im Tötungsdelikt, in: Verteidigung 1993, S. 175 (*Καϊάφα-Γκμπάντι,* Μαρία, Χαρακτηριστικά του βρασμού ψυχικής ορμής στο έγκλημα της ανθρωποκτονίας, εις: Υπεράσπιση 1993, σελ. 175), Zitiert: *Kaiafa-Gbanti*, Yper. 1993.

Kaiafa-Gbanti, Maria, Objektive und subjektive Fahrlässigkeit im Strafrecht, Thessaloniki 1994 (*Καϊάφα-Γκμπάντι,* Μαρία, Εξωτερική και εσωτερική αμέλεια στο ποινικό δίκαιο, Θεσσαλονίκη 1994), Zitiert: *Kaiafa-Gbanti*, Fahrlässigkeit.

Karakostas, Velissarios, Die Verfassung, Kommentar-Rechtsprechung, Athen 2006 (*Καράκωστας*, Βελισσάριος, Το Σύνταγμα, Ερμηνευτικά Σχόλια-Νομολογία, Αθήνα 2006), Zitiert: *Karakostas*, Die Verfassung.

Karanikas, Dimitrios, Handbuch des Strafrechts: Besonderer Teil, Band B΄ und Γ΄ Heft A΄, Athen; Thessaloniki 1954 und 1962 (*Καρανίκας,* Δημήτριος, Εγχειρίδιον Ποινικού Δικαίου: Ειδικόν Μέρος, Τόμος Β και Γ΄ Τεύχος Α΄, Αθήνα-Θεσσαλονίκη 1954 και 1962), Zitiert: *Karanikas*, BT, Band B΄/Γ΄, Heft A΄.

Karasis, Marianos, Die Krise des Familienrechts nach dem Gesetz 3089/2002 zur „ärtzlichen Assistierung der menschlichen Reproduktion", in: Armenopoulos 2004, S. 1233 (*Καράσης,* Μαριανός, Η κρίση του Οικογενειακού Δικαίου μετά τον Νόμο 3089/2002 για την „ιατρική υποβοήθηση στην ανθρώπινη αναπαραγωγή", εις: Αρμενόπουλος 2004, σελ. 1233), Zitiert: *Karasis*, Armen. 2004, 1233.

Konstantinidis, Konstantinos, Strafrecht und Menschenwürde, Athen; Komotini 1987 (*Κωνσταντινίδης,* Κωνσταντίνος, Ποινικό Δίκαιο και Ανθρώπινη Αξιοπρέπεια, Αθήνα-Κομοτηνή 1987).

Kontaxis, Athanasios, Strafgesetzbuch: Theorie und Praxis, Band II, 3. Auflage, Athen 2000 (*Κονταξής*, Αθανάσιος, Ποινικός Κώδικας: Συνδυασμός θεωρίας και πράξης, Τόμος II, Τρίτη έκδοση, Αθήνα 2000), Zitiert: *Kontaxis*, StGB II.

Kostaras Alexandros, Begriffe und Institutionen des Strafrechts, 2. Auflage, Athen; Komotini 2004 (*Κωστάρας,* Αλέξανδρος, Έννοιες και θεσμοί του ποινικού δικαίου, Δεύτερη έκδοση, Αθήνα-Κομοτηνή 2004), Zitiert: *Kostaras,* Begriffe und Institutionen.

Kotsalis, Leonidas, Strafrecht Allgemeiner Teil, Band I, Athen 2005 (*Κοτσαλής,* Λεωνίδας, Ποινικό Δίκαιο Γενικό Μέρος, Τόμος I, Αθήνα 2005), Zitiert: *Kotsalis*, AT I.

Kremalis, Konstantinos, Das Recht auf Gesundheitsschutz, Athen 1987 (*Κρεμαλής,* Κωνσταντίνος, Το Δικαίωμα για Προστασία της Υγείας, Αθήνα 1987)

Kriari-Katrani, Ismini, Der verfassungsrechtliche Schutz der genetischen Identität, in: Griechische Revue der Menschenrechte 2001, S. 347 (*Κριάρη-Κατράνη,* Ισμήνη, Η συνταγματική προστασία της γενετικής ταυτότητας, εις: Δικαιώματα του Ανθρώπου 2001, σελ. 347), Zitiert: *Kriari-Katrani,* DtA 2001, 347.
Kriari-Katrani, Ismini, Gentechnologie und Grundrechte, Athen; Thessaloniki 1999 (*Κριάρη-Κατράνη,* Ισμήνη, Γενετική Τεχνολογία και Θεμελιώδη Δικαιώματα, Αθήνα-Θεσσαλονίκη 1999).
Leventis, Georgios, Die Leistungsrechte des Bürgers, in: Die Verfassung 1976, S. 121 (*Λεβέντης,* Γεώργιος, Τα κοινωνικά δικαιώματα του πολίτη, εις: Το Σύνταγμα 1976, σελ. 121), Zitiert: *Leventis*, ToS 1976, 121.
Magakis, Georgios-Alexandros, Die Pflichtenkollision als Grenzlage des Strafrechts, Athen 1980 *(Μαγκάκης,* Γεώργιος-Αλέξανδρος, Η σύγκρουση καθηκόντων ως οριακή κατάσταση του ποινικού δικαίου, Αθήνα 1980), Zitiert: *Magakis*, Die Pflichtenkollision.
Magakis, Georgios-Alexandros, Strafrecht: Grundriss des Allgemeinen Teils, 3. Auflage, Athen 1984 *(Μαγκάκης,* Γεώργιος-Αλέξανδρος, Ποινικό Δίκαιο: Διάγραμμα Γενικού Μέρους, Τρίτη έκδοση, Αθήνα 1984), Zitiert: *Magakis*, Grundriss AT.
Mallios, Evangelos, Das menschliche Genom: Genforschung und Schutz der Menschenrechte, Athen; Komotini 2004 (*Μάλλιος,* Ευάγγελος, Το ανθρώπινο Γονιδίωμα: Γενετική έρευνα και προστασία των ανθρωπίνων δικαιωμάτων, Αθήνα-Κομοτηνή 2004), Zitiert: *Mallios*, Das menschliche Genom.
Manesis, Aristovoulos, Grundrechte A: Universitätsvorlesungen-Grundfreiheiten, 4. Auflage, Thessaloniki 1982 (*Μάνεσης,* Αριστόβουλος, Συνταγματικά Δικαιώματα Α: Πανεπιστημιακές Παραδόσεις-Ατομικές Ελευθερίες, Τέταρτη έκδοση, Θεσσαλονίκη 1982), Zitiert: *Manesis*, Grundfreiheiten.
Manitakis, Antonis, Das Subjekt der Grundrechte gemäß Art. 25 Abs. 1 grVerf., Athen; Komotini 1981 (*Μανιτάκης,* Αντώνης, Το υποκείμενο των συνταγματικών δικαιωμάτων κατά το άρθρο 25 παρ. 1 του Συντάγματος, Αθήνα-Κομοτηνή 1981), Zitiert: *Manitakis*, Das Subjekt der Grundrechte.
Manoledakis, Ioannis, Strafrecht: Art. 1-49 StGB, Kurzfassung des Allgemeinen Teils, 6. Auflage, Athen; Thessaloniki 2001 (*Μανωλεδάκης*, Ιωάννης, Ποινικό Δίκαιο: άρθρα 1-49 ΠΚ, Επιτομή Γενικού Μέρους, Έκτη έκδοση, Αθήνα-Θεσσαλονίκη 2001), Zitiert: *Manoledakis*, Kurzfassung AT.
Margaritis, Lampros, Anmerkung zur LG Nafplio 357/1990, in: Verteidigung 1991, S. 490 (*Μαργαρίτης,* Λάμπρος, Παρατηρήσεις στην

ΣυμβΠλημ.Ναυπλ. 357/1990, εις: Υπεράσπιση 1991, σελ. 490), Zitiert: *Margaritis*, Yper. 1991.

Margaritis, Lampros, Körperverletzungen: Art. 308-315A StGB, 2. Auflage, Athen; Thessaloniki 2000 (*Μαργαρίτης*, Λάμπρος, Σωματικές βλάβες: άρθρα 308-315Α ΠΚ, Δεύτερη έκδοση, Αθήνα-Θεσσαλονίκη 2000), Zitiert: *Margaritis*, Körperverletzungen.

Moustaira, Eleni, Rechtsvergleichung, Athen; Komotini 2004 (*Μουσταΐρα,* Ελένη, Συγκριτικό Δίκαιο-Πανεπιστημιακές Παραδόσεις, Αθήνα-Κομοτηνή 2004).

Mpekas, Giannis, Der Schutz des Lebens und der Gesundheit im Strafgesetzbuch, Athen 2004 (*Μπέκας,* Γιάννης, Η προστασία της ζωής και της υγείας στον Ποινικό Κώδικα, Αθήνα 2004), Zitiert: *Mpekas*, Lebens- und Gesundheitsschutz.

Mylonopoulos, Christos, Die erfolgsqualifizierten Delikte: dogmatische Begründung, Athen; Komotini 1984 (*Μυλωνόπουλος,* Χρίστος, Τα εκ του αποτελέσματος διακρινόμενα εγκλήματα: δογματική θεμελίωση, Αθήνα-Κομοτηνή 1984), Zitiert: *Mylonopoulos*, Die erfolgsqualifizierten Delikte.

Pantazopoulos, Nikolaos, Georg Ludwig von Maurer: Die vollkommene Wende der neugriechischen Gesetzgebung zu den europäischen Standards, Thessaloniki 1968 (*Πανταζόπουλος,* Νικόλαος, Georg Ludwig von Maurer: Η προς ευρωπαϊκά πρότυπα ολοκληρωτική στροφή της νεοελληνικής νομοθεσίας, Θεσσαλονίκη 1968), Zitiert: *Pantazopoulos*, von Maurer.

Papadakis, Ioannis, Strafrecht Besonderer Teil, Band II, Athen 1955 (*Παπαδάκης*, Ιωάννης, Ειδικόν Ποινικόν Δίκαιον, Τόμος II, Αθήναι 1955), Zitiert: *Papadakis*, BT II.

Papageorgiou-Gonatas, Stylianos, Der Anfall von Wut im Strafrecht, Athen 2002 (*Παπαγεωργίου-Γονατάς,* Στυλιανός, Ο βρασμός ψυχικής ορμής στο ποινικό δίκαιο, Αθήνα 2002).

Papantoniou, Nikolaos, Allgemeiner Teil des bürgerlichen Rechts, 3. Auflage, Athen 1983 (*Παπαντωνίου,* Νικόλαος, Γενικές Αρχές Αστικού Δικαίου, Τρίτη Έκδοση, Αθήνα 1983), Zitiert: *Papantoniou*, Bürgerliches Recht AT.

Papasteriou, Dimitrios, Allgemeiner Teil des bürgerlichen Rechts, 2. Auflage, Athen; Thessaloniki 2009 (*Παπαστερίου,* Δημήτριος, Γενικές Αρχές Αστικού Δικαίου, Δεύτερη Έκδοση, Αθήνα-Θεσσαλονίκη 2009), Zitiert: *Papasteriou*, Bürgerliches Recht AT.

Pararas, Petros, Verfassung 1975-Corpus Band I, Art. 1-50, Athen; Komotini 1982 (*Παραράς,* Πέτρος, Σύνταγμα 1975-Corpus Τόμος I, Άρθρα 1-50, Αθήνα-Κομοτηνή 1982), Zitiert: *Pararas*, Verfassung.

Paraskevopoulos, Nikos, Grundrisse des Strafrechts Allgemeiner Teil: Das Delikt, Athen; Thessaloniki 2008 (*Παρασκευόπουλος,* Νίκος, Τα θεμέλια του ποινικού δικαίου Γενικό Μέρος: το έγκλημα, Αθήνα-Θεσσαλονίκη 2008), Zitiert: *Paraskevopoulos,* Grundrisse des Strafrechts.

Raikos, Athanassios, Verfassungsrecht, Band II Grundrechte, 2. Auflage, Athen; Komotini 2002 (*Ράικου,* Αθανασίου, Συνταγματικό Δίκαιο, Τόμος II Θεμελιώδη Δικαιώματα, Δεύτερη έκδοση, Αθήνα-Κομοτηνή 2002), Zitiert: *Raikos*, Grundrechte.

Simantiras, Konstantinos, Allgemeiner Teil des bürgerlichen Rechts, 4. Auflage, Athen; Komotini 1988 (*Σημαντήρας,* Κωνσταντίνος, Γενικές Αρχές Αστικού Δικαίου, Τέταρτη Έκδοση, Αθήνα-Κομοτηνή 1988), Zitiert: *Simantiras*, Bürgerliches Recht AT.

Simeonidou-Kastanidou, Elisabeth, Der Schwangerschaftsabbruch als Problem des Strafrechts, Athen; Komotini 1984 (*Συμεωνίδου-Καστανίδου,* Ελισάβετ, Η άμβλωση ως πρόβλημα του ποινικού δικαίου, Αθήνα-Κομοτηνή 1984), Zitiert: *Simeonidou-Kastanidou,* Schwangerschaftsabbruch.

Simeonidou-Kastanidou, Elisabeth, Strafrecht Besonderer Teil, 4. Auflage Athen; Komotini 1999 (*Συμεωνίδου-Καστανίδου,* Ελισάβετ, Ποινικό Δίκαιο Ειδικό Μέρος, Τέταρτη έκδοση, Αθήνα-Κομοτηνή 1999), Zitiert: *Simeonidou-Kastanidou,* Strafrecht BT.

Simeonidou-Kastanidou, Elisabeth, Straftaten gegen das Leben: Art. 299-307 grStGB, 2. Auflage, Athen; Thessaloniki 2001 (*Συμεωνίδου-Καστανίδου,* Ελισάβετ, Εγκλήματα κατά της ζωής: Άρθρα 299-307 ΠΚ, Δεύτερη έκδοση, Αθήνα-Θεσσαλονίκη 2001), Zitiert: *Simeonidou-Kastanidou,* Straftaten gegen das Leben.

Spinellis, Dionysios, Strafrecht Besonderer Teil: Delikte gegen das Vermögen - Art. 372-384a StGB, Band 1, Athen; Komotini 1984 (*Σπινέλλης,* Διονύσιος, Ποινικό δίκαιο, ειδικό μέρος : εγκλήματα κατά περιουσιακών έννομων αγαθών - Άρθρα 372-384α ΠΚ, Τόμος 1, Αθήνα-Κομοτηνή 1984), Zitiert: *Spinellis*, Delikte gegen das Vermögen.

Tzortzopoulos, Charalambos, Anmerkungen an das geltende griechische Strafgesetz: Besonderer Teil, Band 1, Athen 1926 (*Τζωρτζόπουλος,* Χαράλαμπος, Σχόλια εις τον ισχύοντα ελληνικόν Ποινικόν Νόμον: Ειδικόν Μέρος, Τεύχος 1, Αθήνα 1926), Zitiert: *Tzortzopoulos*, BT 1.

Vathiotis, Konstantinos, Vorsatz: Seine Begründung und sein Ausschluss im Strafrecht, Athen 2003 (*Βαθιώτης,* Κωνσταντίνος, Δόλος: Θεμελίωση και αποκλεισμός του στο ποινικό δίκαιο, Αθήνα 2003), Zitiert: *Vathiotis*, Vorsatz.

Vidalis, Takis, Leben ohne Gesicht: Die Verfassung und die Verwendung menschlichen genetischen Materials, 2. Auflage, Athen; Komotini 2003 (*Βιδάλης*, Τάκης, Ζωή χωρίς πρόσωπο: Το Σύνταγμα και η χρήση του ανθρώπινου γενετικού υλικού, Δεύτερη έκδοση, Αθήνα-Κομοτηνή 2003), Zitiert: *Vidalis*, Leben ohne Gesicht.

Englischsprachige Literatur

Anand, K.J.S./*Hickey,* P.R., Pain and Its Effects in the Human Neonate and Fetus, in: The New England Journal of Medicine (1987) Volume 317 Number 21, S. 1321-1329.

Brody, Baruch, Abortion and the Sanctity of Life: A Philosophical View, Cambridge Massachusetts 1975.

Brown, Mark T., The Potential of the Human Embryo, in: JMP (2007) 32: 585-618.

Dundas, Jennifer, J.S. Mill Meets Ms. G., or, Exploring Implications of Mill's Harm Principle, and His Doctrine of Freedom of Action, in: Manitoba Law Journal (2002-2003), Volume 29 Number 3, S. 375-401.

Feinberg, Joel, Social Philosophy, New Jersey 1973.

Feinberg, Joel, The Rights of Animals and Unborn Generations, in: *Blackstone,* William T., Philosophy & Environmental Crisis, Athens Georgia 1974, S. 43-68, Zitiert: *Feinberg*, in: *Blackstone*, Philosophy.

Feinberg, Joel, The Moral Limits of the Criminal Law Volume 1: Harm to Others, New York 1984, Zitiert: *Feinberg*, Harm to Others.

Feinberg, Joel, Freedom and Fulfillment: Philosophical Essays, Princeton New Jersey 1994.

Foley, Elizabeth M., Drug Screening and Criminal Prosecution of Pregnant Women, in: JOGNN (2002), Volume 31 Issue 2, S. 133-137.

Glannon, Walter, Genes, Embryos, and Future People, in: Bioethics (1998), Volume 12 Number 3, S. 187-211.

Harman, Elizabeth, Creation Ethics: The Moral Status of Early Fetuses and the Ethics of Abortion, in: Philosophy and Public Affairs (1999) Volume 28, Issue 4, S. 310-324.

Harman, Elizabeth, Sacred mountains and beloved fetuses: can loving or worshipping something give it moral status?, in: Phil.Stud. (2007) 133: 55-81.

Hart, H.L.A., Are There Any Natural Rights?, in: Phil.Rev. (1955), Volume 64 Number 2, S. 175-191.

Hart, H.L.A., Law, Liberty and Morality, Oxford; New York 1984.

Kleinig, John, Crime and the Concept of Harm, in: American Philosophical Quarterly 15 (1978), S. 27-36.

McMahan, Jeff, The Ethics of Killing: Problems at the Margins of Life, New York; Oxford 2002.

Mill, John Stuart (Author)/*Gray,* John (Ed.), On Liberty and Other Essays, London [u.a.] 1991, Zitiert: *Mill*, On Liberty.

Morgan, Derek, Fetal Rights, in: British Journal of Obstetrics and Gynaecology (1988), Volume 95 Issue 7, S. 641-643.

Parfit, Derek, On Doing the Best for Our Children, in: *Bayles,* Michael D. (Ed.), Ethics and Population, Cambridge Massachusetts 1976, S. 100-115, Zitiert: *Parfit*, in: *Bayles (Ed.)*, Ethics and Population.

Steinbock, Bonnie, Life Before Birth-The Moral and Legal Status of Embryos and Fetuses, Oxford 1996, Zitiert: *Steinbock*, Life Before Birth.

Steinbock, Bonnie, Moral Status, Moral Value and Human Embryos: Implications for Stem Cell Research, in: *dies. (Ed.)*, The Oxford Handbook of Bioethics, Oxford; New York 2007, S. 416-440. Zitiert: *Steinbock*, in: *dies. (Ed.)*, The Oxford Handbook of Bioethics.

Steinbock, Bonnie, Mother-Fetus Conflict, in: *Kuhse*, Helga/*Singer*, Peter (Ed.), A Companion to Bioethics, 2. Auflage, Oxford 2009, S. 149-160. Zitiert: *Steinbock*, in: *Kuhse/Singer (Ed.)*.

Strong, Carson, The Moral Status of Preembryos, Embryos, Fetuses and Infants, in: JMP (1997) 22: 457-478.

Warren, Mary Anne, Moral Status – Obligations to Persons and Other Living Things, New York; Oxford 1997.

Wasserman, David, Prenatal Harm and Preemptive Abortion in a Two-Tiered Morality, in: Philosophical Books (2005), Volume 46 Issue 1, S. 23-33.

FSC
www.fsc.org
MIX
Papier | Fördert gute Waldnutzung
FSC® C083411

Kolibri 360 GmbH
Ferdinand-Jühlke-Straße 7
99095 Erfurt, Deutschland
produktsicherheit@kolibri360.de